古代歷史文化 研究輯刊

三一編

王明 蓀 主編

第 34 冊

玄奘與洛陽

王宏濤 編

國家圖書館出版品預行編目資料

玄奘與洛陽／王宏濤 編 -- 初版 -- 新北市：花木蘭文化事業
有限公司，2024〔民 113〕
目 2+284 面；19×26 公分
（古代歷史文化研究輯刊 三一編；第 34 冊）
ISBN 978-626-344-686-1（精裝）
1.CST：（唐）釋玄奘 2.CST：佛教傳記
618   112022543

ISBN-978-626-344-686-1

9 786263 446861

古代歷史文化研究輯刊
三一編　第三四冊　　　　　　　ISBN：978-626-344-686-1

玄奘與洛陽

編　　者　王宏濤
主　　編　王明蓀
總 編 輯　杜潔祥
副總編輯　楊嘉樂
編輯主任　許郁翎
編　　輯　潘玟靜、蔡正宣　美術編輯　陳逸婷
出　　版　花木蘭文化事業有限公司
發 行 人　高小娟
聯絡地址　235 新北市中和區中安街七二號十三樓
　　　　　電話：02-2923-1455／傳真：02-2923-1452
網　　址　http://www.huamulan.tw 信箱 service@huamulans.com
印　　刷　普羅文化出版廣告事業
初　　版　2024 年 3 月
定　　價　三一編 37 冊（精裝）新台幣 110,000 元

玄奘與洛陽

王宏濤　編

編者簡介

王宏濤（1976～），本書主編，男，漢族，河南偃師人，歷史學博士，鞍山師範學院副教授，洛陽玄奘文化研究會副會長。主要研究佛教文化，對菩薩信仰、石窟寺考古、寺廟歷史、玄奘文化均有涉獵。曾出版《古代域外普賢信仰研究》《西安佛教寺廟》《西安佛教祖庭》《簡明佛教文化通覽》《洛陽佛教寺廟》《水泉石窟》《月印萬川——華嚴宗及其祖庭》七部專著。在《世界宗教研究》《五臺山研究》《中國道教》、《法音》等期刊發表論文二十餘篇。

編委：徐金星、郭紹林、朱麗霞、孫素玲、商春芳、王宏濤、王愷、賀寧、楊宇傲

提　要

洛陽是玄奘的故鄉。玄奘生於洛陽，長於洛陽，佛學啟蒙於洛陽，出家於洛陽。玄奘故里位於洛陽偃師區南部是確定的，但其具體位置究竟在那個村，現有資料不足以確定，目前的玄奘故里是原中國佛教協會會長趙樸初定的地方，得到了官方的認可，但兩岸學術界也有部分學者支持滑城河說，但證據都不足。玄奘一直心念洛陽，取經歸來後，他先後在唐太宗、唐高宗時期兩次上表要求返回故鄉洛陽翻譯佛經，言辭懇切，幾近哀求，無奈均被拒絕。他聽到洛陽升級為東都的消息，歡喜雀躍，親自上表高宗皇帝與則天皇后，表示感謝。玄奘法師創立的唯識宗，在洛陽也有遺跡，他的兩大弟子之一的新羅圓測，圓寂在洛陽，葬在洛陽香山寺，後分走部分舍利到西安。玄奘在洛陽有不少遺跡，如他受佛學啟蒙的唐僧寺、出家的淨土寺、玄奘少年聽經的慧日道場（今安國寺）、藏有《聖教序》碑的招提寺等。

玄奘與洛陽的關係，雖然前輩學者零零碎碎多有闡述，但始終沒有集中體現。本書以「玄奘與洛陽」為中心，全面介紹玄奘與洛陽多層面的關係，包括玄奘故里的爭議、學習經歷，與皇權的交涉、對故鄉洛陽的懷念、身後的影響與評價、玄奘與《大唐西域記》、玄奘與《西遊記》等多個方面。

本書是當前開發玄奘故里急需的參考性用書。

鞍山師範學院博士科研啟動項目：
「玄奘與洛陽關係研究」（項目號：23b12）

目次

第一章 青少年時代的玄奘

第一節 玄奘故里在哪裏

　　玄奘法師，姓陳名禕，俗稱唐僧。洛州緱氏（洛陽偃師）人，是我國佛教界久負盛名的五大譯師之一，世界著名的佛學大師、探險家、旅行家。玄奘法師出生於公元 600 年，幼年的玄奘法師，就在偃師度過。史料裏講他出生在「控鶴里鳳凰谷」，這在當時是個具體的地名，但今天只知道是在偃師縣的東南部，大約是在今緱氏或府店境內，卻已經不確知究竟指的是哪個具體村落。至少至明代以來，傳統上認定位於今偃師市緱氏鎮的陳河村即玄奘故里，這一觀點也獲得了政府層面的認可。

　　但是，臺灣馮雙海的《玄奘法師誕生及發祥地考證考察》[註1]、大陸肖冰的《玄奘故里訂正》[註2]、溫玉成、劉建華發表《玄奘生平中幾個問題的再考訂》[註3] 均對陳河村為玄奘故里的說法產生了懷疑，進而認定今偃師府店鎮滑城河村才是真正的玄奘故里。尤其是溫玉成先生的觀點影響較大，至今沒有人寫文章對此進行商榷。筆者想就這個問題談一下對此的不同看法。

一、「緱氏故縣」並非指的「滑城河」

　　溫先生的第一個論據是，道宣在《續高僧傳》裏提到，玄奘故里在「少室

[註1] 馮雙海：《玄奘法師誕生及發祥地考證考察》，《妙林（臺灣）》，1992 年。
[註2] 肖冰：《玄奘故里訂正》，《中國文物報》，1993 年 3 月 21 日。
[註3] 溫玉成、劉建華：《玄奘生平幾個問題的再考證》，《文物春秋》，2005 年第 1 期。

山西北，緱氏故縣東北，遊仙鄉控鶴里鳳凰谷，是法師之生地也。」〔註4〕玄奘的弟子慧立、彥悰的《大唐大慈恩寺三藏法師傳》認為玄奘故里在「（少林寺）西北嶺下，緱氏縣之東南鳳凰谷陳村，亦名陳堡谷。」〔註5〕溫先生考證，根據《水經注·洛水》記載，西漢時期的緱氏縣治在春秋時期的滑國費城。考古調查發現，在滑城河村的南面殘存一小段城牆實體，考古鑽探也發現，在其東南角、西北角均有城牆牆體遺跡，整個城址平面呈倒梯形，這就是滑國費城的遺址，這裡就是自漢至西晉的緱氏縣縣治。據新、舊唐書的地理志可知：緱氏縣在貞觀十八年（644）被廢，上元二年（675）七月復置，並遷址到今緱氏鎮，以便於管理武則天長子李弘之陵的「恭陵」。溫玉成先生認為，道宣所講的「緱氏故縣」在今滑城河村，而慧立、彥悰寫《大唐大慈恩寺三藏法師傳》時，緱氏縣縣治已經搬到新址已經十三年了。溫先生於是認為，陳河村位於「緱氏故縣」（今滑城河村）西北，與道宣記載位於縣治東北不符，故不可能是玄奘故里。

玄奘法師像

〔註4〕〔唐〕道宣撰，郭紹林點校：《續高僧傳》，北京：中華書局，2014年，第128頁。

〔註5〕〔唐〕慧立、彥悰：《大唐大慈恩寺三藏法師傳》，《大正藏》第50冊，第273頁。

其實溫先生的這個質疑並不能成立。歷史上，緱氏縣的縣治變化多次，遷移過不少地方，道宣所講的緱氏故縣，應當是玄奘幼年成長時期的緱氏縣。一個很明顯的問題是，西漢至西晉時的緱氏縣縣治位於滑城河，玄奘幼年生活的隋代緱氏縣治就也一定位於滑城河嗎？

緱氏縣的縣治，西晉以後遷徙過多個地方。北魏孝文帝太和十七年（493），廢除緱氏縣併入洛陽，東魏孝靜帝天平元年（534）復置緱氏縣，縣治設在洛陽城中，歸屬洛陽郡。後因東西魏在洛陽地區不斷交兵，縣治轉移到今顧縣鎮（原稱故縣）。後周建德六年（577），緱氏縣縣治轉移到「鉤鎖故壘」，即今緱氏鎮柏谷塢。隋代開皇四年（584），緱氏縣治再次遷移到洛陽城。開皇十六年（596），廢緱氏縣，置偃師縣。隋大業初年（605）再次設立緱氏縣，縣治搬回柏谷塢。大業十年（614），縣治遷徙到公路澗西。

公路澗西究竟位於今偃師何處？因對本文至關重要，須進行一番辨析。高獻中，王西明認為即今引禮寨村。筆者查閱乾隆版《偃師縣志》講：「合水出縣西山右，合雙泉、單泉北流，劉水西北注之，又北入於伊，一曰公路澗，一曰光祿澗。」偃師南引禮寨緊鄰雙泉村和西泉村，可能就是《縣志》所說的雙泉、單泉。《縣志》還提到劉水，引禮寨附近還有夏代的劉累城，因是夏代孔甲時代劉累養龍的地方，建有劉累城。乾隆縣志提到：「《括地志》云：劉累故城在洛州緱氏縣西南五十里，乃劉累封之故地也。星衍按：此知豢龍故跡亦在偃師。周時劉國，乃即纍之後人也，魏王泰撰《括地志》，多本晉宋人地裏書，必有所據。今緱氏鎮西南有夏后村，村前有夏后廟，或即劉纍之遺矣。」〔註6〕故劉水可能得名於劉累城，也在附近，可見高獻中和王西明的說法是正確的。唐貞觀十八年（644），廢緱氏縣，但這裡廢除的緱氏縣是縣治位於今引禮寨的隋代緱氏縣，而不是溫教授所說的滑城河漢晉緱氏縣。直到唐高宗上元二年（675），為了管理和保護唐恭陵，才再次設立緱氏縣，縣治遷到現在的緱氏鎮附近。

如上所述，「緱氏故縣」至少有秦漢時期的滑城河、東魏時期的顧縣、後周與隋初的緱氏鎮、隋代中期的引禮寨。那麼，道宣講的玄奘的老家位於「緱氏故縣」東北，這個「緱氏故縣」到底指的是哪個「緱氏故縣」？顯而易見，不會是溫玉成先生所講的秦漢時期的「滑國故城」，那個故縣時代太早了，北

〔註6〕〔清〕湯毓倬、孫星衍編纂：《乾隆版偃師縣誌》，鄭州：中州古籍出版社，2002年，第27頁。

魏時期就已經廢棄了，方位也不對。柏谷塢的那個「緱氏故縣」也不合方位，因為無論是陳河村還是滑城河，都位於其東南。仔細比較，很明顯會發現，符合道宣所講，玄奘故里位於「緱氏故城東北」的，只有是隋代於大業十年（614）設立在引禮寨的緱氏縣縣治。故而溫玉成先生他們質疑陳河村的基本理由是不成立的，搞錯了道宣所講的「緱氏故縣」的具體位置。

同時，陳河村是玄奘故里也是可能的。乾隆版《偃師縣志》講：「劉向《列仙傳》：王子喬見桓良曰：告我家七月七日，待我於緱氏山巔。至時，果乘白鶴駐山頭，望之不得（近），舉手謝時人，數日而去。《水經注》云：緱氏開山，圖謂之緱氏山也，亦云仙者升焉，言王子喬控鶴斯阜，靈王望而不可得近，舉手謝而去，其家得遺屧，俗亦謂之撫父堆，堆上有子晉祠。」〔註7〕據此，則玄奘的家鄉「遊仙鄉控鶴里」的地名裏，「遊仙」指的是周靈王太子王子喬，「控鶴里」是指他在緱山上控鶴飛昇的故事。陳河村位於引禮寨的「緱氏故縣」東北，與道宣的記載相符，它也位於今緱氏鎮的緱氏縣治東南，距離周靈王時代王子晉（也稱王子喬）升仙的地點緱山約九公里，可能也屬於道宣所講的「遊仙鄉控鶴里」的地理範圍，與《大唐大慈恩寺三藏法師傳》的記載也相符。陳河村說最為重要的依據是，自明代萬曆年間始，陳河村旁就有寺廟（靈巖寺）供奉有玄奘的造像，到清代中期正式改稱「唐僧寺」，這個「唐僧」，顯然指的就是玄奘法師。明代保留的早期碑刻資料會比現在多，明人將玄奘故里定在陳河村附近，到底有無碑刻資料的依據，現在很難說。

筆者親赴唐僧寺打拓碑石資料，發現「唐僧寺」的得名，始於清代中期，明代稱為「靈巖寺」，清代前期該寺名「興善寺」，至康熙四十年還名興善寺。至同治十三年碑就稱為「唐僧寺」了。可見唐僧寺的得名在 1701 年至 1874 年之間。唐僧寺在 1996 年由趙樸初先生改為「玄奘寺」，可算是與玄奘故里有關的歷史遺跡，2011 年此寺又改回原名唐僧寺。《偃師聚落記》介紹：唐僧寺所在的地方，名白鹿原，相傳因周靈王太子晉（字子喬）曾遇到白鹿引路，去見仙人浮丘公而得名。唐僧寺現在有石碑十通，可以辨認的有明萬曆丙辰年（1616）的「重修唐僧寺碑」，清康熙四十六年（1707）的「修繕唐僧寺碑」，同治十三年（1874）的「唐僧寺上殿又重修碑」，「重修唐僧寺伽藍殿碑」和「紀

〔註 7〕〔清〕湯毓倬、孫星衍編纂：《乾隆版偃師縣誌》，鄭州：中州古籍出版社，2002年，第 48 頁。

念少林寺方丈行政大師紀念碑」等。〔註8〕可見，最晚至明孝宗弘治年間（1488
～1505），玄奘文化就已經在陳河村附近流傳，並被收入《偃師縣志》，這提示
我們，玄奘文化在當地流傳頗久，唐僧寺的出現，要早於萬曆時期。

二、招提寺並不能證明是為玄奘所建

　　溫先生認為玄奘故里應在滑城河村的第二個理由，是《大唐大慈恩寺三藏
法師傳》記載，玄奘少年時，「雖鍾鼓嘈雜於通衢，百戲叫唱於閭巷，士女雲
萃，亦未嘗出也。」〔註9〕由此認為，陳河村只是偏僻的小村，不可能有「通
衢」和「閭巷」，更不可能有「百戲」的熱鬧情景，只有位於緱氏故縣治旁的
滑城河村，才有可能具備此等熱鬧。事實上，如前所述，滑城河附近的緱氏故
縣，早在北魏時期就被廢棄了，到玄奘成長的隋代，早就廢棄一二百年了，其
附近的狀況，並不一定比陳河村好多少。農村如果遇到集市，也是會很熱鬧的，
況且《三藏法師傳》裏講的，也並不一定是指的是在家鄉讀書的情況，所以溫
先生的第二點證據也不能成立。

　　溫玉成先生反對陳河村的第三個理由是，陳河村的陳姓是從滑城河村分
出的：「滑城河村今有500多口人，其中十之四五皆為陳姓。陳河村的陳姓，
大約是明末清初時由滑城河村遷移過去的。乾隆五十八年（1793），滑城河村
陳景鸞中舉人，陳河村曾舉村至滑城河村樹立旗杆以示祝賀。民國二十年至三
十年期間，陳河村人多次來滑城河村續家譜。」〔註10〕這個考證就算正確，也
不能作為證明滑城河的依據。因為中原地區多戰亂，人口遷徙頻繁，今偃師地
方大多數人都是明初從山西洪洞縣遷徙過來的，距離玄奘時代已經七百年，我
們不能據明末清初陳河村的陳姓從滑城河遷來，就推斷唐初時期這裡就沒有
陳姓。筆者翻閱明弘治版和清乾隆版的《偃師縣志》，均未發現陳河村和唐僧
寺村的名字，所以陳河村確實出現甚晚，確有可能如溫玉成教授所言是明末清
初從滑城河村遷來的。唐僧寺至少到乾隆年間也不會是縣內知名的大寺。民國
二十九年（1940）的《偃師全縣圖》中，尚未出現唐僧寺村的名字，可見，唐
僧寺村的出現應該在一九四零年後。

〔註8〕 高獻中、王西明編著：《偃師聚落記（下冊）》，香港：中國文化出版社，2011
　　　年，第96頁。
〔註9〕 〔唐〕慧立、彥悰：《大唐大慈恩寺三藏法師傳》，《大正藏》第50冊，第221
　　　頁。
〔註10〕 溫玉成、劉建華：《玄奘生平幾個問題的再考證》，《文物春秋》，2005年第1期。

洛陽偃師玄奘寺山門

　　溫先生提出的第四個理由，是認為滑城河附近有招提寺，而招提寺遺址出土有《大唐二帝聖教序碑》，此碑於顯慶二年（657）十二月十五日立，高宗時期名家王行滿書丹，當時玄奘在洛陽翻譯佛經，溫先生推測此碑應為朝廷光耀玄奘法師家鄉之舉。這個推測是否合理，還值得再研究，因為玄奘的弟子們對玄奘所受朝廷的恩寵記載頗為詳細，甚至玄奘與太宗、高宗來往的書信內容都記錄在冊，像朝廷賜予剃刀之類的小事都記錄在案，很難想像朝廷榮耀其家鄉，請王行滿這樣的書法大家書寫《二帝聖教序》這樣的大事，慧立和彥悰會略去不寫。所以筆者認為，此碑有可能是朝廷在全國各州推廣流行《二帝聖教序》的結果。史載玄奘曾就給太宗上了《請經論流行表》：

> 然而幽居陋俗，未聞梵響之聲；邊荒遠鄙，詎睹天文之麗。其見譯訖經論，請冠御製《三藏聖教序》及皇太子《述聖記》，宣布遠近，咸使聞知。大郡名州、各施一本。是則道不虛行，法無留滯。慧雲布於遐邇，法雨澍於中外。皇靈享法施之福，永永無窮；黎元阜法財之用，生生無遺。不任誠懇之至，謹奉表陳請以聞。伏願天慈賜垂矜允。〔註11〕

　　玄奘講，皇上雖然寫了序言，可是，非常偏僻的地方，仍然看不到陛下的序文。玄奘啟請將陛下御製的《三藏聖教序》以及皇太子的《述聖記》，在各地宣布，讓遠近都能知道。大郡及各個州，都能分發一本。王行滿書《二帝聖教序》碑在招提寺的出現，提示我們唐廷極有可能批准了玄奘的請求。但朝廷

〔註11〕轉引自陳景富主編：《大慈恩寺寺志》，西安：三秦出版社，2000年，第170頁。

分發給各州的只是書本，並非碑刻，因此招提寺的《二帝聖教序》碑，可能是本寺僧人自行請王行滿書丹的，並非朝廷之舉。

明弘治版《偃師縣志》記載，招提寺建於唐代，但沒有說明是唐代哪個時期，筆者推測可能是地方所建，因為如果招提寺是朝廷為榮耀玄奘故里而敕建，則慧立和彥悰不會不寫。玄奘載譽歸來，受到朝野的矚目，也許其家鄉人建立了招提寺？鑒於招提寺所在的府北村也位於引禮寨附近的「緱氏故縣」東北，所以有這個可能。加之這裡在明清時期是所謂「仙君保」的位置，就位於《續高僧傳》所講的「遊仙鄉」境內。玄奘歸鄉省親遷墳，也許拜訪過位於其家鄉附近的招提寺，那麼招提寺僧請王行滿書寫《二帝聖教序》也就可以理解了。因而筆者認為，招提寺和《大唐二帝聖教序碑》，是玄奘故里最大的實物證據。但還是無法完全證實，因為我們知道當時好多寺廟都有《大唐二帝聖教序碑》。如長安地區除了慈恩寺外，千福寺也有《聖教序》碑：「（千福）寺額上官昭容書。……中三門外東行南，太宗皇帝撰《聖教序》，弘福寺沙門懷仁集王右軍書。」〔註12〕在當時李唐皇室抬高道教的政策下，佛寺藉此抬高佛教的聲勢，因此即使招提寺有《大唐二帝聖教序碑》，也不能證明這裡就是玄奘故里。但如果能證明招提寺是為玄奘而建，則就可證明府北村就是玄奘故里，可惜目前無法證明這一點，只是推測是這樣，還是無法證實。府北村距離滑城河村直線距離一里，但中間有溝壑阻攔，如果玄奘故里在滑城河，而招提寺為玄奘而建，則為何將寺廟不建在滑城河村，而建在府北村的位置呢？故滑城河村為玄奘故里的理由並不充分，現有的證據尚不足以立論。

三、陳河村為玄奘故里不宜動搖

由於將「緱氏故縣」理解為滑國故城，所以溫玉成、馮雙海、肖冰等得出滑城河為玄奘故里的結論。但道宣所講的「緱氏故縣」應該指的是大業十年（614）位於公路澗西（今引禮寨附近）的緱氏故縣。按照這個故縣位置來看，則陳河村、府北村、滑城河村都符合道宣所說的位置。鑒於中原戰亂，人民遷徙頻繁，現在偃師人多是明初從山西遷來的，我們不能因為滑城河有部分人姓陳就斷言玄奘故里就位於滑城河。

陳河村距離周靈王時代王子晉（也稱王子喬）升仙的地點緱山約九公里，可能也屬於道宣所講的「遊仙鄉控鶴里」的地理範圍。陳河村說最為重要的依

<hr />

〔註12〕〔唐〕張彥遠：《歷代名畫記》，杭州：浙江人民美術出版社，2011年，第53頁。

據是，自明代萬曆年間始，陳河村附近就有個「靈巖寺」，裏面碑石記載明代寺內就供奉有「唐僧」之神像。明碑裏的「唐僧」，顯然指的就是玄奘法師。明代保留的早期碑刻資料會比現在多，明人在選擇在陳河村附近的寺廟裏供奉唐僧神位，顯然是認為玄奘故里就在附近，到底有無碑刻資料的依據，現在很難說。此寺在清代早期改為興善寺，清代中期再改稱「唐僧寺」，一直到 1996 年才由趙樸初先生改為「玄奘寺」，一直供奉玄奘的神像，可算是與玄奘故里有關的歷史遺跡。

可知傳統認可的陳河村說也存在證據不足的問題，唐僧寺的名字出現於明代晚期，當地的傳說中有不少穿鑿附會之舉，也不可全信。明人將陳河村附近作為玄奘故里，其根據可靠與否，今天我們也不能肯定。總之，真正的玄奘故里在偃師南部緱山一代是可信的，但現有的資料無法確定具體地點，估計以後也很難將這個問題定的讓大家都無爭議。相比而言，今緱氏陳河村的玄奘故里，從明朝到現在已經四百年，在現有資料無法證實確定的玄奘故里的情況下，稱陳河村為玄奘故里也是尊重傳統的表現。尤其重要的是，陳河村的玄奘故里是原中國佛教協會會長趙樸初老先生拍板認定的，並得到了北京大學季羨林大師的肯定，偃師方面也已經進行了大規模的建設。在這種情況下，承認官方以及中佛協方面認定的陳河村為玄奘故里，是比較妥當的，陳河村為玄奘故里的結論不宜動搖。

第二節　玄奘於此結佛緣：偃師唐僧寺

唐僧寺村距離周靈王時代王子晉（也稱王子喬）升仙的地點緱山約五里，屬於道宣所講的「遊仙鄉控鶴里」的地理範圍，至少從明代萬曆年間始，「唐僧」的故事就在今唐僧寺附近流傳，當地人就認為這個寺廟就是玄奘故里附近的寺廟，幼年的玄奘法師就經常在寺裏接受佛學薰習。

明代緱氏附近流傳著玄奘為父報仇的故事。明代弘治版《偃師縣志》記載：「馬跑泉在縣東南仙君保，昔唐三藏為僧時，往洪州尋母，報父仇，歸至中州，所乘馬刨地得水，故名。」唐僧去洪州尋母和報仇之事，所指即《西遊記》中其父親陳光蕊到洪州為官，途中被強盜殺死，母為強盜霸佔。玄奘長大後，去洪州尋母，並報告官府，為父報仇的故事。這完全是元雜劇《西遊記》的情節演繹的結果。弘治年間，《西遊記》的作者吳承恩尚未誕生，但關於唐僧西天取經的唱本已經在民間流傳。元代「江流兒」故事，明初就與玄奘的身

世聯繫了起來，玄奘的父親也就由歷史中的陳惠變成了文學作品中的陳光蕊。可見縣志的此段所述，雖非歷史事實。但也反映出，隨著唐僧西遊故事的流傳，玄奘故里的群眾已經開始重視玄奘文化，並產生了馬跑泉的傳說。唐僧寺玄奘殿前有一塊明萬曆三十九年（1612）立的「重修伽藍殿碑記」，其中提到「（供奉）唐僧之神」，說明至少在明末，人們就認為唐僧寺（時稱靈巖寺）與玄奘有關，寺廟就供奉有唐僧玄奘的塑像。

偃師唐僧寺位於玄奘故里緱氏鎮唐僧寺村，原名靈巖寺。傳說始建於北魏，《偃師縣志》記載，隋朝大業年間，幼年的玄奘常來靈巖寺聽經和觀法，結下佛緣；玄奘西行前，還曾住持過該寺，並留有門人弟子。明弘治版《偃師縣志》記載：「原初奘將往西域，於靈巖寺見松一株，奘立於庭，以手摩其枝曰：吾西去求佛教，汝可西長；若吾歸，即向東回，使吾弟子知之。及去，其枝年年西指，約長數丈。一年忽東回，門人弟子曰：教主歸矣，乃西迎之，奘果還。至今，眾謂此松為摩頭松。」明代弘治年間編的縣志中稱寺廟為靈巖寺，說明至少到明朝中期，唐僧寺寺仍被稱為靈巖寺。

北宋的《太平寰宇記》記載：「緱氏縣柏谷塢西有二寺，亦在原上。」這裡的「柏谷塢」，就是現在緱氏的柏谷塢村，文中所說的「原」，指的就是偃師緱氏的白鹿原，相傳因周靈王太子晉（字子喬）喜歡打獵，又一次到偃師打獵，射到一頭白鹿的後腿，白鹿跑到緱氏就不見了，太子晉在此卻認識了仙人浮丘公。後來太子晉就在此建立白鹿苑，畫白鹿供奉，本地因此被稱為白鹿原。現在唐僧寺出土兩塊北宋的「佛經尊勝陀羅尼經幢」，一塊是宋太祖乾德四年（966）的，一塊是宋太宗太平興國九年（984）的，說明北宋時期的靈巖寺相當興盛。雖然《太平寰宇記》並未講柏谷塢西白鹿原上二寺的名字，但我們認為，其中一寺，應該就是古靈巖寺。

元代時期，古靈巖寺仍然非常興盛。現在唐僧寺玄奘殿前立有一陀羅尼經幢，有一人多高，保存完好，為大元仁宗皇慶二年（1313）所立，說明當時寺院仍然受到信眾重視。

唐僧寺玄奘殿前有一塊明萬曆三十九年（1612）立的「重修伽藍殿碑記」，其中提到「（供奉）唐僧之神」，說明至少在明末，人們就認為唐僧寺（時稱靈巖寺）與玄奘有關，寺廟就供奉有唐僧玄奘的塑像。山門進去左側小院內還有一塊明萬曆丙辰年（1616）的「積善碑記」，說明萬曆年間靈巖寺至少有兩次修繕，可見當時較為興盛。

明末戰亂，寺廟被毀。清初恢復，被改稱為興善寺。我們推測，靈巖寺改為興善寺，就在明末清初，改朝換代之時。現唐僧寺存有清康熙四十年（1701）的「興善寺建火神廟碑」。還有一塊「興善寺施地碑」，從其風格看，與「重修火神廟碑」是一樣的，應該也是康熙年間的，碑文提到：「唐僧之神，雖屬釋家，既為神矣，必非無補於生成也。」說明寺院至少在清代前期被稱為「興善寺」，並且供奉有玄奘法師像。

至少在清同治年間，開始稱為「唐僧寺」。

唐僧寺現存還有清光緒三十年（1904）的「修繕唐僧寺碑」，碑文記載，此次修繕了唐僧寺大殿、火神殿以及院牆，並將佛像與火神像金妝上彩，說明清末唐僧寺很是興旺。據老人說，清末的唐僧寺規模巨大，殿堂雄偉，有老建築數十間，山門前有大照壁，寬約七米，高約四米，上繪太子晉畋白鹿的故事。山門的中軸線上，建有天王殿、大雄寶殿、白衣殿、伽藍殿等，山門內有鐘鼓樓，寺後有藏經閣，大鐘上刻有「大明萬曆」的字樣。寺內東側是僧人的寮房。後院有古柏一百多株，古碑一百多方。僧人的塔林佔地有五十餘畝。

二十世紀八十年代初的唐僧寺，大部分為唐僧寺小學佔用，寺廟只剩下殿堂兩座：天王殿和玄奘殿。天王殿又稱「下殿」，中間供奉彌勒佛塑像，兩側分塑四大天王。玄奘殿為「上殿」，正中供奉玄奘大師塑像。據老居士席玉龍回憶，原來翻修頂脊時，發現有「乾隆」的字樣，但具體是乾隆幾年則記不清了。可知玄奘殿建於清乾隆年間。現在的唐僧寺，坐北朝南，佔地二十餘畝，南北中軸線上依次為山門、天王殿、鐘鼓樓、玄奘法師銅像、大雄寶殿，大雄寶殿內供奉東方藥師佛、娑婆世界釋迦佛、西方阿彌陀佛。中軸線東側有觀音殿、玉佛殿、地藏殿等；西側則是講經堂、念佛堂等。將唐僧寺恢復為寺廟的是當時在白馬寺擔任住持的海法大師。他深知玄奘大師在歷史上的地位，也深知唐僧寺的歷史價值，乃發願予以重修。他募資收回玄奘寺舊址，並另行徵購了二十畝土地，同時新建了山斗、圍牆、及鐘、鼓二樓。

「唐僧寺」在 1996 年由原中國佛教協會會長趙樸初先生改為「玄奘寺」，現在為尊重歷史，以及配合玄奘故里建設，又恢復了唐僧寺的名字。

在印觀法師的努力下，唐僧寺天王殿落成。2017 年 4 月 8 日（農曆三月十二，星期六）上午九點，舉行天王殿落成及四大天王、伽藍菩薩開光慶典法會。少林寺永信大和尚、開封相國寺心廣大和尚、洛陽白馬寺印樂大和尚、平頂山香山寺宏法大和尚主持了法會，盛況空前。

唐僧寺玄奘墓

　　總結以上唐僧寺的歷史，寺院在明代以前被稱為靈巖寺，清代前期被稱為興善寺，清代後期開始稱為唐僧寺，並一直沿用至今。現在，古老的唐僧寺在印觀法師的帶領下，寺廟的面貌日新月異，將以繼承玄奘精神，弘揚玄奘文化為己任，力圖重現歷史的輝煌，振興唯識宗風。

　　唐僧寺旁有玄奘墓。偃師緱氏唐僧寺同治十三年（1874）的「唐僧寺上殿又重修碑」記載：「唐僧卒藏白鹿原處，確考即此寺也。現去西北數武（六步為一武），尚存有唐僧冢焉。」關於玄奘法師的安葬地點，其弟子慧立、彥悰撰寫的《大唐大慈恩寺三藏法師傳》記載的很清楚：「有敕徙葬法師於樊川北原，營建塔宇。」也就是說，玄奘埋葬在西安南部的樊川白鹿原，這是很清楚的。所以「唐僧寺上殿又重修碑」中所說的玄奘冢，不會是唐代高宗時代埋葬玄奘法師的地方。

　　但是據記載，唐代後期，玄奘舍利塔被黃巢亂軍發掘過。1942 年 2 月 23 日，日本人佔領南京期間，發掘一石函，上面寫有：「大唐三藏大遍覺法師玄奘頂骨，早因黃巢發塔，今長干寺演化大師可政於長安傳得，於此葬之。」宋理宗景定年間的《建康志》卷 46 記載：「端拱元年（988），僧可政往終南山，得唐三藏大遍覺玄奘法師頂骨，為建塔歸瘞於寺。」元順帝至正年間的《金陵志》記載：「塔在寺之東，即葬唐三藏大遍覺玄奘法師頂骨所，金陵可政和尚得之於長安終南山紫閣寺。」我們注意到，被可政大師帶到南京的，只是玄奘法師的頂骨。會不會有靈巖寺的僧人也像可政法師那樣，把玄奘法師身骨請來呢？這種可能性是有的。

　　歷史上的唐僧寺規模宏大，殿宇壯觀、香火旺盛。然千百年來，寺院幾經興衰，建築多遭破壞，至民國初年，僅存兩座殿堂（今是省文物保護）：天王殿和玄奘殿。天王殿又稱「下殿」，中間供奉彌勒佛塑像，兩側分塑四大天王。玄奘殿為「上殿」，正中供奉玄奘大師塑像。據老居士席玉龍回憶，原來翻修頂脊時，發現有「乾隆」的字樣，但具體是乾隆幾年則記不清了。可知玄奘殿建於清乾隆年間。二十世紀八十年代，開始落實黨的宗教政策，河南出家女眾多，卻沒有一個可供女眾修學的道場，比丘尼多群住在白馬寺西院。二十世紀八十年代初的唐僧寺，大部分為唐僧寺小學佔用，寺廟只剩下殿堂兩座一九九零年二月，河南省佛教協會會長，白馬寺方丈海法老和尚，悲念女眾修行之艱辛，發心重振千年古剎，遂派印定、印觀等十餘位尼僧入住。當時該寺只有半畝地，並為唐僧寺村小學佔用共住，尼僧們擠住在幾間破舊漏雨的危房內，吃水，去村裏挑，做飯在一米寬，半露天的小道里，遇到下雨天，只能撐傘做飯，但印定、印觀二位法師及眾位師父，不畏艱辛，發下宏願：「要繼承玄奘大師百折不撓的求法精神，恢復重建千年古剎唐僧寺」。她們嚴持戒律，節食縮衣，克服千難萬苦，歷經磨難挫折，發揮大智大勇，擔當起重於嵩嶽的責任，尋殘碑、找遺存、籌資金、募善款、興土木、重建古寺。在印定、印觀兩位法師的多方努力和白馬寺海法老和尚的大力資助下，收回唐僧寺舊址，一九九一年出資建校搬遷寺內小學，使寺院面積擴至十七畝；一九九二年又徵地六畝，將寺院面積擴至二十三畝，其後打井，架電線，壘圍牆，自種自食，如法修行，贏得四方信眾的支持與配合，僧俗弟子一起動手填坑、修路、拉沙、和泥，開始了唐僧寺的重建工程。其後打井，架電線，壘圍牆，自種自食，如法修行，贏得四方信眾的支持與配合，僧俗弟子一起動手填坑、修路、拉沙、和泥，開始了玄奘寺的重建工程。

　　印定、印觀法師智慧運籌，集腋成裘，風雨不辭，寒暑不輟。在白馬寺海法老和尚的支持下，一九九六年啟建山門、鍾鼓樓、客堂、齋堂、僧房。1996年，時任中國佛教協會會長的趙樸初老來到唐僧寺，並提議更名為「玄奘寺」，並親自題寫了「玄奘寺」寺名。

　　1997年11月海法和尚圓寂後，白馬寺不再出資支持唐僧寺，唐僧寺在印定和印觀法師的帶領下走上了獨立發展的道路。二零零零年，在印觀法師的籌措下，開封市古觀音寺心廣大和尚的資助下，四月八日動工，於2000年建成了大雄寶殿，上下兩層，年終建成。氣勢恢宏、金碧輝煌的大雄寶殿拔地而起，

寺院其他殿堂也相繼落成。2001 年建成了客堂（今茶室），2005 年建成了玉佛殿、伽藍殿、財神殿，2006 年塑像，並請來玉佛安住。當時白馬寺塔院一尊，唐僧寺一尊。2006 年冬，玄奘銅像建成，高 6.9 米。2007 年千手觀音殿、藥師佛殿、放生池等建成。為解決吃水的問題，建成了水塔；為解決居住問題，建成了 25 間的僧房。2008 年增添了大雄寶殿前的寶鼎和香爐。

現在的唐僧寺，沿中軸線由南至北依次為山門、鐘、鼓樓、蓮花甬道、6.9 米高的玄奘大師銅像、天王殿、七層寶鼎、大雄寶殿；中軸線東側依次為送子觀音殿、伽藍菩薩殿、玉佛殿、藥師佛殿、地藏殿、客堂、齋堂、僧院；中軸線西側為清代的天王殿和古玄奘殿、講經堂、念佛堂、寮房等。殿堂落成之際，僧眾又分別塑聖像、妝金身、開祥光、展文化。三世佛、東方三聖、西方三聖、千手觀音、自在觀音、地藏菩薩、彌勒菩薩、四大天王、韋陀菩薩、銅鐘、雲板、魚邦、寶鼎、香爐、千佛燈塔等。人有文化、地有綠化，同時，在印定、印觀兩位法師的率領下僧俗一道鋪設路徑、綠化美化環境。大家一塊磚、一鍬沙、血水和著汗水，用了二十餘年的青春年華，鋪設澆灌成了今天的規模。

新世紀以來，唐僧寺曾先後考慮迎請南陽桐柏水簾寺的妙俠法師、臺灣的印德法師住持唐僧寺，但因種種因緣不足，沒有持續下去。印定法師也於 2010 年去天津住寺，離開了洛陽。

印定法師離開唐僧寺後，印觀法師帶領僧俗，於 2012 年建成了天王殿，並雕刻了二十四孝圖。2013 年增加了石拱桌，並迎請了一套龍藏。2018 年農曆 3 月 12 日，天王殿開光。在住持印觀法師的努力下，唐僧寺天王殿落成。2017 年 4 月 8 日（農曆三月十二，星期六）上午九點，舉行天王殿落成及四大天王、伽藍菩薩開光慶典法會。少林寺永信大和尚、開封相國寺心廣大和尚、洛陽白馬寺印樂大和尚、平頂山香山寺宏法大和尚主持了法會，盛況空前。

如今的唐僧寺，在住持印觀法師的帶領下，已建成為一座坐北朝南，建築錯落有致，成長方形院落，東西寬九十餘米，南北長一百三十餘米，總建築面積約五千平方米，投資數千萬元的大型寺廟。寺廟布局嚴謹，氣勢恢宏，僧俗弟子戒行清淨，秉承玄奘大師求法的卓絕精神，已成為十方信眾修學及觀光的聖地。1996 年，中國佛教協會會長趙樸初老居士拜謁唐僧寺時，曾提議更名為「玄奘寺」並親題「玄奘寺」匾額。現在為尊重歷史，以及配合玄奘故里建設，又恢復了唐僧寺的名字。

總結以上唐僧寺的歷史，寺院在明代以前被稱為靈嚴寺，清代前期被稱為興善寺，清代後期開始稱為唐僧寺，並一直沿用至今。現在，古老的唐僧寺在住持印觀法師的帶領下，寺院的面貌日新月異，將以繼承玄奘精神，弘揚玄奘文化為己任，力圖重現歷史的輝煌，振興唯識宗風。寺古前朝建，佛靈歷代傳，因緣也！

現在唐僧寺常住尼僧六位：釋印觀（住持）、釋演青、釋妙如、釋妙緣、釋妙靜、釋妙賢，印觀法師簡介：印觀法師，原籍南陽桐柏縣。在 1983 年於南陽桐柏縣太白頂桃花洞依海鶴法師（女）出家，出家後到開封佛學社學習佛學知識。83 年 2 月當時佛學社的淨嚴法師正在開封辦女眾學習班（淨嚴法師是民國四大高僧之一的太虛法師的嫡傳弟子），當時擔任教師的有永定（來自少林寺）、海智、印恭、真廓等。就辦了一期，學僧二十多人，印觀法師是其中之一。1983 年，淨嚴法師為印觀傳大戒，賜法名心照。

第三節　玄奘名字的爭議 〔註13〕

玄奘關於玄奘俗名究竟是「陳禕」還是「陳褘」一直有所爭議。玄奘本姓陳，這是沒有疑義的。《舊唐書》中就有記載：「僧玄奘，姓陳氏」但是，他的名字卻總說紛紜。有人說名「禕（yī），有人說名「褘（huī）」。認同他叫陳褘的，有《中國歷史大辭典》《中國大百科全書·中國歷史》等工具書。而認為他叫陳禕的，有《辭海》《中國佛教百科全書》等工具書，還有錢文忠教授的《玄奘西遊記》等著述。

造成玄奘俗名說法不一的原因，主要是當時官方的史書沒有一個明確的記載。除了《舊唐書》提到玄奘的姓氏外，《新唐書》中再沒有說及，這就造成了沒有一個權威說法的狀態。而對「禕」和「褘」兩字的考證，也顯得各有其理。

認為應該用「禕」的理由是：「禕」字作為玄奘的俗名，應該出自《禮記》中的句子「夫人副（古代貴族婦女的頭飾）禕」，『禕』義為一種服飾（或說祭服）。玄奘的二哥長捷法師俗名陳素，「素」字也是出自《禮記》中的句子「大夫素帶」，「素」義為白色的生絹（帶），也是一種服飾。這種親兄弟間名字出自同一古籍的原則，應該是有力的證據。

〔註13〕本節由洛陽考古院商春芳撰寫。

認為應該用「禕」的理由是：（一）「禕」為美好之義，且多用於人名；而「褘」為古時王後的一種祭服。（二）玄奘的「奘」字，為壯大之義，根據古人名與字相配的原理，大與美相承，從意義上看「禕」字更加合理。（三）「禕」和「褘」兩字，一個為示字旁，一個為衣字旁，由於這兩個偏旁十分接近，古代常常混用，「褘」字可能是「禕「字的誤寫，如漢碑、敦煌寫卷、唐石經上都是這樣，其實都屬於別字。

否認玄奘名「褘」的人，還有幾點推論：其一，如果因為辭書上說「禕」字「多用於人名」，就認定肯定是這個字，這就不對了。因為一個字在大部分的文獻裏只是用於人名，可以得出結論此字「多用於人名」；但是如果因為某個字「多用於人名」，就認定某歷史人物的名字就是這個字，這樣的反推在邏輯上是不成立的。其二，所謂用「禕」字是「大與美相承」，是把古人名、字相配的原則用錯了地方，因為僧人的法號是不必配合俗名的。比如近代高僧弘一法師，本名李叔同，法號與名字，其間並沒有什麼聯繫。其三，「禕和褘兩字，由於偏旁相近，古代常常混用」，時有這種可能。但是在這種情況下，往往會特意將「褘」字寫成「禕」字。因為作為刻石版刻工，一般不會願意費工多刻一筆，而總是希望省力少刻一筆的。更何況還有另外一種可能，就是後人因尊者諱而故意缺筆，於是給後世造成了誤會。因此，不論是從取名的用意，還是從刻石刻經版的混用方面說，玄奘的俗名都應是「陳禕」。

當然，即使認為玄奘的俗名叫「陳褘」，也不能說就是錯的。在這方面，錢文忠教授的《玄奘西遊記》做的比較到位，他在正文裏都用「陳褘」，但在旁邊加個括號，裏面注明也作「禕」。錢教授解釋說：「為什麼這麼講？因為只有一個地方講他叫陳禕，另外四個同時代的文獻講他叫陳褘，而我們在沒有足夠多的證據情況下，只能取多的一個，不能拿少的否定多的」，這是學術研究應取的嚴謹態度。

第四節　出家隋唐城淨土寺

玄奘法師，俗名姓陳，單名褘，生於隋仁壽二年，即公元 602 年。〔註14〕今河南省洛陽市偃師縣人。是漢朝太丘長陳寔（104～187 年）（字仲弓）的後裔。曾祖父陳欽，曾任北魏上黨太守。祖父陳康，以學優出仕北齊，任國子博

〔註14〕楊維中：《中國唯識宗通史》，南京：鳳凰出版集團，2008 年 7 月，第 380 頁。

士，食邑周南（今河南省洛陽市）。父親陳惠，身高體壯、美目俊朗，平時潛心學習，博覽經書，為時人之所景仰。陳惠曾做過江陵的縣官，後來隋朝衰亡，便隱居鄉間，託病不出，為當時的有識之士，大家都稱讚他的志節。陳惠共生四子，玄師是他的第四個兒子。

玄奘法師五歲時母親去世，童年失去母親的庇護，使得年幼的小陳禕年少老成，和其他同齡的小孩不一樣，特別喜歡看書，八歲的時候，父親開始教他讀《孝經》。有一天，當父親講到「曾子避席」時，幼小的陳禕忽然整衣而起，父親問他為何起立時，他說：「曾子聞師命而避席，我做兒子的今天聽到父親的教誨，怎麼可以坐著不動呢？」父親聽了很高興，知道他日後必成大器，於是更加認真地教他，不但教他《孝經》，還有其他的經典。父親把這個故事告訴宗人，大家都覺得小陳禕非常早慧，紛紛向陳惠道賀，認為他日後必定能通經深奧，有所作為。

自此以後，小陳禕在父親的教導下，崇尚古聖先賢。他從小就喜歡安靜，即使門外鑼鼓喧天，百戲雜陳，士女雲集，熱鬧非凡，他也能毫不動心，專心學習。當地人相傳，緱氏有一個古靈巖寺，今天名為唐僧寺，玄奘法師兒時酷愛學習，據說如果不是正經的典籍，他就不看，不是聖哲的言行，他就不學。他不與庸常稚童交朋友，不到喧囂的街巷去玩耍，所以在學習之外，經常到靈巖寺聽法，接受佛法的薰習。從小就養成了很好的品質，平常總是溫和待人，做事淳厚樸實而謹慎。

玄奘的二哥陳素先出家，法號長捷，住在東都洛陽的淨土寺（遺址位於今李樓鄉樓村）。小陳禕十歲那年，應該是隋煬帝大業八年（611），父親因病去世，他便跟隨二哥一起住在淨土寺，早晚誦習佛經。

玄奘幼年的隋代，是中國歷史上特別崇尚佛法的朝代，開國皇帝隋文帝楊堅，從小就是在佛寺裏被尼姑養大，其獲得皇位，被認為承佛之力頗大。故楊堅稱帝後，即大興佛法。隋煬帝遷都洛陽後，在洛河南建立翻經館，翻譯佛經，洛陽接替長安成為新的佛教中心。小陳禕十三歲時（614 年），正值隋煬帝下詔，要在洛陽剃度十四人出家為僧，當時出家還需要考試。小陳禕因年幼不能應試，被拒於公門之外。這時負責度僧的大理寺卿鄭善果見他徘徊不去，便問他是誰家的孩子，陳禕自報家門。鄭善果又好奇地問道：「為何在此徘徊不走？想要出家嗎？」陳禕立即回答說：「是。可是我學習佛法的時間很短，所以沒有資格去考試。」鄭善果接著問：「那你為什麼想要出家？」小陳禕昂

然回答道：「為了繼承如來的志業，將佛教發揚廣大！」鄭善果聽後大為驚歎，又見他相貌不凡，就破格錄取了他。鄭善果對屬下解釋說：「文字記誦的工夫容易練成，但是先天的風骨難得。如果剃度這個孩子，將來他必定會成為佛門龍象。」

　　玄奘出家以後，繼續與二哥同住隋洛陽城淨土寺。在淨土寺時，玄奘聽慧景法師講《大般涅槃經》，好學不倦，甚至廢寢忘食。當時隋煬帝召集天下高僧到洛陽，建立了慧日等四大道場，一時間洛陽高僧雲集，佛法興盛，玄奘孜孜不倦地到各個道場聽課，認真鑽研，加之本身就聰明異常，又隨慧嚴法師講《攝大乘論》，這是一部印度瑜伽行派大師無著的名著，非常艱深，然而年少的玄奘法師一聽就懂，再看一遍之後便過目不忘。大家對他的才智，都很驚異，都認為他宿世就曾學習過此經。於是大家就請年僅十三歲的玄奘登座講法，玄奘法師將《攝大乘論》講的非常透徹，甚至不久以後，只要遇到不理解的地方，都跑去請教玄奘。於是玄奘的聲名很快就傳遍了洛陽，這一年他才十三歲。

　　兩年以後，隋朝失去了對政局的控制，天下沸騰，義兵四起，「帝城為桀跖之窠。河洛為豺狼之穴。」王世充佔據洛陽，與李密的瓦崗軍長期鏖戰，到處兵荒馬亂，屍骸遍野，煙火斷絕。當時的奘師雖然年幼，但也看得出要盡早離開，就對二哥說：「這裡雖然是我們的故鄉，但天下這麼亂，我們不能留在這裡等死。聽說唐主李淵攻佔了長安，他一向很愛護百姓，受到百姓歡迎，也許我們可以投奔到那裏。」長捷法師覺得有道理，就帶著玄奘離開淨土寺，奔向長安。李淵建立唐國的時間是武德元年（618），所以玄奘去長安可能就是武德元年。如此算起來，玄奘在洛陽淨土寺前後住了七八年之久。

第二章　拜師求法

第一節　拜師學經

　　玄奘與二哥長捷法師一起到達長安，住在莊嚴寺，卻發現長安剛剛經過征戰，雖有寺廟，卻無法席。當時四川地區比較安寧，所以很多僧人都到成都去了。於是玄奘法師建議長捷法師說，這裡沒有法事，我們不能在這裡虛度光陰，不如我們一起去蜀地吧。可見玄奘法師很早就認識到了光陰飛度，人在世時間短暫，不願虛度光陰。

　　於是二人再次啟程，經子午谷先到漢中。結果在路上碰到了早先在洛陽慧日道場講法的慧景法師，當時他與一位「空法師」結伴也是去成都，他鄉遇故知，雙方都悲喜交加，於是在漢中停留一個多月，向兩位法師學習，然後一起結伴前往成都。在從漢中到成都的路上，玄奘仍然經常向他們請教，將《攝論》與《毗曇》各研習了一遍。

　　《三藏法師傳》記載：「時天下饑亂，唯蜀中豐靜，故四方僧投之者眾，講座之下常數百人。」說當時天下大亂，到處都是饑荒，只有四川安靜，衣食無憂，所以各地名僧都逃到了四川，成都的法席，經常有數百人之多，成都已經成為當時的弘法中心。玄奘在那裏聽寶暹法師講《攝論》，向道基法師學《毗曇》，寶暹和道基都是曾在洛陽四大道場講過經的高僧，玄奘在洛陽時就認識他們，到成都再次向他們學習。在成都玄奘還向道振學《迦旃延阿毗曇》。這樣，在二三年間，玄奘大師窮通諸部，他無論學那部經論，都務必窮根究底、條疏枝幹。道基法師常感歎說，我年輕時就到處講課參學，從來沒有見過這麼

聰明好學的人才。這種窮根究底的求學態度，是玄奘大師後來成功的一個關鍵素質。

唐武德五年（622），玄奘年滿 20 歲，他在成都大慈寺受了具足戒，由沙彌變成為了一名正式的僧人。楊維中認為，僧人在受具足戒後，一般應有一兩年學習戒律的時間，因此，玄奘法師在成都至少應該住了五年之久。他離開成都應該是在二十二歲之後。〔註1〕

玄奘大師在成都學習了戒律之後，覺得成都的大德都已參學完畢，便打算去京城參學。打算離開成都。這時，他的哥哥長捷法師因為善於講解《涅槃》、《攝論》、《阿毗曇》，又通歷史典籍，又熟悉老莊道家的學問，加之身材高大，長相俊美，受到成都高官的賞識，將他留在了成都，可能住錫的是成都南部的空慧寺。玄奘幾次想走，長捷法師都挽留。玄奘不得已，私下搭乘長江的商船，東下荊州。

玄奘法師離開四川的原因，《三藏法師傳》說是「研綜既窮」，就是已經把成都諸大德的學問都已經學過，沒有再停留的必要了。他是個不滿足的人，要到別處去求學。《續高僧傳》記載玄奘在空慧寺曾經給哥哥長捷法師講：「學貴經遠，義重疏通，鑽仰一方，未成探賾。」認為學問需要多方訪學，只在一地是不能深入經藏之大海的。《續高僧傳》還說，玄奘此行，「經途所及，荊楊等州，訪逮道陰，莫知歸詣。」就是說他並沒有確定的目的地，就是去到處訪求高僧，找不到高僧，就自己講學弘法。

玄奘法師大約在武德七年（624）到達在荊州，住在天皇寺。他的到來，受到了荊州漢陽王的歡迎與接待，《三藏法師傳》記載，當時駐守荊州的漢陽王「聞法師至，甚歡，躬身禮謁，發題之日，王率群僚及道俗、一藝之士，咸並齊觀。……王也稱歎無極，親施如山，一無所取。」權貴的熱烈歡迎，說明那時玄奘已經在圈內小有名氣。他在荊州至少停留半年以上，因為他在此地「講《攝論》、《毗曇》，自夏迄冬，各得三遍。」

玄奘法師於武德八年（625）離開荊州，前往揚州，在揚州停留數月並講法。當時江南名僧智琰，在聽完玄奘法師的講座之後，「泣而歎曰：豈期以桑榆未光，得遇大陽初輝乎！遂以縱心之年，師奘卒禮。」「縱心之年」就是孔子說的「從心所欲不逾矩」，為七十歲以上。智琰以七十多歲的高齡，拜年僅

〔註 1〕 楊維中：《中國唯識宗通史》，南京：鳳凰出版集團，2008 年 7 月，第 385 頁。

23 歲的玄奘為師，足見當時玄奘法師的學識，已經達到國內的頂尖水平。

　　武德九年（626），玄奘法師又到了趙州，即今天的河北石家莊趙縣附近，從學於道深法師長達十個月之久，道深是河北地區研究《成實論》的大師。在該年年末，他又南下相州（今安陽附近），從學於慧休，慧休是著名的地論師靈裕的弟子，當時住錫相州雲門寺，時間長達八個月，當是去學習著名的《十地經論》。《續高僧傳》記載：「玄奘又往沙門慧休焉。休不面生來，相逢若舊，去師資禮等法朋。」慧休與玄奘一見如故，相逢若舊，沒有擺老師的架子，而是與他以朋友相處。交流之後，又驚異於玄奘的學識，稱讚他說「希世若人，爾其是也」。說人家說的天才，就是像你這樣的人吧。

　　在貞觀元年（627）秋天，玄奘到了長安，這時，大唐已經建立十年，長安講席又開，玄奘法師入長安大覺寺，跟從道岳學習《俱舍論》，只聽了一遍就領會了道岳的講解。後又跟名僧法常、僧辯學習《攝大乘論》，再跟玄會學習《大涅槃經》等。

第二節　玄奘在國內的師承

　　玄奘在國內的師承，主要是地論系統和攝論系統。需要注意的是，當玄奘在從湖北荊州東下揚州時，禪宗四祖道信法師於武德七年（624）已經在湖北黃梅雙峰山建立道場，傳播禪宗文化，但卻沒有引起玄奘的注意。他對於當時流行的中國化的天台宗和三論宗也似乎沒有興趣。臺灣玄奘大學的昭慧法師認為，玄奘在遊學中的揀擇，似乎集中在有宗，注重邏輯與次第，不大認同大而無當的玄學風格。〔註2〕玄奘師承的有宗地論系和攝論系可以追溯到菩提流支、勒那摩提、佛陀扇多、真諦。

1. 菩提流支

　　菩提流支，為世親的嫡傳弟子，其傳承為：彌勒─無著─世親─金剛仙─無盡意─聖濟─菩提流支。流支於北魏永平初年，即 508 年來到洛陽，翻出《十地經論》、《入楞伽經》、《深密解脫經》等著名的唯識經典。勒那摩提與菩提流支同一年來到洛陽，他也參與翻譯了《十地經論》，並培養了一批傑出的弟子。

〔註 2〕昭慧法師：《「詳考其理，各擅宗塗──玄奘西行求法的原委」》，2001 年 11 月「第三屆玄奘國際學術研討會論文」。

2. 佛陀扇多

佛陀扇多也是當時北魏譯場的著名高僧，多數學者認為，他即是少林寺的建立者跋陀。他先後在洛陽白馬寺以及東魏鄴城的金華寺譯經，參與了《十地經論》的翻譯，並獨立譯出《攝大乘論》兩卷。這些唯識經典中，需要簡單介紹一下《十地經論》。《十地經論》本是對《華嚴經》裏《十地品》注解，但由於注解者是著名的瑜伽行派大師（唯識學派）世親，故里面有大量的唯識思想，故也可以視為唯識經典。

主要唯識經典的譯出，為唯識思想的發展準備了前提條件，而高僧們的傳法活動，則為唯識思想的傳播、唯識學派的形成準備了組織條件。菩提流支培養出了道寵等著名弟子，而勒那摩提則在培養弟子方面更為傑出，培養出了慧光、僧達等著名弟子。勒那摩提圓寂於洛陽，菩提流支則隨東魏朝廷到了鄴城，於東魏初年圓寂。

3. 南北道地論師

以菩提流支的弟子道寵及其弟子為首，以《十地經論》為研究中心形成了「地論北道」；以勒那摩提的弟子慧光及其弟子為首，以《十地經論》為研究中心而形成了「地論南道」；南道與北道的劃分，據楊維中先生的考證，鄴城（相州）有兩條通往洛陽的官道，一條位于鄴城北，一條位于鄴城南，道寵僧團居於北道，慧光僧團居於南道。

4. 北道地論師

僧休，雍州人，今陝西鳳翔一帶。他是道寵的弟子，屬於北道地論師。先是在河北清河縣弘法，北周武帝滅法期間，他潛伏於清河民間。578年周宣帝即位，恢復佛教，僧休遂在洛陽陟岵寺（今少林寺）弘法，隋朝建立，他作為「六大德」之一，被隋王朝請到長安，帶弟子寶襲等住錫大興善寺。

5. 南道地論師

淨影慧遠，師承慧光的弟子法上，屬於南道地論師的第三代。他也是隋代奉詔入京的「六大德」之一，且是帶領十位弟子一同入長安的。慧遠在關中弟子眾多，知名的有慧遷、靈璨、明璨、寶儒、僧昕、寶安、善冑、慧暢、辯相、道嵩、道顏、智嶷、淨業等。屬於第四代地論師。

6. 玄奘在相州的老師慧休

慧休是靈裕的弟子，其師承為：勒那摩提——慧光——道憑——靈裕——慧休——玄奘。玄奘為南道地論師第五代弟子。

7. 玄奘在成都的老師寶暹

隋朝費長房《歷代三寶記》卷十二記載：「時屬相州沙門寶暹（道邃、智周、僧威、法寶、僧曇、智照、僧律等十有一人）以齊武平六年（575）相結西遊，往還七載，凡得梵經二百六十部。回到突厥，聞周滅齊，並毀佛法，退則不可，進無所歸，遷延彼間，遂逢至德，如渴值飲，若暗遇明。」寶暹的西行求經的經歷，一定對玄奘有直接的影響，但其師承不明。

但我們推測，寶暹可能是北道地論師的傳承，他有可能就是北道地論師系統的寶襲。因為後來玄奘即使從印度歸來以後，也念念不忘去嵩山譯經，原因是「少林寺、閒居寺，為菩提流支三藏譯經之處也。」可見，玄奘對北道地論師的祖師菩提流支，有著特殊的感情。菩提流支——道寵——僧休——寶襲（寶暹）——玄奘。若然，玄奘當為北道地論師第四代弟子。

8. 南朝攝論宗的傳播

唯識思想的傳播，並非只有地論學派一條路子。比地論學的弘揚稍晚，以南方的廣州為中心，興起了影響深遠的攝論學派。地論學派可以說一半是唯識思想，一半是華嚴思想，華嚴的成分還更多些，但攝論學則主要是唯識思想，相比更為純粹些。

正在扶南弘法的印度僧人真諦受到梁武帝的邀請。於大同元年即 546 年來到中國。然機緣不成熟，他到南京後不久，侯景之亂爆發，真諦只好過上了顛沛流離的生活。他先後在浙江富春、江西南昌、南康、福建泉州、廣東廣州等地譯經弘法，備受艱辛。期間曾一度心灰意冷，渡海南歸，不意船隻被颱風又吹回了廣東。他受到廣州刺史歐陽頠的禮敬，漂泊十六年的真諦被安頓在廣州制旨寺，他在人生的這最後七年才算得到一個比較安定的譯經環境。

雖然條件艱苦，真諦還是成功地翻譯出了大量的佛經，尤其是唯識類經典，並培養出了一批傑出的弟子，奠定了了攝論學派的基礎。真諦後來與鳩摩羅什、玄奘、義淨、不空一起被尊為中國佛教「五大譯師」。真諦所譯的經典中，以《攝大乘論》與《俱舍論》最為重要。《攝大乘論》本身篇幅並不大，但唯識學的主要思想，都提綱挈領地蘊含其中。後來真諦的弟子們就是以此論為闡揚的中心而形成的攝論學派。

真諦弟子眾多，主要有智愷、曹毗、法泰、智敫、道尼、智文、僧宗、法準、僧忍、慧曠、警韶、智休、智品、明勇、智休、韻師等，可謂人才輩出。後來大師兄智愷圓寂後，真諦也自覺不能長久，於是強忍悲痛召集弟子發誓弘

揚《攝大乘論》與《俱舍論》，讓兩論「誓無斷絕。」成為了第一代攝論師。

真諦在智愷圓寂四個月後也圓寂了。其弟子們各奔東西，在大江南北創立了一個個弘揚攝論的中心。如法泰在建康（今南京），僧宗、道尼在九江、曹毗在江都（今揚州）、智敫在廣州都建立了弘法基地。

隋代地論師之首為曇遷，他師承慧光的弟子曇遵，南道地論師第三代。本在北方弘法。但北周武帝攻滅北齊，力行滅佛，他被迫逃往南陳，在建康他得到了真諦翻譯的《攝大乘論》，精研數年，頗有所獲，聽聞隋朝建立，便北上彭城（今徐州），在徐州弘揚《攝論》數年，在開皇七年作為「六大德」之一，奉詔西進長安，入住大興善寺，弘揚《攝大乘論》。這樣，他出身於地論師，弘揚攝論並無確定師承，卻成了北方地論學派與南方攝論學派相融合的代表性人物。

曇遷到了關中後，極得隋文帝的賞識，隨即被任命為「昭玄大沙門統」，取代了僧猛。曇遷為隋代佛教的發展做出了很大貢獻，大業三年（607）圓寂，葬於終南山勝光寺。曇遷弟子眾多，知名的有隨他一起進入長安的弟子靜凝，還有他在關中弘法時所收的弟子明馭、道哲、道英、玄琬等。

9. 道尼

真諦的弟子中，北上長安的是道尼，他是正宗南方攝論師北上弘法的代表。他在長安弟子眾多，知名的有智光和道岳。智光於開皇十年（590）隨道尼進入長安，住於大興善寺，他直到唐朝初年仍在京師弘揚《攝大乘論》。道岳則先是到關中太白山慧安處隱居，潛心研讀《俱舍論》兩年，但一直不得法。

他於是請人去廣州智愷的住寺尋找資料，果然大有收穫，找到了祖師爺真諦所作的《俱舍論疏》六十卷，《十八部論疏》十卷。又研讀一年，自覺已經通達無礙，便辭別太白慧安，下山宣講《俱舍論》，並於大業八年（612）被召入長安大禪定寺，弘揚《攝大乘論》與《俱舍論》。唐武德八年（625），年輕的求學僧玄奘曾入長安向道岳學習《俱舍論》。這個傳承譜系為：

真諦—道尼—道岳—玄奘，玄奘為攝論宗第三代弟子。

10. 靖嵩

北齊人，北齊末年就已經是享譽一時的名僧。北齊滅國，他逃到南陳的都城建康，接觸到了真諦所譯的《攝大乘論》與《俱舍論》，於是拜真諦的弟子法泰為師，成為了第二代攝論師，靖嵩後來北上徐州，將徐州建成了當時弘

傳攝論的著名中心。靖嵩雖然沒有親自到關中，但他曾著有《攝論疏》等唯識著作，被跟隨文帝東巡的僧人帶回長安，在關中一帶傳播。靖嵩弟子眾多，智凝、道基、道因屬於第三代攝論師，都曾到長安弘揚《攝大乘論》。

其中，道基原來在洛陽時，就是玄奘的老師，玄奘和其一起到了長安，後來一度分開。到成都時玄奘繼續跟隨道基學習《雜阿毗曇心論》《阿毗曇論》《婆沙廣論》《雜心玄義》。「道基每顧而歎曰：余少游講肆多矣，未見少年神悟若斯人也。」

玄奘的第二個攝論宗傳承為：真諦—法泰—靖嵩—道基—玄奘。按這個系統，玄奘為攝論宗第四代弟子。總之，玄奘在國內的師承，可總結如下：

1. 勒那摩提—慧光—道憑—靈裕—慧休—玄奘。玄奘為南道地論師第五代弟子。

2. 菩提流支—道寵—僧休—寶襲（寶暹）—玄奘。玄奘當為北道地論師第四代弟子。

3. 真諦—道尼—道岳—玄奘，玄奘為攝論宗第三代弟子。

4. 真諦—法泰—靖嵩—道基—玄奘。玄奘為攝論宗第四代弟子。

綜上所述，隋唐之際，攝論思想的傳播如火如荼，十分興盛，在長安則以大興善寺與大禪定寺為攝論思想傳播的重鎮。加之正在北方傳播的地論學，長安成為全國最重要的唯識學研究基地。隨著隋唐大一統王朝的建立，南方攝論思想與北方地論思想的統一趨勢也十分明顯。

綜上可知，玄奘幾乎已經將國內有宗大德都拜訪過，拜訪過的老師有南方的攝論師，北方的地論師，小乘的成實師，大乘的涅槃師等國內著名的義學流派，在國內已經沒有高明的老師可以再訪求了。

同時，但地論和攝論兩種思想體系畢竟有明顯的差別。這兩派僧人在世界的本原是「一心」方面有共識，但對於這個「一心」究竟是阿賴耶識還是如來藏清淨心、阿賴耶識是染還是淨、在阿賴耶識之上是不是還有個第九識——庵摩羅識等等重大理論問題上出現了較大的爭議；同時，從印度傳來的佛經如《瑜伽師地論》等常有不全，這使得對佛教義理窮根求源的玄奘法師很苦惱，他在出國前已經到全國南北各處參學，可以說已經將當時的大德的知識都學了，但還是不能解決上述問題。而佛教分裂為南北二道，紛紜爭論達數百年，恰好聽來華的印度僧人說在印度的那爛陀寺有高僧戒賢，解《瑜伽師地論》當世獨步，於是就誓死西行。

第三節　西行取經

　　玄奘西天取經，歷盡艱辛，幾度遭難，險失姓命。可是他以大無畏的精神，勇往直前，最終取得成功。

一、從玉門到中亞

　　玄奘法師在莫賀延磧大沙漠遇到了第一個生命危險。由於沒有找到野馬河，玄奘不得不到沙溝裏取水，結果不慎將袋弄翻，所帶的水盡沒。如果這時返回還來得及，但玄奘大師發下誓願：寧願前進一步死，不願後退半步生。他一路念著《心經》，求觀世音菩薩保佑，一邊艱難前行。這樣走了五日四夜，滴水未進，粒米未食，終於人困馬乏，倒臥沙海，昏迷不省，到了第五日夜，玄奘為寒風吹醒，又勉強前行二十多里地，再次昏倒，醒後掙扎再起，隨馬而走，終於在將要倒斃的前夕找到了一塊有水的草地，於是在那裏休息了一天，恢復了體力，又走了兩天，走出了沙漠。

唐僧寺玄奘法師像

　　玄奘來到今喀布爾附近，這裡當時叫做迦畢試國，盛行小乘說出世部，玄奘到來後，受到了國王和僧人們的熱情歡迎，甚至還發生了各所寺院「爭奪」玄奘的盛況，正在大家你一言我一語相持不下時，一位僧人突然大聲喊道：「我

寺本漢天子兒所作，今從彼來，先宜過我寺！」意思是說，我們這所寺廟原本就是漢朝皇帝的兒子所修建，現在法師從漢地來，理應先住在我們這裡！迦畢試國地處中亞和印度交界處，離中原萬里之遙，居然會有一位漢人天子的兒子在這裡修建寺廟！這個王子為何會來到迦畢試國，又為何要建造這座廟，當中又發生了怎樣的故事？簡簡單單的一句話，頓時勾起了玄奘強烈的好奇心。原來，那個喊話僧人所在的寺廟名叫質子伽藍，質子，顧名思義，就是人質，伽藍，就是廟，即一座用來居住人質的廟。在當地語言中，這座廟還有另外一個名字，叫沙落迦，翻譯成漢語正是洛陽，所以這座廟又叫洛陽寺。洛陽是玄奘從小生活、學習、成長的地方，是他的故鄉，能夠在萬里之外的異國他鄉看到一座以故鄉城市命名的寺廟，玄奘心中自然是激動萬分，當即決定在洛陽寺落腳。既然叫質子伽藍，可見修建這座寺廟的王子當初是被當作人質送到此地。雖然這位王子的身份已經很難考證，可是是五胡亂華時期甘肅河西走廊上某個涼國地方政權的王子。

據說漢人質子在洛陽寺附近的石壁下埋藏有大量財寶，石壁上刻有銘文、繪有壁畫，如果有人前來盜取珠寶，牆上的銘文和壁畫上的藥叉就會發出各種聲音，變出各種恐怖的形象來嚇阻他們。從前有個貴族在得知這個消息後，幾次三番帶兵前來，想要從神像腳下挖掘寶藏，但是每次開挖，附近就會地動山搖，神像頭上的那只鸚鵡像還會張開翅膀發出非常淒厲恐怖的叫聲，將他們趕走。現在，洛陽寺裏的僧人見玄奘是從質子故國而來，覺得這是上天賜予洛陽寺的機緣，認為只有玄奘才能幫助他們打開寶藏重修寺廟，所以才把這個故事原原本本的告訴了玄奘。玄奘聽了之後，認為幫助洛陽寺的僧人們取寶是為了修繕寺廟，也是功德，可以為自己的西行求法之路積德行善，更是大乘佛教「普渡眾生」的核心教義所在，自然責無旁貸。於是，玄奘就帶領僧人們到質子畫像前去禱告，玄奘的話似乎感動了質子，在玄奘帶領僧人們在神像腳下開挖的時候，四周風平浪靜，頂上那只鸚鵡也不叫了，沒有出現任何異常狀況。挖到地底下七八尺的時候，眾人發現了一個大銅器，抬出來一看，裏面裝有數百斤黃金和數十顆明珠。此時，眾人無不對玄奘佩服的五體投地，玄奘就用這筆錢將洛陽寺翻修一新。這件事驚動了國王，國王將玄奘接入宮中供養多日，並由聖使和聖軍法師引領玄奘到各處觀光巡禮十幾天。當時在今喀布爾附近還有幾個小國，大乘和小乘都在流行，高僧不少，但都是或通小乘、或通大乘，只有玄奘一人大小乘都通曉，深為眾人所欽佩。

二、恒河遇險

　　玄奘進入了今印度的西北部地區，在那裏向調伏光學習了一年多，再向東進入秣兔羅國，這裡再往東走就是印度傳統上政治、經濟、文化最發達的地區，著名的恒河平原，然而，正是在這塊文章錦繡之地，玄奘卻遇到了有生以來印象最深刻的生命威脅：在恒河上遭遇到了強盜。強盜們是一夥印度教性力派信徒，信奉濕婆的妻子突伽女神。每到秋天，這夥突伽女神的信徒們就要根據教義尋找一個身體強健、樣貌莊嚴的人來獻祭，就是把他殺了，用其血肉祭祀神靈，祈求天神的保佑和賜福。現在他們發現玄奘氣度不凡，而且身材健壯，認為他是絕佳的人選。玄奘法師告訴強盜，我本是取經之人，你們要把我的命獻給突伽女神，但我要求有一炷香的時間，自行了斷，強盜們同意了。玄奘法師就禮拜四方佛後，入深深的禪定，一心觀想彌勒菩薩和兜率天宮。頃刻間，恒河邊沙塵暴起，被刮斷的樹枝卷向半空，平靜的河面頓時湧起滔天大浪，將水匪和玄奘一行所乘坐的船隻全部打翻，水面上和岸邊一片混亂。突如其來的變故讓所有人都驚駭不已，這夥強盜非常害怕，於是有人告訴強盜首領說，這就是那個從東土大唐前來印度求法的玄奘法師啊，各位如果殺了他，就會犯下不可饒恕的滔天大罪，從這場風暴的樣子來看，你們的天神已經發怒，你們還是立刻停止殺戮懺悔為好。強盜們馬上就慌了，向玄奘不斷懺悔。玄奘法師於是出定，向信徒們講述一些最基本的佛學道理，指出用搶劫和殺人來祭祀神靈是要遭到報應的，何必用短暫的今生種下來世無邊的苦楚呢？還奉勸他們應該珍惜生命，不要再種惡果。誠惶誠恐的強盜們為玄奘的學識和氣度所折服，一邊磕頭懺悔，一邊把兇器都丟進河裏，還把從玄奘一行那裏搶來的東西悉數歸還。做完這些後，這些突伽信徒覺得還不足以贖罪，又請求玄奘為他們授戒，集體成了佛教居士。

　　恒河遇險，可以說是玄奘在西行途中，甚至是他一生中所遭遇到的最危險的一次劫難，他的生命險些就留在了前往那爛陀寺的路上。然而憑藉過人的心理素質和寬容博大的胸襟，玄奘不但死裏逃生，還成功的讓一批窮凶極惡的「異教徒」改變信仰，成為虔誠的佛教居士，不能不說是一次奇蹟。不過這次死裏逃生和度化異教徒的經歷讓玄奘的在印度愈加知名，玄奘還沒有到達目的地，就已經在印度成了名人。

　　一次劫難沒有讓玄奘喪失前進的信心和勇氣，死裏逃生的經歷讓他覺得佛祖和菩薩一定在冥冥之中保佑自己，有了神明的護佑，哪怕前路再危險，再

困難，也沒有什麼可怕的。就這樣，玄奘和他的同伴們收拾行囊，在改邪歸正的「居士們」的幫助下找到了一條大船，繼續沿恒河順流而下。玄奘一路走一路學習，拜訪名師，學習經綸，終於在從長安出發四年後到達了最終的目的地——戒賢法師所在的那爛陀寺，就是《西遊記》裏的大雷音寺。

唐僧寺明代古碑

三、在印度的作為

　　玄奘大師遊遍印度，學滿而成，回到那爛陀寺，發現那爛陀寺內中觀與瑜伽兩派正相互詰難，中觀派高僧師子光贏得了很多學眾，戒賢法師於是命令玄奘代表瑜伽行派出戰，玄奘做《會宗論》三千頌，強調瑜伽不違中觀，聽眾無不稱讚，這樣就平息了兩派的紛爭。這時玄奘學問成就後的第一次展示，大獲全勝。

　　玄奘去印度期間，也是瑜伽行派被小乘正量部挑戰的最利害的時候，其論師般若掬多做《破大乘論》七百頌，攻擊大乘佛教為「空花外道」，那爛陀寺僧人曾經長達十二年不敢出門應戰，玄奘於是自告奮勇願意代表那爛陀寺應戰，但寺方還不相信他的水平，於是玄奘作了《制惡見論》一千六百頌，反駁小乘，影響很大，驚動了戒日王，他特意為玄奘召集了一次「無遮大會」

——非常盛大的法會，邀請各地的內外學者參加，請大家公開討論批評，結果，挑戰的人都被玄奘擊敗，最後無人敢應戰，這就把小乘的勢力給壓了下去。於是玄奘法師在聲震五印度，被大乘行者稱為「大乘天」，小乘行者稱為「解脫天」。

第四節　載譽歸國

公元 641 年秋，玄奘告別戒日王，啟程回國。他的西遊歷經十七年，行程十萬里，經歷 110 個國家。不僅帶回了大量的佛經、聖物，而且流下了關於中亞諸國在當時的珍貴史料。他的載譽歸來，則開創了中國唯識思想發展的新局面。

玄奘法師原來去印度時，並未得到政府的同意，屬於私自出境。故當他取經歸國，走到于闐時，擔心太宗不容自己，就藉口馱經的大象在河中淹死，缺少坐騎，在于闐停留下來，向太宗通報此事，試探唐太宗的反映。《自于闐歸國表》就是當時玄奘的上書：

> 奘聞馬融該贍，鄭玄就扶風之師；伏生明敏，晁錯恭濟南之學。是知儒林近術，古人獨且遠求，競諸佛利物之玄蹤，三藏解纏之妙說，敢憚途遙而無尋慕者也？玄奘往以佛興西域，遺教東傳，然則勝典雖來而圓宗尚闕，常思訪學，無願身命。遂以貞觀三年四月，冒越憲章，私往天竺。踐流沙之漫漫，陟雪嶺之巍巍，鐵門匙險之途，熱海波濤之路。始自長安神邑，終於王舍新城，中間所經五萬餘里，雖風俗千別，艱危萬重，而憑恃天威，所至無鯁，仍蒙厚禮，身不辛苦，心願獲從。遂得觀者闍崛山，禮菩提之樹；見不見跡，聞未聞經。窮宇宙之靈奇，盡陰陽之化育；宣皇風之德澤，發殊俗之欽思。歷覽周遊，一十七載。今已從缽羅耶伽國，經迦畢試境，越蔥嶺，渡波迷羅川，歸還達於于闐。為所將大象溺死，經本眾多，未得鞍乘。以是少停，不獲奔馳，早謁軒陛。無任延仰之至，謹遣高昌俗人馬玄智，隨商侶奉表先聞。

扶風馬融精通學問，鄭玄就到扶風去拜師；伏生聰明，晁錯就到濟南去求學。儒生為了求學都能不畏險遠，佛教本是慈濟眾生、解脫煩惱的妙說，我怎敢畏懼路途遙遠而不去求之？我因為佛教雖然東傳中國，但一些重要經典還有缺失，常常想去印度求學，為此願意付出生命的代價。於是在貞觀三年

（629）四月，不顧國家的法令，私自去天竺求經。度過漫漫流沙（塔克拉瑪干沙漠），跨越巍巍雪嶺（天山），經過狹窄的鐵門關（烏茲別克斯坦南部），路過波濤洶湧的熱海（今吉爾吉斯斯坦伊塞克湖，因冬天不結冰而在唐代稱為熱海）。從長安出發，最終到達印度王舍城，中間行程五萬里，途經風俗不同的諸國，危險重重，但依仗著大唐的天威，最終到達印度，完成了自己的心願，巡禮佛陀講法的耆闍崛山，禮拜佛陀證道的菩提樹，見到了漢地看不到的遺跡，聽到了漢地沒有聽過的佛經。深刻體驗到了宇宙中的靈奇，陰陽造化的奇觀。我到處宣揚皇帝您的恩澤，同時也思考著異域的不同風俗。我周遊各國，已經十七年，現在從印度缽羅耶伽國出發回國，經過迦畢試（今阿富汗喀布爾），跨越帕米爾高原，渡過波迷羅河，到達南疆的于闐國。因為馱經的大象被河水淹死，所以暫時在于闐停留，但是內心很想早日拜謁陛下，所以派遣高昌人馬玄智作為信使，跟隨商旅，先去給您送去信息。

東都應天門

《全唐文》中有唐太宗《答玄奘還至于闐國進表詔》：「聞師訪道殊域，今得歸還，歡喜無量，可即速來與朕相見，其國僧解梵語及經義者，亦任將來。朕已敕于闐等道使諸國，送師人力鞍乘應不少乏。令敦煌官司於流沙迎接，鄯善於沮沫迎接。」唐太宗講，聽到法師去異國訪道，現在能夠歸國，感到非常高興，可速來與我相見，于闐國僧人中若有瞭解梵語以及理解經意的高僧，也可以隨時來。他立刻意識到玄奘是精通西域史地的人才，是大唐經略西域不可缺少的人物，於是催促玄奘即刻歸國，並命玄奘帶于闐國精通梵語以及經義的高僧，一同回中原。太宗命于闐國護送玄奘，命鄯善方面在且末迎接，命敦煌方面在羅布荒漠迎接玄奘。

　　玄奘弟子慧立、彥悰著《大慈恩寺三藏法師傳》，講述了玄奘到唐境以後的情況：「既至沙州，又附表。時帝在洛陽宮。表進，知法師漸近，敕西京留守左僕射梁國公房玄齡使有司迎待。」玄奘到沙州（今敦煌）之後，又給太宗上表，報告行程。太宗當時在洛陽，見到玄奘的表文，知道他快到長安了，就命西京留守房玄齡讓有關部分組織迎接。

　　「法師承上欲問罪遼濱，恐稽緩不及，乃倍途而進，奄至漕上。官司不知迎接，威儀莫暇陳設，而聞者自然奔湊，觀禮盈衢，更相登踐，欲進不得，因宿於漕上矣。」玄奘法師聽說皇帝要親征高句麗，恐怕不能第一時間見到皇帝，於是加速前進，提前到了長安，官員們沒有想到玄奘這麼快就到了，沒有派人去迎接。長安百姓聽到這個消息之後，紛紛前去觀看，竟然將玄奘一行堵在那裏，不能前行。於是只好在漕上留宿。

　　玄奘法師從印度帶回了 657 部梵文經典。645 年回國後，受到了當時唐朝中央政府的熱烈歡迎，並為他舉行了隆重的歡迎儀式，並被安排在慈恩寺內任住持。貞觀十九年（645）春正月景子那一天，房玄齡派右武侯大將軍侯莫陳寔、雍州司馬李叔慎、長安縣令李乾祐等前去迎接玄奘，遣人將玄奘所帶之物搬進弘福寺，第二天將玄奘所帶之物陳列於朱雀大街的南面，達數百件之多：1. 在西域所得如來肉舍利一百五十粒；2. 摩揭陀國前正覺山龍窟留影金佛像一軀，通光座高三尺三寸；3. 仿製的婆羅疤斯國鹿野苑初轉法輪像，刻檀佛像一軀，通光座高三尺五寸；4. 仿製的憍賞彌國出愛王思慕如來刻檀寫真像，刻檀佛像一軀，通光座高二尺九寸；5. 仿製的劫比他國如來自天宮下降寶階像，銀佛像一軀，通光座高四尺；6. 仿製的摩揭陀國鷲峰山說《法花》等經像，金佛像一軀，通光座高三尺五寸；7. 仿製的那揭羅曷國伏毒龍所留影像，刻檀佛像一軀，通光座高尺有五寸；8. 仿製的吠舍釐國巡城行化，刻檀像等。《大唐三藏大遍覺法師塔銘》描述當時宏大的場面：「自朱雀至弘福十餘里，傾都士女，夾道鱗次。」《續高僧傳》：「致使京都五日，四民廢業，七眾歸承。當此一期，傾仰之高，終古罕類也。」五天之內，老百姓竟然無人工作，都來看展覽。玄奘本人則對中國的政治非常瞭解，如此盛大的局面，說明自己有非常大的影響力，難免會引起政府的疑心，所以他極力避免齣現這種情況：「奘雖逢榮問，獨守館宇，坐鎮清閒。恐陷物議，故不臨對。」雖然場面這麼大，但他作為這次展覽的主角，卻不出場，而是獨坐於館宇內，恐怕陷於非議。

第三章　與皇權的交涉

　　玄奘法師歸國時期的大唐，正是佛教受到壓制的時期。唐朝王室將老子尊為祖宗，以老子後裔自居，將道教、儒教的政治地位抬高到佛教之上，使得佛教徒倍感屈辱。玄奘歸國之後，極力想改變這種現狀，提高佛教地位，不惜用善巧的方式與皇室交涉，用心良苦。個中滋味，是有些批評玄奘法師「諂媚皇權」的學者不能體會的。

第一節　洛陽宮酬答唐太宗

　　玄奘法師回到長安的時候，太宗正在洛陽，籌備遠征高句麗的軍事行動，就令玄奘到洛陽宮見他，於是玄奘不顧勞累，趕到洛陽，見太宗皇帝於洛陽宮儀鸞殿，太宗的招待規格很高。雙方見面後先是客套了幾句：

　　　　帝曰：「師去何不相報？」法師謝曰：「玄奘當去之時，以再三表奏，但誠願微淺，不蒙允許。無任慕道之至，乃輒私行，專擅之罪，唯深慚懼。」帝曰：「師出家與俗殊隔，然能委命求法，惠利蒼生。朕甚嘉焉，亦不煩為愧。但念彼山川阻遠，方俗異心，怪師能達也。」法師對曰：「玄奘聞乘疾風者，造天池而非遠；御龍舟者，涉江波而不難。自陛下握乾符，清四海，德籠九域，仁被八區，淳風扇炎景之南，聖威振蔥山之外，所以戎夷君長，每見雲翔之鳥自東來者，猶疑發於上國，斂躬而敬之，況玄奘圓首方足，親承育化者也。既賴天威，故得往還無難。」帝曰：「此自是師長者之言，朕何敢當也。」（《三藏法師傳》）

　　太宗先是假裝責怪玄奘當初出國怎麼沒有向他彙報？玄奘回答說，再三上報過，但沒有得到皇帝的允許。太宗答你能捨命求法，惠利眾生，我很高興，我當初沒有允許是考慮山高路遠，外國人野蠻，怕你到不了印度。玄奘回答很巧妙：我聽說乘疾風就能到達天池，坐龍舟者渡江河不難。陛下你手握乾坤，富有四海，道德譽滿九州，仁慈澤被八域，您的威名遠播蔥嶺（帕米爾高原）之外。所以外國酋長君主，每次見到從東面飛來的鳥，都感歎是來自於上國，心生恭敬；何況玄奘我一個有教養的大活人呢！既然有陛下你的天威相助，我去來都沒有遇到難處。李世民也知道他是在給自己戴高帽子，就說這是法師自己的功勞，我哪裏有那麼大的影響力呢！

　　李世民在洛陽和玄奘談了很久，所談涉及各個方面。從天山以西以及印度的氣候到物產乃至風俗，印度摩揭陀時代八王的遺跡，佛陀的遺跡等等。這些東西就連張騫和班超都不知道。玄奘法師親自到訪各地，記憶清楚，表述準確，應對得體，唐太宗非常高興，對侍臣講，當初苻堅稱道安法師是神器，舉朝尊崇；我看玄奘法師言語風雅，意志堅定，不但不低於道安，甚至比道安更在上的多。趙國公長孫無忌也同意這個說法：「誠如聖旨。臣嘗讀《晉國春秋》，見敘安事，實是高行博物之僧。但彼時佛法來近，經、論未多，雖有鑽研，蓋其條葉，非如法師躬窺淨域，討眾妙之源，究泥洹之跡者矣。」長孫無忌說我曾經讀過《晉國春秋》，見到過道安的事蹟，他確實是知識豐富、修行很深的高僧。但當時佛法來到中原不久，傳入的經典不多，道安雖然鑽研很深，但其所瞭解只是佛學的枝葉，不如玄奘法師親自到印度修學，討論眾妙之源和涅槃的真諦。

　　帝又謂法師曰：「佛國邈遠，靈跡法教，前史不能委詳，師既親睹，宜修一傳，以示未聞。」帝又察法師堪公輔之寄，因勸歸俗，助秉俗務。法師謝曰：「玄奘少踐緇門，伏膺佛道，玄宗是習，孔教未聞。今遣從俗，無異乘流之舟使棄水而就陸，不唯無功，亦徒令腐敗也。願得畢身行道，以報國恩，即玄奘之幸甚。」如是固辭乃止。

　　唐太宗又對玄奘說，印度這麼遠，具體的情況，前面的歷史不能詳細講述。你既然親自到達，應該寫一本傳記，將以前沒有記錄的事情寫下來。太宗認為玄奘法師應對自然，見多識廣，有治世的能力，就勸他還俗，幫助自己處理政務。玄奘法師說，我少年就出家為僧，信仰佛教，對治世的儒學，沒有學

習過。現在讓我還俗，就像把舟船拉上岸，讓其行走一樣，不僅沒有用，也使自身荒廢。所以我希望畢生獻身於佛教，用弘法的方式報效祖國。

> 時帝將問罪遼濱，天下之兵已會於洛，軍事忙迫，聞法師至，令引入朝，期暫相見，而清言既交，遂不知日昃。趙國公長孫無忌奏稱法師停在鴻臚，日暮恐不及。帝曰：「匆匆言猶未盡意，欲共師東行省方觀俗，指麾之外，別更談敘，師意如何？」法師謝稱：「玄奘遠來，兼有疾疹，恐不堪陪駕。」帝曰：「師尚能孤遊絕域，今此行蓋同跬步，安足辭焉？」法師對曰：「陛下東征，六軍奉衛，罰亂國，誅賊臣，必有牧野之功，昆陽之捷。玄奘自度，終無裨助行陣之效，虛負途路費損之慚。加以兵戎戰鬥，律制不得觀看。既佛有此言，不敢不奉。伏願天慈哀矜，即玄奘幸甚。」帝信納而止。

當時太宗正準備討伐高句麗，大軍雲集洛陽，均無繁忙，本打算和玄奘法師短暫相見，沒想到一說話，竟然不知不覺到了太陽偏西，長孫無忌提醒太宗玄奘法師住在鴻臚寺，天黑就沒辦法回家了。太宗說，話還沒說夠，想帶玄奘法師到東方行走，在軍務之外，還可以詳談。玄奘說，我從這麼老遠的地方趕來，身體還有疾病，不能經受這樣的勞頓。太宗還不甘心，繼續問，法師都能一個人到達印度，現在坐車，怎麼能推辭呢？玄奘回答，陛下東征，必能獲勝，但我並無能夠祝陣的能力，只是浪費國家的路費罷了。再加上士兵作戰，佛教的戒律不讓觀看，既然佛陀有這樣的規定，玄奘不敢不遵循。望陛下體諒玄奘的難處，能夠理解。

> 法師又奏曰：「百姓無知，見玄奘從西方來，妄相觀看，遂成闤闠（huanhui，人聚集堵塞），非直違觸憲網，亦為妨廢法事，望得守門以防諸過。」帝大悅曰：「師此意可謂保身之言也，當為處分。師可三五日停憩，還京就弘福安置。諸有所須，一共玄齡平章。」自是辭還矣。三月己巳，法師自洛陽還至長安，即居弘福寺。

玄奘法師再次上奏皇帝說，老百姓無知，聽說我從印度回來，都想觀看，所到之處，人群聚集，不僅僅是與國家綱紀不符，也妨礙我舉行法事，希望能有人來守門，防止各種過錯。太宗欣然同意，說你這是保存自身的請求啊，應該滿足你的要求，命令一切事情都交與房玄齡照辦。太宗認為，玄奘法師避免和信眾直接見面，是「保身之言」，說明他也不希望玄奘法師成為在群眾中有巨大號召力的「精神領袖」之類的僧人。而這同時也說明，玄奘以前避免出

頭的做法是非常必要的。他提出自己要到嵩山少林寺譯經，也是主動放低身段，告訴李世民，我沒有政治野心，也無意煽動百姓，而是主動隱居深山，翻譯佛經。

第二節　玄奘法師與唐太宗的往來

玄奘法師曾幾次請求李世民給他翻譯的佛經寫序言。《進新譯經論並求御製經序表》記載：

> 竊聞八正之旨，實出苦海之津梁；一乘之宗，誠涅脖之梯蹬。但以物機未熟，致蘊蔥山之西；經胥庭而莫聞，歷周秦而靡至。暨乎摩騰入洛，方被三川；僧會遊吳，始沾荊楚。從是以來，遂得人修解脫之因，家樹菩提之業。固知傳法之益，其利博哉。次復嚴、顯求經，澄、什繼譯，雖則玄風日扇，而並處偽朝。唯玄奘輕生，獨逢明聖，所將經論咸得奏聞，蒙陛下崇重聖言，賜使翻譯。比與義學諸僧等，專精夙夜，不墜寸陰。雖握管淹時，未遂終訖。已絕筆者，見得五部、五十八卷。名曰《大菩薩藏經》二十卷，《佛地經》一卷，《六門陀羅尼經》一卷，《顯揚聖教論》二十卷，《大乘阿毗達磨雜集論》一十六卷。勒成八帙，繕寫如別，謹闕奉進。玄奘又竊見弘福寺尊像初成，陛下親降鑾輿，開青蓮之目。會經論初譯，為聖代新文。敢緣前義，亦望曲垂神翰，題制一序，讚揚宗極。冀沖言奧旨，與日月齊明；玉字銀鉤，將乾坤等國。使百代之下，誦詠不竊，千載之外，瞻仰為絕。

玄奘聽說，八正道之說，是脫離苦海的橋樑；大乘佛教，是涅槃的階梯。但是由於機緣不夠，致使佛教一直在帕米爾高原以西，歷經太古帝王赫胥氏和大庭氏的時代，以及周秦時代都沒有接觸佛教。東漢時攝摩騰到洛陽，佛教在流傳於河南；三國時康僧會到吳國，江南才有佛教流傳。從那時起，人們才知道怎麼解脫，怎麼崇敬佛教。從攝摩騰和康僧會的事蹟可以知道，弘傳佛法的好處所在，以及好處有多大。後來法顯他們西行求經，佛圖澄、鳩摩羅什他們相繼翻譯，雖然使得佛教有了長足發展，但卻是在後趙、後秦這樣的偽朝進行的。玄奘我有幸與您這樣的明君相遇，將所帶回的經論上奏朝廷，蒙陛下重視這個事情，並賜予侍者幫助翻譯。我與諸僧專心翻譯，不荒廢片刻光陰，現在已經翻譯成五部，十八卷，呈上皇帝御覽。我又看到弘福寺聖像初成，皇帝要

親臨弘福寺的佛像開光儀式，剛好遇上經論初翻譯成功，是這個時代的新譯。請求比照前代的例子，皇帝陛下為新譯佛經寫一序言，讚揚佛法的宗旨。您的序言一定能點出佛經的奧秘宗旨，與日月齊明，使百代以後，千年以後，人民仍然能瞻仰您的聖蹟。

對於玄奘請求為翻譯的經文寫序，太宗開始並未答應。《太宗文皇帝報請作經序敕書》記載了李世民當時的回覆：「省書具悉來意。法師宿標高行，早出塵表。泛寶舟而登彼岸，搜玄道而闢法門。弘闡大猷，蕩滌眾罪。是故慈雲欲卷舒之蔭四空，慧日將昏朗之照八極。舒朗之者其惟法師乎。朕學淺心拙，在物猶迷，況佛教幽微，豈孰能仰測。請為經題，非己所聞。又云新撰《西域記》者，當自披覽。敕奘和尚。」你的上書我知道了。法師您道德修行高深，早已超出一般水平。您已經到達解脫的彼岸，開闢度人的法門，您闡釋大道，掃蕩眾罪，就像慈雲庇護天空，慧日朗照八方。這是只有法師您才能做到的事，我才疏學淺，俗世間的事情還使我迷惑，何況佛法高深玄妙，怎麼能隨便臆測。所以你請求我為經文寫序，確實不是我能勝任的。至於你翻譯的《西域記》，這個我會親自披閱的。

東都定鼎門

其實這時李世民正在關注於長生術。玄奘見到李世民時，李世民已經到了他的晚年，身體大不如前。《太宗文皇帝與長命婆羅門與玄奘法師書》記載，太宗晚年曾求教於印度「長命婆羅門」，服食印度藥以求長命，並向玄奘詢問相關事情：「造化陶均，短長異壽，天地覆載，愚智同生。故知上聖上賢，無代不有，然而前王前帝，罕得相逢。朕自顧德薄行輕，智微力淺，幸因夙緣有

慶，得遇真人。自慰藥已來，手腳漸覺輕損，彌加將慎，冀得全除。撫疼躬而自歡，荷神方而多愧。唯恁命於後藥，庶遐齡之可期。必望超促世而長存，駐常顏而不朽，既白之髮變素成玄，已弊之躬除衰益壯。此心此願，其可遂乎。唯竭深誠，敬佇良術。」天地造化，壽命不均。雖然世代都有異人，但前王和異人很少有相逢的。我有幸和真人相遇（長命婆羅門），自從吃藥以後，感覺手腳的毛病有望去除。寄希望於印度藥石，能夠延長壽命，讓容顏不改，白髮變黑，已經衰老的身體再次強壯。這種願望，您覺得能夠實現吧！我只有誠心相信，世間有這樣的法術。

作為封建帝王，李世民首先關注的是國家的政務。在他相信有道術可以幫助自己延長性命的前提下，我們很難指望他會對佛教有多大興趣，尤其他還以老子的後裔自居，以前還有把道教、儒教排在佛教之前的政策：「太宗在貞觀十一年（637）春，曾下敕曰：老子是朕祖宗，名位稱號，宜在佛先。」

太宗最後兩年，也許是意識到了依靠藥物延長壽命的方法不靠譜，而對佛教的態度有了很大改觀。貞觀二十二年（648）六月，太宗在玉華宮詔見玄奘。再次請法師還俗當官，玄奘再次向太宗表明了自己獻身佛教翻譯事業的決心。對此，太宗也表示尊重，並對玄奘說：「既欲敷揚妙道，亦不違犯志可努力。今日已後，亦當助師弘道。」既然你決心闡揚佛教妙理，我就不勉強你了。從今天開始，我就幫助法師弘揚佛法。這次太宗是真的付諸了行動。他賜予玄奘法師袈裟和剃刀，以示對玄奘法師的尊敬。玄奘也上表致謝：「伏奉敕旨，施納袈裟一領、賓鐵剃刀一口。……謹奉表陳謝以聞。」

貞觀二十二年，太宗應太子李治的請求，頒布了《興建大慈恩寺敕令》，敕建大慈恩寺。《三藏法師傳》記載，太宗在讀了玄奘新翻訖的《瑜伽師地論》之後，對侍臣歎道：「朕觀佛經，譬猶瞻天望海，莫測高深。法師能於異域，得是深法，朕比以軍國務殷，不及委尋佛教。而今觀之，宗源杳曠，靡知涯際。其儒道九流比之，猶汀瀅之池方溟渤耳。而世云三教齊致，此妄談也。」並敕令有司抄寫《瑜伽師地論》九部，頒賜九州，展轉流通。玄奘借機再次奏請太宗為佛經寫序文。這次太宗不再推託，很快撰成《大唐三藏聖教序》：

> 蓋聞二儀有像顯，覆載以含生；四時無形潛，寒暑以化物。是以窺天鑒地，庸愚皆識其端。明陰洞陽，賢哲罕窮其數。然而天地包乎陰陽而易識者，以其有像也。陰陽處乎天地而難窮者，以其無形也。故知像顯可徵，雖愚不惑；形潛莫睹，在智猶迷。

　　《易經》講陰陽二儀相交，產生各種生靈；春夏秋冬四季交替，成就各種事物。所以即使是凡人也知變化由天地來，但像陰陽二氣這樣的玄妙的道理，就是賢哲也不能說的很清楚。天地包含陰陽，之所以容易被認識，是因為它能造化出萬物的形象；陰陽處於天地之中卻不能被說清，是因為它沒有形象。所以只要是有形象可以觀察，就算是凡人也能認識；如果沒有形象的話，賢哲也會迷惑。

　　　　況乎佛道崇虛，乘幽控寂，弘濟萬呂，典御十方。舉威靈而無上，抑神力而無下。大之則彌於宇宙，細之則攝於毫釐。無來無生，歷千劫而不古。若隱若顯，運百福而長今。妙道凝玄，遵之莫知其際。法流湛寂，挹之莫測其源。故知蠢蠢凡愚，區區庸鄙，投其旨趣，能無疑惑者哉。

　　　　何況佛理都很玄妙，講的多是人轉世輪迴的道理，佛教能指引萬民，保護他們，佛的法力無上，神力變化無窮，大能彌漫於宇宙，小能控制到毫釐。佛沒有來去，可以歷千劫而不滅，佛若隱若顯，可以庇佑當前的幸福。佛理玄妙，想遵循卻不知其規則，思想空寂，想接受它卻不知從何處下手。所以可以知道，凡夫俗子，鄉野村夫，如果學習佛教的化，能沒有疑惑嗎？

　　　　然則大教之興，基乎西土。騰漢庭而皎夢，照東域而流慈。昔者分形分跡之時，言未馳而成化。當常現常隱之世，人仰德而知遵。及乎晦影歸真，遷儀越世。金容掩色，不鏡三千之光；麗像開圖，空端四八之相。於是，微言廣被，拯含類於三途；遺訓遐宣，導群生於十地。

　　佛教的興起，在於印度。佛陀託夢於漢明帝，從而流傳於東土。當初佛陀在世時，話還沒有說完，事情就能辦成，不管閉關出關，人民都知道該怎麼辦。等到佛陀圓寂涅槃，不在世間活動，雖有畫像、塑像流傳卻不能說明其內涵。於是，佛陀的理論開始被人重視，他的遺訓，被收集整理，承擔著教化的功能。

　　　　然而，真教難仰，莫能一其旨歸；曲學易遵，邪正於焉紛糾。所以空有之論，或習俗而是非，大小之乘，乍沿時而隆替。有玄奘法師者，法門之領袖也。幼懷貞敏，早悟三空之心；長契神情，先包四忍之行。松風水月，未足比其清華。仙露明珠，詎能方其朗潤。

故以智通無累，神測未形。超六塵而迥出，只千古而無對。凝心內境，悲正法之陵遲。棲慮玄門，慨深文之訛謬。思欲分條析理，廣彼前聞；截偽續真，開茲後學。是以翹心淨土，往遊西域。

然而，佛理過於玄妙，人們不能統一理解，從而出現各種爭論。所以出現所謂空有之爭，戒律之爭，大小乘之爭，在不同的時期表現也不一樣。玄奘法師，是僧界的領袖，他年幼時就很聰明，悟到出世的道理，長大了意志堅定，能持佛教各種戒律。就是松林之風、水中明月都不能比擬其清華，仙露和明珠，也不能比擬其朗潤。所以他的智慧可以通達沒有形象的玄理，玄奘法師是超凡脫塵、千年不遇的大才，他靜心思考，對佛理的爭論感到痛心，深感當時許多理論不能被正確理解，所以想學到中土學不到的東西，斷絕錯誤的理論，為後世開啟正確的學說。於是毅然西行，到西域求經。

乘危遠邁，杖策孤征；積雪晨飛，途間失地；驚沙夕起，空外迷天。萬里山川，撥煙霞而進影。百重寒暑，躡霜露而前蹤。誠重勞輕，求深願達，周遊西宇，十有七年。窮歷道邦，詢求正教。雙林八水，味道餐風。鹿苑鷲峰，瞻奇仰焙。承至言於先聖，受真教於上賢。探賾妙門，精窮奧業。一乘五律之道，馳驟於心田；八藏三篋之文，波濤於口海。

玄奘法師一人一杖西行，踏著積雪，迎著風沙，路上萬里山川，只有自己的影子陪伴；冬去春來只有踏著寒霜前進。他誠心求法，達到願望，周遊西域十七年。他在印度雙林苑，憑弔佛陀圓寂的地方；在鹿野苑、鷲峰山，瞻仰佛陀的遺跡。向印度聖人學習佛家的玄理，窮盡了佛理的奧妙，所有的道理都藏於心田，所有的理論，都能脫口而出。

爰自所歷之國，總將三藏要文，凡六百五十七部，譯布中夏，宣揚勝業。引慈雲於西極，注法雨於東垂。聖教缺而復全，蒼生罪而還福。濕火宅之乾焰，共撥迷途；朗愛水之昏波，同臻彼岸。是知，惡因業墜，善以緣升。澳墜之端，唯人所託。譬夫，桂生高嶺，雲露方得泫其華；蓮出綠波，飛塵不能污其葉。非蓮性自潔，而桂質本貞。良由所附者高，則微物不能累；所憑者淨，則濁類不能霑。夫以卉木無知，猶資善而成善，況乎人倫有識，不緣慶而成慶。方冀茲經流施，將日月而無窮，斯福遐敷，與乾坤而永大。

玄奘法師把他所經歷的國家所收集到的三藏經文，一共657部，翻譯成中

文，宣揚佛教，使佛教能澤被東夏。佛經中有缺失的補全，蒼生中有罪過的還能重新悔過得福，能夠把東土眾生從迷途中引出，走向幸福的彼岸。所以知道，怎麼使惡業滅去，善業生出，完全在於人自己能否依據正確的理論。打個比方說，桂樹生在高山上，雲露才能滋潤其花朵，蓮花從水中長出，塵土才不能染污其葉，這並不是因為蓮花和桂花本身高潔，而是因為它們所處的環境好，濁物不能染污而已。花木沒有情感，尚且能夠依靠善而得到善，何況人有情感，怎能不根據正確的佛經而成就呢！所以我寄希望於玄奘法師翻譯的經典，和日月一樣永存；其造福澤，如同乾坤那麼廣大。

玄奘法師看到太宗的序言，非常高興，他很快向太宗致謝：

> 伏惟皇帝陛下，上玄資福，垂拱而治八荒；德被黔黎，斂衽而朝萬國。恩加朽骨，石室歸貝葉之文。澤及昆蟲，金匱流梵說之偈。遂使阿耨達水，通神甸之八川，耆闍崛山，接嵩華之翠嶺。竊以法性凝寂，靡歸心而不通。智地玄奧，感懇誠而遂顯。豈謂重昏之夜，燭慧炬之光；火宅之朝，降法雨之澤。於是百川異流，同會於海。萬區分義，總成乎實。豈與湯武校其優劣，堯舜比其聖德者哉。

只有太宗皇帝陛下，蒙上天的護佑，治理天下，才德澤被天下百姓，各國蠻夷都來朝貢。由於太宗皇帝的恩准，將印度傳來的貝葉經藏入石室，將印度傳來的藥方收入醫典。這就使印度的阿耨達水，通到了長安的八水；印度的耆闍崛山，連接嵩山的翠嶺，讓水深火熱中掙扎的華夏民眾，受到法雨的滋潤。於是百川分流，匯於大海，佛經學說各種，闡述的都是法界真實。商湯和周武王的武德，堯舜的品德，都只是現象界的事情，怎麼能與佛陀講真實界的功德相比呢！

貞觀二十二年（648）九月，太宗還做了一件「助師弘法」的事情，那就是度僧。太宗問玄奘：「欲樹功德，何最饒益？」玄奘對以「度僧為最」。太宗即下詔度僧。《從玄奘言度僧詔》云：「昔隋季失御，天下分崩，四海塗炭，八埏鼎沸。朕屬當戡亂，躬履兵鋒，丞犯風霜，宿於馬上，比加藥餌，猶未瘳除。近日以來方就平復。豈非福善所感而致此休徵耶。京城及在下諸州寺宜各度五人，弘福寺宜度五十人。」當初隋朝失去對國家的控制，天下大亂，全國人民生活於水深火熱之中。我親帥大兵戡亂，風霜雪雨中睡在馬背上，四處征戰。好比用藥於病人，打仗死人那是沒有辦法的事情。近日來平復了各種戰亂，豈不是善業的回報嗎！京城天下諸州寺宜各度五人，弘福寺宜度五十人。

　　貞觀二十三年（649）四月，太宗在翠微宮與玄奘論道時，對玄奘所說因果報應之理逐漸相信。太宗也許預感到自己將不久於人世，幾次對玄奘法師悵歎道：「朕共法師相逢晚，不得廣興佛事。」感歎自己護持佛教太晚。這年五月，唐太宗駕崩。

第三節　玄奘法師與唐高宗的往來

　　相比於太宗到最後兩年才真正信仰佛教，高宗李治對佛教的信仰更早，因而與玄奘的關係更好。玄奘在譯出第一批經《大菩薩藏經》等五部五十八卷後，請求太宗寫序未果。高宗李治當時以太子身份為玄奘寫了《菩薩經後序》：

> 蓋聞羲皇至賾精粹止於龜文，軒後通幽雅奧窮於鳥篆。考丹書而索隱，殊昧實際之源。徵緣錯以研幾，蓋非常樂之道。猶且事光圖史，振虞董於八埏。德洽生靈，激堯波於萬代。伏惟皇帝陛下，轉輪垂拱而化漸雞園，勝殿凝旒而神交鷲嶺。總調御於徵號，匪文思之所窺。綜般若於綸言，豈係象之能擬。由是教覃溟表，咸傳八解之音。訓浹寰中，皆踐四禪之軌。遂使三千法界，盡懷生而可期。百億須彌，入提封而作鎮。尼連德水，遍帝皇之滄池。舍衛庵園，接上林之茂苑。雖復法性空寂，隨感必通；真乘深妙，無幽不闡。所謂大權御極，導法流而靡窮。能仁撫運，拂劫石而無盡。體均具相，不可思議，校美前王焉，可同年而語矣。

　　伏羲的文化貢獻就是神龜馱出的河圖，軒轅黃帝的文化貢獻是鳥體的篆文。考證史書，探究本源，這都是研究現象層面的東西，既和宇宙的真實本質不同，也不能讓人永遠解脫。但即使如此，伏羲和黃帝的貢獻都足於教化四方，使生靈受益於萬代。我們皇帝陛下，在東土治國，推行佛教，如同阿育王建立雞頭摩寺，佛陀在鷲峰山講法。太宗弘揚的這種殊勝的佛法，不是文學考證能瞭解，也不是《周易》的象數所能比擬。由於太宗皇帝的弘法，四海之內都在學習佛教的義理，都在踐行禪定的玄妙。這就使人們有了進入涅槃法界的希望，人生有了目的。也使印度的尼連德河水，流到長安的曲江，印度舍衛國的寺廟，和長安的上林苑連接。佛教之法雖然空寂微妙，但有感必通，能把人死以後的一切事情講述清楚。這就是人們所說的掌握了樞機，就可以控制自己的人生變化；佛陀的智慧，歷盡劫波而永存。無論是佛教的真理還是名相，都不可思議。因此，弘揚佛教的太宗的文德，不是前王能夠比擬的。

爰自開闢地限，流沙震旦未融。靈文尚隱，漢王精感，託夢想
於元宵。晉後翹誠，降修多於白馬。有同蠡酌，豈達四海之涯。取
譬管窺，寧窮七曜之奧。洎乎皇靈遐暢，威加鐵圍之表；至聖發明，
德被金剛之際。恒沙國土，普襲衣冠，開解脫門，踐真實路。龍宮
梵說之偈，必萃清臺。猊吼貝葉之文，咸歸冊府。灑茲甘露，普潤
芽莖。垂此慧雲，遍蟬胗走。豈非歸依之勝業，聖政之靈感者乎。

　　從佛教出現於印度後的很長時間，都未能傳到中國，致使這麼好的東西，
中國人卻不知道。直到漢明帝夜夢金人，佛教才正式傳入華夏。晉朝時期，才
開始組織在白馬寺翻譯佛經。但那時的翻譯如同用小勺子在海中取水，如同在
管中看世界，怎麼能理解佛法的真實之意呢！自從我大唐建立，威風達到鐵圍
山（世界的盡頭），道德澤被金剛輪（世界的支撐），恒河沙一樣多的國家，都
接受了佛教，修行佛教。龍宮所藏的經藏，印度流傳的貝葉經文，都被收藏造
冊，收藏起來。這樣就使得所有的生靈，都能夠受到佛法的滋潤，受到佛法的
保護。這不正是有益於自己、有助於國家的好事嗎？

　　　大菩薩藏經者，大覺義宗之要旨也。佛修此道，以證無生。菩
薩受持，咸登不退。六波羅蜜，關鍵所資。四無量心，根力斯備。
蓋彼岸之津涉，正覺之梯航者焉。貞觀中年，身毒歸化。越熱阪而
頒朔，跨懸度以輸賮。文軌既同，道路無壅。沙門玄奘，振錫尋真
出自玉關，長驅奈苑至於天竺。力士生處，訪獲茲經。歸而奏上，
降詔翻譯，於是畢功。余以問安之暇，澄心妙法之寶，奉述天旨，
微表讚揚。式命有司，綴於終卷。

　　《大菩薩藏經》，是大乘佛教的宗旨。佛憑藉修行本經，能夠證得無生法
忍，菩薩受持此經，修行就不會退轉，其所講的六波羅蜜和四無量心，都是修
行的關鍵。這說明《大菩薩藏經》是到達彼岸和正覺的階梯。貞觀中年，印度
歸化大唐，從印度到中國的道路暢通，沙門玄奘，獨自一人出玉門關，到天竺
求法，從護法力士降生的地方取來佛經，回到中國後奏明聖上，皇帝下詔翻
譯，才有了這些經典的翻譯成就。我在慰問的閒餘時間，觀閱玄奘法師翻譯的
佛經，敘述其宗旨，給予表揚，並命令有司，將之綴於卷末。

　　除了《菩薩經後序》外，高宗還有《述三藏聖教序記》：

　　　夫顯揚正教，非智無以廣其文；崇闡微言，非賢莫能定其旨。
蓋真如聖教者，諸法之玄宗，眾經之軌躅也。綜括宏遠，奧旨遐深。

極空有之精微，體生滅之機要。詞茂道曠，尋之者不究其源。文顯義幽，履之者莫測其際。故知，聖慈所被，業無善而不臻。妙化所敷，緣無惡而不剪。開法網之綱紀，弘六度之正教，拯群有之塗炭，啟三藏之秘扃。是以名無翼而長飛，道無根而永固。道名流慶，歷遂古而鎮常。赴感應身，經塵劫而不朽。晨鐘夕梵，交二音於鷲峰。慧日法流，轉雙輪於鹿苑。排空寶蓋，接翔雲而共飛；莊野春林，與天華而合彩。

没有智慧就不能顯揚佛教，不是賢明就不能定其宗旨。因為佛教是非常玄妙的法門，涉及面廣，推理又深，講的都是現象界與本質界的關係和身前身後的道理。用詞豐富，名相繁多，研究者常不能理解其典故由來；意義深遠，修行者不知深淺。所以知道，佛陀的妙法，能立各種善業，能除去各種惡業，為人民樹立行為的綱紀，弘揚六度的教理，拯救苦難的百姓。開啟三藏的秘密。所以佛陀的名字沒有翅膀就能傳的很遠，他創立的佛教沒有根芽卻能永遠存在。佛陀的法門流傳千年而不墜，佛陀的大名經歷塵劫而不朽。寺廟裏的晨鐘暮鼓，都是佛陀在鷲峰山講法的再現，各種佛教學說派別，都是佛在鹿野苑的初轉法輪的重演，寺廟做法事的寶蓋，和翔雲共飛，野外樹林裏的招提，和大自然和諧相處。

玄奘法師者，夙懷聰令，立志夷簡，神清韶齔之年，體撥浮華之世。凝情定室，匿跡幽岩。棲息三禪，巡遊十地。超六塵之境，獨步迦維。坐一乘之旨，隨機化物。以中華之無質，尋印度之真文。遠涉恒河，終期滿字。頻登雪嶺，更獲半珠。問道往還，十有七載。備通釋典，利物為心。以貞觀十九年二月六日奉敕於弘福寺翻譯聖教要文凡六百五十七部。引大海之法流，洗塵勞而不竭。傳智燈之長焰，皎幽暗而恒明。自非久植勝緣，何以顯揚斯旨。所謂法性常住，齊三光之明。我皇福臻，同二儀之固。伏見御製眾經論序，照古騰今。理含金石之聲，文抱風雲之潤。治輒以輕塵足岳，墜露添流，略舉大綱，以為斯記。

玄奘法師，立志高遠，早年就脫離了浮華的俗世，在幽谷中禪定修行，神遊十地。當時的才能就冠絕中夏。因為當時中國佛教爭論不息，難辨真偽，法師遠赴印度求取真義。法師翻過雪嶺，渡過恒河，終於完整了對教義的理解，就返回故國，來回耗時 17 年。法師通達各種佛經典籍，一心利益眾生，從貞

觀十九年二月六日奉旨於弘福寺翻譯佛經，共 657 部。法師引佛法之大海，洗去眾生之塵勞，永不停歇；傳智慧之明燈，將黑暗照明。如果不是久遠以來就有殊勝的因緣，怎麼能夠顯揚佛教的宗旨。法性常住，與日月星三光相等，我大唐的基業，如陰陽二氣般永固。我看到太宗皇帝所做的《大唐三藏聖教序》，照古耀今，理論深邃，文風優美。李治我像輕塵比之嵩嶽那樣，也寫這樣一篇序文，微不足道，僅僅略舉大綱，作為紀念。

　　玄奘法師以《謝〈述聖記〉啟》向李治表示致謝：「竊以識真者寡，每苦徂東之路；迷方者眾，共仰司南之車。況乎大道玄遠，妙門虛寂，非乘叡智，孰能詮序者哉。伏惟皇太子殿下體資宸極，仁被春方，照佛日以重耀，紹法輪於將墜。津梁有屬，傳燈斯在。玄奘志窮佛道，誓捐軀命。粵自東夏，願至西方。皇靈護持，得經論六百五十七部，尋蒙恩敕，令玄奘翻譯。爰降慈旨，為製序文。布慈雲於塵劫，澍惠雨於沙界。殿下遊刃三藏，仰弘十善。復令制述聖之記，光闡大猷。明實相之門，則有而不有；談空寂之境，則空亦皆空。猶得神衷，遠超係表。名未澄濁水，忽得明珠，謹當頂受奉持，永為心鏡。」

　　瞭解真諦的人很少，所以大眾常常為迷惑所擾；迷路的人多，所以才要仰仗指南車的幫助。何況佛法玄妙，沒有智慧，誰能給佛經寫序呢！只有皇太子殿下，體智兼備，仁慈愛物，讓佛法的慧日重新普照，讓將要墜下的法輪重轉。這樣，佛法才能繼續做普度眾生的橋樑，並且繼續存在下去。玄奘我立志獻身於佛教，為此不惜付出身命。從中國到印度，由於皇靈的護持，得到經書 657 部，蒙皇帝降旨，讓我翻譯。隨後皇帝又寫了序文，就像將慈雲布滿塵劫，降法雨於法界。殿下您熟悉三藏經論，踐行十善，又寫了《述聖記》，闡釋大教，講空有之辨，空寂之境，都盡得精髓，比那些膚淺的論述強多了。我玄奘就像還未澄清渾濁的河水，就得到了明珠，自當恭敬奉持殿下的序文，永遠記在心間。

　　李治也知道玄奘是給他戴高帽子，就很謙虛地回覆了玄奘，《答玄奘謝啟書》：「治素無才學，性不聰敏。內典諸文，殊未觀覽，所作論序，鄙拙尤繁。忽見來書，襃揚讚述。撫躬自省，慚悚交並。勞師等遠臻，深以為愧。」李治我素來沒有才學，也不聰明。佛教經典，並沒有認真學過，所寫的序言，非常糟糕。忽然看到大師的致謝書這麼襃獎我，感覺非常慚愧。大師這麼忙，還勞大師寫書致謝，感到非常不安。

《大慈恩寺三藏法師傳》載，唐高宗顯慶二年（657），「春二月，駕幸洛陽宮，法師亦陪從，並翻經僧五人，弟子各一人，事事公給」，「既到，安置積翠宮」。積翠宮在隋唐東都洛陽城西苑內，《唐六典》作翠微宮。到了當年夏四月，唐高宗避暑於明德宮，法師亦陪從，安置飛華殿。明德宮也在隋唐西苑內，位於合璧宮（西苑最西一宮）東南，飛華殿在明德宮內。到了當年五月，唐高宗又「敕法師還於積翠宮翻譯」。據載，玄奘大師此次居洛一年中所譯佛典，應包括《阿毗達磨大毗婆沙論》部分內容及《觀所緣緣論》等。〔註1〕

第四節　玄奘與武則天的交往

玄奘法師和武則天都是洛陽歷史上的重要人物，他們之間有過交往。永徽六年（655）11月，武則天封后，顯慶元年（656），武則天懷孕，害怕難產，想請玄奘法師給予加持護佑。玄奘進宮為皇后護佑，還出現了祥瑞，於是給皇帝皇后上《賀赤雀飛臨御帳表》：

> 沙門玄奘言：玄奘聞白鳩彰瑞，表殷帝之興；赤雀雖符，示周五之盛。是知穹昊降祥，以明人事，其來久矣。今日申後酉前，於顯慶殿庭內見有一雀，背羽俱丹，腹足咸赤。從南飛來入帳，止於御座，徘徊踊躍，貌甚從容。見是異禽，乃謂之曰：皇后在孕，未遂分誕，玄奘深懷憂懼，願乞平安。若如所祈，為陳喜相，雀乃迴旋，蹀足示平安之儀，了然解人意。玄奘深心歡喜，舉手喚之，又徐徐相向，乃之遍之不懼，撫之不驚。左右之人，咸悉共見。玄奘因為受三戒，極其雅意。未及執捉，從其徘徊，遂復飛去。伏惟皇帝皇后，德通神明，恩加兆庶，禮和樂洽，仁深義遠。故使羽族呈祥，神禽效質，顯子孫之茂，彰八百之隆。既為曩代之體符，亦是當今之靈貺。玄奘輕生有幸，肇屬嘉祥，喜恫之深，不敢緘默，略疏梗概，謹以奏聞。若其羽翼之威儀，陽精之淳偉，歷代之稽古，出見之方表，所不知也。謹言。

玄奘聽說，白色的斑鳩出現，預示著殷商的興起，紅色的鳥雀出現，預示著周代的繁盛。所以知道天降祥瑞，以證明人事，是很早就證明的道理。今日

〔註1〕徐金星：《玄奘京洛二十年——玄奘大師圓寂1355周年祭》，《洛陽日報》，2019年3月12日。

我在顯慶殿內見到一個雀鳥，全身都是紅色，連腳都是紅的，從南方飛到殿內，停在御座上，跳來跳去，一點也不害怕。我看到這不是一般的鳥雀，就問它：皇后現在有身孕，還沒有分娩，玄奘我非常擔心，祈求她能平安生產，如果皇后果然能夠平安生產，請你給顯示高興的樣子。於是紅雀在殿內盤旋飛行，表示會平安生產。玄奘我感到滿心歡喜，舉手喚之，並慢慢走向它，它也不害怕，我用手撫摸它，它也不驚慌。左右之人都看到了這個令人驚奇的場面。玄奘我因為受過三戒，知道不能捉它。它徘徊了一陣之後就飛走了。皇帝皇后，德行感動神明，恩澤億萬百姓，行禮樂，施仁義，所以讓鳥類呈祥，顯示子孫茂盛之意。這種祥瑞，先代出現過，今天再次出現，玄奘有幸見到此瑞兆，非常高興，不敢隱瞞，就將事情的梗概寫出，告訴皇上與皇后。此紅雀的精神與顏色具足，歷代的記述都沒有這麼詳細。

玄奘據此認為武則天這次必然會平安生產，並且可能是個男孩，建議如果生下果然是個男孩，則請皇子出家為僧。後來唐高宗和武則天的三子李顯果然出生，玄奘給起法名佛光王，並上《慶佛光周王三日並進衣缽錫杖表》恭賀：

> 沙門玄奘言：名聞，易嘉日新之義，詩美無疆子孫。所以周祚過期，僅歷遐緬者，應斯道也。又聞，龍門洄激，資源長而流遠；桂樹叢生，藉根深而芳藹。伏惟皇運累聖相承，重規疊矩，積植仁義，浸潤黎元，其來久也。由是二后光膺大寶，為子孫基，可謂根深源長矣。逮陛下受圖，功業俞盛。還淳反素，邁三五之蹤；制禮作樂，逸殷周之軌。不持黃屋為貴，以濟兆庶為心。未明求衣，日昃忘食，藻練英賢，布之列位，衷能黜過，勵精正道，一人端拱，萬里廓清。雖成康之隆，未至於此。是以卿雲紛鬱，江海無波。日域遵風，龍鄉沐化。蕩蕩乎巍巍乎，難得而備言矣。既而道格穹蒼，明神降福；令月喜辰，皇子載誕；天枝廣茂，瓊萼增敷；率土懷生，莫不慶賴。

《周易》有日新的精神，《詩經》能受益於子孫。所以周朝存在時間很長。又聽說龍門之水，源遠流長，桂樹高大，根深而花香。於此相類似，大唐皇運是李氏皇祖先多代廣植仁義、造福黎民而積累下來的，並由太祖、太宗二位皇帝發揚光大。等到陛下登基，功業更大，不以黃金為貴，以百姓的福利為重。為了國事，陛下廢寢忘食，挑選賢才，使其為國效勞，獎勵賢能，罷黜過失，

勵精圖治，陛下一人就使天下澄清。即便是周代成康之治，也不能與之相比。所以祥雲紛紜，江海無波，天下大治。因而天降子嗣，皇子誕生，使皇家枝繁葉茂，天下生靈，都能受益於此。

　　在於玄奘，特百恒情，豈直喜聖後之平安，實亦欣如來之有嗣。伏願不違前詔，即聽出家，移人王之胤，為法王之子。披著法服，制立法名，授以三歸，列於僧數。紹興像化，闡播玄風，再秀禪林，重暉覺苑。追淨眼之茂並，踐月蓋之高蹤。斷二種纏，成無等覺。色身微妙，譬彼山王；焰網莊嚴，過於日月。然後蔭慈雲於大千之境，揚慧炬於百億之洲。振法鼓而挫天魔，麾勝幡而摧外道；接沈流於倒海，撲燎火於邪山；竭煩惱之深河，碎無明之巨郤。為調御士，作天人師。唯願先廟先靈，藉孫祚而升彼岸；皇帝皇后，因子福而享萬春。永握靈圖，常臨九域。子能如此，方名大孝，方是榮親。所以釋迦棄國而務菩提，蓋為此也。豈得以東平瑣瑣之善，陳思庸庸之才，日論優劣，同年而議深淺矣。謹即嚴衣捧缽，以望善來之賓，拂座清塗，用佇狩城之駕。不勝慶慰翹頁之至，謹奉表以聞。輕觸宸威，追增戰越。謹言。

玄奘我不僅高興皇后平安生產，而且也欣喜於法王的誕生，願皇上按照原來的許願，讓新生的皇子佛光王出家為僧，從皇王子轉為法王子，穿上袈裟，起上法名，授予戒律，成為僧人。讓他能廣大佛教，傳播佛教，斷絕各種煩惱，成就正果，色身微妙，猶如天王，散發光明，超過日月。成佛後就能教化於大千世界，弘法於百億之洲，擊打法鼓，挫敗天魔，高舉勝利的旗幟，摧毀外道魔兵，撲滅邪山的妖火，竭盡煩惱的纏繞，可以作天人的師尊。願皇廟先皇祖靈，能憑藉後裔佛光王出家的功德都能登上彼岸；皇帝和皇后都能因佛光王的出家而享萬年的幸福，永遠掌握大權，君臨天下。孩子能做到這裡，才算是大孝，才是對父母最好。所以釋迦牟尼放棄國家，出家證得菩提。怎能像陳思王曹植那樣斤斤計較於小善和瑣事呢！所以玄奘我為佛光王獻上佛衣和缽盂以及錫杖，希望能請允許佛光王出家。對於這個冒昧的請求，內心感到觸犯了天威，心裏很是不安。

玄奘其實非常希望能有一個皇子出家為僧，這樣就能在事實上提高佛教的地位。但李治和武則天當然不會同意自己的兒子出家，只是同意為兒子剃髮，並度僧七人代替兒子出家。玄奘也不能勉強，就上《謝為佛光周王滿月剃

髮並慶度人表》致謝：

沙門玄奘言：昨奉恩旨，令玄奘為佛光王剃髮，並敕度僧七人。所剃之發，則王之煩惱落也；所度之僧，則王之侍衛具也。是用震動波旬之殿，踊躍淨居之懷。弘願既宣，景福彌盛。豈謂庸賤之手，得效伎於天膚；凡庶之人，蒙入道於嘉會。上下欣恫，悲嘉交集。竊尋覆護之重，在褓所先，解脫之因，落飾為始。伏惟皇帝皇后道凝象外，福洽區中，所以光啟妙門，聿修德本。所願皇階納佑，王郡延和，臨百億天下，畢千萬歲奇。佛光高子，乳哺惟宜；善神衛質，諸佛摩頂。增華叡哲之姿，允穆紹隆之寄。新度之僧，菏澤既深，亦當翹闔道業，專精戒行。

玄奘昨日奉旨為佛光王剃髮，皇帝敕令度僧七人。所剃之髮，代表佛光王的煩惱落掉；所度之僧，則代表佛光王的侍衛都有了。這種功德，真能夠震動魔王波旬的宮殿，搖晃淨居天的天宮，弘願既然已經發出，後福無窮。沒想到玄奘我這庸賤之手，能夠為皇子剃髮。而庶民之子，也能託佛光王的洪福而入佛道。上下都很高興，我自認為神佛護佑從落髮開始，從襁褓開始。只有皇帝皇后能透過現象看到本質，造福海內，所以能光大佛教，培植福田。願大唐皇室能得到護佑，天下太平，永享國祚。願善神護衛佛光王，諸佛為佛光王摸頂，增加華叡之姿，將來能成就大事。新度的七名僧人，受到皇室的恩澤既然很深，也就應當專心於佛教修行，嚴於戒律。

在李顯一歲時，玄奘法師又上《賀佛光王誕辰並進法衣表》：

玄奘聞蘭榮紫苑，過之者必歡；桂茂青溪，逢之者斯悅。卉木猶爾，況人倫乎！況聖胤乎！伏惟皇帝皇后，挹神睿之姿，懷天地之德，撫寧區夏，子育群生。兼復大建伽蘭，廣興福聚，益寶圖常恒不變之業，助鼎命金剛堅固之因。既妙善薰修故，使皇太子機神日茂，潞王懿傑逾明。佛光王岐嶷增朗，可謂超周越商，與黃比崇，子子孫孫萬年之慶者也。玄奘猥以庸微，時得參見王等，私心踴悅，誠歡誠喜。今是佛光王誕邵之日，禮有獻賀，輒率愚誠，謹上法服一具。伏願王子萬神擁衛，百福扶持，寤寐安和，乳哺調適；紹隆三寶，摧伏四魔，行菩薩行，繼如來事。不勝瓊萼天枝，英華美茂，歡喜之至，謹附表並衣。

玄奘聽說，蘭花開時，從旁邊過的人都感到高興，茂盛的桂樹，潺潺的溪

水，遇到的人都會感到高興，花卉樹木尚且如此，何況人呢！更何況是聖人的後裔呢！只有皇帝皇后，以神叡之姿，懷天地之德，治理華夏，像父母一樣撫育天下生靈。加上建立大寺廟的功德，廣種福田，增加皇室永恆的基業，種下皇祚長久之因。這些善行的功德，使皇太子健康成長，潞王越來越聰明，佛光王越來越硬朗。皇帝皇后的功德可謂超越商周，與黃帝比高。這是子子孫孫萬代的福氣啊。玄奘以普通人的出身，能夠參見諸位皇族，感到非常榮幸與歡喜。今天是佛光王的一歲生日，我有禮物相送，送上僧服一件，願萬神護佑皇子，讓他吃得好，睡得好，紹隆三寶，摧毀四魔，行菩薩行，繼如來事。看到佛光王成長的猶如天上的花木那樣枝繁葉茂，高興的喜不自禁，向您上表。

第五節　與皇權交涉，提高佛教地位

　　玄奘歸國後，面臨的是佛教在新興的大唐朝被道教、儒教壓制不利局面。玄奘小心翼翼地和太宗、高宗周旋，唯一的目的就是逐步提高佛教在國家的地位。唐太宗在貞觀十一年（637）春，曾下敕說：「老子是朕祖宗，名位稱號，宜在佛先。」這就奠定了當時三教在國家的地位是道教第一；儒教第二；佛教最後為第三。對此玄奘是很憂慮的，如何能扭轉皇帝對佛教的偏見，提高佛教在社會中的地位，是玄奘一直追求的目標。為此，他不惜花費很多時間，身段柔和地與太宗、高宗、武則天周旋，千方百計使他們一點一點地提高佛教的地位。在太宗寫了《三藏聖教序》之後，玄奘馬上回表致謝：《謝太宗文皇帝制〈三藏聖教序〉表》：

　　　　沙門玄奘言：竊聞六爻探賾，局於生滅之場。百物正名，未涉真如之境。猶且遠徵義冊，者見奧不測其神；遐想軒圖，歷選並歸其義。伏惟皇帝陛下玉毫降質，金輪御天，廓先王之九州，掩百千之日月。斥列代之區域，納恒沙之法界。遂使給園精舍並入堤封，貝葉靈文咸歸冊府。名往因振錫，聊謁崛山。經途萬里，怙天威如咫步。非乘千葉，詣雙林如食頃。搜揚三藏，盡龍宮之所儲。研究一乘，窮鷲嶺之遺旨。並已載之素象，還獻紫宸。尋蒙下詔，賜使翻譯。名識乘龍樹，謬忝傳燈之榮。才異馬鳴，深愧寫瓶之敏。所譯經論紕舛尤多，遂荷天恩，留神構序。文超象繫之表，若聚日之放千光。理括眾妙之門，同法雲之濡百草。一音演說，億劫罕逢。忽以微生親承梵響，踊躍歡喜，如聞受記，無任欣荷之極。謹奉表

詣闕陳謝以聞。謹言。

玄奘聽說,《易經》中六爻預測事物非常準確,但也只是局限於生滅的現象界;儒教將百物規定名號,也並沒有涉及世界的本源。即使如此,《易經》也能有多種總結,能夠讓人瞭解其基本內涵,儒家經典也有各種注釋,能夠宣揚其奧義。只有皇帝陛下您揮毫賜詔,我才能將所到的地方都寫出來,所找的經文都翻譯出來,能夠造典成冊,藏之於府,流傳後世。依仗皇帝的天威,後人讀《大唐西域記》,就可以將玄奘所走萬里,一步走完;不用乘坐千條舟船,就可以在一頓飯的時間到達佛陀涅槃的印度雙林園。在中國就可以把龍宮所藏的經論全部找到,也可以窮盡佛陀經法的宗旨。陛下您下詔讓我翻譯佛經,沒有龍樹的聰明,使我翻譯佛教名相,常擔心翻譯出錯;沒有馬鳴的才能,常常自責自己的愚笨。我所譯的經文實際上錯誤很多,但皇帝陛下賜予天恩,認真題寫了序文。陛下的序文超出了《周易》象數的表面想像,像太陽那樣光芒四照;你所講的道理,概括了眾妙之門,如同雨水滋潤百草。皇帝陛下的序言,是一億劫都難碰到的法語,玄奘我有幸今生得到陛下的文章,高興地如同蒙受了佛陀的授記,用語言無法表述我內心的歡喜之情。只能以此表文致謝。

唐太宗也非常謙虛:《答玄奘謝御製三藏序敕》:「朕才謝邦璋,言慚博達。至於內典,尤所未閒。昨製序文,深為鄙拙。恐穢翰墨於金簡,標瓦礫於珠林。忽得來書,謬承褒贊,循躬省慮,彌益厚顏,善不足稱,空勞致謝。」我文才不夠高雅,言辭不夠博達,至於佛教典籍,更是不懂。昨天所寫的序文,自己感到很外行,此序文放入佛經,就像瓦石放入了珠林,我也恐怕自己用詞不當,玷污了佛典。現在忽然得到你的上書,謬詞褒獎,自己越想越覺得自己臉皮厚。這篇序文稱不上好,還讓你來信致謝。

玄奘一再請求太宗和高宗給所翻譯的經論寫序,目的就是為了讓其流通。所以很快玄奘就給太宗上了《請經論流行表》:

> 竊以玄宗無兆,因名教以垂訓;法本無為,資言象以成化。是知詮名教者法王之善權,闡言象者聖帝之能事。非夫三達遐鑒四弘俯濟,孰能撫金輪之運,弘玉毫之教者歟。伏惟皇帝陛下繁齊作聖,欽明體道。革澆弊之俗,垂邕穆之化。風教被於三千,疆場掩於百億。臨八政而命駕,馭五乘而載馳。屈方外之跡,據域中之位。四海無虞,萬機有暇。儲慧寶于麟閣,引智水於龍宮。

我認為大道無形，以名分來訓導；道本無為，憑藉傳播以教化。所以知道詮釋名教，是法王教主的善權方便之說；對學說進行解釋和弘傳，是帝王的功德。如果不是再三的學習與幫助，誰能為聖教揮毫寫序呢！只有皇帝陛下體察大道，革去流弊，行無為之治，使得佛教的教化可以流佈全國，受益於天下。皇帝陛下高坐中原，卻能君臨天下，使萬國來朝，四海無虞，使國家處處充滿生機，皇帝陛下將智慧的寶藏藏于麟閣，將龍宮的智慧之引到東夏。

> 玄奘業謝疏通，學慚稽古。肅承明詔，詳譯梵文。內顧庸愚，懼乖玄旨。深惟誠款，恐蠹大猷。是以夙夜非懈，身心無怠。皇化所覃，無謬一音之說；靈者見所佑，有感一人之心。皎日回三舍之明，丹誠動九重之聽。爰紆神衷，序明聖教。詞峰切漢，已振釋主之宮；義海浮天，將動梵王之請。由是牟尼大訓，資聖藻而照宣；般若微言，憑帝猷而光闡。

玄奘我才淺學疏，不敢和古代高賢相比。但承聖旨，將梵文佛經翻譯為漢文，想到自己資質平庸，經常擔心翻譯的文句與佛經本意不符，對弘揚大道不利。所以我白天夜裏都不敢懈怠，身心高度集中。皇帝所題寫的序言，沒有一個字錯誤，就是神靈見到，也會感動。太陽的光芒遇到陛下的序文，也將迴避；九重之上的天人，也會覺察到陛下的誠心。陛下的序文已經撼動帝釋天的宮殿；陛下所述的佛理，堪比大梵天王的請益。因為陛下的功德，佛教將憑藉聖言而傳播，般若學的微言大義，將憑藉陛下的功德而教化。

> 然而幽居陋俗，未聞梵響之聲；邊荒遠鄙，詎睹天文之麗。其見譯訖經論，請冠御製《三藏聖教序》及皇太子《述聖記》，宣布遠近，咸使聞知。大郡名州、各施一本。是則道不虛行，法無留滯。慧雲布於遐邇，法雨澍於中外。皇靈享法施之福，永永無窮；黎元阜法財之用，生生無遺。不任誠懇之至，謹奉表陳請以聞。伏願天慈賜垂矜允。

可是，非常偏僻的地方，仍然聽不到陛下的序言，看不到陛下的序文。玄奘啟請將陛下御製的《三藏聖教序》以及皇太子的《述聖記》，在各地宣布，讓遠近都能知道。大郡及各個州，都能分發一本。這樣，大道將遍布華夏，沒有滯留。佛法傳佈遠近，法雨灌溉中外。帝祚享此功德可以永保，黎民享受這種好處，可以達到世世代代。玄奘誠懇祈求陛下能夠同意我的請求。

尤其是顯慶元年五月（656）玄奘生病，危在旦夕，想在生前了此心願，

於是乘著與高宗、武后建立的良好關係，他於顯慶元年（656），向高宗上書，請求高宗允許僧人犯罪，由僧人按照僧律處理。應玄奘之請，高宗發布《停道士女冠僧尼依俗法治罪令敕》：「道教清虛，釋典微妙。庶物藉其津梁，三界之所遵仰。比為法末人澆，多違制律。權依俗法，以申懲誡。冀在止惡勸善，非是以人輕法。但出家人等，具有制條，更別推科。恐為勞擾，前令道士女冠僧尼有犯依俗法者宜停；必有違犯，宜依條制。」道教清虛，釋典微妙。凡人借助二教為橋樑，可以成仙成佛，三界都敬仰。現在是末法時期，人性頑劣，二教弟子有違反律制的，之前以俗法懲戒，目的在於止惡勸善，並不是輕辱出家人。但出家人也有律法，與國法不同，恐怕俗法影響了教門的運行。以前有令俗法來治理僧道者停止，如有違反，依條例治罪。但對於更為關鍵的佛道名位問題，高宗以「先朝處分，事須平章」為由拒不改正。曾經有學者批評玄奘過分諂媚皇權，這是沒有體會到玄奘法師良苦用心而導致的誤解。

第六節　翻譯佛經

《續高僧傳》記載，玄奘法師還請求太宗在各地調集賢僧，和玄奘共同組成翻譯場：「既見洛宮，深沃虛想，即陳翻譯，搜擢賢明。上曰：「法師唐梵具瞻詞理通敏，恐將徒揚仄陋，終虧聖典。」即你中印語言都好，再找其他僧人，則恐怕翻譯能力不足，有虧聖典。玄奘回答道：「昔者二秦之譯門位三千，雖復翻傳，猶恐後代無聞懷疑乖信。若不搜舉同奉玄規，豈以褊能妄參朝委。頻又固請乃蒙降許。」當初前秦和後秦的譯場，有譯者三千人之多，雖然經過多人的琢磨，仍然擔心後代不信。如果不挑選名僧共同翻譯，恐怕有人妄言所編經典為偽經。經過玄奘多次請求，太宗才答應。

玄奘法師於西域所得大乘經二百二十四部，大乘論一百九十二部，上座部經、律、論一十五部，大眾部經、律、論一十五部，三彌底部經、律、論一十五部，彌沙塞部經、律、論二十二部，迦葉臂耶部經、律、論一十七部，法密部經、律、論四十二部，說一切有部經、律、論六十七部，因論三十六部，聲論一十三部。一共是五百二十夾，六百五十七部，用二十四馬馱到了大唐。回故鄉洛陽的嵩山翻經，一直是玄奘法師的心願。

大慈恩寺建於貞觀二十二年（648），建成後十二月敕令玄奘法師入住。玄奘法師當時一心想翻譯佛經，曾上表請辭。《讓大慈恩寺上座表》講：「沙門玄奘啟：伏奉令旨，以玄奘為慈恩寺上座。恭聞嘉命，心靈靡措，屏營累息，深

增戰悚。」玄奘講，聽到受命為慈恩寺上座，感到緊張。我曾受命翻譯佛經，希望佛法能流佈華夏。現在則非常擔心分心寺務，使翻譯事業不能最終完成，留下永久的遺憾。「恐不卒業，孤負國恩，有罰無赦。」因而請另請他人任上座，「命知僧務，更賜重譴，魚鳥易性，飛沉失途。」這樣將使我能安心翻經，他人能盡力經營寺廟。「則法僧無悔吝之咎，魚鳥得飛沉之趣。」這樣我才能使我將來沒有愧疚自責之心，完成自己長久以來的心願。

當玄奘將翻譯好的 100 卷《瑜伽師地論》交給太宗時，李世民感慨地對臣下說，我看佛經如瞻天觀海，莫測高深。儒、道、九流比起佛經來，就像小水池去比大海一樣。人們都說儒道佛三家齊峙，這是妄談啊。玄奘法師還應唐太宗的囑託，將十七年旅行中經歷的 110 個城邑和傳聞中的 28 個地區和國家的歷史、風土人情、物產氣候、宗教信仰等等，整理成了《大唐西域記》12 卷。這是一部關於中亞、南亞各國古代自然地理、政治經濟、社會文化的重要典籍，先後被翻譯成英、法、日、德、俄等多國文字。可以說，玄奘也被譽為我國歷史上著名的佛學家、旅行家和翻譯家。

顯慶元年（656）正月，黃門侍郎薛元超、中書侍郎李義府參謁玄奘，問及古來翻經儀式。玄奘說，自符堅、姚興以來，翻譯經論，除了僧人以外，還有文人潤色，唯今沒有。玄奘特請二人代為奏請高宗，派些能文之臣潤色譯文。高宗欣然同意，頒布《敕于志寧等助玄奘翻譯令》：「大慈恩寺僧玄奘，所翻經論，既新翻譯，文義須精。宜令太子太傅尚書左僕射燕國公于志寧、中書令兼檢校吏部尚書南陽縣開國男來濟、禮部尚書高陽縣開國男許敬宗、守黃門侍郎兼檢校太子左庶子汾陰縣開國男薛元超、守中書侍郎兼檢校右庶子廣平縣開國男李義府、中書侍郎杜正倫等，時為看閱，有不穩便處，即隨事潤色。若須學士任量，追三兩人。」高宗命太子太傅于志寧、中書令來濟、禮部尚書許敬宗、黃門侍郎薛元超、中書侍郎李義府、杜正倫等為玄奘翻譯的佛經潤色。可見玄奘對自己一生的事業是多麼的重視，而高宗李治也給予了相應的支持。

玄奘再三要求離開長安，最重要的原因當然是抓緊時間翻譯佛經，因為在長安耽擱的時間太多了。還有一個很重要的原因是，當時帝後之間的矛盾已經開始顯現了。武則天於永徽五年（654）被李治召入宮中為昭儀，到第二年就以極其殘酷的方式虐殺了王皇后和蕭淑妃。和武則天打過多次交道的玄奘不可能不知道這位鐵娘子的手段。武則天到顯慶五年（660）以後，已經羽翼漸

豐，而高宗李治也發覺了這一點，和上官儀聯手，想廢掉武則天。在這種情況下，玄奘這個經常出入宮廷的人是非常危險的，搞不好就會被利用，或者被迫選邊站，而這是要冒很大風險的。所以最好的辦法就是離開這個權力的修羅場與是非之地。

其實玄奘到玉華宮也並不是向他表中所講的是去翻譯些「小經」，而是恰恰是去翻譯他一生中翻譯的最大的一部經，即《大般若經》。《大般若經》也是所有佛經中最大的一部，長達 600 卷。為什麼玄奘要隱瞞自己的真實想法？又為什麼要停止諸翻經僧的工作，而只帶一二自己的弟子去？這是頗值得玩味的。高宗本來就不願意玄奘離開長安，離自己太遠。如果玄奘要求過多，他擔心高宗不會同意。如果高宗知道玄奘要翻譯大部頭的經典，或許不願意玄奘離開那麼久的時間。玄奘要求高宗派五名衛士同去，也有用意。玄奘所到之處，凡俗都想去看，不勝其煩，干擾工作，需要有人把守。再者，以玄奘宗教領袖的影響力，估計到高宗也不會很放心，讓五名守衛同去，也是打消高宗的顧慮。高宗和武則天還是很體諒玄奘的，不僅批准了玄奘的請求，而且還命令翻經僧一塊去，以減輕玄奘的負擔。亦或是玄奘本來準備去玉華宮原本只是準備翻譯些「小經」，而是看到高宗同意眾多的翻譯僧一塊到了銅川後才決定翻譯《般若經》的？鑒於玄奘後來對於《般若經》的高度評價來看，玄奘極有可能是早就下定決心要翻譯《般若經》的。

玄奘進駐玉華宮後，曾有弟子擔心玄奘的身體，建議他對《般若經》進行刪減。但玄奘知道，《般若經》是整個大乘佛教理論的基石，不能有絲毫馬虎，猶豫再三，他還是決定完全將之翻譯成華文。於是他藉口剛開始刪減，晚上便夢見及其恐怖的事情，猛虎咬人，於是大家同意完全翻譯，當晚夢見菩薩眉間放光照到自己身上，十分愜意。玄奘告訴眾僧，我今年已經六十五歲了，必將斃命於這個寺廟，《般若經》部頭很大，我經常擔心翻譯不完，勉勵大家辛勤翻譯不辭辛勞。龍朔三年（663），玄奘終於完成了這部佛經。翻譯的質量很高：「一語之安，堅如磐石，一義之立，燦若晨星。」

《般若經》翻成後，玄奘法師非常高興，他合掌歡喜告徒眾說：「此經於漢地有緣，玄奘來此玉華者，經之力也。向在京師諸緣牽亂，豈有了時，今得終訖，並是諸佛冥加，龍天擁祐，此乃鎮國之典。」這部經與漢地有緣，我來玉華宮，就是為了翻譯此經。原來在長安時，事情繁雜，沒有時間翻譯此經，現在翻譯完畢。這也是諸佛的加持，龍天的護佑的結果，這部經是鎮國之寶。

　　玄奘從印度取經歸來的十九年中，前後共譯經論 75 部，總計 1335 卷，每年平均譯經 70 卷。而在玉華宮的四年中，由於排除了俗世的干擾，譯經速度明顯加快，每年平均譯經 170 卷。可見玄奘的堅毅和敬業精神，不僅僅體現在他不畏艱險，西天求法的路上，更在艱苦卓絕的譯經事業中。

　　高宗非常關心玄奘法師的身體，《皇帝與玄奘法師飛白書十八字》記載了高宗李治的問候：「師年尊，時熱，此間小窄，體中如何？方翻了未。敕。」法師年邁，氣候炎熱，地方狹小，身體如何？經翻譯好了嗎？玄奘也上表致謝。高宗還經常給玄奘賜予不少貴重的禮品。玄奘也呈上《謝施納並雜物表》致謝：

> 沙門玄奘啟：垂齎納並雜物等。捧對警慚，不知比喻。且金縷上服，傳自先賢，或無價寶衣。聞諸聖典，未有窮神盡妙、目擊掌中如今之賜者也。觀其均彩醴淡，敬君不能猗其功；裁縫婉密，雜鏤無以窺其際。便覺煙霞入室，蘭園在身。施俯自瞻，頓增榮價。昔道安言珍秦代，未遇此恩；支遁稱禮晉朝，罕聞斯澤。唯玄奘庸薄，獨竊洪私，顧寵修躬，彌深戰汗。伏願皇帝皇后富眾多子孫，享無疆之福祚；長臨玉鏡，永御寶圖；覆育群生，與天無極。不任慚風之至，謹奉表陳謝以聞。施重詞輕，不能宣盡。謹言。

　　捧著陛下賞賜的各種物品，感動的不知道說什麼好。這種金縷上服，是從先賢處傳下來的無價寶衣。我翻閱各種典籍，也找不到有哪朝哪代有這麼好的衣服，看其色彩與做工，都是無與倫比的。穿在身上，便覺得猶如煙霞進入了室內，蘭花繡到了身上，感覺自己身價倍增。當初道安受寵於前秦，支遁受寵於東晉，也沒有受過此等皇家恩澤。只有玄奘我有福氣，能夠享受皇家超前的待遇，深深地感到皇恩浩蕩。只願皇帝皇后子孫眾多，享受無邊的福祚，子子孫孫永遠君臨天下。所有的言辭，都無法表達我內心的謝意。

　　玄奘在銅川玉華宮翻譯佛經期間，朝中還發生了一件大事。龍朔二年（662）四月十五日，高宗忽然發布了「停止父母尊者敬拜沙門令」。自東晉慧遠以來，「沙門不敬王者論」很有市場，已經成為相當部分人的共識，現在高宗禁止父母以及君王貴族等尊者敬拜沙門，並且要求沙門敬拜君王，引起了軒然大波。高宗只好「大集文武官僚九品已上并州縣官等千有餘人總坐中臺都堂，將議其事」。僧人代表西明寺道宣等三百餘人也到場陳情。討論的結果是 1539 人同意不拜，354 人要求拜。高宗無奈只好發出《停沙門拜君詔》。這此

玄奘並沒有積極參與，可能和他當時唯恐翻譯不完《般若經》有關，無暇分心的緣故，畢竟對於一個知道自己的生命快要結束的人來說，還有什麼比完成自己的心願更重要呢！

麟德元年（664）春。一同翻經的大德以及玉華寺僧眾再三敬請玄奘翻譯《大寶積經》，玄奘不好違拂眾意，就開始翻譯《大寶積經》，可是才翻譯了幾行，就停住了。告訴眾人說，此經部頭太大，我的氣力已經不夠了，我的死期已經不遠了，想去拜見俱胝佛像。當時口中不斷念誦：色蘊不可得，受想行識亦不可得，眼界不可得，乃至意界亦不可得，眼識界不可得，乃至意識界亦不可得，無明不可得，乃至老死亦不可得，乃至菩提不可得，不可得亦不可得。高宗再次派人前去慰問，玄奘也再次上《謝遣使慰問表》。

第七節　玄奘與佛道名位 [註2]

一

唐初儒釋道三教並存，但地位並不平等。儒教並非宗教，而是政治倫理學說，用以經邦濟世，協調社會關係，不管名義上排位幾何，實際上被統治階級奉為鎮國至寶。貞觀二年（628），唐太宗李世民論及三教，認為梁武帝父子「惟好釋氏、老氏之教」，反而國破家亡，「足為鑒戒」；明確表示：「朕今所好者，惟在堯舜之道、周孔之教，以為如鳥有翼，如魚依水，失之必死，不可暫無耳。」[註3] 對於佛教和道教這兩種宗教勢力，統治者基於世俗利益的考慮，研究過沙汰方案，並對佛教徒不斷予以檢校，但由於不具備取消宗教的社會條件，又需要加以利用，遂對它們排列名次。武德三年（620），唐高祖李淵去道教聖地樓觀（在陝西省周至縣）設醮祈福，道士岐平定（原名暉）對他說：道教祖老子李耳是皇室的聖祖，垂佑後裔，使之戰無不勝。高祖為了神化李唐政權，十分樂意承認這種血緣傳承關係，於是改稱樓觀為宗聖觀。同年，晉州（治今山西省臨汾市）樵夫吉善行奏稱在浮山縣羊角山見到一位著素衣騎白馬的老叟，自稱是皇室始祖太上老君。高祖於是改稱浮山縣為神山縣，羊角山為龍角山，山上修興唐觀，內塑太上老君像。武德八年（625），高祖到國學

〔註2〕　本節由洛陽師範學院郭紹林教授撰寫。
〔註3〕　〔唐〕吳兢：《貞觀政要》卷六《慎所好》，上海古籍出版社，1984年，第195頁。

釋奠，宣布三教的名位是：道先、儒次、佛後。貞觀十一年（637），太宗又下了一道《令道士在僧前詔》，憤慨「殊俗（外國）之典，郁為眾妙之先；諸華之教，翻居一乘之後」。指出必須予以釐革：「自今以後，齋供行立，至於稱謂，其道士、女冠，可在僧尼之前。」〔註4〕道先佛後作為基本國策，經一再申明，處於難以動搖的地位。

佛道二教之間，鬥爭經久不息，積怨甚深。道教確定為皇室的血親宗教後，有恃無恐，主動出擊，更使佛道之爭火上澆油。武德四年（621），前道士、太史令傅奕上表高祖，請廢除佛教，極言佛教的社會危害，並謾罵佛教為「禿丁邪戒」、「妖胡浪語」。〔註5〕佛教徒為了保住自己的生存空間，被迫反擊。次年，釋法琳上啟太子李建成和秦王李世民，企圖爭取皇室的理解和支持，並撰寫《對傅奕廢佛僧事》（即《破邪論》）上呈朝廷。武德九年（626），李仲卿、劉進喜二道士分別寫了《十異九迷論》《顯正論》攻擊佛教，法琳又著《辯正論》予以還擊。僧人慧乘、普應以及居士李師政等，密切配合法琳，對道士口誅筆伐。

太宗貞觀十一年道先佛後詔令頒布後，僧人法常等數百人赴朝堂陳述意見，請求取消成命，未被採納，道士益發受到鼓舞。貞觀十三年（639），道士秦世英向太宗告密，說法琳《辯正論》誣衊皇室始祖，太宗向法琳問罪。法琳冒著大不敬的風險，說皇室出自代北鮮卑族，是陰山貴種，其姓氏達闍達譯作唐言為李氏。而李耳屬於隴西李氏，其父姓名為韓虔（與寒蹇諧音），字符卑（天字第一號卑賤貨），是個獨眼、跛足、無耳的乞丐，終生娶不起妻子，七十二歲時與鄰里老婢私通，在李子樹下生出李耳，始以李氏為姓。法琳說皇室「棄北代而認隴西」，是拿黃金換同等重量的黃銅，綢緞換同等長度的粗布，蠢人幹蠢事。太宗大怒，宣布處以死刑，七天後執行，看他念七天觀音菩薩是否能刀杖不傷。屆時法琳說：「七天以來，惟念陛下，未念觀音」。陛下「子育群品（庶民百姓）」，就是當今人間的觀音。「陛下若順忠順正，琳則不損一毛；陛下若刑濫無辜，琳有伏屍之痛。」〔註6〕太宗於是把他改判為流刑，他在赴四川流所途中病故。此後，佛道之爭轉入低潮。

〔註4〕〔清〕董誥、徐松等：《全唐文》卷六，上海古籍出版社，1990年，第26頁。
〔註5〕〔唐〕道宣：《廣弘明集》卷十一，《中華大藏經》第63冊，北京：中華書局，1993年，第1頁。
〔註6〕〔唐〕彥琮：《唐護法沙門法琳別傳》卷下，《大正藏》第50冊，臺北：新文豐出版公司，1983年，第210～211頁。

　　釋玄奘於貞觀三年（629，從陳垣說）西行求法，貞觀十九年（645）正月才回到長安。在接近國門之際，他在于闐（今新疆和田）修表，託高昌（今新疆吐魯番）人隨商侶入朝，上呈太宗。傳記說他「少停」于闐，是由於「前為渡河失經，到此更使人往屈支、疏勒訪本，及為于闐王留連，未獲即還」。〔註7〕實際上是他在等待朝廷表態，因而所謂「少停」，居然長達七八個月之久。太宗貞觀年間佛教的處境，他子身在國外，不甚瞭解；但高祖武德年間的情況，他置身其中，應該心中有數。何況當初他是冒犯國家「禁約百姓不許出蕃」〔註8〕的法令私自出國的，一路上曾遭到官府的通緝和追截，回國之際難免心有餘悸。因此，他在表文中一則對自己的「冒越憲章，私往天竺」表示慚懼；二則把西行求法這一佛事活動說成是國事活動，是「宣皇風之德澤，發殊俗之欽思」。〔註9〕太宗下敕，說對他歸國「歡喜無量，可即速來與朕見」。〔註10〕他心中一塊石頭才落了地，匆匆踏上返途。

　　歷史從此把玄奘推到了前沿，他不得不和皇室打交道，不得不接觸敏感的佛道名位問題，並為改變佛教地位付出努力。

二

　　玄奘為改變佛教地位，不懈地開展活動。他在內心深處根本看不起道教，太宗命他將《老子》譯為梵文，頒布印度，他勉強從事。當道士們上請宰相，要他把《老子》一書的序文也譯出來時，他堅決辭絕，說：「其言鄙陋，將恐西聞異國，有愧鄉邦，……恐彼以為笑林。」〔註11〕然而綜觀他的全部活動，他沒有把這一態度帶進來，非分地奢望去壓倒道教，而只是爭取佛教同道教的平等地位，因而及身取得一些成效，並為身後佛教地位的改變開拓出道路。他所開展的活動可分為三個方面，這裡分別加以論述。

　　其一是尊重朝廷，美化皇室，爭取國家對佛教的理解、親近和支持。

　　太宗詔令在洛陽宮接見玄奘。玄奘回長安半月，立即赴洛陽。太宗問他「山川阻遠，方俗異心」，如何戰勝困難，西行求法？他完全歸功於太宗，說：

〔註7〕〔唐〕慧立、彥悰：《大慈恩寺三藏法師傳》卷五，《釋迦方志》合刊本，北京：中華書局，2000年，第122、123頁。

〔註8〕《大慈恩寺三藏法師傳》卷一，《釋迦方志》合刊本第12頁。

〔註9〕《大慈恩寺三藏法師傳》卷五，《釋迦方志》合刊本第123頁。

〔註10〕《大慈恩寺三藏法師傳》卷五，《釋迦方志》合刊本第124頁。

〔註11〕〔唐〕道宣著、郭紹林點校《續高僧傳》卷四《玄奘傳》，北京：中華書局，2014年，第122頁。

「奘聞乘疾風者造天池而非遠，御龍舟者涉江波而不難。自陛下握乾符、清四海，德籠九域，仁被八區，淳風扇炎景之南，聖威鎮蔥山之外，所以戎夷君長每見雲翔之鳥自東來者，猶疑發於上國，斂躬而敬之，況玄奘圓首方足，親承育化者也。既賴天威，故得往還無難。」太宗誇他「詞論典雅，風節貞峻」，遠遠超過十六國時期被國君稱為「神器」的釋道安。〔註12〕首次見面，玄奘亮相很成功，縮短了國家同佛教的距離。他一再表示「畢身行道，以報國恩」，「為國」翻譯佛典，甚至要求國家派兵把守自己譯經所在寺院，「以防諸過」。玄奘這樣自覺地置身於國家的統轄、管束之下，以消除嫌疑，太宗非常放心，高興地說：「師此意可謂保身之言也。」〔註13〕

此後，無論是上書還是謁見，玄奘一直沿著這條奉承討好皇室的路子組織言辭，多是空洞浮泛的套話。但貞觀二十二年（648）的一次面諛不同，具體而全面。他吹捧太宗是罕見的「上智之君」，同中庸之君大相徑庭，根本不需要借助於賢能宰臣的輔佐，「一人紀綱，萬事自得其緒」。他列舉例證加以發明，說：

> 陛下經緯八紘之略，驅駕英豪之才，克定禍亂之功，崇闡雍熙之業，聰明文思之德，體元合極之姿，皆天之所授，無假於人，其義一也。敦本棄末，尚仁尚禮，移澆風於季俗，反淳政於上皇，賦遵薄制，刑用輕典，九州島四海稟識懷生，俱沐恩波，咸遂安樂，此又聖心聖化，無假於人，其義二也。至道旁通，深仁遠洽，東逾日域，西邁昆丘，南盡炎洲，北窮玄塞，雕蹄鼻飲之俗，卉服左衽之人，莫不候風瞻雨，稽顙屈膝，獻珍貢寶，充委夷邸，此又天威所感，無假於人，其義三也。獫狁為患，其來自久，……陛下御圖，一征斯殄，傾巢倒穴，無復子遺。瀚海、燕然之域，其入提封；單于弓騎之人，俱充臣妾。……有道斯得，無假於人，其義四也。高麗小蕃，失禮上國。隋帝總天下之師，三自征伐，攻城無傷半堞，掠卒不獲一人，虛喪六軍，狼狽而反。陛下暫行，將數萬騎，摧駐躍之強陣，破遼、蓋之堅城，振振凱旋，俘馘三十萬眾。用兵御將，其道不殊，隋以之亡，唐以之得，故知由主，無假於人，其義五也。又如天地交泰，日月光華，和氣氤氳，慶雲紛鬱，四靈見質，一角

〔註12〕《大慈恩寺三藏法師傳》卷六，《釋迦方志》合刊本第128～129頁。
〔註13〕《大慈恩寺三藏法師傳》卷六，《釋迦方志》合刊本第129～130頁。

呈奇，白狼、白狐、朱鸞、朱草，昭彰雜沓，無量億千，不能遍舉，
皆是應德而至，無假於人。〔註14〕

　　玄奘這番話嚴重失實。前二例務虛，講的是總體評價和內政方略，針對
性不強；後三例務實，講的是具體事情，處處皆成問題。第三例曲解世界民
族格局，歸美於太宗的「天威」，充滿著大國沙文主義的情調。特別成問題的
是，玄奘稍後上表，又歌頌太宗「廣列代之區域，……遂使給園精舍，並入
提封」。〔註15〕實際情況有兩個方面，一是玄奘在印度向戒日王介紹過中國的
情況，「戒日及僧，各遣中使，齎諸經寶，遠獻東夏，是則天竺信命，自奘而
通」。使者西返時，太宗「敕王玄策等二十餘人隨往大夏，並贈綾帛千有餘
段，王及僧等，數各有差」。〔註16〕這不過是中印雙方平等的通使聘問關係而
已。二是貞觀二十年（646）王玄策率領從騎三十人再次出使天竺摩伽陀國，
其王尸羅逸多已死，其臣阿羅那順自立，發兵攻打唐使團，俘獲全部王玄策的
從騎，並搶劫諸國貢物。王玄策徵集泥婆羅（尼泊爾）、吐蕃士兵八千餘人，
打敗摩伽陀軍，擒獲阿羅那順，後來送往長安。其間，東天竺王尸鳩摩送三萬
牛馬犒軍，迦沒路王獻上地圖。這是唐朝同天竺個別國家的間接戰爭，目的在
於自衛，根本不在掠奪土地或建立藩屬關係，天竺何曾入了中國的「提封」？
第四例完全排除了李靖等統帥具體指揮消滅東突厥戰爭的功勞，反倒說成是
由身在皇宮的太宗「一征斯殄」。第五例把太宗深感慚愧的「吾以天下之眾困
於小夷」〔註17〕，說成全勝凱旋，這本是玄奘回國後剛剛發生的事，更見得有
意諱飾。其餘所謂「不能遍舉」的事例，根本與「無假於人」不沾邊。

　　太宗時期進諫形成風氣。魏徵經常批評太宗，太宗氣急敗壞，甚至揚言要
「殺卻此田舍漢」。〔註18〕貞觀十三年（639），魏徵見太宗拒諫奢縱，上疏批
評他在十個方面漸不克終。經久不衰的批逆鱗使太宗十分難堪，時人觀察到的
情況是：「南衙群臣面折廷諍，陛下常不舉首，……雖貴為天子，復何聊乎？」
〔註19〕然而太宗在走下坡路的晚年，卻聽到玄奘一片阿諛奉承聲，其「甚悅」

〔註14〕　《大慈恩寺三藏法師傳》卷六，《釋迦方志》合刊本第 138～139 頁。
〔註15〕　《大慈恩寺三藏法師傳》卷六，《釋迦方志》合刊本第 144 頁。
〔註16〕　《續高僧傳》卷四《玄奘傳》，第 120 頁。
〔註17〕　〔北宋〕司馬光等：《資治通鑒》卷一百九十八貞觀二十年二月條，北京：中
　　　　　華書局，1976 年，第 6235 頁。
〔註18〕　〔唐〕劉肅：《大唐新語》卷一《規諫》，北京：中華書局，1984 年，第 13 頁。
〔註19〕　《大唐新語》卷九《諛佞》，第 140 頁。

自是可想而知的情況，於是當場表示：「今日已後，亦當助師弘道。」〔註20〕玄奘的目的達到了。

其二是誘皇室入彀中，迫使其發表弘揚佛教的言論，部署發展佛教的行動，製造轟動效應。

玄奘既然奉敕為國翻譯佛典，遇事便向皇室彙報。貞觀二十年（646），他將所譯五部經論上呈朝廷，懇請太宗「曲垂神翰，題制一序」。〔註21〕太宗這年宣布自己「至於佛教，非意所遵，雖有國之常經，固弊俗之虛術」。〔註22〕因此，他藉口「學淺心拙，在物猶迷，況佛教幽微，豈能仰測」〔註23〕，拒絕為玄奘撰寫經序。玄奘再上表，說：「聖教玄遠，非聖藻何以序其源」，請求太宗賜序，以便「鷲嶺微言，假神筆而弘遠；雞園奧典，託英詞而宣暢」。〔註24〕太宗只好答應下來。兩年後，玄奘向太宗彙報自己剛剛譯就的一百卷《瑜伽師地論》，太宗問起大意，玄奘一一奉答，逗引起太宗的興趣。太宗讀後，就三教加以比較，說：「朕觀佛經譬猶瞻天俯海，莫測高深。……朕比以軍國務殷，不及委尋佛教，而今觀之，宗源杳曠，靡知涯際。其儒道九流之典比之，猶汀瀅之池方溟渤耳。而世云三教齊致，此妄談也。」〔註25〕這意味著制定三教次序政策的認識基礎受到了挑戰，出現了危機。太宗立即詔令抄寫玄奘新譯經論，一式九份，頒發九州島，輾轉流通。接著，太宗撰寫了《大唐三藏聖教序》，頌揚佛教「弘濟萬品，典御十方。……大之則彌於宇宙，細之則攝於毫釐。無滅無生，歷千劫而不古；若隱若顯，運百福而長今。……微言廣被，拯含類於三途；遺訓遐宣，導群生於十地」。因而祝願「茲經流施，將日月而無窮；斯福遐敷，與乾坤而永大」。〔註26〕就這樣，玄奘把太宗這位道先佛後政策的制定者一步步誘入自己的圈套中，使他改變對佛教的態度，進而頌揚佛教，發展佛教。

為了保持效果的延續性，玄奘又把注意力轉向太宗的子孫。當太子李治響應其父經序而寫出《述三藏聖教序》後，玄奘立即上啟致謝，頌揚太子：「發

〔註20〕《大慈恩寺三藏法師傳》卷六，《釋迦方志》合刊本第139～140頁。
〔註21〕《大慈恩寺三藏法師傳》卷六，《釋迦方志》合刊本第133頁。
〔註22〕《舊唐書》卷六十三《蕭瑀傳》，第2403頁。
〔註23〕《大慈恩寺三藏法師傳》卷六，《釋迦方志》合刊本第136頁。
〔註24〕《大慈恩寺三藏法師傳》卷六，《釋迦方志》合刊本第136~137頁。
〔註25〕《大慈恩寺三藏法師傳》卷六，《釋迦方志》合刊本第140～141頁。
〔註26〕《廣弘明集》卷二十二，《大正藏》第52冊，第258頁。

揮睿藻，再述天文，讚美大乘，莊嚴實相。珠回玉轉，霞爛錦舒，將日月而聯華，與《咸》《英》而合韻。」〔註27〕

皇室的態度起著導向作用，為佛教的生存和發展開闢了道路。參與玄奘譯場的釋道宣評介道：「自爾朝宰英達，咸申擊贊，釋宗弘盛，氣接成陰。」〔註28〕玄奘的弟子彥悰評論道：「自二聖序文出後，王公、百辟，法、俗、黎庶，手舞足蹈，歡詠德音，內外揄揚，未及浹辰而周六合。慈雲再蔭，慧日重明，歸依之徒，波回霧委。所謂上之化下猶風靡草，其斯之謂乎！如來所以法付國王，良為此也。」〔註29〕因此，佛教界很珍重這兩份「領袖題詞」，作為最高規格的廣告加以利用。玄奘在弘福寺譯經時，僧人請示獲准，集前代書聖王義之字跡將二序鐫刻為碑，藏於寺內。稍後玄奘移就慈恩寺任上座，又由右僕射褚遂良書寫刻碑，樹立於大雁塔側。

唐高宗李治繼位後，玄奘同皇室的關係更加密切，讓皇室支持佛教的要求更加直率迫切。顯慶元年（656）正月，黃門侍郎薛元超、中書侍郎李義府來慈恩寺行香，玄奘請二公向高宗彙報，請派大臣參與譯經潤色，請高宗為寺撰文建碑。高宗一一允諾，所撰碑文有「朕逖覽緗史，詳觀道藝，福崇永劫者，其唯釋教歟！」以及自己「虔誠八正，肅志雙林」等句。〔註30〕玄奘得隴望蜀，詣闕上表，提出「碑是聖文，其書亦望神筆」。高宗未答應，玄奘再次上表祈請，終於使高宗就範。四月，高宗親自撰擬書寫的石碑製成，玄奘率僧尼至芳林門候迎。官府組織龐大的太常九部樂和京師地面的長安、萬年二縣音聲隊伍，以莊嚴的音樂送碑入寺。幢蓋、寶帳、幡華，次第前行，從芳林門到慈恩寺，「三十里間爛然盈滿」。高宗登上安福樓觀看，十分喜悅。「京都士女觀者百餘萬人。」碑立在寺中，每天有數千人前來觀摩，三品以上的文武官員上表請求摹印拓片。玄奘製造出了抬高佛教的轟動效應，高興萬分，總結道：「奈苑微言，假天詞而更顯；竹林開士，託神筆而彌尊。……像教東漸，年垂六百，弘闡之盛，未若於茲。」〔註31〕

半年後，皇后武則天難產，祈求佛教保佑，提出所生孩子將歸依三寶，請玄奘屆時為孩子授戒。玄奘啟奏她必定平安，順利生下一個男嬰。接著，玄

〔註27〕《大慈恩寺三藏法師傳》卷七，《釋迦方志》合刊本第148頁。
〔註28〕《續高僧傳》卷四《玄奘傳》，第126頁。
〔註29〕《大慈恩寺三藏法師傳》卷七，《釋迦方志》合刊本第148頁。
〔註30〕《大慈恩寺三藏法師傳》卷八，《釋迦方志》合刊本第181、182頁。
〔註31〕《大慈恩寺三藏法師傳》卷九，《釋迦方志》合刊本第186、189～190頁。

奘又上表祝賀，說見到一隻赤雀飛止於顯慶殿御帳座內。自己告訴赤雀：「皇后在孕，未遂分誕，玄奘深懷憂懼，願乞平安。若如所祈，為陳喜相。」果然見赤雀「示平安之儀，了然解人意」。這是「皇帝皇后德通神明」，「故使羽族呈祥」。男嬰生下後，皇室不違所許，由玄奘收為徒兒，號為「佛光王」。玄奘從此在皇室中找到了代理人，不斷上表，歌頌皇室為：「殫四海之資，不足比此檀行（施捨）」；欣慰「如來之有嗣」，定會「紹隆像化，闡播玄風，再秀禪林，重暉覺苑」。〔註32〕佛光王雖然由玄奘剃髮、護持，但一直未正式出家為僧。玄奘逝世後，他當了皇帝（唐中宗），果然崇尚佛教，「造寺不止」，「度人不休」。〔註33〕

其三是直接提出調整佛道名位的要求。

關於調整佛道名位問題，玄奘傳記說：「法師還國來已頻內奏，許有商量，未果而文帝昇遐。」〔註34〕玄奘回國後不足四年半，到貞觀二十三年（649）五月，太宗逝世。這一時期太宗對佛教的態度發生了根本性的變化，臨死前尚同玄奘「談玄論道，問因果報應」。太宗「深信納」，多次攘袂感歎：「朕共師相逢晚，不得廣興佛事。」〔註35〕但道先佛後政策是由其父制定又經自己重申的，不必因自己對佛教有所信仰及同玄奘關係密切而輕易更改，落下出爾反爾之名。因此，「許有商量」，不過是推詞而已，即使太宗未很快去世，也不可能著手更改，何況他已看到太子同玄奘的親密關係，問題可以留給後人解決。

永徽六年（655），高宗下敕說：「道士、僧等犯罪，情難知者，可同俗法推勘。」玄奘一直病重，擔心不久人世，須抓緊解決佛道名位問題，遂於顯慶元年迎慈恩寺碑後乘大好形勢的東風，就高宗這道敕令和佛道次序問題一併陳奏「於國非便」。高宗答應廢止以世俗法律制裁僧人，「但佛道名位，先朝處分，事須平章」。〔註36〕問題再次擱淺。

玄奘及身未能最終使皇室調整佛道名位，但由於做出種種努力，畢竟為問題的解決鋪平了道路。在他去世十年後的上元元年（674），高宗下敕說：「公

〔註32〕《大慈恩寺三藏法師傳》卷九，《釋迦方志》合刊本第197～200頁。
〔註33〕〔後晉〕劉昫等：《舊唐書》卷一百零一《辛替否傳》，北京：中華書局，1975年，第3159頁。
〔註34〕《大慈恩寺三藏法師傳》卷九，《釋迦方志》合刊本第193頁。
〔註35〕《大慈恩寺三藏法師傳》卷七，《釋迦方志》合刊本第157頁。
〔註36〕《大慈恩寺三藏法師傳》卷九，《釋迦方志》合刊本第193頁。

私齋會及參集之處，道士、女冠在東，僧、尼在西，不須更為先後。」〔註37〕景雲二年（711），唐睿宗對佛道二教重新評估，一視同仁，下《令僧道並行制》說：「釋及玄宗（道教），理均跡異，拯人救俗，教別功齊。……自今每緣法事集會，僧、尼、道士、女冠等，宜令齊行並進。」〔註38〕先朝遺留下來的基本國策，被後繼皇帝分步驟矯正了。

三

　　研究玄奘對唐廷調整佛道名位所起的作用，不能不一併考察當時的社會條件。

　　太宗《令道士在僧前詔》披露當時朝野對佛教的崇尚歸信情況是：「泊乎近世，崇信滋深。人覬當年之福，家懼來生之禍。由是滯俗者聞玄宗而大笑，好異者望真諦（佛教）而爭歸。始波湧於閭里，終風靡於朝廷。」〔註39〕這裡提供一些具體事例加以說明。

　　先看「閭里」。玄奘歸國抵長安，數十萬民眾自動迎候，列隊二十多里，喧鬧擁擠，致使玄奘無法前行。「京都五日，四民廢業，七眾歸承。」〔註40〕

　　再看「朝廷」。當時朝中袞袞諸公普遍崇佛。傅奕上廢除佛教的奏章，「高祖付群官詳議，唯太僕卿張道源稱奕奏合理」。〔註41〕反對者有開國元勳裴寂，說高祖「昔創義師，志憑三寶，云安九五，誓啟玄門（佛教）」；而今卻要「毀廢佛僧」，「理不可也」。〔註42〕中書令蕭瑀甚至當場和傅奕吵起來。他佞佛至深，「專心釋氏，嘗修梵行，每見沙門大德，嘗與之論難及苦空，思之所涉，必諧微旨」。〔註43〕他曾採集十多家注解，融合自己的見解，為《法華經》撰疏。其兄蕭瓛任太府卿，一生誦讀《法華經》一萬多遍。蕭氏家族有將近二十位男女出家。

　　再看地方官吏。賈敦頤、李道裕、杜正倫、蕭銳四位州刺史由各自治所來

〔註37〕〔北宋〕王溥：《唐會要》卷四十九《僧道立位》，上海古籍出版社，1991年，第1006頁。

〔註38〕《全唐文》卷十八，第90頁，年代參見《舊唐書》卷七《睿宗紀》。

〔註39〕《全唐文》卷六，第26頁。

〔註40〕《續高僧傳》卷四《玄奘傳》，第119頁。

〔註41〕《舊唐書》卷七十九《傅奕傳》，第2716頁。

〔註42〕《唐護法沙門法琳別傳》卷上，《大正藏》第50冊，第201頁。

〔註43〕〔北宋〕王欽若等：《冊府元龜》卷八百二十一《總錄部·崇釋教》，南京：鳳凰出版社，2006年，第9557頁。

京朝集,乘便相邀參拜玄奘,「請受菩薩戒」,度為在家居士。他們致函玄奘,表示「順教生信,隨緣悟解,頂禮歸依」。〔註44〕

最後,看看皇室是如何需要和利用佛教的。其一,超度亡靈。唐朝以武裝鬥爭的方式建立和鞏固政權,敵我雙方死亡很多。貞觀三年（629）十二月一日,太宗詔令在太原起兵以來的重點戰場,為雙方陣亡者建造佛寺,以便「樹立福田,濟其營魄」;「望法鼓所振,變炎火於青蓮;清梵所聞,易苦海於甘露」。〔註45〕於是在今山西、陝西、河南、河北境內立了七所佛寺。其二,追崇福業。即以安置玄奘譯經的兩所皇家佛寺來說,分別是太宗、高宗為各自先母太穆皇后、文德皇后追福所立,用意在於思念母恩、追福報德,故以弘福、慈恩命名。其三,樹立功德。太宗說自己久經沙場,病魔纏身,「比加藥餌,猶未痊除,近日已來方就平復,豈非福善所感而致此休徵耶?」〔註46〕他下詔度僧弘法,以樹立功德。於是弘福寺度僧五十人,京師及天下各州,每寺各度五人。那麼,皇室何以不用所崇尚的道教來做這些事呢?這是因為道教只講個人的長生不老和羽化登仙,缺乏佛教業報輪迴、普渡眾生的說法,不可能代替佛教。

以上這些社會條件,表明了佛教生命力的強盛,或者說體現了社會對於佛教的需要程度和佛教對於社會的適應程度。因此,皇室壓制佛教是從社會的外部給佛教施加壓力,不可能長期奏效。而皇室首崇道教,是狹隘的本位主義的體現,太宗《令道士在僧前詔》將其目的明白交代出來:「庶敦本之俗暢於九有,尊祖之風貽諸萬葉。」〔註47〕處分法琳後,佛教界的不滿變為深層次的情緒。貞觀十五年（641）,太宗親臨弘福寺,向五位大德做思想工作。他表白了自己的苦衷:「比以老君是朕先宗,尊祖重親,有生之本,故令在前。……今李家據國,李老在前;若釋家治化,則釋門居上。」同時,他提醒僧人注意二教的實際處境,說:「自有國已來,何處別造道觀?凡有功德,並歸寺家。國內戰場之始,無不一心歸命於佛,今天下大定,唯置佛寺。」〔註48〕這表明皇室的宗教政策與客觀實際之間存在著距離。玄奘正是在這樣的社會背景下從事改變佛教地位的活動的,由於與現實狀況契合,所以才能取得一些成效。

〔註44〕《大慈恩寺三藏法師傳》卷七,《釋迦方志》合刊本第159頁。

〔註45〕《廣弘明集》卷二十八,《大正藏》第52冊,第328頁。

〔註46〕《大慈恩寺三藏法師傳》卷七,《釋迦方志》合刊本第153頁。

〔註47〕《全唐文》卷六,第26頁。

〔註48〕〔唐〕道宣:《集古今佛道論衡》卷丙,《大正藏》第52冊,第386頁。

第四章　玄奘與洛陽

第一節　玄奘心懷洛陽

　　玄奘法師作為洛陽人，一直希望能回洛陽翻譯佛經。早在洛陽宮儀鸞殿第一次覲見唐太宗時，就向太宗提出想到嵩山去翻譯佛經，但被太宗拒絕。

> 　　法師又奏云：「玄奘從西域所得梵本六百餘部，一言未譯。今知此嵩嶽之南、少室山北有少林寺，遠離塵落，泉石清閒，是後魏孝文皇帝所造，即菩提留支三藏翻譯經處。玄奘望為國就彼翻譯，伏聽敕旨。」帝曰：「不須在山，師西方去後，朕奉為穆太后於西京造弘福寺，寺有禪院甚虛靜，法師可就翻譯。」

　　玄奘法師上奏皇帝說，我在西域帶回來的梵本經書六百餘部，一句都還沒有翻譯。河南嵩山之南、少室山之北有少林寺，遠離塵俗，泉石清閒，是後魏孝文皇帝所造，也是當時菩提留支三藏翻譯佛經的地方。我希望能為了國家在那裏翻譯佛經，請皇帝批准。李世民說，不用到山裏，你到西方取經後，我為穆太后在長安建弘福寺，那裏有個禪院非常幽靜，法師可到那裏從事翻譯。所以第一次請求回洛陽常住翻經沒有成功。

　　唐高宗時期，玄奘法師嘔心瀝血翻譯佛經，身心勞損很大，並且每天疲於應酬不勝其煩，因此再次產生歸隱嵩山之意：

> 　　沙門玄奘言：名聞，菩提路遠，趣之者必假資糧；生死河深，渡之者須憑船筏。資糧者三學三智之妙行，非宿春之類也。船筏者八忍八觀之淨業，非方舟之徒也。是以諸佛具而升彼岸，凡夫闕而

沉生死。由是茫茫三界，俱漂七漏之河，浩浩四生，咸溺十纏之浪，莫不波轉煙回，心迷意醉，窮劫石而靡怠，盡芥城而彌固。曾不知駕三車而出火宅，乘八正而適寶方，實可悲哉。豈直秋之為氣，良增歎矣。寧唯孔父之情，所以未嘗不臨食輟餐，當寐而警者也。

玄奘上書：菩提路遠，追求者必須具備資糧，生死河深，渡之者須憑藉舟船。所謂的資糧，就是指智慧的學習，不是吃飯的食物。所謂的舟船，指的是禪觀的修行，不是河上的行船。所以兩者具備，就可以達到彼岸，凡夫就只能墜入生死輪迴。這樣，茫茫三界，都是七漏之河，浩浩生死，都浸泡在煩惱的浪中，處於其中的人沒有不心迷意醉，不能自己，不知道自己身處火宅之中，不知道應該乘佛法而出，到達彼岸，實在是可悲。就算是孔子那樣知天命的人，也曾經想到生死而吃不下去飯，睡不著覺。

玄奘每惟此身眾緣假合，念念無常，雖岸樹井藤，不足以儔免脆；乾城水沫，無以譬其不堅。以朝夕是期，無望長久。而歲月如流，六十之年颯焉已至。念茲遄速，則生涯可知。復少因求法尋訪師友，自邦他國，無處不經。塗路遐遙，身力疲竭。頃年已來，更增衰弱。顧陰視景，能復幾何。既資糧未充，前塗漸促，無日不以此傷嗟，筆墨陳之不能盡也。

玄奘每次想到自己的身體是眾緣假合而成，不能長久，就算是水邊的樹藤，臨近水面，也不免折斷而死。所以早有赴死的準備，並不期望能活很久。歲月如流水，60 歲已經到了，60 歲一到，再活多少年就可以預期。我少年時期到印度取經，路途遙遠，身心疲憊，近年以來，更加衰弱。前後算算，還能再活幾年呢！然而資糧還未充足，時間已經有限，每天都在為此擔心，筆墨不能寫出我內心的憂傷。

然輕生多幸，屢逢明聖，蒙光朝不次之澤，荷階下非分之恩，沐浴隆慈，歲月久矣。至於增名益價，發譽騰聲，無翼而飛，坐凌霄漢，受四事之供，超倫輩之華，求之古人所未有也。玄奘何德何功以至於此，皆是天波廣潤、日月曲臨，遂使燕石為珍，駑駘取貴。撫躬內省，唯深慚恧。且害盈惡滿，前哲之雅旨；少欲知足，亦諸佛之誠誡。玄奘自揆，藝業空虛，名實無取。天慈聖澤無宜久明，望乞骸骨畢命山林，禮誦經行以答提獎。

可是我這一生很幸運，老是碰到聖明的君王，受到想不到的恩寵這麼多

年。至於爆得大名，坐在京師，受到四方的供養，享受的榮華是古代先賢沒有過的。玄奘我何德何能，能夠做到這樣。這都是陛下將石頭當做珍寶，將劣馬當做良馬的緣故。玄奘我躬身自省，深深地感到不安。況且水滿則溢，月圓則虧，這是前人總結的教訓；知足少欲，也是諸佛的教誨。玄奘自認為自己學業空虛，名不副實，陛下給予的恩澤已經太多了，希望離開京師，將自己的衰骨埋到山林。使我在山林間誦經來回報陛下的大恩。

> 又蒙陛下以輪王之尊，弘法王之化，西域所得經本並令翻譯。玄奘猥承人乏，濫當斯任。既奉天旨，夙夜非寧。今已翻出六百餘卷，皆三藏四含之宗要，大小二乘之樞軸，凡聖行位之林藪，八萬法門之海澤，西域稱詠以為鎮國鎮方之典。所須文義無尋不得，譬擇木鄧林隨求大小，收珍海浦任取方圓，學者之宗斯為彷彿。玄奘用此奉報國恩，誠不能盡，雖然亦冀萬分之一也。

蒙陛下以轉輪王的地位，弘揚佛法，西域得來的佛經，讓玄奘翻譯。玄奘本無此德，濫竽充數，但受到皇帝的敕令。晝夜不敢放鬆，現在已經翻出六百餘卷，都是佛教經典的精華。西域諸國都認為這些都是可以護持國家與地方的經典。這些經典的存在，猶如山林，讓取材的人進去可以按自己的需要隨意尋取；猶如寶山，讓尋寶之人隨便撿取；學法之人也可以隨意在這些典籍中找到自己需要的經典。玄奘我用這些來報效國恩，確實有點少，但也希望能夠達到陛下期望的萬分之一。

> 但斷伏煩惱，必定慧相資，如車二輪，缺一不可至。如研味經論慧學也，依林宴坐定學也。玄奘少來頗得專精教義，唯於四禪九定未暇安心。今願託慮禪門，澄心定水，制情猿之逸躁，縶意象之奔馳，若不斂跡山中，不可成就。竊承此州嵩高少室，嶺嶂重疊，峰澗多奇，含孕風雲，苞蘊仁智，果藥豐茂，蘿薜清虛，實海內之名山，域中之神嶽。其間復有少林伽藍、閑居寺等，皆跨枕巖壑，縈帶林泉，佛事尊嚴，房宇閒邃。即後魏三藏菩提留支譯經之處，實可依歸以修禪觀。

但要斷伏煩惱，就需要禪定與智慧相互支撐，這猶如車之二輪，缺一不可。研究經論，這是慧學，山林禪定，這是定學。我對教義比較精通，但對於禪定還有差距。所以想到山中修習禪定，不到山中去，就不可能有所成就。個人以為河南嵩山少室山，叢林疊嶂，山澗多奇，果樹藥草豐茂，是海內名山，

大唐境內的神山。山中還有少林寺、閒居寺等，都是法事莊嚴的名寺，也是後魏三藏菩提留支翻譯佛經的地方，可以用來修習禪定。

> 又兩疏朝士，尚解歸海辭榮，巢許俗人，猶知棲箕蘊素，況玄奘出家為法，翻滯寰中，清風敦人，念之增愧者也。伏惟陛下，明猗七曜，照極九幽。伏乞亮此愚誠，特垂聽許。使得絕累塵於眾俗，卷影跡於人間，陪麋庶之群，隨麀鶴之侶，棲身片石之上，庇影一樹之蔭，守察心鰍，觀法實相，令四魔九結之賊無所穿窬，五忍十行之心相從引發。作菩提之由漸，為彼岸之良因。外不累於皇風，內有增於行業，以此送終天之恩也。倘蒙矜許，則廬山慧遠，雅操庶追；剡岫道林，清徽望續。仍冀禪觀之餘，時間翻譯，無任樂願之至。謹指

再者，朝中的官員，還有退休之日，鄉野的俗人，晚年也能放下勞動工具，曬曬太陽。何況玄奘出家後到處奔波，現在到老還不能休息。希望陛下能寬宏大量，允許我到嵩山去。讓我能離開紅塵，與麋鹿野鶴相伴，棲身於岩石洞中、大樹之下，靜心修行禪定，降服四魔，觀法實相，既不麻煩皇室，又能增加自己的定力。如果皇上能夠允許，那麼像廬山慧遠、東晉道林那樣的傳統，就可以得到繼承。我還寄希望於禪觀之餘，還能有時間從事翻譯，這是我最希望做的事情。

玄奘晚年，極其思念故鄉，葉落歸根之念越來越大，所以他言語懇切，幾近哀求。然而，高宗還是捨不得玄奘離的太遠：

> 省表，知欲晦跡岩泉，追遁遠而架往；託慮禪寂，軌澄什以標今。仰挹風微，實所欽尚。朕業空學寡，靡究高深。然以淺識薄聞，未見其可。法師津梁三界，汲引四生，智皎心燈，定凝意水，非情塵之所翳，豈識浪之能驚。道德可居，何必太華疊嶺；空寂可舍，豈獨少室重巒？幸戢來言，勿復陳請。即市朝大隱，不獨貴於昔賢；見聞宏益，更可珍於即代。」

看到了你的上表，知道你想遁跡山林，效彷彿圖澄與鳩摩羅什，這樣的想法，讓人欽佩。我學識淺薄，不知深淺。但就我的觀點看來，沒有必要這樣。法師你已經是智慧、禪定非常了得的得道高僧了，還有什麼情識能夠干擾到您呢！況且修心養性，何必非得嵩山呢，修習禪定的地方，難道只有少室山嗎？請看到我的信後，不要

再來陳請。想做隱士，也不必非要向先賢學習，法師有這麼高深的
知識，更應該受益於當代。

　　高宗後來給出了一個妥協的方案，那就是到陝西銅川玉華宮去，那裏有
原來皇帝的行宮玉華宮，讓給玄奘去隱居。這樣，就離長安不遠，皇帝還可以
時常能夠見到。於是顯慶五年（660），玄奘上《請入玉華宮翻譯表》：

　　　　貞觀之日，早沐殊私，永徽以來，函叨恩遇，顧循菲劣，每用
　　慚負。自奉詔翻譯一十五年，夙夜非遑，思力疲盡。行年六十，又
　　嬰風疹，心緒迷謬，非復平常，朽疾相仍，前途詎幾。今既不任專
　　譯，豈宜濫竊鴻恩。見在翻經等僧並乞停廢，請將一二弟子移住玉
　　華，時翻小經，兼得念誦，上資國寢，下畢餘年。並乞衛士五人依
　　舊防守，庶省宸造，免其災戾。無任懇至，謹詣闕奉表以聞。輕觸
　　威嚴，伏深戰懼。謹言。

　　玄奘在先皇之時，就受到重視，陛下執政以來，我更是備受恩寵。自從奉
詔翻譯佛經十五年來，晝夜不敢懈怠，身心精力都已經疲憊。今年我已經六十
歲了，又患風疹，心緒迷亂，舊疾復發，身體不知以後會怎樣。現在既然我已
經不能單憑自己一己之力翻經了，怎麼能還像以前那樣濫用皇帝的恩寵呢！
現在正在翻譯的僧眾，我祈求皇上同意停止工作，讓我帶領一兩個弟子到玉華
宮，翻譯些小規模的經典，還能夠念誦佛經，這樣，對上感謝國恩，對下能夠
頤養天年。並向陛下祈求五名衛士，依舊防守，以保安全。玄奘懇切請求陛下
同意的請求，如果觸犯天威，不勝惶恐。

　　《資治通鑒》記載，東都由唐高宗復設於顯慶二年，即公元 657 年。當年
的冬十二月，因「嫌封畿之褊隘，乃東分鄭州之汜水、懷州之河陽，西廢穀州，
取宜陽、永寧、新安、澠池等縣皆隸屬焉。」顯慶二年即 657 年冬，唐高宗升
格洛陽宮為東都，因嫌洛陽行政區域狹小，將鄭州的汜水（今滎陽）、懷州的
河陽（今焦作孟州）、宜陽、永寧（今洛陽洛寧縣）、新安、澠池等縣，都劃歸
洛陽管轄。對此重大舉措，玄奘大師曾修表進賀。表曰：

　　　　沙門玄奘言：竊聞鶉首錫秦，上帝兆金城之據；龜圖薦夏，中
　　畿啟玉泉之竅。是知靈貺所基，皇猷顯屬。昌誦由其卜遠，高光所
　　以闡期，允迪厥猷，率導斯在。

　　　　伏惟皇帝皇后，揆物裁務，懸衡撫俗。即土中之重隩，遞虞巡
　　而駐蹕；因舊制之瑰偉，儀鎬京而建郛。仍以卑宮載懷，改作勞於

囊役。馭奔在念，斡居逸於晨興。自非折衷華夷，均一徭輸，豈能留連聖眷，煥汗綸言。

是以令下之初，山川鬱其改觀；柘制爰始，煙雲霏而動色。飛甍日麗，馳道風清；神期肹響，彝倫郁穆。若賦武昌之魚，樂遷王裏；爭企雲亭之鶴，願奉屬車。

既小晉鄭之依，更褊劉張之策。前王齟齬，豐洛遞開。我後牢籠，伊咸並建。麟宗克茂，鼎祚惟遠。自可東宴平樂，西臨建章。佇吹笙而駐壽，康在藻而流詠。

蕩蕩至公，巍巍罕述。奘散材莫效，貽懼增深。但三川之郊，猥霑故里。千載之幸，鬱為新邑。蓽門雖翳，弱命猶存。喜編轂下，匪慚關外。況光宅之慶，遐邇所同歡。聖上允安，庸微所特荷。不勝喜抃之極，謹奉表陳謝以聞。

玄奘在表中說：我聽說福星（即木星）運轉十二個區間的鶉首與關中的秦地相應，故而上帝預兆定都長安可江山永固；神龜負圖而出於河洛，預示洛陽會成為東都。所以知道上天賜予祥瑞的依據，乃是帝王的賢德與英明。人們歌頌傳唱是由於帝王的深謀遠慮，影響深遠所以值得闡發和期待。因而我們應該遵循皇帝的指示，切實履行其政策。

只有皇帝與皇后，考慮萬物，裁量萬事，決定到天下之中的河洛之地，相仿虞舜巡遊而駐蹕洛陽；沿襲傳統制度的偉大，按照鎬京的樣子再建新都。皇帝與皇后還惦記著洛陽宮的簡陋，動用人力與物力重新建設，同時還早晚擔心建造新城的勞工與車馬奔馳勞累。如果不是為了調和華夷，統一徭役賦稅，皇帝與皇后就不會留連於洛陽之地，留下足以彪炳史冊的建設東都的法令。

所以建設東都的命令下達之後，山川因而改變了樣貌；各種方案一旦制定，天空的顏色都發生了改變。飛簷翹立於晴朗的白天，駿馬奔馳於繁忙的道路。神意通過皇帝而散佈四方，人間秩序都和和美美。武昌的魚兒，將歡快地遷到王的新都，雲亭的白鶴，都願意在帝王的車前引路。

既鄙夷西晉與王鄭的狹小，又蔑視劉敬與張良策略的偏狹。西周諸王氣量不足，先建豐都，後建洛邑；我們的皇帝與皇后則心懷天下，洛陽與長安同時建設。皇帝與皇后陛下子孫繁盛，國祚長久。既可以在東都平樂觀設宴，也可以在西京建章宮飲酒。可以傚仿仙人吹笙而增壽，可以在新都作詩而吟唱。

王道蕩蕩，都出於公心；功德巍巍，難以用語言描述。玄奘我是閒散之

人，不能為建設新都服務，為此感到十分慚愧。但洛陽的郊區，就是我的故里，現在家鄉升級為東都轄區，真是千載的幸運之事。我的家雖然已經不存在了，但我的生命仍然存在，歡喜現在編入東都，不在為家鄉遠離京都而自卑。更何況建設新都這樣的大喜事，理應遠近同歡。聖上身體平安，就是玄奘最大的期願。不勝歡喜之至，就在這裡恭敬地上表陳謝。

高宗升格洛陽為東都，並與皇后武則天搬到洛陽居住之事，也有傳說是因為武則天以先斬去手足，再丟入酒缸泡死的方式虐殺了王皇后和蕭淑妃，之後老是做惡夢，夢見王皇后和蕭淑妃血淋淋的來找她算帳，她不得已從太極宮搬到大明宮，但還是常常做惡夢。後來沒有辦法，就勸高宗李治封洛陽為東都，搬過去住。

有人經過測算，有唐一代，帝王駐足洛陽的時間為 51 年，正式設洛陽為東都後，皇帝住的時間將近五十年之久。

第二節　回洛陽改葬雙親

顯慶二年（657）初春，玄奘又陪同高宗來到洛陽。在伴駕洛陽期間，特向高宗請假回到闊別了四十多年的家鄉，今河南省偃師市緱氏鎮，探訪親友。《乞日營葬父母故塋表》：

> 沙門玄奘言：玄奘不天，夙種荼蓼，兼復時逢隋亂，殯掩倉卒。日月不居，已經四十餘載；墳壟頹毀，殆將滅夷。追惟平昔，情不自寧。謹以老姊二人收捧遺柩，去彼狹陋，改葬西原。用答是天，微申罔極。昨日蒙敕，放玄奘出三、兩日檢校。但玄奘更無兄弟，唯老姊一人，卜遠有期，用此月二十一日安厝。今觀葬事尚寥落未辦，所賜三、兩日恐不周匝。望乞天恩，聽玄奘葬事了還。又婆羅門上客今相隨逐，過為率略，恐將嗤笑。不任纏迫憂懼之至，謹附表以聞。伏乞天覆雲回，曲憐孤情。

玄奘早年不為上天憐愛，失去父母，加上隋末兵亂，只好倉促掩埋父母屍骨。父母已經去世四十多年了，墳塋頹亂，都快找不到了。想到當初與父母在一起的時光，感情難以控制。想和老姊一同將父母遺骨改葬到西原（今偃師玄奘故里），用這種方式，表達對父母的思念。昨日陛下給玄奘放假二三天，但玄奘沒有兄弟存世，只有老姐一人，卜算的遷葬日子是本月二十一日，但現在很多事情都還沒有辦理，陛下所批的三兩天恐怕不夠，希望陛下能夠寬限些日

子，讓玄奘將這個事情處理完。況且現在來自印度的婆羅門貴賓也在我這裡居住，如果對父母的遷葬事宜處理的過於簡略，恐怕會被外人恥笑。再次向陛下請假，內心恐懼，但希望陛下可憐我對父母的真情。

玄奘處理完父母墳塋的遷葬事宜後，再次上表致謝。《謝賜遣營葬表》：

> 沙門玄奘啟：玄奘殃深纍積，降罰明靈，不能殞亡，偷存今日。但灰律驟改，盈缺匪居，墳壠淪頹，草棘荒蔓。思易宅兆，彌歷歲年，直為遠隔關山，不能果遂。幸因陪從鑾駕，得屆故鄉，允會宿心，遂茲改厝。陳設所須，復蒙皇帝皇后曲降天慈，賜遣營佐。不謂日月之光，在瓦礫而猶照；雲雨之澤，雖蓬艾而必沾。感戴屏營，喜鯁兼集。不任存亡銜佩之至，謹附啟謝聞。事重人微，不能盡宣。

玄奘罪業深重（指對父母埋葬草率之事），被神靈降罰，沒有死亡，偷活至今。但父母的墳塋已經是荒煙蔓草，幾近無法識別。我早就想為父母遷墳，可是因為老是不在故鄉，遠隔崇山峻嶺，不能遂願。幸運的是，現在陪同陛下來到洛陽，回到故鄉，按照以前的心願，將父母的墳塋改遷。蒙皇帝皇后的仁慈，讓我把這個事情辦好，真是日月的光輝，就連瓦礫也能照到，雲雨的潤澤，就連野草也能夠均霑。玄奘我感恩涕零，獻上我的感謝。

玄奘遷徙其父母的墳塋，在當地引起了很大的影響，有上萬人前去觀看。顯慶三年（658）六月，位於長安城的普寧坊的西明寺（位於今西安電子科技大學）落成。該寺的規模比慈恩寺還要大，並且景色十分秀美，儼然成為長安城內規格最高的寺廟。七月十四日玄奘法師奉旨入住該寺，繼續翻譯佛經。一年後，在這裡完成了《阿毗達摩法蘊足論》十二卷的翻譯。

第三節　玄奘與洛陽度僧 [註1]

唐代高僧玄奘是洛州緱氏（今屬洛陽偃師市）人，在洛陽出家為僧。玄奘的弟子慧立和彥悰撰寫的《大慈恩寺三藏法師傳》，是詳細記載玄奘生平事蹟的專著。該書卷一記載玄奘由於遇到了機會，才實現了出家的願望，即：隋煬帝時期，「俄而有敕於洛陽度二七僧」。[註2] 賈二強先生《大慈恩寺三藏法師傳選譯》將這句話譯作：「不久朝廷下令，要在洛陽剃度二十七名僧侶。」持這種理解的人所在多有。趙榮珣先生在《九都釋道‧唐僧取經》中說：「在洛

[註1] 本節由洛陽師範學院郭紹林教授撰寫。
[註2] 賈二強：《大慈恩寺三藏法師傳選譯》，成都：巴蜀書社，1988年，第26頁上。

陽選度二十七名和尚」，十二歲的玄奘「破格剃度出家」。〔註3〕洛陽的期刊、
導遊詞中也常常出現這種說法。

　　如果把「二七僧」理解為二十七位僧人，那麼，明代小說《金瓶梅》第一
回中的《色箴》有云「二八佳人」，又說白玉蓮「年方二八」，豈不是二十八歲
了？然而小說說她死了，只落下同齡人潘金蓮，「長成一十八歲」。古代女子成
年時要舉行笄禮。《儀禮・士昏禮》說：「女子許嫁，笄而醴之，稱字。」《禮
記・內則》說：女子「十有五年而笄，二十而嫁，有故，二十三年而嫁」。女
子二十八歲，比禮教規定的結婚年齡大八歲，人老珠黃，還能算得上「佳人」
嗎？宋人李清照《永遇樂》詞說：「中州盛日，閨門多暇，記得偏重三五。」
這是回憶北宋首都開封未淪陷時，社會安定，婦女們特別重視歡度元宵節。元
宵節被說成「三五」，一個月哪有三十五天？其實這種方式的表達，是用乘法
來表示數字，二八一十六，「二八佳人」就是十六歲的女子，三五一十五，「三
五」指的是正月十五日。同樣，二七一十四，「二七僧」就是十四位僧人。如
果真是二十七位僧人，古代的文字表達不會說「二七僧」，而要說成「二十七
僧」或者「廿七僧」。

　　佛教用七的倍數來表達數字，相當普遍。到了唐代，辦喪事請僧人念經超
度死者，已經成為習俗。《舊唐書》卷九十六《姚崇傳》記載，大臣姚崇囑咐
子孫們，自己死後，子孫們辦理喪事如果不能遵循禮教而須隨順習俗的話，「從
初七至終七，任設七僧齋」。初七即一七，終七即七七，其間有二七、三七、
四七、五七、六七，首尾四十九天。《舊唐書》卷一百二十七《彭偃傳》記載，
劍南東川觀察使李叔明上疏朝廷，請限制當地佛教和道教的發展，將佛寺道觀
定為二等，「上寺留僧二十一人，上觀留道士十四人，降殺以七，皆精選有道
行者，餘悉令返初。蘭若、道場無名者皆廢」。所謂「降殺以七」，即以七為基
數，予以裁減，其潛臺詞便是「下寺留僧十四人，下觀留道士七人」。李叔明
如果模仿「二七僧」的表達方式，則可以改說：「上寺留僧三七人，上觀留道
士二七人，降殺以七。」

　　佛教初傳中國時期，漢地僧人對於佛經（內典）中的異國思想、名詞、概
念感到陌生、費解，就以中國文化為切入點，去比附、解釋佛教的思想、名
詞、概念，以便於理解和吸收，這種做法叫格義。例如：把佛教所說的宇宙萬
象的本原「真如」（佛性），翻譯或解釋為道家所說的「本無」；把佛教追求的

〔註3〕趙榮珣：《九都釋道・唐僧取經》，中國科學文化出版社，2001年。

最終覺悟境界「涅槃」，翻譯或解釋為道家所說的「無為」；把佛教的觀悟活動「禪定」，翻譯或解釋為道家的存想專一狀態「守一」；把佛教的五戒比附為儒家的五常，即「不殺生」則具有仁愛之心，因而相當於「仁」，「不偷盜」則不貪占不義之財，相當於「義」，「不邪淫」則不會對婦女產生非禮行為，相當於「禮」，「不妄語」則說話守信用，相當於「信」，「不飲酒」則不至於醉醺醺神志昏亂，相當於「智」。格義的代表人物是西晉僧人竺法雅。《高僧傳》卷四《晉高邑竺法雅傳》說他見自己的門徒們雖然都能通解世俗學術（外典），卻往往「未善佛理」，為了訓導他們，於是「外典佛經，遞互講說」，「以經中事數擬配外書，為生解之例，謂之格義」。「經中事數」指的是佛經中的事項、概念常冠以數字，個位數如一切法、二執二空、三學三毒、四諦、五陰、六度、七佛、八正道、九入等等，至於十、百、千、萬、億等，還有很多。至於數字「七」及其倍數，與其餘數字同佛陀的關係相比，則顯得更加密切。西晉竺法護翻譯的《普曜經》，卷二《欲生時三十二瑞品第五》說：喬達摩・悉達多太子（釋迦牟尼佛）從母親的右脅下出生，現身寶蓮花中，立即「行七步，顯揚梵音」。接著，「夙夜七日」，各種伎樂供養，各種美味食品奉養他的母親。太子「生七日後」，其母命終，轉生忉利天。

　　玄奘遊歷印度，遍禮各地佛教勝蹟，在《大唐西域記》中記載了很多關於「七」的說法。關於釋迦牟尼佛與「七」的關係，《大唐西域記》卷八《摩揭陀國上》說：佛在摩揭陀國的一株菩提樹下完成正覺的全過程，「不起於座，七日寂定」。成等正覺完畢，他起身來到菩提樹的北邊，「七日經行」。後來，帝釋為他修建「七寶座」，他在七寶座上「七日思惟」。又說：佛在菩提樹下結跏趺坐，進入禪定狀態，「寂然宴默，受解脫樂，過七日後，方從定起」。樹林神對路過的兩個商人說：「釋種太子今在此中，初證佛果，心凝寂定，四十九日未有所食。」《大唐西域記》中多處講到佛陀說法以七日為限，如卷七說戰主國都城西北伽藍（佛寺）的窣堵波（塔），是無憂王所建造，釋迦牟尼曾在這裡「七日之中為天、人眾顯說妙法」。關於菩薩與「七」的關係，《大唐西域記》卷五說鞞索迦國都城南有大伽藍，「護法菩薩於此七日中摧伏小乘一百論師」。關於法會、僧人、民眾與「七」的關係，《大唐西域記》卷五說戒日王一年一度舉辦諸國僧人的集會，「於三七日中，以四事供養」。在印度，當地時間四月十五日至七月十五日這三個月是雨季，僧眾遊方乞食不方便，於是居住寺院中，專心修道，稱為「安居」或「結夏」、「坐臘」。《大唐西域記》卷八說摩

揭陀國每年到了安居期,四面八方的僧人俗人百千萬眾,「七日七夜,持香花,鼓音樂,遍遊林中,禮拜供養」。卷九說在摩揭陀國那爛陀伽藍附近,每年的元旦,都有隆重熱鬧的供養法會,參加者包括鄰國的國王、大臣、豪族,都攜帶香花、幡蓋,演奏莊嚴動聽的樂曲,「七日之中,建斯法會」。而在孤山精舍(佛寺),有觀自在(漢籍誤譯為觀世音)菩薩像,經常有一些人前來頂禮膜拜。他們「斷食要心,求見菩薩,七日、二七日、乃至一月,其有感者,見觀自在菩薩妙相莊嚴,威光赫奕,從像中出,慰喻其人」。如此運用「七」這個數字來表示某項活動的週期,這在古代的印度地區,並非佛教的獨創,而是相沿不改的普遍習俗。《大唐西域記》也記載了這個情況,如卷二說印度世俗民眾大凡患染疾病,即「絕粒七日」,往往能夠痊癒,如果病情不見好轉,這才服藥治療。跋虜沙城的崇山上,有青石大自在天婦像,即毗摩天女。當地民眾說:這裡靈異很多,所以前來祈禱的人絡繹不絕。無論印度哪個國家的人,也無論高貴低賤,「其有願見天神形者,至誠無貳,絕食七日,或有得見,求願多遂」。甚至在缽邏耶迦國,每天都有數百人自溺而死。當地風俗認為,誰要想上生天界,就來這裡絕食,然後自沉河中,沐浴身體,便會消除罪孽。因此,「異國遠方,相趁萃止,七日斷食,然後絕命」。

　　佛教傳入中國後,「七」的週期概念對中國產生影響,不僅僅局限在佛教的範圍內,必然波及到全社會。上面講到淨飯王王后摩耶夫人生下釋迦牟尼後七日命終,轉生到忉利天,這必然會影響中國的喪葬習俗,北魏時已很明顯。《魏書》卷八十三下《胡國珍傳》記載:外戚胡國珍「雅敬佛法」。神龜元年(518),他已經八十歲,為了參加四月初八佛誕節慶典,他製作了佛像,提前一天從宅第送至洛陽外郭城西面的閶闔門,走了四五里。初八這天,他再次奔波,一直恭敬地站立著瞻仰佛像,到晚上才坐下休息。這位耄耋老人經不住連續兩天的勞累和煩熱,當即病倒不起,四天後去世。於是魏孝明帝下詔:「自始薨至七七,皆為設千僧齋,令七人出家。百日設萬人齋,二七人出家。」上文引用了《舊唐書·姚崇傳》「從初七至終七」的說法,這四十九天是佛教所說人死後到再次轉生的階段。這時死者處在兩身之間,所受的陰形叫做「中陰」,又叫「中有」。在這個階段,死者的親屬請來僧人為死者做「七」,念經祈禱,就會使死者轉劣為勝,投胎時去個好去處,下輩子處境好一些。於是人們便用一七、二七直至七七來表達天數,從而擴大到表達其餘內容的數字。

第四節　玄奘與洛陽各地的關係 〔註4〕

隋文帝開皇二十年（600），玄奘大師誕生於「洛州緱氏縣」；隋煬帝大業十四年（618），玄奘大師離開「京洛」赴長安。由公元 600 年到公元 618 年這 18 年，玄奘大師一直生活在洛陽。唐太宗貞觀十九年（645）二月，玄奘大師謁唐太宗於洛陽宮，三月返長安，在洛陽停留一個月左右。唐高宗顯慶二年（657）春二月，玄奘大師隨駕至洛陽，顯慶三年（658）二月返長安，在洛陽生活一年左右。玄奘大師世壽 65 歲，先後共計在洛陽生活了近 20 年，和在長安（含唐宜君縣玉華宮）生活的時間（約 20 年左右）大體相當。玄奘大師非同尋常的、卓越的人生，由東都洛陽啟幕，在西京長安謝幕，東西兩京無疑是他人生的兩座重要舞臺（參見楊廷福《玄奘年譜》）。

讀和玄奘大師生平業績有關的古、今文獻，可知在「京洛」地區有不少的古地、古城、宮殿、苑囿、寺院、山、水、州、郡、縣等和玄奘大師有直接或間接的關係。本文擬就這些古地、古城等作一些粗疏的考述，以表示對這位為世界作出了重要貢獻的世界文化名人的尊崇和懷念之意，同時亦就教於方家。

一、古地

周南。《大慈恩寺三藏法師傳》（以下簡稱《慈恩傳》）卷一曰：「祖康，以學優仕齊，任國子博士，食邑周南，子孫因家，又為緱氏人也。」

文中的「周南」係一古地名。《史記·太史公自序》曰：「是歲天子（指漢武帝）始建漢家之封，而太史公（指司馬遷之父司馬談）留滯周南，不得與從事，故發憤且卒。」南朝宋裴駰「集解」引時人徐廣曰：「摯虞曰：古之周南，今之洛陽。」唐司馬貞「索隱」引張晏曰：「自陝已東，皆周南之地也。」可知「周南」即指洛陽，或以洛陽為中心的「陝（今河南陝縣）以東」地區。

另，周南，亦為《詩經》中的 15《國風》之一，包括《關雎》、《葛覃》、《卷耳》、《樛木》、《螽斯》、《桃夭》、《兔罝》、《芣苢》、《漢廣》、《汝墳》、《麟之趾》等十一篇詩歌。

河南。《唐高僧傳·玄奘傳》、《玄奘法師行狀》中，「周南」均作「河南」。

河南亦為古地名。《史記·貨殖列傳》曰：「昔唐人都河東，殷人都河內，周人都河南，夫三河在天下之中。」陳昌遠先生認為古河南地，又稱河洛地，「廣義講，它指黃河由河曲、渭河而東，中經砥柱之險，過孟津、洛河，流出

大伾，開始散為滎播，這一大段大河之南地」。〔註5〕

「河南」作為行政區劃應是始於河南郡。漢高祖二年（前 205），置河南郡（改秦三川郡置），治洛陽，轄洛陽、河南、偃師、緱氏、平、平陰、新城、穀城、鞏縣、梁縣、成皋、滎陽、新鄭、密縣、京縣、卷縣、故市、苑陵、陽武、原武、中牟、開封等 22 縣。

隋煬帝大業三年（607），改「豫州」為河南郡。依隋大業八年（612）區劃，河南郡下轄 17 縣：河南、洛陽、閿鄉、桃林、陝縣、熊耳、澠池、偃師、鞏縣、宜陽、壽安、陸渾、伊闕、興泰、緱氏、嵩陽、陽城。

唐太宗貞觀十年（636），置河南道（係監察機構，轄「古豫、兗、青、徐之域」），駐洛陽。唐玄宗開元元年（713）改洛州置河南府，治洛陽。

三川。《慈恩傳》卷九曰：「後魏孝文帝自代徙都洛陽，於少室山北造少林伽藍，因地勢之高卑，有上方、下方之稱，都一十二院。東據嵩嶽，南面少峰，此依高嶺，兼帶三川。」

文中的「三川」，係指三川郡地區。關於三川郡，《史記・秦本紀》曰：「秦莊襄王元年（前 249）……東周君與諸侯謀秦，秦使相國呂不韋誅之，盡入其國。秦不絕其祀，以陽人地賜周君，奉其祭祀。使蒙驁伐韓，韓獻成皋、鞏，秦軍至大梁，初置三川郡。」《集解》引韋昭曰：「有河、洛、伊，故曰三川。」三川郡治洛陽，初轄 13 縣：偃師、新安、宜陽、平陰、緱氏、陝縣、澠池、鞏縣、梁縣、滎陽、京縣、卷縣、陽武，後秦王政削呂不韋封地增置河南、洛陽二縣，共計 15 縣。

京洛。《慈恩傳》卷九曰：「法師少離京洛」。

這裡的「京洛」係指洛陽地區。班固《兩都賦》曰：「子徒習秦阿房之造天，而不知京洛之有制也；識函谷之可關，而不知王者之無外也」。洛陽之所以被稱為「京洛」，是因為它長期是都域的所在地。《史記・封禪書》曰：「昔三代之君（居），皆在河洛之間。」眾多考古資料也證明夏、商、西周、東周、東漢以及三國魏、西晉、北魏、隋、唐（武周）皆曾建都於洛陽。

二、古城

隋唐東都城。《慈恩傳》卷一曰：「其第二兄長捷先出家，住東都淨土寺

〔註5〕陳昌遠：《先秦河洛歷史地理與河洛文化歷史地位考察》，《河洛文化論叢》第一輯，河南大學出版社，1990 年版。

……既得出家,與兄同止。」《唐高僧傳‧玄奘傳》曰:「東都恒度,便預其次」。這裡的「東都」指隋代東都城。

《慈恩傳》卷九曰:「顯慶二年冬十二月,改洛陽宮為東都」。這裡的「東都」指唐代東都洛陽城。

隋東都洛陽城,係由隋煬帝楊廣詔建,其後為唐代、五代、北宋所沿用,通稱「隋唐東都城」或「隋唐洛陽城」。

隋煬帝楊廣,係隋文帝楊堅次子。仁壽四年(604),他借文帝病重,派人殺死文帝,又殺其兄楊勇,登上皇帝寶座。

同年十一月,駕幸洛陽(指漢、魏、晉、北魏時之洛陽城),下詔曰:「洛邑自古之都,王畿之內,天地之所合,陰陽之所和。控以三河,固以四塞,水陸通,貢賦等。故漢祖曰:吾行天下多矣,唯見洛陽」,「今可於伊洛營建東京,隨即設官分職,以為民極也。」(《隋書‧煬帝紀》上)。

因原洛陽城破敗,不堪為都,故隋煬帝決定另選新址建城。有關古文獻記載說,隋煬帝站在北邙山上,向南遙望伊闕,但見兩山對峙,伊水中流,氣象非凡,遂說道;「此非龍門耶,自古何因不建都於此?」大臣蘇威答道:「自古非不知,以俟陛下。」(《元和郡縣圖志》)

至次年(605)春,煬帝改元「大業」,立妃蕭氏為皇后,改洛州為豫州,立其子晉王為太子,其子豫章王楊暕為豫州牧,以楊素為尚書令。三月,詔尚書令楊素、納言楊達、將作大匠宇文愷營建東京。每月役使丁男二百萬人。將近一年,至大業二年(606)春正月完工。當年夏四月,隋煬帝自江都返達洛陽,過伊闕,「陳法駕,備千乘萬騎,入於東京。」大業五年(609)春,改東京為東都。煬帝定都洛陽凡 14 年。

新修的東都城,「自故洛城西移十八里」,位置在今洛陽市西工區、老城區、瀍河區、洛龍區一帶。

《唐兩京城坊考》說:「前直伊闕,後倚邙山,東出瀍水之東,西出澗水之西,洛水貫都,有河漢之象焉。」韋述《兩京記》曰:「周回六十九里二百一十步」。整座都城,由宮城、皇城、郭城構成,共有八座城門。南垣:中為定鼎門(隋曰建國門),東為長夏門,西為厚載門(隋曰白虎門);東垣三門:中為建春門(隋曰建陽門),南為永通門,北為上東門(隋曰上春門);北垣二門:東為安喜門(隋曰喜寧門),西為徽安門。考古發掘證明:東垣長 7312 米,南垣長 7290 米,北垣長 6158 米,西垣長 6776 米,周長 27 公里餘。

宮城在郭城西北隅，由多重小城組成。其中洛城居中，共有 9 個城門，南垣四門，中為則天門（唐稱應天門），為宮城正南門，距宮城東南角，西南角均 855 米。門址在今周公廟西側，定鼎南路穿過此門址皇城圍繞在宮城東、南、西三面，正南門端門。皇城西垣有兩門，南曰麗景門，此為「麗景門」稱謂之始。正殿為乾陽殿，「殿三十間，二十九架，闊九丈，從地至鴟尾二百七十尺。有三階軒，其柱大二十四圍」（《河南志》）。此外還有大業殿、文成殿、武安殿、志靜殿、修文殿、儀鸞殿、觀文殿、流杯殿、安福殿等。

城內有豐都、通遠、大同三大市場，均傍河渠而建，舟楫甚便。為貯藏各地運來的糧食，煬帝下令修洛口倉、回洛倉、含嘉倉等，又下令把「豫州郭下」，即故洛陽城的居民遷入新城，並「徙天下富商大賈數萬家於東京」。

隋代東都城，是當時全國政治、經濟、文化以及水陸交通的中心，也是繁榮昌盛的國際大都會。自隋煬帝登基迄隋室亡祚，在東都洛陽城或以洛陽為中心，發生過許多重大事件，生活過許多歷史名人。生活在天子腳下的玄奘也從五、六歲的兒童成長為十八、九歲的青年，當時的東都洛陽無疑會對一代佛學大師的成長產生重大影響。

三、宮殿

洛陽宮、儀鸞殿。《慈恩傳》卷六曰：貞觀十九年（645）春正月「壬辰，法師謁文武聖皇帝（唐太宗）於洛陽宮，二月己亥，見於儀鸞殿，帝迎慰甚厚。」

關於洛陽宮，《資治通鑑》卷一九三《唐紀》九曰：貞觀四年（630）六月「乙卯，發卒修洛陽宮以備巡幸，給事中張玄素上書諫……（太宗）顧謂房玄齡曰：『朕以洛陽土中，朝貢道均，意欲便民，故是營之。今玄素所言誠有理，宜即為之罷役。』貞觀五年（631）年，「又將修洛陽宮，民部尚書戴胄表諫，……久之竟命將作大匠竇璡修洛陽宮。璡鑿池築山，雕飾華靡。」唐太宗詔令修洛陽宮，是因為隋末戰亂，東都洛陽城慘遭破壞，故擬重修以備巡幸。唐太宗此次詔令修建，只是重修了以乾陽殿為正殿的隋東都洛陽城宮城，其後即為唐東都洛陽城宮城。「東西四里一百八十八步，南北二里八十五步」。洛陽宮修成後，唐太宗先後在貞觀十一年（637）、貞觀十五年（641）、貞觀十八年（644）三次巡幸洛陽宮。並在第三次巡幸洛陽宮時與玄奘大師相見。

唐太宗重修洛陽宮，包括儀鸞殿。儀鸞殿位於宮城西門寶城門內。

積翠宮。《慈恩傳》卷九曰：顯慶二年（657）春二月，唐高宗「駕幸洛陽宮，法師亦陪從……即到，安置積翠宮。」

積翠宮，在隋東都城西苑、唐東都城東都苑（亦名會通苑、上林苑）內。《唐六典》作「翠微宮」。

隋西苑，周圍「二百二十九里一百三十八步」（《河南志》），苑內有海（即湖），周圍十餘里。海中造三神山，高出水面百餘尺，臺觀殿閣，布建山上；海北有龍鱗渠，沿渠設十六院，院門臨渠，每院住四品夫人一人主院事。苑內殿亭樓觀，無比華麗；奇花異草，秀樹嘉木，充滿其間。每當樹木秋冬凋落，則剪綵綾為花葉，滿綴枝頭，色退時則更換以新，使其常如春天。煬帝特喜歡在月夜裏，帶上數十名騎馬的宮女，在馬上演奏《清夜遊曲》，在西苑遊樂。

另據稱，隋煬帝詔天下進獻花卉，易州（今河北易縣）進二十箱牡丹植於西苑，這就是洛陽牡丹人工栽培之始了。

至唐代，唐太宗「嫌其廣，毀之以賜居人」。《舊唐書·地理志》載：唐東都苑「東面十七里，南面三十九里，西面五十里，北面二十四里。苑內離宮、亭、觀一十四所。」《唐六典》載：「周圍一百二十六里，中有合璧、冷泉、高山、龍鱗、翠微、宿羽、明德、望春、青城、黃女、凌波等十一宮。」

明德宮、顯仁宮、飛華殿。《慈恩傳》卷九曰：「夏四月，車駕避暑於明德宮，法師又亦陪從，安置飛華殿。其宮南接皂澗，北跨洛濱，則隋之顯仁宮也。」

明德宮，也在隋西苑、唐東都苑內，位於合璧宮（西苑最西一宮）東南。隋稱顯仁宮，「南逼南山，北臨洛水，宮北有射堂、官馬坊」（《河南志·唐城闕古蹟》）。

飛華殿，在明德宮內。

四、佛寺

東都淨土寺。前條《慈恩傳》卷一已提及東都淨土寺。

隋唐東都洛陽淨土寺，原是北魏洛陽的淨土寺。隋煬帝大業四年（608），從北魏洛陽城（漢魏洛陽故城，今白馬寺一帶）遷建於隋東都洛陽城建陽門（東城牆三門之中門，今洛陽市洛龍區李樓鄉樓村東側）內。大業六年（610，玄奘十一歲，「在洛陽淨土寺為少年行者（童行）」大業八年（612），玄奘十三

歲，正式出家於淨土寺，法名玄奘。在淨土寺，從景法師聽受《涅槃經》，嚴法師學習《攝大乘論》。唐太宗貞觀三年（629）淨土寺又被遷建在上東門（東城牆三門之北門，今洛陽市瀍河區塔灣村南）內毓材坊（上東門街南側東數第二坊）。

唐顯慶五年（660），唐高宗在洛陽，曾敕長安慈恩寺僧人義褒、西明寺僧人惠立等到洛陽，並在合璧宮召見，「敘論稱旨」，唐高宗留他們住東都淨土寺，義褒曾在淨土寺講經。另有記載說，龍朔元年（661），僧人義褒應召在東都洛陽，他曾多次出入宮中，還曾在東都淨土寺講經，眾人踴躍往聽。不久，因病卒於淨土寺，享年五十一歲。

武周天授元年（690），僧人法明、懷義等奉上《大雲經》，經中稱太后武則天乃彌勒佛降世，應代李唐作天下主，不久，武則天下詔：東西兩京及各州，各建大雲寺一所，收藏《大雲經》，並使僧人升高座講解。長壽二年（693），東都淨土寺改稱大雲寺。後至唐武宗會昌年間（841～846），淨土寺被毀。再後至五代唐莊宗同光二年（924）又被重建。

由以上所述隋時將這座寺院由故城遷入新城、唐太宗時又一次遷建、唐高宗敕留僧人、武則天時又改稱大雲寺等，可以看出這座寺院在當時備受關注，反映出它在當時佛教界的重要地位。這也應該是玄奘之兄陳素先在此出家，後玄奘也在此入住、出家、「與兄同止」的一個原因吧。

另從有關資料可知，從古到今，在洛陽及其周圍，實有多座淨土寺。故曾有人以為玄奘出家在鞏義石窟寺（初為臥龍、普淨、蓮花三寺，唐改蓮花寺為淨土寺，清改稱今名），或在伊川淨土寺。這種附會，表現了廣大人民對玄奘大師的敬仰和懷念，是很可以理解的。但很明顯，對於玄奘弟兄二人來說，東都洛陽城內的淨土寺，遠比距離都城洛陽幾十里、上百里之外的伊川淨土寺或鞏義石窟寺重要的多。

據伊川縣和汝陽縣（伊陽縣）有關地方志書所載：今伊川縣白元鄉水牛溝村的淨土寺創建於唐代；而據鞏義市有關地方志書所載：鞏義石窟寺之蓮花寺也是在唐代才改稱淨土寺的。就是說，在唐代建立之前的隋代，二地尚未建有淨土寺，或尚無淨土寺之名。那麼早在唐朝建國之前8年玄奘大師已經的「與兄同止」的東都淨土寺怎麼能是二地的淨土寺呢？而到唐朝建立的武德元年（618），玄奘已經離開淨土寺到長安莊嚴寺了。

少林寺（少林伽藍）。《慈恩傳》卷六曰：「玄奘從西域所得梵本六百餘部，

一言未譯。今知此嵩嶽之南少室山北有少林寺……是後魏孝文皇帝所造，即菩提留支三藏翻譯經處，玄奘望為國就彼翻譯。」

少林寺位於今河南省登封市城西北 13 公里處的少室山五乳峰下。據唐開元十六年（728）刻立、裴漼撰書的「皇唐嵩嶽少林寺碑」、《大明一統志》等記載，該寺始建於北魏孝文帝太和二十年（496）。當時印度僧人跋陀來中國傳播佛教，「孝文屈皇屋之尊，申緇林之教」，令當地官員在少室山陰五乳峰下依山劈石建造少林寺，安頓跋陀，落跡傳教。

北魏孝明帝孝昌三年（527），印度僧人菩提達摩從印度出發，經廣州、金陵（今南京），北渡長江，歷時三年來到少林寺。菩提達摩廣集信徒傳授禪宗。東魏孝靜帝天平三年（536）達摩首傳衣缽法器於慧可之後，便離開少林寺到洛陽龍門千聖寺，不久圓寂，葬於熊耳山，造塔於定林寺。

北周時，少林寺改稱「陟岵寺」。隋開皇年間（581～600），文帝楊堅復改稱少林寺，並賜田一百頃，供寺僧食用之費。至此，少林寺佛業漸趨興隆。唐朝初年，少林寺和尚志操、曇宗等 13 人參加秦王李世民攻打洛陽王世充的戰鬥，受到李世民的讚賞。

少林寺是始創於北魏而留存至今的少數寺院之一。今存少林寺，中軸線建築共分七進。山門即寺院大門，山門後道路兩側石刻集中，稱為碑林。

天王殿，重簷歇山式建築，面闊 5 間，進深 5 架。殿後兩側為新修的緊那羅殿和六祖殿。再後有《太宗文皇帝御書碑》，碑文中有唐太宗李世民草簽「世民」二字。

藏經閣（法堂）為歇山式建築，面闊 5 間，進深 3 間。

達摩亭是一座三開間的單簷廡殿式小殿堂，面闊 5 間，進深 3 間。相傳此係二祖慧可立雪斷臂、得受達摩衣缽法器處，故又稱立雪亭。亭東有文殊殿，西有普賢殿。

千佛殿又名毗盧閣，硬山建築，面闊 7 間，進深 3 間。

千佛殿東為白衣殿，又名拳譜殿，面闊 5 間，進深 3 間。硬山出前廊。千佛殿西為地藏王殿，形制與白衣殿相同。

少林寺周圍還有初祖庵、達摩洞、二祖庵、塔林等，也是少林寺不可分割的部分。

閒居寺。《慈恩傳》卷九曰：「竊承此州嵩高少室，……實海內之名山，域中之神嶽。其間復有少林伽藍、閒居寺等，……實可歸依，以修禪觀。」

閒居寺，位於今登封市城西北 6 公里嵩山南麓。

《洛陽伽藍記》卷五曰：「天平元年（534）遷都鄴城，洛城餘寺四百二十一所。……嵩高中有閒居寺、棲禪寺、嵩陽寺、道場寺。上有中頂寺，東有升道寺。」唐李邕《嵩嶽寺碑》載：「嵩陽寺者，後魏孝明帝之離宮也，正光元年榜閒居寺……隋仁壽一載，改題嵩嶽寺……十五層塔者，後魏之所立也。」清景日昣《說嵩》曰：「閒居寺，故元魏宣武帝離宮，建於永平年（508～511），……明帝時，榜閒居寺，……建十五層塔。」北魏時還建有鳳陽殿、八級殿、逍遙樓等。隋唐時有舍利塔、七佛殿、定光佛堂、無量壽殿、西方禪院、大通秀禪師浮圖等。唐以後漸次衰落。

今存之嵩嶽寺塔，原建於北魏，高約 40 米，為密簷式磚塔，十二邊形，為全國古塔中的孤例。嵩嶽寺塔為我國現存最古老的磚塔，是其後密簷式磚塔鼻祖。1961 年公布為全國重點文物保護單位，2010 年 8 月，列入《世界遺產名錄》。

天宮寺。《慈恩傳》卷六曰：「三月己巳，法師自洛陽還至長安，即居弘福寺。……又有綴文大德九人至……洛州天宮寺沙門玄則等。……」

天宮寺，《唐會要》卷四八曰：東都「觀（勸）善坊，高祖龍潛舊宅，貞觀六年（632）立為寺。」也有學者指出：「天宮寺應在尚善坊，而不在勸善坊。」〔註6〕張說《唐玉泉寺大通禪師碑》曰：「（神秀）神龍二年二月二十八日夜中，顧命趺坐，泊如化滅。禪師武德八年乙酉，受具於天宮，至是年丙午，復終於此寺。蓋僧臘八十矣。」唐時多位高僧大德都曾在此寺住錫或譯經、講經，寺中有吳道子所作壁畫。

五、山、水

嵩嶽（嵩高）、少室（少峰）。前條《慈恩傳》卷六已提及嵩嶽（《慈恩傳》中有時亦作嵩高），少室（《慈恩傳》中有時亦作少峰）。

嵩嶽即嵩山。《括地志》曰：「嵩山，亦名曰太室，亦名曰外方也。在洛州陽城縣西北二十三里。」嵩山在今河南省登封市北，與今偃師市、鞏義市毗鄰。《名山記》曰：「嵩山中為峻極峰，東曰太室，西名少室。」《述征記》曰：「嵩，其總名也，謂之室者，山下各有石室也。」嵩山海拔 1000～1400 米，

〔註6〕清徐松撰、李健超增訂：《增訂唐兩京城坊考》（修訂版），三秦出版社，2006年 8 月。

其中太室山海拔 1494 米，少室山海拔 1405 米。

嵩山亦稱中嶽。《史記·封禪書》曰：「昔三代之居，皆在河、洛之間，故嵩高為中嶽，而四嶽（東泰山，西華山，南衡山，北恒山）各如其方，四瀆（江、淮、河、濟）咸在山東。」

伊、洛。《慈恩傳》卷九曰：「沙門玄奘言。使人李君信至，垂賜手詔……不謂白藏之暮，更覩春葩之文，身居伊、洛之間，忽矚崑荊之寶。」

伊水、洛水是二條著名的古代河流。洛河源於陝西省華山南麓洛南縣，東經盧氏縣、洛寧縣、宜陽縣、洛陽市，在偃師市納伊河後，東入鞏義市，在鞏義市神堤洛口入黃河，全長約 453 公里。古時洛河水量充沛，它不僅是伊洛盆地內最重要的航道，更是盆地連接黃河水運的重要航線。武則天時，在神都洛陽洛水北岸闢建新潭，「天下舟船所集，常萬餘艘，填滿河路」。

伊河，本為洛河主要支流，源出欒川縣熊耳山南麓悶頓嶺，東北流經嵩縣、伊川縣、洛陽市，在偃師市楊村匯入洛河，全長約 265 公里。

六、州、縣

洛州。前條《慈恩傳》卷六已提及。

東晉穆帝永和八年（352），前秦戰敗冉魏，曾在洛陽置洛州；北魏、東魏、北齊、北周亦曾置洛州。隋開皇初，置洛州；隋煬帝大業元年（605）改稱「豫州」，移治入隋東都城宣範里（今洛陽市洛龍區古城村）；大業三年（607）改稱「河南郡」。唐高祖武德四年（621）置洛州總管府，轄洛州等 9 州；洛州治漢魏故都金墉城，下轄河南、洛陽、緱氏、偃師、鞏縣、陽城、嵩陽、伊闕、陸渾等 9 縣；唐玄宗開元元年（713），改洛州為河南府，此為河南府建置之始。

鄭州、懷州、穀州。《慈恩傳》卷九曰：「冬十二月，改洛陽宮為東都。嫌封畿之偏隘，乃東分鄭州之汜水，懷州之河陽，西廢穀州，取宜陽、永寧、新安、澠池等縣皆隸屬焉。」

鄭州，隋開皇元年（581）改滎州置，治成皋（縣名，漢置，隋開皇十八年即 598 年改名汜水，今河南省滎陽市境內汜水鎮），唐貞觀年間（627～649）移治管城（今鄭州市）。

懷州：北魏天安二年（467）置，治野王（縣名，漢置，治今沁陽市城關鎮）；隋開皇十六年（596）改野王縣為河內縣，即今河南省沁陽市。唐武德二

年復置懷州。

穀州，東魏興和中（539～542）置新安郡，轄新安、東垣、西垣三縣，治今河南澠池東；隋移治今河南省新安縣；唐高祖武德元年（618）改名穀州。

緱氏縣。前錄《慈恩傳》卷一已提及緱氏縣。

緱氏縣，秦置，治春秋滑國故城（今河南省偃師市東南），屬三川郡。新莽元年（9），改緱氏縣為中亭縣。北魏孝文帝太和十七年（493）廢緱氏入洛陽。東魏孝靜帝天平元年（534）復置緱氏縣，治洛陽城中，屬洛陽郡；東、西魏爭戰，郡治或移緱氏（今偃師市顧縣村西）；後周，緱氏縣移治鉤鎖故壘（今偃師市緱氏鎮柏谷塢）。隋開皇四年（584），移治洛陽故郡城；隋開皇十六年（596），廢緱氏置偃師縣；隋大業元年（605）復置緱氏縣，移治今緱氏鎮柏谷塢；隋大業十年（614），又移治公路澗西（今偃師市大口鎮引禮寨村一帶）。唐貞觀十八年（644），廢緱氏縣；唐高宗上元二年（675），復置緱氏縣，治今緱氏鎮，屬洛州。〔註7〕

汜水縣、河陽縣、宜陽縣、永寧縣、新安縣、澠池縣。前錄《慈恩傳》卷九已提及汜水、河陽等縣。

汜水縣，見前述。

河陽縣，漢置，治今河南省孟州市西；隋開皇年間（581～600）移治今河南省孟州市南，今為孟州市。

宜陽，戰國時韓景侯由宜陽邑遷都陽翟，在宜陽置縣。泰屬三川郡。西漢武帝元鼎四年（113），置弘農郡（治今河南省靈寶市），宜陽屬弘農郡。北魏屬河南尹。隋開皇初，廢宜陽郡為縣；開皇十八年（598）改宜陽為洛水縣；仁壽四年（604），改甘棠為壽安縣；大業元年（605）廢洛水、熊耳入宜陽縣。唐高祖武德二年（619），改宜陽縣為福昌縣，貞觀元年（627），福昌、永寧二縣屬穀州。

永寧，唐高宗武德元年（618），改熊耳縣置永寧縣，治今河南省洛寧縣東北。民國3年（1914）改名洛寧縣。

新安，秦置，治今河南省澠池縣東。西晉移治今新安縣。隋文帝開皇十六年（596），省新安入東垣縣；大業元年（605），改東垣縣為新安縣。唐高祖武德元年（618）復置東垣縣，新安、東垣皆屬穀州；武德四年（621），廢東垣入新安縣。

〔註7〕參見高獻中、王西明主編：《偃師聚落記》，中國文化出版社，2011年。

　　澠池，秦置，治朱城（今河南省澠池縣城關鎮西），屬三川郡。漢屬弘農郡。三國魏，移治西虢城（今河南省洛寧縣境內）。隋大業元年（605），移治今澠池縣城關鎮東，又移大隖城（今城關鎮北），屬河南郡。唐貞觀三年（628），移治雙橋（今城關鎮），屬穀州。顯慶二年（657）改屬洛州。

第五章　玄奘身後

第一節　玄奘圓寂

　　由於長期超負荷地工作，玄奘法師積勞成疾，健康狀況日下。他翻譯完《大般若經》後，感覺身力衰竭，知道大限將至，麟德元年（664）正月，玄奘深感身心疲憊，對門人說，我若死後，你們將我的屍骨從儉安葬，用草席裹住，找一個偏僻的山澗安置即可，不要臨近寺廟。眾人聽後哽咽著問：法師氣力尚可，臉色也不差，何出此言呢！法師講，我的身體我知道，你們哪裏瞭解！

　　在玄奘彌留之際，弟子大乘光等問玄奘：「和上決定得生彌勒內院不？」法師回答：「得生。」言罷喘息漸微，一會就去世了，時間實在 664 年 2 月 5 日半夜，地點是在玉華寺肅成院，享年 65 歲。消息傳到京師長安，高宗聽了之後非常哀傷。說我失去玄奘法師一人，可以說佛教界的大梁倒了。人生沒有導師了！苦海中的大舟船沉沒了！黑暗裏的燈光熄滅了！皇帝說完之後嗚咽不止，重臣也都跟著哭泣。麟德元年（664）玄奘法師圓寂後，高宗先是敕令將法師屍骨埋到今西安東部滻河東岸的白鹿原。送葬的人達到了百萬人，可以說長安人幾乎是傾巢而出，3 萬人自願寄宿到墓旁，非常感人。但由於墓地舍利塔距離皇宮大明宮太近，高宗在宮內常能看見，每次看到玄奘法師的舍利塔就感到哀傷，於是於總章二年（669）下令將玄奘的遺骨遷到樊川，即今天興教寺的位置。

　　玄奘的年齡問題現在尚有爭議。由於玄奘的生年缺乏記載，關於他的年

齡，就有二種記載，《大唐三藏大遍覺法師塔銘》講是玄奘活了 69 歲；《高僧傳》講是活了 65 歲；慧立《三藏法師傳》的記載，玄奘自言其活 65 歲。《塔銘》作於 839 年，距離玄奘法師圓寂已經一百七十多年，不大可信。《高僧傳》的作者道宣是玄奘同時代的人，慧立是玄奘的弟子，應該對他的年齡是最清楚的。所以筆者認為，玄奘的年齡，應該是 65 歲。

顯慶元年（656）五月，玄奘法師患病，高宗對玄奘非常關心，命御醫蔣孝璋、上官琮去給法師治病。玄奘也呈上《謝得醫表》與《謝得醫藥及敕使問病表》致謝。可見，高宗對玄奘的關懷可謂無微不至。

玄奘法師的舍利塔，在長安興教寺內，但興教寺之名，為唐肅宗所賜，那都是安史之亂以後的事了，故筆者推斷，最初興教寺可能只是個塔院。

《大唐三藏大遍覺法師塔銘並序》記載了興教寺在唐代的一些變化：

> 今塔在長安城南三十里。初，高宗塔於白鹿原，後於此。中宗制影贊諡大遍覺。

從劉軻敘述可知，唐中宗曾諡號玄奘為「大遍覺」。廣明元年（880），黃巢起義軍攻入長安。黃巢的軍隊有沒有發掘玄奘法師的舍利塔，現在有爭議。目前比較主流的說法是：唐末黃巢之亂，亂軍在興教寺掘塔，玄奘法師遺骸為寺僧護攜至終南山紫閣寺安葬。後流落到南京，抗戰期間被日本人發現，後分到中國、日本、臺灣、印度各地。

1942 年 2 月 23 日，日本人佔領南京期間，發掘一石函，上面刻有文字。由於當時的日本軍人不通文墨，不知道是什麼東西，就交給當時的偽中央大學教授鑒定。上面寫有：「大唐三藏大遍覺法師玄奘頂骨，早因黃巢發塔，今長干寺演化大師可政於長安傳得，於此葬之。天聖丁卯年二月五日，同緣弟子唐文遇，弟文德、文慶、弟子丁洪審、弟子劉文進、弟子張靄。」另一面寫著：「玄奘法師頂骨塔初在天禧寺之東岡，大明洪武十九年受菩薩戒弟子黃福燈……普寶遷於寺之南岡三塔之上，是歲丙寅冬十月，傳教比丘守仁謹志。」天聖丁卯年是北宋仁宗時期的年號，即 1027 年。宋理宗景定年間（1260～1264）的《建康志》卷 46 記載：「端拱元年（988），僧可政往終南山，得唐三藏大遍覺玄奘法師頂骨，為建塔歸瘞於寺。」元順帝至正年間（1341～1368）的《金陵志》記載：「塔在寺之東，即葬唐三藏大遍覺玄奘法師頂骨所，金陵可政和尚得之於長安終南山紫閣寺。」

也就是說，宋端拱元年（988），南京長干寺法師可政在長安發現玄奘頂

骨，千里迎歸南京供奉，初葬於天禧寺東崗。明洪武十九年（1386），寺僧守仁及居士黃福燈等將其遷葬於天禧寺南崗，建三藏塔供養。查史料可知，明成祖永樂六年（1408），天禧寺毀於大火，在原址上建大報恩寺，繼續供奉玄奘頂骨。1856年，大報恩寺毀於太平天國戰火，但舍利塔因建有地宮並未受損，但自此玄奘頂骨便埋沒了一百多年。清末，此地建江南金陵機器製造局，民國後改為金陵兵工廠。1943年12月，侵佔南京的日軍在建立神道時發現廢塔地宮，石函交給南京偽中央大學教授後，這些學者認識到這是無價之寶，就搶先發布消息，汪精衛政府也迫於輿論壓力，與日軍頻繁交涉。最後日本人取走了一份，供奉於東京慈恩寺。後來一九九六年，日本奈良藥師寺建立玄奘三藏院，中國將南京靈谷寺的那份分出一份葬送給了日本奈良藥師寺；中國留下六份，分別供奉於南京、北京、天津、成都、廣州，其中，南京有兩處：一份藏於玄武湖小九華山三藏塔下，一份藏於紫金山靈谷寺；成都那份差點被紅衛兵毀掉，文殊院方丈寬霖法師為保護頂骨終日將其纏在腰間，挨打也不交出，終於保靈骨平安，安奉至今，現藏於成都文殊院；天津那份，原藏於天津大悲院，於一九五七年一月十二日由達賴喇嘛代表中國政府將之贈送給了印度那爛陀寺，並捐助30萬元作為建設玄奘紀念堂的經費；北京那份原藏於法源寺，後於文革期間被毀；廣州那份原藏於廣州六榕寺，後於文革中被毀。後來，二〇〇一年三月，西安大慈恩寺的大遍覺三藏院建成，從南京靈谷寺迎回分出的頂骨舍利一份供奉；一九五五年十一月二十五日上午七時，日本將自己藏那一份分出贈給了臺灣日月潭的玄奘寺；一九九八年八月二十三日，南京靈谷寺又將舍利分出一份，贈與臺灣新竹的玄奘大學，作為鎮校之寶。大遍覺三藏玄奘大師的頂骨舍利現存於世共九份，如下：（1）南京紫金山靈谷寺（2）南京玄武湖小九華山三藏塔（3）成都文殊院（4）西安大慈恩寺玄奘三藏院（5）印度那爛陀寺（6）臺灣日月潭玄奘寺（7）臺灣新竹的玄奘大學（8）日本東京的慈恩寺（9）日本奈良的藥師寺。

　　河南偃師的玄奘故里現在也建起了相當規模的玄奘寺，極想得到一份玄奘法師的頂骨舍利，河南的副省長曾為此專門到訪日本，希望日本方面能分出一份法師的頂骨舍利回故里，然而日本方面態度曖昧，他們已經提前將舍利封到了一個造價昂貴的塔中，該塔設計精巧，如要去取舍利，必須將該塔全部打碎，偃師方面沒錢，此事也就不了了之。

　　陝西師範大學胡戟教授認為，既然現在不可能再去發掘玄奘塔來鑒定真

偽，就不能輕易否定南京方面的說法，況且印度、日本、臺灣都承認並藏有玄奘頂骨，宗教界的事情就是大家都承認就行了，這是宗教界的規則。

第二節　玄奘法師與絲綢之路

貞觀二十二年，即公元 648 年，于闐國王伏闍信隨使節入唐，宣布歸附於唐。玄奘法師歸國時從于闐國經過時，知道于闐國內存有不少他沒有收集到的佛經，聽到于闐歸附的消息，他懇請太宗派人到于闐國取經，《請取梵本表》：

> 沙門玄奘言：前件經律等，並是五乘軌轍，三藏奧旨。文義既弘，學徒欽尚。玄奘往於西域，遍訪遺文，所獲眾經，部餘六百，前件經律尚未得來。至於大法流通，有所未悉。今並在于闐國，宛然具有。伏惟陛下則天御宇，光啟大猷，膺籙受圖，弘揚正法，殊方異類重譯來朝，于闐蕃王今歸聖化。伏願降敕遣進，翻譯有期。

有些經律典籍，講的都是佛教的精闢義理，所論都很重要，學習的人也很多。玄奘我去印度，尋找中土沒有的經論，得到了六百部經論，但有些經律還不具備，導致弘傳佛法，有些缺憾。這些經典，在于闐國還有。陛下您治理寰宇，弘揚大道，不同的國家都來歸附，于闐藩王也來歸化。請陛下降旨將這些經典送來，將它們翻譯出來。

玄奘法師還有《進西域記表》：

> 竊尋蟠木幽陵，云官紀軒皇之壤。流沙滄海，夏載著伊堯之域。西母白環，薦垂衣之主。東夷矢矢，奉刑措之君。固已飛英曩代，式微前典。伏惟陛下……耀武經於七德，闡文教於十倫。……玄奘幸屬天地貞觀，華夷靜謐，冥心梵境，敢符好事，命均朝露，力譬秋螽。徒以上假皇靈，下資迅命，飄身邁跡，求遐自邇，展轉袤拜之鄉，流離重譯之處。條支巨雀，方驗前聞。滴賓孤鷲，還稽囊實。時移歲積，人愜天從。遂得下雪岫而泛提河，援鶴林而棲鷲嶺。祇氏園之路，還迤空存。王舍之基，婆陀可陟。尋求歷覽，時序推遷。言返帝京，忽將二紀，所聞所履，百有三十八國。竊以章亥之所踐藉，空陳廣袤。夸父之所凌屬，無述風土。班超侯而未遠，張騫望而非博。至於玄奘所記，微為詳盡。其迂辭瑋說，多從剪棄。綴為《大唐西域記》一十二卷，繕寫如別。

　　東方的蟠木和北方的幽陵，據史官記載是軒轅黃帝的國家。西邊的流沙和滄海，夏代的記載是大堯的國土。西王母來朝貢，向無為而治的周穆王獻上白環玉玦；東夷的首領鳌矢，向社會治理良好、沒有刑獄的大王稱臣。這些都是前代的英雄事蹟，記載已經不是很清楚了。陛下您文治武功澤被四方，玄奘我幸而出生在貞觀朝這個偉大的時代，華夏與狄夷相安無事，可以安心於佛事。可是我想去印度求經，不惜身命，取經路上生命就像朝露那樣朝不保夕，力氣猶如秋蟲那樣旦夕將亡。上借著大唐的威名，下憑著命硬，我飄身萬里。史書記載條支的大鳥，我已經可以驗證確實存在。拘尸那揭羅國釋迦佛圓寂的鶴林園、釋迦佛講經說法的鷲峰山、第一所寺廟祇園精舍、王舍城遺跡我都親身經歷。現在回到祖國，將所經一百三八國的情況寫出來。夸父追日，沒有留下這些地方的記錄；班超威震西域，沒有到過這麼遠；張騫所見所聞也沒有這麼廣博。我將這些編為《大唐西域記》十二卷，請陛下御覽。

　　據《續高僧傳》的記載，玄奘還溝通了中印雙方的外交與技術交流：「戒日及僧，各遣中使齎諸經寶遠獻東夏，是則天竺信命自奘而通，宣述皇猷之所致也。使既西返，又敕王玄策等二十餘人，隨往大夏，並贈綾帛千有餘段，王及僧等數各有差，並就菩提寺僧召石蜜匠。乃遣匠二人僧八人，俱到東夏。尋敕往越州，就甘蔗造之皆得成就。」自玄奘歸國後，戒日王與菩提寺的僧人，就派使者帶著經書與珍寶，來到長安，獻給朝廷。唐廷也派王玄策等二十多人到印度，回贈絲綢綾帛一千多段，戒日王和僧侶都有不同的數量。然後請菩提寺僧遣製糖匠二人、僧八人到唐國。這些匠人被派到中國南方，用甘蔗造糖。可見玄奘對中國製糖工業的產生也起了關鍵作用。後來福建廣州受益於這項技術很多，中國人對這項工藝進行了改進，青出於藍而勝於藍，升級後的製糖技術又回傳印度。自此中國學會了製作食糖。

　　唐高宗永徽三年（652），中天竺大菩提寺沙門法長帶著中印度大菩提寺僧人智光、慧天等人的信件和方物，交給玄奘。兩年後，法長又帶著玄奘給智光的書信和禮品返回印度，玄奘還念念不忘遺失到河水裏的那些佛經，請智光、慧天二位大師幫忙補齊。玄奘還上書朝廷，希望將自己收集的一些袈裟、絲綢以及其他供養物品，由朝廷出使天竺的使臣帶到印度，交給自己的老師和朋友。《請附訊物及書往西域表》記載：

　　　　沙門玄奘言：蓋聞，隆道覆載，功玄而化廣。德綏內外，遍肅
　　而遠安。是以垂則天之教，成因地之化。斯固宰物之大統，馭宇之

洪範也。伏惟皇帝陛下，資玄象之盛明，縱厚載之至德，裁成品類，光闡彝倫。左衽之卿重譯納貢，反舌之俗請吏革音。非夫德通神明，仁被幽顯，何以霧開重阻，風卷絕域者哉。玄奘往憑帝力，問道遐方。敗奉法言，服膺梵學，博考名相之原，頗問權實之致。聿來宣譯，式符玄訓。上感皇情，重闡鷲山之道；遠崇佛旨，再演龍宮之典。靜言教義，功歸近人；探賾大猷，誠惟明導；無為味法，有荷洪恩；不謝深仁，恐蕪王化。玄奘爰初歸國，以至於今。凡厥緇徒，深嘉求法，愍其弊服，頗惠僧衣。今者見有袈裟三領，聖恩所賜紬綾十匹，諸寺訪得繡像綵幡及諸供養道具之物，並附單書，敬向師友，請因今使附往天竺。冀斯憑信，用謝厚恩，則光國仁義之風，以申愚陋之志，不任懷德之誠。謹奉表陳請以聞，伏願聖慈特垂矜允。謹言。

大道無所不包，安定遠近，規範內外。所以要效法天地演化的規則，是治理天下、統御萬物的基本理念。皇帝陛下您既有超玄的聰明，又有崇高的德行，您成就萬物，規範人倫。眾多蠻族紛紛歸附，沒有文化、沒有信譽的國家紛紛傚仿大唐，進行改革。如果不是聖人，怎麼能夠影響到那麼廣大的地域，那麼偏遠的地方呢！玄奘我憑著皇帝的威名，到遠方去求學，考究名相的淵源，弄清楚哪些經典是佛的權且說法，哪些經典是佛的真實意思，極力廓清哪些是佛的真實意思。回來翻譯佛經，回報皇室的恩澤，在中國重新傳播新的義理。佛教法言，終究需要人來弘揚，探索佛典的義理，也需要有人給予引導。不弘揚無為真法，就會辜負陛下的恩情。玄奘從最初回國到今天，有些俗家弟子，贊許我西行求法的經歷，贈與我了些僧衣，現有袈裟三件，陛下所賜的綢緞十匹，一些寺廟贈送的繡像以及供養用具，都造有書單，懇請陛下允許出使印度的使臣帶到天竺。印度人見到這些東西，就會感到大唐國人的仁義之風，懇請皇上能夠允許。

玄奘不僅將印度的大量佛經帶回了中國，而且也為印度帶去了中國的文化。早在印度時，他就應那爛陀寺僧人的請求，將在印度失傳的《大乘起信論》回翻成梵文；他回國後，還應太宗李世民的請求，將我國的哲學名著《道德經》翻成梵文，傳回印度，為中印文化交流做出了巨大貢獻，二〇〇六年香港鳳凰衛視舉辦「重走玄奘之路」活動，就傚仿玄奘當時的做法，將我國著名的禪宗名著《壇經》傳回印度。

　　玄奘還將《秦王破陣樂》翻譯成梵文傳到印度。《道德經》與《秦王破陣樂》的翻譯是奉唐太宗之命翻譯的。《大乘起信論》則是應印度僧人的要求翻譯的。《起信論》的作者傳說是阿育王時代（公元前 3 世紀）的高僧馬鳴，在印度影響很大，印度人聽說中國存有馬鳴的作品，就要求玄奘給他們翻譯回去的。

　　永徽四年（653），日本遣高僧道昭、智通、智達等先後入唐，從玄奘法師學習佛經，並於高宗調露元年（679）回國弘揚唯識宗。他們以元興寺為中心而傳法，稱為南寺傳；玄宗開元四年（717），日僧玄昉入唐，從智周法師學佛法，返國後，以興福寺為中心而傳佛法，稱為北寺傳。日本法相宗是奈良時期（710～794）、平安時期（794～1192）最有權威性宗派之一。日本法相宗現在有四個宗派，八十六個寺院，一個學院，信徒十多萬人。日本法相宗，法脈一直沒有斷絕，也是玄奘的餘光。

第三節　　學者評價〔註1〕

　　近代著名的唯識學大師、南京支那內學院創立人歐陽竟無，曾經親自撰寫了對玄奘法師的讚頌。

歐陽竟無題寫的《玄奘法師像贊》

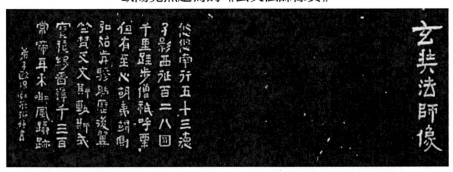

　　《玄奘法師像贊》：「悠悠南行五十三德，子影西征百二八國，千里跬步僧祇呼栗，但有至心胡夷胡側，弘始肯驂門歷後翼，竺梵支文斯軌其或，實積緣牆譯千三百，常常再來嘶風躡跡。」玄奘法師出國前就像善財童子五十三參那樣，曾在中國南方問道五十三位大德，又隻身西行一百二十八國，積累跬步乃至千里，只要有誠心即便是在異國他鄉，學法前者光大異域，各國語言法則悉

已掌握，翻譯佛經一千三百卷，常常顯示靈異卻不張揚。

　　玄奘可以說是我國最負盛名的僧人了，在印度，玄奘是家喻戶曉的人物，沒有玄奘的記錄，印度的歷史將有很多空白，在前幾年的問卷調查中，玄奘被選為最有名的中國人，位在周總理之上；法國是一戰後的戰勝國，其總理克里孟梭，外號老虎，連美國總統都不放在眼裏，卻對玄奘大師非常尊敬。他曾說過，放眼世界，只有玄奘一人值得我脫帽致敬。

　　毛澤東對玄奘大師也有很高的評價。1945 年在黨的七大會議上，毛澤東說：「中國歷史上也有翻譯。比如唐僧取經，經過九九八十一難才回來。唐僧就是一個大翻譯家，取經回來後設翻譯館，就翻譯佛經。唐僧不是第一個留學生也是第二個留學生。」

　　1953 年 2 月，毛澤東在全國政協第一屆第四次會議上說：「我們這個民族，從來就是接受外國的優良文化的。我們的唐三藏法師，萬里長征比後代困難得多，去西方印度取經。」

　　1957 年 10 月，毛澤東在中共八屆三中全會上談到「振作精神，下苦功學習」時，所舉的中外 7 個歷史人物，其中一位就是玄奘。翌年 3 月，他在成都會議上說到，從古以來創新思想、立新學派的人，都是學問不足的年輕人，他再次舉了玄奘等人的例子。

　　1964 年，毛澤東在春節教育工作座談會上說：「佛經那麼多，誰能讀得完？唐玄奘翻譯的解釋《金剛經》的《般若波羅蜜多心經》，不到 1000 字，比較好讀；鳩摩羅什翻譯的《金剛經》那麼長，就很難讀完了。」可見，毛澤東是相當推崇唐僧的譯經水平的。

　　印度開國總理尼赫魯（Jawaharlal Nehru）深刻認識到玄奘的貢獻，在 1950 年代和中國總理周恩來一起決定在那爛陀寺籌建玄奘紀念堂。他在監獄中所寫的《世界史》中，專寫一節《戒日王和玄奘》說：「在曷利沙（戒日王）統治期間，我們的老朋友玄奘來到了印度。他在歸國途中寫了一本遊記，向我們講述了大量關於印度和他前往印度時途經中亞諸國的所見所聞。」

　　費正清（Johnking Fairbank）、崔瑞德（Denisv C. Twichett）主編《劍橋中國史》認為：「玄奘是唯一對印度和中國的地理、風俗、物產和政治等方面有知識的人。」諾貝爾經濟學獎得主阿馬蒂亞‧森指出：「玄奘西行的歷史意義，早就超越了時間、地理和宗教的限制，成為全人類的共同財富。」

　　印度孟加拉佛陀達摩法會秘書長達摩帕爾說：「在中印文化關係史上，玄

奘確乎是一個起了最為重要作用的人物。……倘若沒有他那字字珠璣般的著作，我們印度的歷史就不會完整。通過他的著作，我們印度人今天才能瞭解我們的祖先，在各個領域所取得的種種成就。因此，我們對玄奘法師感激不盡。」

印度著名歷史學家馬宗達說：「法顯、玄奘、義淨把自己的經歷寫成了相當厚的書，這些書有幸完整地保留了下來。……法顯和玄奘廣泛遊覽，幾乎遊遍全印。在這方面，他們比希臘旅行家有無可懷疑的有利之處。」印度歷史學家恩·克·辛哈和阿·克·班納吉在《印度通史》中寫道：「中國的旅行家如法顯、玄奘給我們留下了有關印度的寶貴記載。不利用中國的寶貴資料，要編一部完整的佛教史是不可能的。」「無論怎麼樣誇大玄奘的重要性都不為過。中世紀印度的歷史漆黑一片，他是惟一的亮光。」這是英國歷史學家史密斯對玄奘的評價，而讓玄奘贏得如此讚譽的是一本名為《大唐西域記》的書。

《大唐西域記》為玄奘口述，門人辯機奉唐太宗之敕令筆受編集而成，玄奘在成書之時曾進表於唐太宗：「所聞所歷一百二十八國，今所記述，有異前聞，皆存實錄，非敢雕華，編裁而成。全書 12 卷，共記述了玄奘親身經歷的百餘個國家的情況。《大唐西域記》不但拓寬了當時中國人的眼界，為後世保存了珍貴史料，而且對中國日後的文化藝術產生了巨大影響。

如今在印度，只要讀過小學的人幾乎沒有不知道玄奘的。印度人知道玄奘，一是通過民間傳說，二是通過教材，在印度很多教科書中就有關於玄奘的故事，其中課文《佛的影子》，講的就是玄奘如何感化一夥強盜的故事。印度如此推崇玄奘，主要是因為玄奘在印度歷史上有著非常獨特的貢獻。印度人沒留下文字歷史，其歷史多存在於傳說之中。馬克思曾經感歎，古代印度儘管創造了輝煌的文明，但「印度社會根本沒有歷史，至少是沒有為人所知的歷史」。因此在相當長的時間裏，印度的歷史天空「曾經一片漆黑」，印度人不知道佛教發源於本國，也不知道自己國土裏掩埋著那麼多輝煌的過去。

《大唐西域記》像一把火炬，照亮了印度塵封已久的真實歷史。1300 年後，英國考古學者和印度學者一道，手持英譯本《大唐西域記》，在古老的印度大地上按圖索驥，陸續發掘出鹿野苑、菩提伽耶、拘尸那迦、藍毗尼等眾多佛教聖地和數不清的古蹟，甚至現今印度的國家象徵——阿育王柱的柱頭，也是根據這本詳細的史料發掘出來的。中世紀印度的歷史從此得以重見天日。印度歷史學家阿里曾經這樣評價：「如果沒有玄奘、法顯等人的著作，重建印度

史是完全不可能的。」

英國史學家斯密斯（Smith）在《牛津印度史》中說：「印度歷史對玄奘欠下的債是絕對不會估計價過高的。」日本龜田一郎在日本舉行的「玄奘法師圓寂一千三百週年紀念籌備委員會」的會議上說：「他是一位史上少有的大旅行家，是一位卓越的翻譯家。他的功績遍及文化各領域，特別對於七、八世紀的我國奈良朝文化的形成帶來了極大的影響。」「直到今天，他作為日本文化的難忘恩人而受到人們的尊敬。」

鎌田茂雄是一位有著《中國佛教通史》等 70 多部著作的日本中國佛教研究權威學者，他認為玄奘「在中國譯經史上是一個劃時代的人物」。他在《取經——玄奘三藏》中說：「在中國的佛教翻譯史上，竺法護、鳩摩羅什、直諦、義淨、不空等五位譯經三藏譯出的經典總量是 499 部、1222 卷，而玄奘一人譯出的經典是 76 部 1347 卷。從卷數上看，比五位譯經僧的總量還多 125 卷。」

日本西川景文長老於 1964 年 3 月在北京召開的「玄奘法師圓寂一千三百週年法會」上說：「玄奘大師帶回許多經卷這件事本身，就是對日本佛教的偉大貢獻。在我國通過《西遊記》的故事，關於玄奘大師的事蹟婦孺皆知。」

韓國東國大學佛學研究院長吳亨根在《玄奘法師的譯經與佛教的中興》中說：「法師不僅為中國佛教的繁榮，也為韓國佛教的繁榮作出了很多貢獻。」

季羨林認為，「對玄奘的評價也應該採取實事求是的態度。從中國方面來看，玄奘在中國佛教史上是一個繼往開來承先啟後的關鍵性的人物，他是一個虔誠的宗教家，同時又是一個很有能力的政治活動家。他同唐王朝統治者的關係是一個互相利用又有點互相尊重的關係。」

冉雲華是著名華裔學者，曾在泰戈爾創辦的國際大學中國學院學習過，和譚雲山的關係亦師亦友。他在《玄奘大師與唐太宗及其政治理想探微》一文中寫道：「玄奘是一位名震中外，古今讚譽的人物。記得三十多年前，我初到印度去留學時，玄奘法師的大名，一再出現在印度古代史的課本中，曾使我大吃一驚。這並不是我不知道玄奘的事蹟，而是沒有想到他對印度文化史，竟然有那麼重要的貢獻；也沒有估計到他在印度的知名度，還高於他在中華本土所受到的尊崇。」玄奘是一位歷久彌新的旅行家、翻譯家、佛學家，他的傳奇而精彩的人生像一部永不謝幕的電影大片。

西北大學玄奘研究院李利安教授認為，唐代是中國佛經翻譯的鼎盛時期，

中國五大譯師中的玄奘、義淨、不空都活躍與這個時期，圍繞這三位大師，唐代出現了玄奘的慈恩寺、義淨的薦福寺、不空的大興善寺三個各具特色的翻譯中心。玄奘一生的翻譯成就，無論質量還是數量也都是前無古人，後無來者。玄奘的《大唐西域記》是當代世界研究印度古代史地的重要文獻。他在長安的譯場大慈恩寺也成為當時全國最大的佛經翻譯場所。玄奘共譯出經論 75 部（除《大唐西域記》一種不計入），總計 1335 卷。玄奘譯筆的精審，所選經論之重要性，都為前人所不及。他的翻譯不僅在內容方面能矯正前此的甚多誤譯，而且在取材方面也頗能補充前此譯經的不足。

　　玄奘身上表現出的志向遠大、勤奮好學、不畏生死、堅定意志、愛國敬業、開放進取的精神與不崇洋、不媚外、不自大、不自卑的人生態度，毫無疑問已經成為洛陽文化的核心與精髓，成為洛陽文化的活的靈魂。

第四節　歷史上著名的玄奘畫像〔註2〕

　　2005 年中國國家博物館舉辦的「扶桑之旅」展覽中，有一幅所謂的「玄奘畫像」，畫的說明提到，此畫為日本重要文化財產，依據中國請來樣，於鎌倉（1185～1333）後期繪製，絹本設色，135.1×59.9 釐米，東京國立博物館收藏。此畫自然讓人們想到與之造型完全一致的西安興教寺石刻。畫中表現了一位中年的行腳僧人，長眉微須，身背經篋，經篋中清晰可見一卷卷經書，僧人右手持拂塵，左手持經卷。在僧人頭的上方，從經篋上部垂弔下一盞小燈，讓人們不禁想到漫漫求索路上，影伴孤身的行腳路程。

　　玄奘圓寂於公元 664 年，在他活著的時候，受到皇室的青睞，成就非凡，圓寂後，對於他的紀念活動更是超過其生時。但中國為什麼沒有大量地出現肖像式的玄奘大師畫像，也就是在皇帝授意下，由宮廷畫家繪製的人物畫像，是沒有畫像的傳統嗎？當然不是。中國一直有以繪畫記事的傳統，如步輦圖、昭軍出塞等，玄奘這位轟動一時的人物，沒有得到皇家的圖像記錄，實在是說不過去的事情。《大慈恩寺三藏法師傳》中也記錄有為法師等十人畫像之事：「迎法師並將大德九人，各一侍者，赴鶴林寺為河東郡夫人薛尼受戒……三日方了。受戒已，覆命巧工吳智敏圖十師形，留之供養。」但是，今天似乎已不可能看到吳智敏所畫的法師及九大德像了，這是《傳》中唯一一次記錄為法師畫

像的內容，但這僅有的一次畫也是一次集體畫像，不是單獨為法師作畫，那麼為什麼皇家沒有命皇室畫手畫一幅有意義的大師像呢？日本所存具密法性質的大師像又是源自何處？皇家對於繪製大師像的沉默，是否體現了皇家贊助人對於佛教的真實態度呢？事實上，日本的玄奘像就是仿製了中國的原形，但中國的原畫喪失了，而且消失的沒有留下別的蹤跡。

玄奘圓寂於公元 664 年，在他活著的時候，受到皇室的青睞，成就非凡，圓寂後，對於他的紀念活動更是超過其生時。自唐末，即公元 9 世紀初開始，有關唐三藏的紀念物開始增多：唐太和三年（829），興教寺之塔宇修建。接著由於玄奘的西行求法成功，《伴虎行腳僧》圖本大量流行，莫高窟藏經洞出土有 12 幅。另外還有：

公元 850 年，完成《大唐三藏玄奘法師表啟》。

公元 935 年，冥祥完成《大唐故三藏玄奘法師行狀》。

五代至北宋時期，維吾爾語譯《菩薩大唐大慈恩寺三藏法師傳》完成。

公元 1027 年，玄奘的遺骨移至南京天禧寺。

從 11 世紀開始，有關《大唐西域記》及玄奘的傳記類文字出現各種版本：

公元 1041 年，出《大唐西域記》的茶水圖書館本。

公元 1071 年，出《慈恩傳》興福寺本。

公元 1126 年，出《大唐西域記》《慈恩傳》法隆寺本、《大唐西域記》神田家本、《慈恩傳》國立國會圖書館本。

公元 1132 年，出《大唐西域記》《慈恩傳》興聖寺本。

在這些有關玄奘西行及生平傳記版本廣泛流傳的基礎上，出現了以玄奘為中心編撰的神話故事：

公元 1134 年，寫本《打聞集》完成，它記錄了玄奘遇百鬼夜行的故事。

公元 1228 年，張世南完成《遊宦紀聞》。所引北宋末張聖者之詩中，可看出是《西遊記》故事初期的雛型，三藏有猴與馬陪同。

鎌倉（1185～1333）前期，完成以《慈恩傳》為根據的故事《宇治拾遺物語》，以及出現玄奘的《平家物語》。

公元 13 世紀末，臨安（杭州）刊行《大唐三藏取經詩話》。

在文字材料大量出現之後，圖像材料也開始出現：

公元 11 世紀，日本平安時代，具有肖像性質的繪畫作品「慈恩大師像」完成（奈良藥師寺藏）。

公元 1136 年，石山寺的觀佑，描繪含玄奘坐像的仁和寺本《高僧圖像》。

西夏末，壁畫《玄奘取經圖》，被描繪於甘肅省安西的榆林窟及東千佛洞（皆有猴與馬陪同，共有 3 幅，見中插圖 6、圖 7、圖 22）。

元初（1281～1295），繪本《唐僧取經圖冊》完成（見中插圖 18）。

鐮倉時期（1185～1333），笠置寺般若臺安置《大般若經齊六角廚粉扉繪》，繪有玄奘，玄奘與深沙大將登場的西大寺本《釋迦十六善神像》，奈良南明寺藏以及日本個人藏 14 世紀的兩幅《玄奘三藏十六善神圖》以及東京國立博物館所藏《玄奘三藏像》製作完成。此畫像據（1488）《實隆公記》記載，作者是鐮倉時代末期的宮廷繪所繪師高階隆兼（其中《玄奘三藏十六善神圖》之玄奘與東京博物館所藏之玄奘圖式與興教塔線刻本造型完全一致（見中插圖 19，都有耳環與骷髏項鍊）。

公元 1457 年，描寫法相宗傳承的《玄奘三藏繪》12 卷，出現於《尋尊大僧正記》。

公元 1487 年，《尋尊大僧正記》，記載興福寺《玄奘三藏影》。

《大正藏》圖像卷中留有許多大師的畫像，其中也有玄奘法師像，這些像式，可能影響到了日本，他們依照這些圖樣畫出著彩的大師肖像，時間多集中在鐮倉時期，即 12～14 世紀。這些畫像，有一個共同特點，就是表現的法師多為一個一般出家僧人相：剃髮，著僧衣，手持經夾。

第六章　玄奘的影響

　　玄奘的影響力是巨大的，表現在多個方面。首先就是他創建了中國佛教八大宗派之一的佛教唯識宗。所以我們要將他創立的唯識宗給以簡單的介紹。

第一節　玄奘創立的唯識宗

　　玄奘法師在翻譯經典的基礎上，培養了諸多弟子，並以他們為依託，建立了唯識宗。玄奘的弟子中，著名的有窺基、嘉尚、普光、法寶、神泰、行友、辯機、宗哲、慧立、彥悰、神昉、順璟等。其中窺基、嘉尚、普光、神昉號稱「奘門四哲」，尤為突出。準確地說，唯識宗是和他的得意弟子窺基一起創建的。窺基俗姓尉遲，為唐朝名將尉遲敬德的侄兒，出身名門。關於他有諸多傳言，如「三車和尚」及與道宣鬥法等傳言，都是當時門派之間相互攻訐的產物，並不可信。可信的是在玄奘圓寂後，年輕的窺基勤奮著疏，獲得了「百部疏主」的美譽，他還廣受門徒，開枝散葉，成為了唯識宗的創立人之一。

　　窺基的得力弟子為慧沼。慧沼，山東人，跟隨窺基、普光二人學習，獲得成就。他在窺基圓寂後長期弘化於河南、山東，後來才到長安。曾參與義淨大師的譯場。慧沼被公認為唯識宗的第三祖，因主要行化於黃河以南，有「河南大師」的美譽。

　　近代著名的唯識學大師、南京支那內學院創立人歐陽竟無，曾經親自撰寫了對窺基法師的讚頌。

　　《窺基法師像贊》：「英英將種不紫而緇，截流行象橫筆吼獅，開驪勒閣抉惠護逵，立姓朗耀百本葳蕤，那爛慈恩匪竺匪支，思何淵淵姿何離離，析薪者

奘負荷者基，宗斯仰矣惡如何其。」將門虎子沒有繼承家業卻披上袈裟，拿起大筆揮毫獅吼，弘揚彌勒菩薩的唯識學說，您寫的百部論疏流傳千古，使那爛陀寺和大慈恩寺不分彼此，您的思維是多麼的淵博，您的姿態是多麼的雄偉，玄奘的貢獻就像砍下薪材的人，而窺基你就是那背柴的人，是你們兩人共同創立了唯識宗，對於您，我們只有崇敬不已。

西安興教寺窺基塔

窺基還有弟子利貞、遁倫、神楷等人。利貞曾參與義淨大師在大薦福寺的譯場，擔任證義，長期弘法關中。遁倫、神楷也曾長期在長安弘法。

慧沼有惠嵩、義忠、智周等知名弟子，公認為唯識宗四祖的為智周。智周為河南濮陽人，有「濮陽大師」的稱號。智周著述甚多，流傳之廣，遍及各地。史稱「雖不至長安，而聲聞遐被，關輔諸德，咸仰高風。」各地的大德高僧，對他都很認可。智周有新羅弟子智鳳、智鸞、智雄，日本弟子玄昉，學成後先後到日本傳播唯識學，他們的所傳為「北寺傳」。

慧沼的另外一個著名弟子義忠，在長安弘法多年。晚年則回到故鄉山西，影響很大，有「百法疏主」、「百法大師」的稱號。

嘉尚、普光是玄奘門下「四哲」中的兩位，都曾參與玄奘法師的譯場，地

位很高。普光以精通《俱舍論》廣為人知。他的弟子圓暉，培養弟子眾多，知名的有慧暉、有崇、道麟。

神泰、行友也是玄奘法師的弟子。他們都曾參與玄奘法師的譯場，神泰更是跟隨法師十八年之久。他能言善辯，精通《俱舍論》，頗受玄奘的重視，先住長安大慈恩寺，後任西明寺寺主。

玄奘法師的弟子還有辯機、宗哲。辯機，先後住慈恩寺、會昌寺、大總持寺等，才華橫溢，著名的《大唐西域記》即辯機擔任筆受。他還擔任著名的《瑜伽師地論》的主要證義僧。宗哲也曾求法於長安，得玄奘的真傳，有「得意哲」的美譽，後弘法於山西。

慧立、彥悰以《大慈恩寺三藏法師傳》馳名海內外，是《大唐西域記》的姊妹篇，為世人留下了關於當時中國、西域、印度的佛教及地理、社會狀況的詳實記錄。他們同時也是當時知名的奘門弟子。

神昉、順璟為新羅人，也是玄奘的弟子。神昉是「奘門四哲」之一，後圓寂於慈恩寺。而順璟則學成後回到新羅，傳播唯識學成就很大，並有著作在中國流傳。

圓測，新羅人，十五歲離開新羅，於貞觀二年（628）來到長安，受教於攝論師法常、僧辯。而玄奘法師也曾隨法常、僧辯學過唯識，說起來兩者還有同門之緣。在玄奘留學歸來，聲譽極高，圓測也慕名跟隨玄奘學習，成為了玄奘的弟子。

但是，圓測實際上更忠心於真諦係唯識思想。從他的作品看，他所走的路子，是以真諦係唯識為立場，去融攝玄奘所傳的唯識今學。這一點在玄奘和窺基圓寂後就很明顯了。僧傳中，大量記載了圓測與窺基不和的傳聞。而窺基的弟子慧沼撰《成唯識論了義燈》，破斥圓測的觀點，而圓測也不甘示弱，親自著文回覆。在華嚴、禪宗已經興盛的情況下，唯識學派內部的這種紛爭，有利於唯識義學的發展，卻不利於唯識宗派的發展。

圓測主要住於長安西明寺，傳播唯識學甚為得力，也深得唐高宗與武則天的寵信，弟子眾多，有「西明法師」、「西明圓測」的稱號。他的弟子慈善，也曾為「西明寺主」，地位很高。勝莊也是他的弟子，參加過菩提流志和義淨的譯場，有不少唯識論著。

圓測的另外一個弟子道證，學成後回到新羅，他有得意門生太賢，被韓國人稱作「海東瑜伽之祖」，為朝鮮唯識學的發展做出了很大貢獻。

一、唯識宗的西傳

思想龐大、論證精密的唯識學，對中國佛教產生了全方位的影響。近年敦煌資料的整理，可為我們瞭解唯識學的西傳提供些資料。

敦煌遺書中，有大量玄奘的作品存在，說明至少在吐蕃佔領河西之前，唯識思想應該是非常流行的。當然，其中也有其他唯識家的遺作。如現存敦煌文獻 S.2048 號文獻《攝論章》卷第一，學者考證為長安辯才寺的攝論師智凝的作品。

沙門曇曠，在長安學習唯識多年，精通唯識典籍。安史之亂後，他避戰亂到了河西，名氣很大，吐蕃的贊普曾慕名請其到西藏弘法，他因健康原因沒去，但著文回答贊普提出的二十二個問題。曇曠為西部唯識思想的發展做出了很大的貢獻。

另一位名為法成的法師，是當時最有水平的唯識大家之一，但卻長期埋沒，不為人知。法成精通漢文、藏文、梵文及唯識經典。他活躍於河西淪陷於吐蕃的年代，先後住於永康寺、開元寺及靈圖寺，以傳播唯識學為己任。他對唯識學的研究有更為廣闊的視角。敦煌淪陷於吐蕃其間，他算是吐蕃人，因而對西藏前弘期所傳的唯識論著非常重視，有意識地將漢譯與西藏譯本進行對勘，不同之處再參考梵文文獻，這就是使得他的研究頗有國際視野與現代特點。尤其重要的是，他將圓測的《解深密經疏》譯成了藏文。這不僅為西藏唯識學的發展做出了貢獻。在《解深密經疏》漢文版已經失傳的情況下，藏文本的出現，為我們保留這一珍貴的唯識名著。

唯識宗在日本韓國也有傳承。玄奘有日本弟子道昭、智通、智達，他們先後回國，在日本建立弘揚唯識的基地，他們所傳的唯識學被稱作「南寺傳」。玄奘法師還有傑出的弟子圓測，他是新羅人，原來曾經與玄奘為同學，玄奘從印度歸國後，聲譽大振，圓測遂拜玄奘為師。圓測的新羅弟子後來將唯識宗傳到新羅國，圓測也被譽為「海東唯識宗祖師」。

會昌法難，大量唯識經典被燒，給唯識宗這一主要靠經典來維繫發展的宗派以重創，它再也沒有從這次打擊中恢復出來。但好在唯識典籍在唐武宗滅佛之前，大部分已經被日本僧人帶到東瀛，保留了下來，中國唯識宗發展幾百年的成果才可在此流傳於神州。

近代楊仁山居士從日本帶回了唯識典籍，並建立金陵刻經處來弘揚唯識思想。現在不管是學界還是教界，研究唯識的人越來越多，唯識宗大有恢復之勢。

二、唯識宗的基本內容

唯識學傳於古印度，早在部派甚至原始佛教階段，印度就有唯識思想存在，但多是蘊含在各個派別裏，尚沒有系統化、體系化。大乘佛教興起以後，倡導一切皆空的般若思想興盛一時。但是，般若思想儘管論證龐大，但存在兩個致命的缺陷：其一，倘若按照《金剛經》的說法，修成正果後的佛身也是個「空」，那麼修行還有什麼用？其二，倘若一切都是空，那麼輪迴的主體也是「空」，如此則是什麼在輪迴？輪迴還有什麼意義？

般若思想的這兩個缺陷如果不修正，佛教將面臨失去信眾甚至修行者的危險。因此在大約 4 世紀時出現了如來藏思想。「如來藏」即西方哲學意義上的「本體」，它遍在於一切，當然也存在於包括人類在內的眾生身上，即為「佛性」。「如來藏」作為修行的目的當然不是空的，故而講佛「不空」的涅槃思想繼而興起，可視為如來藏思想的發展。涅槃學說肯定佛身有「常、樂、我、淨」四大美德，肯定了佛身不空，這樣就解決了第一個問題，即確立了佛教的修行目標「不空」的理論。《涅槃經》又提出了「一切眾生皆有佛性」，也是如來藏思想的發展。從輪迴的主體的角度確認了個體修行的意義。

但如來藏思想也有自己的缺陷，如果「如來藏」遍在於一切，那麼它就不可能只存在於「六道眾生」，「器世間」的一切事物應該都有如來藏在裏面。而這與佛教的傳統理論不一樣。因此，在公元 5 世紀，無著、世親兄弟出，在前人的基礎上提出了系統化的唯識學說，建立了瑜伽行派。他們的理論以《解深密經》為宗經，以《瑜伽師地論》為根本理論，緊緊圍繞「有情世間」的眾生，從「識」這個中心出發去觀察和解釋世界，極大地豐富了大乘佛教的理論。兩人寫出了大量的唯識論著，尤其世親更被尊為「千部疏主」，奠定了唯識學的基礎。世親的最後一部著作為《唯識三十論》，但只有頌文，來不及解釋他就圓寂了。圍繞他的這部論著，後輩學者們進行了不同的著述，有名的有親勝、火辯、德慧、安慧、難陀、淨月、護法、勝友、最勝子、智月。一時間大師輩出，興盛一時。

瑜伽行派的理論重心是「識」，他們否定客觀世界的存在。之所以得出這樣的結論，是他們認識到了認識的細微差別。譬如，同樣的氣溫，有人感覺很熱，有人感覺不熱，如果氣溫是客觀的，為何個體的感覺卻不盡一樣？再如，同樣一碗湯，有人覺得咸，有人則覺得甜，那麼這碗湯究竟是咸還是甜？同樣一個女人，有人覺得長相一般，但在情人眼裏則是「西施」，那麼這個人的摸

樣還是不是客觀的？

　　瑜伽行派將個體的「識」進行了詳細的區分，總的來說，分為「心王」與「心所」。「心王」包括「眼、耳、鼻、舌、身、意、末那、賴耶」等八識，稱「八識心王」。「心所」即「心所有法」，即伴隨著心王而興起的各種心理現象。譬如說，你進入服裝店買衣服，要眼睛先看到衣服的顏色和款式，這是眼識在起作用，然後因為你看到了這種顏色和款式而在內心升起喜歡或厭惡的情緒，這種情緒即心所，因為它為心王所有，是伴隨著心王而產生的。再如，你心裏想到某個人，這是意識心王在起作用，隨之產生的對這個人的感受則屬於心所有法。心所有法有很多種，這裡不能一一介紹，感興趣的可以參考《百法明門論》，裏面有哦詳細的介紹。

　　「八識心王」可簡單給予介紹。「八識」中的六識實際上部派佛教即已建立。瑜伽行派的貢獻主要是建立了最後兩識。瑜伽行派認為，如果只有六識，則在人休克期間，前六識均停止活動，而生命並未死亡，可見，除了六識之外，一定還有一個識在維持生命的延續，那就是「末那識」。這個識的特點就是恒常不斷地執著，是我法二執產生的原因。所以說，一切「無明」的顛倒認識，也都發源於此識，故也稱「染污識」。末那識也就是我們俗稱的「自我心」，在人休克期間，它緊緊地將構成人體基本要素的「地水火風」四大元素抓住，儘量不讓它們消散：「再等一會兒，在等一會兒，醫生就來了。」那麼末那識是不是最後一個識，不是。因為人在輪迴轉世後不記得上一世的任何事情，而末那識對於上一世的事情十分執著，所以輪迴轉世的主體應該不是末那識，而是另外還有一個識。另外，建立了末那識之後，問題接踵而來，前六識都有「根」，第七末那識肯定也有「根」，這個「根」就是第八「阿賴耶識」。第七識與第八識相互為根，就完成了八識得建立。

　　阿賴耶識又稱「本識」、「藏識」、「種子識」等。它是個體生命之基體，是個體生命輪迴的主體。眾生所作所為就像香草薰衣服那樣可以薰習出「種子」藏在阿賴耶識裏。個體死亡時，前七識都沒有了，但阿賴耶識仍然存在。眾生此生的命運也就是由前世和今世所薰習的「種子」決定。「種子」是一種比喻，實際上即「業力」，「業力」總要有「果報」，就像種子總會發芽一樣。種下善因就會有善報，種下惡因就會有惡報。有的種子不在今世報，而是報在來世，因為阿賴耶識並不會隨著個體肉體的死去而消失。這正是作為佛教基石的因果報應理論的理論依據。

每個「識」都有其內部結構。可分為「見分」、「相分」、「自證分」、「證自證分」四部分。瑜伽行派認為，阿賴耶識和種子都是實際存在的。而「種子」總要「發芽」，即「起現」。「種子」起現可分為「見分」與「相分」。「相分」即認識的對象，「見分」即認識能力。前世所薰習的種子顯現為宇宙萬物，眾人所見略同則是由於大家無始以來所薰習的「共業種子」所變現的。眾人所見不同則歸於前世所薰習的種子的不同。自己的見分若依自己的識所變的「相分「為緣」，即認識對象，那這個認識對象就叫「親所緣緣」。自己的見分若依他人的識為認識對象，則這個認識對象就被稱為「疏所緣緣」。

自己能夠覺察到「見分」與「相分」，即認識能力和認識對象，進而認識到這些均來自於自身的能力就是「自證分」。而能覺察到「自證分」的存在並對其進行反省的能力就是「證自證分」。熊十力先生曾經形象地將「相分」比作顧客，將「見分」比作「夥計」，將「自證分」比作老闆，將「證自證分」比作老闆娘。沒有「證自證分」，則識就會執著於所見的對象，永遠將之視為實有，個體也就永遠無法解脫。

瑜伽行派將阿賴耶識視為「實有」，所以被稱為「有宗」。基於這種世界觀，瑜伽行派按照修行的不同階段提出了獨特的「三性理論」，即「遍計所執性」、「依他起性」、「圓成實性」。「遍計所執性」是未聞正法之人對依眾緣而生的現象界的屬性的認識，即凡夫的我法二執。「圓成實性」是已經解脫、修成正果的人所認識到的世界的屬性。「依他起性」則是正在修行的人對世界的屬性的認識。開始薰習正法時，薰習一個清淨種子，就轉一分染性，也就成就一分「清淨依他性」；未被轉淨的就是「染分依他性」。故「遍計所執性」都是染污性，「圓成實性」則全是清淨性；而「依他起性」則是部分染污，部分清淨。隨著修行者的進度越來越高，清淨種子越來越多，也就離成佛越來越近，這大概就是《瑜伽師地論》所講的主要內容。

唯識學在印度的發展經歷了「無相唯識」與「有相唯識」兩個發展階段。前者也稱為「唯識古學」，後者稱為「唯識今學」。唯識論師中，親勝、火辯、難陀、安慧屬於唯識古學，而陳那、護法則屬於唯識今學。

古學與今學的區分最重要的是對「見相二分」的性質的認識有重大不同。古學認為見分和相分都是「遍計所執」，實際是「無」。無相是指徹底的空無不有，因為分別（遍計所執）是心識在認識中產生的錯誤概念，沒有與其相對應的實體，只是凡夫位的人將他們執著為有而已。而今學則認為「見相二分」屬

於「依他起」，故是「有」。唯識今學也否定離識之外境，但不是否定不離識的心所法、見相分、真如等識所顯現之境。

簡言之，兩者對「遍計所執」與「依他起」的認識都不一樣。古學認為相分實際上並不存在，凡夫的認識只是一種虛妄的看法，並沒有與之相對應的「相分」。可稱之為「一切即識性」。而今學則承認相分的存在，承認見相分。真如所顯現之境是存在的，但「境不離識」。

上述的眼識、耳識、鼻識、舌識、身識、意識、末那識、阿賴耶識等八個識被稱為「八識心王」，因為它們是起決定作用的識。除了上述八個識之外，還有一些從屬於它們的心理現象，被稱為「心所有法」。按照不同的特徵可以將之分為「心相應行法」與「心不相應行法」。「心相應行法」是指這些心理現象的出現和主體的意志相應；而「心不相應行法」是指這些心理現象的出現和主體的意志不相應。「心相應行法」又可分為遍行心所、別境心所、善位心所、煩惱位心所、隨煩惱位心所、不定位心所等六類，具體在分如下：

（一）遍行心所（5）：1. 觸、2. 作意、3. 受、4. 想、5. 思。

（二）別境心所（5）：1. 欲、2. 勝解、3. 念、4. 定、5. 慧。

（三）善位心所（11）：1. 信、2. 慚、3. 愧、4. 無貪數、5. 無嗔數、6. 無癡數、7. 勤數、8. 輕安、9. 不放逸、10. 舍數、11. 不害數。

（四）煩惱位（10）：1. 貪、2. 嗔、3. 癡、4. 慢、5. 疑、6. 薩迦耶見、7. 邊持見、8. 邪見、9. 見取、10. 戒禁取。

（五）隨煩惱位（20）：1. 忿、2. 恨、3. 復、4. 惱、5. 嫉、6. 慳、7. 誑、8. 諂、9. 害、10. 驕、11. 無慚、12. 無愧、13. 掉舉、14. 昏沉、15. 不信、16. 懈怠、17. 放逸、18. 失念數、19. 散亂、20. 不正知。

（六）不定位（4）：1. 悔、2. 眠、3. 尋、4. 伺。

而「心不相應行法」也可細分為二十四種：1. 得、2. 無想定、3. 滅盡定、4. 無想天、5. 命根、6. 眾同分、7. 生、8. 老、9. 住、10. 無常（病死）、11. 名身、12. 句身、13. 文身、14. 異生性、15. 流轉、16. 定異、17. 相應、18. 勢速、19. 次第、20. 時間、21. 方位、22. 數、23. 和合、24. 不和合。

所以唯識學堪稱佛教的心理學，它對於心理現象的分析是非常細緻和深刻的。

三、唯識學的特徵

唯識學強調的重心則在「因果律」。唯識學提出了「阿賴耶識」這一中心

概念，來說明因果，它讓人相信有因必有果，有果必有因，沒有因就沒有果，沒有果也就肯定沒有沒有因，人種善因必得善果，種惡因必得惡果。那麼為什麼有人一輩子行善卻遭惡報，有人一輩子做惡卻安逸終生呢？唯識給出的解釋是：人一輩子行善卻遭惡報，是因為其上世作惡太多，種下了太多的惡種，上世沒有報完，留到了今世，此屬隔世因果，而其今世所做的善事，所種的善因在今世報不完，必然在來世得報；有人一輩子做惡卻安逸終生，則屬於其上世作善事太多，種下了太多的善種，上世沒有報完，留到了今世，而其今世所做的惡事，所種的惡因在今世報不完，必然在來世得報，此亦屬於隔世因果。

唯識學認為是阿賴耶識就是上世與今世、今世與下世之間的聯繫。在唯識學看來，人之所以為人，主要不是在於人的形體。肉體只是「臭皮囊」，通常所謂的人老死亡，在唯識學看來，並不是人的徹底消失，消失的只是人的前七識，也就是說，人的眼識、耳識、鼻識、舌識、身識都消失了，所以人死後，眼看不見東西了，耳朵聽不到聲音了，鼻子聞不到味道了，舌頭不能辨別酸甜了，身體僵硬了、變冷了、腐化了，思維的功能都停止了，但是，它們的主體阿賴耶識並沒有消失，《成唯識論》說的很明白：

> 「阿賴耶識為斷為常？」「非斷非常，以恒轉故。恒謂此識無始時來，一類相續，常無間斷，是界、趣、生施設本故；性堅持故。令不失故。轉謂此識無始時來。念念生滅，前後變異。因滅果生。非常一故。可為轉識薰成種故。恒言遮斷。轉表非常。猶如暴流。因果法爾。如暴流水。非斷非常。相續長時。有所漂溺。此識亦爾。從無始來。生滅相續。非常非斷。漂溺有情。令不出離。又如暴流。雖風等擊起諸波浪。而流不斷。此識亦爾。雖遇眾緣。起眼識等。而恒相續……如是法喻。意顯此識無始因果。非斷常義。謂此識性無始時來。剎那剎那果生因滅。果生故非斷。因滅故非常。非斷非常。是緣起理。故說此識恒轉如流。」

在回答阿賴耶識的性質時，《成唯識論》認為阿賴耶識不是間斷的，也不是始終不變的。因為它是「恒轉」的。說「恒」是因為此識無量時間來，始終相續，永無間斷，是三界、六道、四生建立的根本，也是因為此識本性堅固，能夠保持種子使之不失。因為阿賴耶識可被前七轉識薰習而生成種子。故其除了「恒」的性質以外，還在不斷地「轉」。因為此識無量時間以來，每一瞬間

其內所含的業報種子都隨著前七識的薰習不斷產生，種子生生滅滅，前後瞬間都有變化不同，因滅了，果生起，並非始終同一。

故說阿賴耶識「恆」是要否定其有間斷，說它「轉」是要表明並非始終不變。從無量時間來，生生滅滅，永遠相續，非始終不變，而是長期連續不斷，能使有情眾生在生死之中不斷輪迴。

所以唯識宗與後來大興的禪宗在理論闡發的重點方面側重不同。禪宗重在如何引導信眾放棄對人與法的執著，在這方面有理論創新，但其對因果律著墨不多。它在遇到這樣的一個問題時會顯得理論上有點單薄：為什麼有人一輩子行善卻遭惡報，有人一輩子做惡卻安逸終生；既然佛說人人平等，那麼為什麼有人生來就榮華富貴，有人生來卻流浪街頭？而唯識學則將理論闡發的重點放在了「因果律」上，有了阿賴耶識這個輪迴的主體，佛教的因果報應之說才真正落到了實處，它巧妙的解說了人世上福德不相應的社會現象，對於處於封建社會水深火熱中廣大民眾，提供了一絲安慰與期待。

唯識宗的第二個特徵在於它的解脫論。與禪宗重在今世的解脫不同，唯識學的解脫論則側重於關注未來的成佛解脫。唯識學認為學習佛經，修習禪定，遵守佛教戒律，即依正理而進行「戒、定、慧」三行，是獲得般若聖智的不二法門。佛法雖稱有八萬四千法門，但其大綱是教、理、行、果四法，所謂「因教顯理，依理起行，由行克果」，就囊括了全部佛法，與教、理、行、果四法相應而言的，是佛教常說的信、解、行、證四法。信，就是信順教法；解，就是解悟義理；行，指依教理而起的修行；證，指修行所得的聖果。通過學習正法，薰習成無漏的清淨種子，藏於本識中，對治虛妄，經過無數劫（量的積累），到一定的時間阿賴耶識就可以由染轉淨，由迷轉悟，成就菩提佛果。

唯識學的修行是典型的漸修，清淨種子只能一點一點的薰習，距離佛果也會越來越近。在菩薩位，修行的位次大概可以分為五位：資糧位、加行位、通達位、修習位、究竟位。先說資糧位。資糧位就是從菩薩發願時起，直到生起加行位的順抉擇識以前，都屬於資糧位的範圍。「資糧」是比喻，比喻為成佛做前期的準備工作。菩薩在此資糧位中，對於所知障和煩惱障的粗品能夠對治，但對於其種子，卻不能除滅，因為它的止觀力太弱。

次說加行位。加功而行，故名加行，此位就可以伏除所知障與煩惱障種子，該位的修行方法又可分為暖、頂、忍、世四種，總稱為順抉擇分，因為順之可以趨向真見道出世間無漏智，因為與見道位更接近，所以也稱為加行道。

加行位菩薩雖然能取所取皆空，可是仍然沒有實證真如，只是變似如相而觀，故加行位菩薩猶未見道，此位的菩薩，稱為地前菩薩。

再說通達位。通達位也叫見道位，在此位中，才開始得到根本智，也叫無分別智，此智起時，即證真如，智與真如，都離開了能取相與所取相，因為它們都是分別，所得都是戲論。根本智起後，即依根本智，而起後得智，真正體認到一切法緣起性空的真理，再沒有迷謬。

再說修習位。修習位也叫修道位，從初地住心乃至十地結束，都屬於修道位攝，在此位中，無分別智對治本識中的二障種子，最終會達到「轉依」。

最後，究竟位。無分別智最終斷掉本識中的二障種子，故能轉捨依他起的遍計所執，及能轉得依他起中的圓成實性，由轉捨煩惱障，的大涅槃，轉捨所知障、證無上菩提。

通過次第的修習，轉八識成四智：成事智、妙觀智、平等智、圓境智，最終功德圓滿，證得無上菩提，成就佛果。

民國時期太虛大師曾經有過精闢的闡述：「若以建立學理而印持勝解以言之，應以唯識為最適……若從決定信願而直趣極果以言之，應以『真如宗』（即禪宗等）為最適」。就是說，不能籠統地說禪宗與唯識宗誰高誰低，因為兩者各有特點。筆者認為，佛曾於三時因人說法，因材施教，法門種種，目的都是解脫，特點不同，針對的是不同特點的信眾，因而都有其存在的價值，都有可開發的理論空間。

綜上所述，筆者認為，唯識學的兩個比較鮮明的特點：一、重視對佛教因果律闡發和說明；二，注重來世，強調通過「轉識成智」逐漸達到來世的解脫，為典型的漸修。

第二節　玄奘在藏族中的影響變遷〔註1〕

許多藏族的史書都提及了玄奘，如《紅史》、《漢藏史集》、《青史》、《雅隆尊者教法史》、《土觀宗派源流》、《如意寶樹史》、《漢區佛教源流》（此書的作者工布查布儘管是蒙古族，但他是一個深諳藏傳佛教的大譯師，並且這本著作還是用藏文成書的，故而也放在文章討論的範圍內）等。玄奘作為中國佛教史上最為著名的漢僧之一，在漢藏佛教交流的過程中，其事蹟也逐漸傳入藏

〔註 1〕 本節為河南大學朱麗霞教授撰寫。

傳佛教文化圈，並被藏族僧人所認可、所傳揚，成為漢藏佛教交流的見證。通觀這些記載，西藏佛教界對玄奘的瞭解存在一個逐漸演進的過程。其中，在元、明時期的藏文史籍中，所形成的認知基本來自同一史源，且較為初級；在清代以來形成的藏文史籍中，其認知則更為全面、具體。通過對這兩個時段相關記載的分析，不僅可以找出其漢文史料來源，發掘出圍繞玄奘所進行的漢藏佛教交流的文字橋樑，同時，還可以發掘出西藏佛教界對玄奘認知的內在演進脈絡。

最早出現玄奘的藏族史籍是《紅史》，《紅史》成書於 1363 年〔註2〕（實際上，重要的藏族史書絕大部分成書於元、明、清時期），書中對玄奘的記載如下：

> 在他（唐高祖—作者注）的三個兒子中的第二子唐太宗在位之時，有一名叫唐三藏的譯師將許多佛經從印度文澤成漢文，協助他翻譯的有一、二百譯師。唐三藏是印度的世友大師的門徒。唐朝時，有一名叫宋律師的僧人，持戒甚嚴。有一次，他從高山崖上跌入山澗，有一天神之子在空中將他接住，因而未受損傷。宋律師向天神之子問道：「你是何人？」答道：「我是多聞天王的次子，我兄弟十二人負責守護如來佛的十二部經典，我是守護戒律經藏者。」宋律師心生驕傲，又問道：「世界上像我這樣嚴格持戒者能找到多少？」天神之子答到：「像你一樣嚴守戒律的人，數目猶如恒河的沙粒。」又問：「密宗的經典是否真實？」答曰：「密宗經典真實，在金剛手菩薩的宮殿中，即安放有密宗經典，我的哥哥贊巴那波即守護密宗經典，即使是我也不能隨便進入此宮殿，若不信仰密宗，罪過甚大，即須懺悔。」又問：「班智達鳩摩羅室利是何許人？」答曰：「他是見道菩薩，此刻已轉生兜率天連花座，正聽彌勒佛說法。」又問：「唐三藏何許人也？」答曰：「他是加行道弟子，此刻在兜率天宮院外聽彌勒佛說法，未見其身。」

文中所提到的宋律師（zon-klu-sri），《雅隆尊者教法史》中寫作「zon-glu-sri」直接翻為宣律師，即道宣（596～667）。《紅史》對玄奘的記載有不實之處：

〔註2〕 這個時間雖然明確地出現在《紅史》的「作者介紹」中（由東嘎·洛桑赤列界定），但《紅史》中提到元順帝北逃，時間已經是 1368 年了，所以，《紅史》成書的時間應該適當地後推。

例如玄奘是世友的弟子、協助玄奘譯經的有一、二百人等，但玄奘是漢地重要的翻譯家則是漢藏兩地的共識。可以看出，這一時段的藏族僧人認為漢地僧人中最重要的就是鳩摩羅什、道宣與玄奘，因而才有關於三人的問答。

　　《漢藏史集》（約成書於 1434 年）裏的較為相似的記載則是：「有一名大持律師名叫索論師，他從高山懸崖上跌下，被一天神之子從空中接住，沒有跌傷。他問天神之子：你是誰？答曰：我是毗沙門天王的第二子，我們兄弟十二個，立誓守護十二分教，我守護律藏。你是索論師、唐玄奘、鳩摩羅什等人中的哪一個？」《漢藏史集》裏的對答顯示出在當時藏僧的心目中，道宣、唐玄奘、鳩摩羅什是漢地三個持戒最嚴的僧人，這與事實不符，一般認為，鳩摩羅什在戒行上並不圓滿。但顯而易見，這一階段的藏族史書對鳩摩羅什的評價要高於玄奘，前者為見道菩薩（mthong-lam-thob-pvi-byang-chub-sems-dpav），後者為加行道弟子（sbyor-lam-la-gnas-pa）。關於道宣由毗沙門天太子守護一事，《宋高僧傳》中就有記載，來源應該是道宣自己所撰的《道宣律師感通錄》。到了元代，《佛祖歷代通載》中道宣的傳記中也較為簡略地提到了此事（常感天童為之給侍）。

　　成書於 1478 年的《青史》，對玄奘的介紹只有寥寥數筆：「唐太宗在位時，出了個大譯師唐三藏（thang-zam-tshang），翻譯了大量的經論。在之前漢地出現過的譯師約二百人，唐為姓氏，三藏是說經律論三藏。」可見，《青史》只是進行了事實的陳述，並沒有加入作者的評價。

　　至於為何在這一階段的藏族史料中對鳩摩羅什的評價明顯高於玄奘，首先應該從史源學上予以分析。《紅史》、《雅隆尊者教法史》（約成書於 1376 年）、《漢藏史集》在以上的記載之後分別說：

> 以上所記，是贊巴拉多室利袞讀漢文古籍後在拉薩大昭寺所寫成文書。

> 此說出自漢文古籍，係瞻巴拉國師怙主所見，由精通漢藏語文之司徒·格瓦洛哲書於拉薩大昭寺。

> 這是贊跋拉多斯袞從漢文史籍中見到後在拉薩大昭寺記錄下來的。

　　因此，這三部史書在史源學上是同一的，都聲稱是來自於漢文史書，並被贊跋拉多斯袞（與贊巴拉多室利袞、瞻巴拉國師怙主為同一人）讀過之後，授意精通漢藏文的司徒·格瓦洛哲（si-tu-dge-bvi-blo-gros，《紅史》的作者），

寫成於拉薩大昭寺。贊巴拉多室利袞的藏文名字轉寫為 dzambh-la-sto-shri-mgon、vdzam-bha-la-sto-shri-mgon 或 dzambh-la-sti-shri-mgon，此人在《紅史》中並沒有特意的注解。可以看出，此人較為精通漢地文化，曾經在拉薩講出了漢地的歷史，成為《紅史》的重要史料來源。關於此人的其他資料，目前知之甚少，只知道在 1344 年，贊巴拉多室利袞曾作為元朝派出的金冊使者，前往西藏迎接布頓大師，所以，他肯定是在朝廷任職或者深受朝廷寵信。美國藏學家範德康（Leonard W. J. Van der Kuijp）認為「多室利袞（sto-shri-mgon）或即漢語『斷事官』（蒙古語稱『札魯忽赤』）的另一種藏語拼法。」但無論如何，此人並不是一個在藏族史或者藏族佛教史上著名的人物，他到底讀了什麼樣的漢文史籍也難以判定，《出三藏記集》、《續高僧傳》、《佛祖統紀》、《佛祖歷代通載》等漢族佛教史籍裏並無他提到的相關內容，唯一較為相關的漢籍就是《道宣律師感通錄》。藏文史籍中抬高鳩摩羅什，貶低玄奘的記載可能與道宣在《感通錄》裏對鳩摩羅什的評價有關。道宣在《感通錄》裏提到：

> 余問什法師一代所翻之經，至今若斯受持轉盛，何耶？答云：其人聰明善解大乘，以下諸人皆俊，又一代之寶也，絕後光前，仰之所不及，故其所譯以悟達為先，得佛遺寄之意也。又問：俗中常論，以淪陷戒撿為言。答：此不須相評，非悠悠者所議。羅什師今位階三賢，所在通化，然其譯經，刪補繁闕，隨機而作，故大論一部，十分略九，自餘經論，例此可知。自出經後，至誠讀誦，無有替廢，冥祥感降，歷代彌新。以此詮量，深會聖旨，又文殊指授令其刪定，特異恒倫，豈以別室見譏頓亡玄致，殊不足涉言耳。

道宣參加了玄奘的譯場，但從傳誦的角度來看，佛教界當時存在著這樣一個事實：玄奘所譯經典不如鳩摩羅什所譯經典流通性大。道宣大概對這個問題進行了一定時間的思索，最後通過神人之口，實際上給出了答案：即鳩摩羅什所譯經典以通達宗旨為先，故對繁雜、重複性的經文刪減的比較多（大論一部，十分略九），以這樣的方式翻譯的經文當熱便於誦讀。從這段史料的用詞及表述口吻來看看，道宣顯然很欣賞鳩摩羅什的翻譯風格。

相對於鳩摩羅什，玄奘的翻譯「力求尊重梵本，不厭繁複。」這對一般的讀誦者來說，不夠通俗易懂，因而玄奘作為一代譯經大師，其所譯經典在世俗流通層面反倒不及鳩摩羅什。道宣既然非常贊同鳩摩羅什的簡而精的譯風，那麼他對玄奘如竺法護式的「言準天竺」而導致的譯文繁複，則未必苟同。藏文

史書中關於二人的評價很可能是從道宣的言下之意中引申出來的。〔註3〕

　　此外，藏族佛教史中對有神通的僧人，無論是漢地僧人還是藏地僧人都比較尊崇，常常不吝筆墨加以鋪陳，鳩摩羅什在他們看來就是這一類僧人的代表。《紅史》、《漢藏史集》、《雅隆尊者教法史》對鳩摩羅什的記載都停留在他的神通方面，而這些神通在《晉書》、《佛祖歷代通載》中又都有記載，這些神跡很合乎藏族人的史觀特質，藏族人所記載的本民族的佛教史也幾乎總是和神異、傳說夾雜並行的，從藏族佛教徒的角度來看，他們「並不認為漢文史料中那些充滿誇張、怪誕的記載有什麼不妥，這個世界在宗教徒的眼中，本來就是一個人神共居、人佛共居的世界，人如何有離開神異、神跡而獨立發展的社會？」但漢地所有涉及玄奘的記載都沒有此類的內容，因此，對藏族僧人來說，玄奘自然不如鳩摩羅什修行圓滿。

　　還有一個原因就是在漢藏佛教交流過程中，由於語言等方面的障礙，藏族對漢地史籍中對玄奘的記載出現了誤讀或者錯誤的解讀，因為在《大唐大慈恩寺三藏法師傳》中提到玄奘「法師亡後，西明寺上座道宣律師，有感神之德，至乾封年中，見有神現。」道宣問「古來傳法之僧德位高下」，並且問及玄奘法師，「神答曰：『自古諸師，解行互有短長而不一準。且如奘師一人，九生已來備修福慧兩業，生生之中多聞博洽，聰慧辯才，於贍部洲脂那國常為第一。福德亦然。其所翻譯，文質相兼，無違梵本。由善業力，今見生睹史多天慈氏內眾，聞法悟解，更不來人間。既從彌勒問法悟解得聖』。」這裡面很明確地提到玄奘往生兜率天宮內院，藏族史籍中的表述與此截然不同，但提到出處也與道宣有關，讓人不得不懷疑這是一種誤傳。

　　元明時期藏文史書中對玄奘的這些記載，可以看出漢藏佛教文化交流之初的特質，即雙方雖然已經有了初步的瞭解，但這種瞭解很可能是基於民間傳

〔註3〕玄奘的翻譯風格自有其價值。呂澂在《中國佛教源流略講》中說：「印度佛家的面目，無論是小乘或大乘，龍樹、提婆，或無著、世親，歷來為翻譯講說所模糊了的，到慈恩宗才一一顯露真相。」而且呂澂在評價與玄奘譯風有一定相似性的竺法護的譯風時談到：「應該指出，竺法護的這種譯風，很有好處。因為印度文字本身就是繁複而嚴密，一加刪節，就把原來的結構打亂了。般若一類的思想是很闊大的，但思想總要通過具體的事例來說明，因此，『逐事而明之』，就是它結構上的一個特點。比方說，他們講般若為因，而其結果則為『一切智』。一切智，就是什麼都知道，非列舉諸事不可。過去的翻譯，把『一切智』所包含的具體內容刪掉了，因而使人很難理解般若是什麼。竺法護則忠於原本，把這些保留了下來。」

說或者部分性的錯讀、誤讀的基礎之上，因此顯得比較粗淺和非實質化。這是兩種體系不同的文化在互為瞭解、互為認知過程中的必經階段。

進入清代以後，漢藏佛教文化之間的交流歷史已經持續了較長時間，雙方對對方佛教史的發展脈絡掌握的比較清晰了。這一階段形成的藏文史書如《如意寶樹史》（成書於 1748 年）、《漢區佛教源流》（成書於 18 世紀末）、《土觀宗派源流》（成書於 1801 年）、等對玄奘事蹟描述的真實性則幾近漢文史書的記載了。而且《如意寶樹史》、《漢區佛教源流》裏對玄奘的介紹都有數千字之多，基本上較為全面地介紹了玄奘的事蹟。《土觀宗派源流》雖然對玄奘的介紹較為凝練，但這也是該書中用墨最多的一個漢族僧人了。

對於藏文史書中關於玄奘記載的漢地資料來源，只有《漢區佛教源流》做了介紹：「關於玄奘法師朝聖之少許內容，余由彼之《略傳》二卷及《廣傳》十卷中摘錄些許後，作為附錄已記載於此。」這裡所謂的《略傳》，即道宣撰寫的《續高僧傳》卷四之「京大慈恩寺釋玄奘傳」（分上下兩部分），《廣傳》就是慧立、彥悰編撰的十卷《大唐大慈恩寺三藏法師傳》。《漢區佛教源流的作者》貢布嘉（工布查布）是雍正、乾隆時期一位精通滿、蒙、藏、漢四種語言的蒙古族學者，他也是一位藏傳佛教的信仰者，受過近事戒，其師為當時在全蒙古都十分有名的班智達席力圖國師。貢布嘉在以《續高僧傳》和《大慈恩寺三藏法師傳》為資料來源，撰寫了《漢區佛教源流》中的玄奘事蹟之外，他還乾隆年間將《大唐西域記》從漢文翻譯成了藏文，這是蒙、藏、漢文化交流史上的又一座豐碑，充分體現了蒙藏兩個民族對玄奘及《大唐西域記》的熟知及認同。

在這幾部史書中，《漢區佛教源流》雖然指出了其漢文史料來源，其他兩部史書並未涉及漢文史料來源，但對比最早成書的《如意寶樹史》和《漢區佛教源流》，可以發現二者對玄奘的記載異曲同工，較為相似，可以肯定有共同的史源。所以，藏文史書對《續高僧傳》、《大慈恩寺三藏法師傳》中所記載的玄奘事蹟的瞭解應該不是在 18 世紀末期（即《漢區佛教源流》成書時），而是在 18 世紀前期（即《如意寶樹史》成書之前或同期）。同時，由於《如意寶樹史》和《漢區佛教源流》在史料節裁、選取上存在較大的相似性，所以，藏文史書的撰述者在涉及漢族佛教史記方面，不僅參考漢文典籍，也參照了藏族先賢的著作，可以說，藏文史料中關於玄奘的記載是漢藏史學成果糅合的產物。

　　尤為值得一提的是這三部史書（《土觀宗派源流》、《如意寶樹史》、《漢區佛教源流》）都提到玄奘西行是獲得唐太宗的批准的，這這種說法顯然與《續高僧傳》、《大唐大慈恩寺三藏法師傳》、《釋氏稽古略》、《佛祖歷代通載》的記載不符。在漢地的佛教史傳中，只有《佛祖統紀》提到「貞觀二年上表遊西竺，上允之，杖策西征。」所以，藏文史料所依據的漢地史書也是博彩眾家之長，在藏族史家看來，玄奘如此重要的人物，私自西去大概是他們不能接受的，所以在這一關節點上他們都採納了主體史料以外的說法，或者自己做了變通。

　　藏文史料中，玄奘都被稱為漢地「廣行宗」的創建者，與「廣行宗」對應的就是「深觀派」，這兩個宗派實際上指的是法相宗和天台宗。土觀活佛認為「漢地所宏佛教，有五派，律宗、密宗、廣行宗（法相宗）、深觀宗（法性宗）、心要宗（禪宗）。」不僅如此，藏文史料還給了玄奘「廣行宗」以很高的地位，認為天台和華嚴都是從「廣行宗」中分化出來的。《如意寶樹史》提到「廣行宗即慈恩宗，有觀、行修三次第和五次第教導，從慈恩宗發展出的一派是俱舍師，一派是天台宗。天台宗判教為五時（中士道、大乘教、終教、頓教、圓教）和八法門。從天台宗又發展出一派稱賢首宗，清涼國師判廣大道之次第為五。」這裡面的基礎史實雖然有誤，但是卻也體現出藏文史料對玄奘所開創的教派的看重，這也是對玄奘本人非常認同的一種必然結果。

　　但是，清代以來成書的藏文史書在提到玄奘西行之初的情況時，都有個明顯的特徵就是將《西遊記》的內容夾雜其中，如它們廣泛地取用了「唐僧」（thang-zing）而不是「玄奘」（ṣan-ḍ'ang）、「唐三藏」這樣的稱呼。《漢區佛教源流》裏甚至說玄奘「一路上宣揚此乃摩訶支那國之皇弟，親自至天竺取經。」另外，對照《續高僧傳》和《如意寶樹史》、《漢區佛教源流》，可以看出這兩部藏文史書相對於漢文史籍而言，對玄奘的描寫著力在印度的遊歷和參學方面，對於其在西域和漢地的行程及譯經，則描寫的較為簡略，這說明蒙藏僧人、學者都認為玄奘的西遊歷程真實地再現了佛教聖地——印度的真實狀況，通過對玄奘行程的再現，可以滿足他們對佛教聖地的瞭解。這一點在藏譯《西域記》的序言中就有明確地表述：

　　　　被千萬佛祖光顧的印度分五大地區，各個地區之間的關係，以及周遍大小共一百五十多個國家的風俗習慣、地理地貌等，參照唐代的舊史書，由三藏法師大乘天用漢文撰寫，本人將其分為十卷盡

力用藏文翻譯大意。

在這一段文字裏，作者指出自己翻譯的重點在與印度的風土人情以及佛教在印度發展的情況。參照玄奘的《大唐西域記》，這也是他本人作《西域記》的目的之一：

> 夫人有剛柔異性，言音不同，斯則係風土之氣，亦習俗之致也。若其山川物產之異，風俗性類之差，則人主之地，國史詳焉。馬主之俗，寶主之鄉，史誥備載，可略言矣。至於象主之國，前古未詳，或書地多暑濕，或載俗好仁慈，頗存方志，莫能詳舉。豈道有行藏之致，固世有推移之運矣。是知候律以歸化，飲澤而來賓，越重險而款玉門，貢方奇而拜絳闕者，蓋難得而言焉。由是之故，訪道遠遊，請益之隙，存記風土。

文中的「象主之國」指的就是印度。玄奘在貞觀十九年（645）返回長安時，佛教在一百餘年後方傳入西藏，《大唐西域記》中關於印度的詳盡記載，不僅對全世界研究、關注印度古代史者提供了一個清晰的圖景，也給西藏僧人提供了他們心目中佛國淨土的圖景。藏地史家很重視漢地的《旃檀佛教記》，是因為它可以提供給他們印度佛教史的確切紀年；他們重視《大唐西域記》，是因為它可以提供給他們佛教在傳入西藏前的在印度發展的盛況。

相應地，《土觀宗派源流》就致力於玄奘在印度的宗教生活的描述：

> 廣行宗，有名為唐僧法師者是漢丞相仲弓之裔。幼年出家，天生穎悟，辯才無礙，年十一即常誦持《維摩詰經》與《妙華蓮華經》。初通《對法》等藏，繼而博覽漢譯一切經藏。年二十九志欲遊學天竺，學習梵語，以善巧方便請於皇帝，蒙允准，賜予敕旨，遂歷諸國，達於西竺，遍遊五印度和 賓等諸國，凡有加持的神山道場，莫不巡禮。從祇陀山（1409）勝軍等論師學習大小乘教法甚多。主要是謁見那蘭陀寺法座戒賢，時賢年已百有六歲，為唯識派，其名又稱為調伏天，或疑其為勝軍弟子調伏軍。雖傳說唐三藏法師曾參禮覺阿的上師祇陀勝軍，勝軍與調伏軍之間還有多師，時代不同，待考。他曾於一年零三個月間從其學《慈氏五部論》，後又於九月學《因明》與《俱舍》。此後三年之間，聞法甚多。曾和一外道論敵辯論而擊敗了他，依大乘門造破惡見論六千六百頌，一切學者皆生起崇敬。又班智達獅子光曾造論破唯識標，法師造《會宗論》三

千頌，呈進於戒賢論師，賢大悅，因此善巧之名遠播諸方。西竺之
人皆呼其名為摩訶衍那提婆即大乘天之意。印度論師且有反而向他
請學的。

這樣的記載內容也符合《土觀宗派源流》對各派思想及其師承傳法體系
較為重視的特質，因而這些史書對玄奘的記載也可以互相補充，使流傳在藏文
史書中的玄奘的形象更為豐滿。

最後，藏文史書提到玄奘的部分，都對他給予了高度的評價，其中，以
《漢區佛教源流》最為典型：

> 由於法師完全具備了堅強之決心和真誠之誓願，包含往返路途
> 3 年在內，於 17 年之漫長歲月裏，歷經艱辛，翻山越嶺，但卻未曾
> 有過任何勞累難忍之感。據說先後至印度學經之法師雖很多，但於
> 天竺不僅享有論師之盛名，而且成為天竺諸王之應供者，唯獨此法
> 師也。

《土觀宗派源流》也認為到印度取經的漢僧雖然很多，但擁有「論師」稱
號和得到諸王供養的只有玄奘。所以，清代成書的藏文史書對玄奘事蹟的重
視，不僅是因為玄奘遊歷的細節滿足了他們的聖地情節，也出於他們對玄奘堅
忍不拔的取經精神的敬佩，對玄奘佛學造詣的敬佩，玄奘不僅是漢地僧人心目
中的一位偉大僧人，也是藏蒙兩個民族佛教界「仰之彌高」的人物。

第三節　《西遊記》在印度的翻譯 〔註4〕

玄奘法師的《大唐西域記》，是世界探險史的名著，玄奘西遊的故事，就
是從這本書所記錄的資料演繹而來的。譬如《西遊記》裏的車遲國，就是大唐
西域記裏的車師國，今新疆吐魯番；《西遊記》裏的烏雞國就是《大唐西域記》
裏的烏耆國，即今新疆焉耆。《西遊記》話本在宋代就已經產生，元代有所發
展，明代最終形成定本。長期豐富了我國人民的精神生活。《西遊記》對海外
也產生了巨大影響。

20 世紀末到 21 世紀初，中印翻譯家合作，將吳承恩的《西遊記》譯成了
印地語。人們曾這樣評價這一文化工程：

「歷時最久、費力最多、最具有代表性的，當屬吳承恩的《西遊記》印地

文版的翻譯、校對與出版。眾所周知，《西遊記》是中國四大古典名著之一，也是享譽全球的世界名著。1831 年就有了日文譯本，後有又有了英、法、德、美、波、俄等國的譯本。由於小說運用神話語言，描述玄奘師徒到西天印度取經的故事，所以很久以來，印度人一直對《西遊記》懷有特殊的感情。不少有識之士，總想將其譯成印度民族文字。但是，要翻譯一部 100 回的中國古典名著，從語言功底、文化素養和時間、精力上講，都不是一件易事。《西遊記》的翻譯工作從 20 世紀 80 年代末就由外文局開始組織啟動，直到 2009 年才由外文出版社正式出版，可見其漫長譯路之艱辛。是一批老專家經過 20 年奮鬥，克服種種意想不到的困難，才將這部近 2000 頁的文學巨著，成功翻譯出版。《西遊記》印地文版的出版，是中印文學交流史上一件大事，引起了有關專家和讀者的高度評價。2009 年 12 月 11 日《世界新聞報》用一個整版，報導《西遊記》印地文版問世。報導說：「《西遊記》是寫唐僧取經的，與佛教有直接關係。《西遊記》中含有印度成分，許多故事取自印度，富有創造力的中國人博取他人之長，化外為中，創造出這部中華文化的赫赫巨著。」這部名著印地文版的面世，是中印文化交流、中印專家合作的典範。有學者向記者趙全敏表示：「從事印地語文字工作一輩子，能最終讓這樣一部具有特殊意義的著作問世，這已是最大的滿足。」此書的翻譯出版有三點值得記取：

其一，是中印專家長期通力合作的成果。印地語翻譯者為兩位印度專家泰古爾（Manamohana Thākaura）和波拉普（Jānkī Bllabha）。這二位專家的印地語和英語均極好，先由他們根據《西遊記》英文版譯成印地語，然後由中國的精通印地語和《西遊記》的學者，對印地語譯文進行逐行逐句的校核和審定。前後參加這項工作的人數眾多，作為「終審」有金鼎漢、陳宗榮、林福集、陳學斌，錢王駟、陳士樾和劉明珍，作為「書稿核校」的有陳學斌、趙玉華、楊漪峰和唐遠貴，作為「責任編輯」的是劉明珍，作為「出書執行」的是陳士樾，作為「策劃」的有林福集、陳力行、王樹英、陳學斌、劉明珍和陳士樾，作為「聯絡操辦」的是陳力行。以上學者大都是五六十年代培養的印地語人才，不少已經七八十歲高齡。沒有這麼多人通力參與，沒有中印專家合作，要想把這部名著譯成印地語是不可能的。

其二，這是社會各部門互相配合的成果。一部譯作的質量，需要靠專家的合作，而它的出版，還要靠社會各部門，如錄入、設計、印刷等部門的協作配合，才能如期出版發行。由於印地語在中國是一個稀有語種，如此一部鴻篇巨

製的電腦輸入、排版、校對，要保證其準確無誤，確實不易。出版經費的籌集，又是一大難題。據「聯絡操辦」者陳力行說，最後因有眾多單位和人士的鼎力相助，才促成其事。

其三，這是一個品位高尚的印地文譯本。中印合作者的學力、身份及作風，保證了這個譯本在信、達、雅及順（古）四個方面的高標準。著名印度文學專家季羨林在 2007 年 5 月 11 日為《西遊記》印地語版寫的《序言》中說：「外文局經過多年努力，將該書譯成印地文，呈現在諸位面前，這是件大好事，值得祝賀！」他又說：「印地文版的《西遊記》問世，有利於中印兩國人民彼此瞭解和文化交流，有助於中印友誼不斷和諧地發展。」翻開此書首卷扉頁，赫然印著六行印地語：「謹將此書獻給從事、關心中印友好的人士暨賀中印建交六十週年！」此書封面及首卷卷首配有若干清代的插圖，給人古色古香的美感。綜上所述，《西遊記》印地語版的翻譯出版，是世界文學名著翻譯史上的一件大事，是中印文化交流史上的一個重要里程碑。她不但是獻給中印建交六十週年的一份厚禮，而且是贈與中印人民世代友好事業的一份巨獻。我們受外文出版社和陳力行、陳士樾兩位資深翻譯家的委託，通過印度文化關係委員會（ICCR）主席凱倫‧辛格博士，向印度著名人士及部分高校圖書館贈送了此書，受到印度朋友的熱烈歡迎。陳力行為此書的出版發行，貢獻殊大。2011年 12 月，在中國國際電臺七十週年臺慶上，他榮獲「特別貢獻獎」。我們希望，印地語版《西遊記》的出版發行，能為中國文學走向世界，為中國文學名著有更多世界各民族語言譯本的問世，造福世界人民，提供富有借鑒和激勵意義的經驗。」

由於玄奘的故事不老的魅力，各種各樣新的影視作品，網絡作品，還將層出不窮地湧現在人們的面前。玄奘的傑出貢獻，是對全人類的貢獻，這是毫無疑義的，但是玄奘的貢獻首先是對中國和印度的貢獻，這一點更是毫無疑義的。

第四節　玄奘法師是唐代古文運動的先驅者〔註5〕

發生在唐代的古文運動是中國文化史上的一件大事，各種中國文學史、中國文化史、中國古代史、唐朝斷代史等書籍都不得不提到它。這類著作以及研

〔註 5〕本節由洛陽師範學院郭紹林教授撰寫。

究唐代古文運動的論文、專著都認為：駢文講究聲律、對仗、典故、辭藻，盛行於魏晉南北朝時期，唐初依然占統治地位，朝廷公文，公私著述，都採用駢體。古文指散體文言文，因為周秦兩漢通用，與駢體文相對而言，稱為古文。古文運動是唐代韓愈領導的以宣傳儒家思想為目的，以無拘束的散行單句文體代替形式僵化、柔靡浮豔、影響表達思想的駢體文的文學革新運動。初唐武則天時期，陳子昂呼籲改革文體，自己帶頭用簡潔明白的文字從事寫作。盛唐以來，蕭穎士、李華、元結、獨孤及、梁肅等人從事改革實踐。到中唐時期，韓愈則在更大規模上加以探索，創作三百多篇散文，推動了文學改革。由於他的創造性實踐，加上聚徒講學，總結推廣，古文運動獲得全面成功。同時期的柳宗元是僅次於韓愈的古文作家，創作散文四百多篇。他們二人被列為唐宋八大家之首。古文一時間取代了駢文在文壇上的統治地位，對後世產生了深遠的影響。這些說法見於游國恩、蕭滌非等編纂的《中國文學史》第二冊第八章（北京：人民文學出版社，1981 年）；章培恒、駱玉明主編的《中國文學史》第四編第四章（上海：復旦大學出版社，1997 年）；聶石樵撰寫的《唐代文學史》第五章（北京師範大學出版社，2002 年）；劉衍撰寫的《中國古代散文史》第五篇（北京：高等教育出版社，2004 年）；劉大杰撰寫的《中國文學發展史》第十二章（上海：復旦大學出版社，2006 年）。持相同說法的書籍很多，這裡不再縷舉。

所以產生這樣的結論，是基於古文運動的旗手韓愈的夫子自道。韓愈從事和領導古文運動，以一系列文章宣傳自己的主張，其中《答李翊書》是一篇重要的綱領性文件。這篇文章作於貞元十七年（801）六月二十六日，這時他在河南洛陽，七月二十二日，他曾去溫洛捕魚，投宿在洛北惠林寺，並在寺中題名。這篇文章總結自己的學習、寫作經歷和追求目標，其中說道：「愈……學之二十餘年矣。始者非三代（夏商周）、兩漢之書不敢觀（著眼於『文』，欣賞這一歷史階段的散體文），非聖人之志不敢存（著眼於『道』，表明文以明道，重視儒家思想），處若忘，行若遺，儼乎其若思，茫乎其若迷（這四句說明自己的專注癡迷狀態）。當其取於心而注於手也，惟陳言之務去（追求推陳出新），戞戞乎其難哉！其觀於人，不知其非笑之為非笑也。如是者亦有年，猶不改，然後識古書之正偽（辨別真假），與雖正而不至焉者（評估得失），昭昭然白黑分矣。而務去之，乃徐有得也。當其取於心而注於手也，汩汩然來矣。其觀於人也，笑之則以為喜，譽之則以為憂，以其猶有人之說者存也。如是者

亦有年，然後浩乎其沛然矣。吾又懼其雜也，迎而距之，平心而察之，其皆醇也，然後肆焉（這五句從道與文兩方面說，既要求內容的醇正，又要求文字的精當）。雖然，不可以不養也。行之乎仁義之途，遊之乎《詩》《書》之源，無迷其途，無絕其源，終吾身而已矣。氣（文章的氣勢），水也；言，浮物也。水大而物之浮者大小畢浮。氣之與言猶是也，氣盛則言之短長與聲之高下皆宜。」〔註6〕郭紹虞先生指出韓愈這篇文章闡述了四個問題：「第一，學古文以立行為本，立言為表。……要獲得文學上的成就，必須從道德修養入手。第二，學文的途徑，要道文合一，要善於學習前人的作品，而寫作要有創造性，不論是內容和詞句，都要務去陳言。第三，學文要有堅定的信心，不以時人的毀譽為轉移。深造自得，逐步演進，有一個長期曲折的過程，不能希望速成。第四，寫古文要以氣為先。作者把氣與言的關係比作水與浮物的關係。氣是駕馭言的，……這主要在闡明古文的特徵，它不同於被對偶形式所拘束，矯揉造作，不合自然語氣的駢體，而是言有短長，聲有高下，比較接近口語。」〔註7〕在《爭臣論》《答陳生書》《答李秀才書》《題歐陽生哀辭後》《重答張籍書》等文章中，韓愈多次講到「文以明道」，強調恢復、捍衛、弘揚儒家思想，才是古文運動的目的和基石。

這樣便出現一個問題。柳宗元是地位僅次於韓愈的古文大家，他卻信奉一般認為與儒學處於對立面的佛教，是一位佛教天台宗的虔誠信徒。他運用古文寫了許多贈僧人的序，極力宣傳、捍衛佛教。對於柳宗元的崇奉佛教，韓愈從儒家衛道士的立場出發，多次批評。韓愈從洛陽託人帶信給身處湖南的柳宗元，責怪他信佛，他寫了《送僧浩初序》予以反擊，說：「儒者韓退之與余善，嘗病余嗜浮圖言，訾余與浮圖遊。今隴西李生楚自東都來，退之又寓書罪余。」柳宗元接著講了自己信奉佛教的原因，並把這篇序文「因北人寓退之，視何如也」。〔註8〕柳宗元運用古文宣揚佛教，怎麼也要列入古文運動的範疇內？再來看上面提到的韓愈的前輩人物。蕭穎士「儒釋道三教，無不該通」〔註9〕，李華也是如此。梁肅是天台宗信徒，寫了很多關於佛教的文章，對佛教的理解和研究，達到了登堂入室的地步，超過了很多僧人。北宋僧人贊

〔註6〕〔清〕董誥、徐松等：《全唐文》卷五百五十二，上海古籍出版社，1990年，第2475頁。
〔註7〕郭紹虞主編：《中國歷代文論選》第二冊，上海古籍出版社，1979年，第118頁。
〔註8〕〔唐〕《柳宗元集》卷二十五，北京：中華書局，1979年，第673～674頁。
〔註9〕〔北宋〕錢易：《南部新書》卷庚，北京：中華書局，2002年，第113頁。

寧感歎道：我們僧人往往有不懂得天台宗大師湛然的理論的，而梁肅卻「洞入門室，見宗廟之富」；「《詩》云：『維鵲有巢，維鳩居之。』梁公深入佛之理窟之謂歟！」〔註10〕他們怎麼都被列入韓愈古文運動的先行人物中？跳出這個邏輯的怪圈，只能把文體和思想分開，古文運動只是文體的改革，凡是用散體文言文從事寫作的，都應該算作古文運動。至於韓愈用古文宣揚儒學，那是文以載道，別人宣揚佛學或另外的學說，也只是將古文當作工具來表達思想，無論誰都沒有放棄文體的改革。

　　這樣就又出現一個問題：人們是先學會了寫作駢文，然後才艱難地改變為寫作古文，還是先學會了寫作古文，然後又學會寫作駢文，再改變為寫作古文？這要看駢文和古文的難易程度，或者說，哪一種文體是原生形態的表達方式，哪一種是刻意修飾打磨後的表達方式。人們做事遵循著由易到難、由原生形態到修飾形態的規律，從事寫作，當然要從簡單的練習開始，積累知識，磨練技巧，逐漸趨於繁密複雜。因此，作為原生形態表達方式的古文，原本就在社會生活中存在，筆者這裡把它稱為自在狀態的古文。那麼，古文運動實際上也就是文體回歸自然的活動。問題是在被看作古文運動的先驅者陳子昂（659～700）之前，還能不能找到更早的古文作家？

　　回答是肯定的！他就是唐初僧人玄奘。玄奘於貞觀十九年（645）正月由西域返回祖國，從長安來洛陽宮拜見唐太宗。唐太宗和玄奘交談的主要內容是玄奘這趟西遊的經歷，唐太宗認為玄奘的遊歷超過了西漢博望侯張騫通西域的鑿空之舉，所見所聞又是自司馬遷、班固以來史書所不曾詳細記載過的，因而當即指示他寫出來。次年，一部十二卷的地理學名著《大唐西域記》在長安完成，並上呈唐太宗。這部書實際上不過是重複、深化了玄奘這次在洛陽的敘述，不過一是口頭表達，一是由弟子辯機利用玄奘西遊期間的筆記整理而成的書面表達。該書除了書前的序和書後簡短的跋使用的是駢體文，全書正文記載西域各個國家和地區的情況，偶有駢儷色彩，基本上都是古文。如該書卷一記載地處今新疆焉耆地區的民族政權阿耆尼國，這樣說：

　　　　阿耆尼國，東西六百餘里，南北四百餘里。國大都城周六七里。
　　四面據山，道險易守。泉流交帶，引水為田。土宜穈、黍、宿麥、香
　　棗、蒲萄、梨、柰諸果。氣序和暢，風俗質直。文字取則印度，微有

〔註10〕〔北宋〕贊寧：《宋高僧傳》卷六《唐台州國清寺湛然傳》，北京：中華書局，1987年，第118頁。

增損。服飾氈褐，斷髮無巾。貨用金錢、銀錢、小銅錢。王其國人也，勇而寡略，好自稱伐。國無綱紀，法不整肅。伽藍十餘所，僧徒二千餘人，習學小乘教說一切有部。經教律儀，既遵印度，諸習學者，即其文而玩之。戒行律儀，潔清勤勵。然食雜三淨，滯於漸教矣。〔註11〕

這節文字中對偶句子只有「氣序和暢，風俗質直」和「國無綱紀，法不整肅」兩例，但平仄不合，對仗不工整；其餘全是單行散句。

玄奘翻譯佛教典籍，主要在關中地區。顯慶二年（657）二月，唐高宗巡幸洛陽，他奉詔陪同前來，為時一年多，被安置在積翠宮、明德宮翻譯《觀所緣緣論》《阿毗達磨大毗婆沙論》等典籍。《阿毗達磨大毗婆沙論》共二百卷，此前他已譯出前面的七十餘卷，剩餘部分便是這次來洛陽翻譯的。他翻譯佛經，一直使用古文，這裡以在洛陽譯出的《阿毗達磨大毗婆沙論》卷一百九十七最後一小段文字為例，以見一斑：

頗有一界一處一蘊攝一切法耶？答有。一界謂法界，一處謂意處，一蘊謂色蘊，如是則攝一切法盡。所以者何？一切法不出五事，謂色、心、心所法、不相應行、無為。色蘊攝色，意處攝心，法處攝余，是故攝一切法。復次，一切法不出十八界，於中色蘊攝十色界，意處攝七心界，法界攝法界，故攝一切法。復次，一切法皆入蘊、界、處中，此三展轉相攝，謂色蘊攝十色界十色處法界法處少分，意處攝七心界識蘊，法界攝法處受想行蘊色蘊少分，是故此三攝一切法。〔註12〕

玄奘這段譯文中所說的「色」，指由地、水、火、風等四大和合而成的物質現象；「心」指由受（感受）、想（理性活動）、行（心理活動）、識（意識）等精神因素和合而成的精神現象；「心所法」指心的隨屬現象或作用；「不相應行」指非物質非精神的東西；「無為」指不生不滅、不待造作的實體，所謂作為宇宙本體的真如佛性；「十八界」，眼、耳、鼻、舌、身、意等六根（器官）為內六處，與這些感覺認知器官相應搭配的色、聲、香、味、觸、法等六種外境為外六處（六塵、六境），六根感知六境相應產生的眼識、耳識、鼻識、舌識、身識、意識等六種神秘的精神實體為六識，六根、六境、六識合稱十八界。

〔註11〕〔唐〕玄奘：《大唐西域記》卷一，上海人民出版社，1977年，第2頁。
〔註12〕《中華大藏經》第46冊，北京：中華書局，1991年，第724頁。

這些詞彙、術語,要組織成平仄相間相對、句式整齊對仗的駢四儷六文體,幾乎不可能,所以只能用參差不齊的散句來表達。

玄奘用古文譯出佛教經論,一共七十六部一千三百四十七卷,比竺法護、鳩摩羅什、真諦、義淨、不空幾位佛教譯師所譯的總數一千二百二十二卷多出百餘卷,更是韓愈古文作品字數的數十倍,也是柳宗元古文作品字數的數十倍。可見這類自在狀態的古文,在陳子昂尚未出生的時期,已經被玄奘熟練運用。玄奘才是唐代古文運動的先驅者,只不過他不以文學知名於世,沒有撰寫專門文章來闡述自己的文學主張罷了。

第五節　玄奘《大唐西域記》對唐代中原文化的影響 〔註13〕

唐初洛州緱氏(今河南偃師市緱氏鎮)僧人玄奘西行取經問學,於貞觀十九年(645)正月七日回到長安(今陝西西安市),二月初一在洛陽宮(今河南洛陽市)儀鸞殿受到唐太宗的接見。太宗和他談起這趟旅行,得知其經歷超過了西漢博望侯張騫通西域的鑿空之舉,所見所聞是自司馬遷、班固以來,史書所不曾詳細記載過的,就對他說:「佛國遐遠,靈跡法教,前史不能委詳。師既親睹,宜修一傳,以示未聞。」〔註14〕第二年,玄奘在長安撰成《大唐西域記》一書,上呈太宗。這部書實際上不過是重複、深化了玄奘這次在洛陽的敘述,不過一是口頭表達,一是書面表達。該書記載了包括我國新疆在內的一百三十八個國家和地區的情況,其中親歷一百一十個,傳聞二十八個,使得當時中亞和印巴次大陸各國的風土人情、物產風俗、宗教學術、語言文化等情況不至於湮沒無聞,至今已有多種外文譯本,受到各國研究者的重視。西域文化和華夏文化一經接觸,難免產生影響。那麼,《大唐西域記》對唐代中原文化有什麼影響?

先來探討一下新疆于闐毗沙門天王變成中國戰神的問題。

按照佛教的宇宙結構說,世界的中心是須彌山,須彌山四周有七重香海、七重金山。第七重金山外有鐵圍山所圍繞的鹹海,鹹海中有東南西北四大洲,各由一位天王管轄護理。中國所在地為南贍部洲,其天王是增長天王;北拘盧

〔註13〕本節由洛陽師範學院郭紹林教授撰寫。
〔註14〕〔唐〕慧立、彥悰:《大慈恩寺三藏法師傳》卷六,《釋迦方志》合刊本,中華書局,2000年,第129頁。

洲的天王是多聞天王，音譯作毗沙門。

　　唐玄宗開元年間（713～741），善無畏、金剛智、不空等三位印度僧人來華，創建密宗，以密宗的行為方式影響中國的社會生活。不空譯出《北方毗沙門天隨軍護法真言》《北方毗沙門天隨軍護法儀軌》，以及《仁王護國般若波羅蜜多經》等多種典籍。不空被玄宗邀請介入唐朝的涉外戰爭，不再像武則天時期的僧人法藏那樣設置十一面觀音道場，勞駕大慈大悲的觀音菩薩率領天兵天將參戰，而是請出全副武裝、以鎮妖降魔為己任的毗沙門天王。

　　李筌曾隱居河南嵩山少室山讀書，安史之亂前撰成《神機制敵太白陰經》一書，乾元二年（759）上呈唐肅宗，自稱：「臣筌少室書生，才非武職，敢越樽俎，輒述兵書，……凡一百篇，勒成十卷。」〔註15〕關於毗沙門天王如何介入唐朝的戰爭，李筌這部兵書記載了兩種說法。一種說法是：吐蕃（今西藏）等國連兵侵犯唐朝的西域城市于闐（今新疆和田），他們夜間看見毗沙門天王在于闐顯聖，「金人披髮持戟行於城上」。於是，「吐蕃眾數千萬悉患瘡疾，莫能勝」。毗沙門天王「又化黑鼠，咬弓弦無不斷絕，吐蕃扶病而遁」。〔註16〕另一種說法是：吐蕃攻打安西都護府（治所在今新疆庫車縣），玄宗收到求救的奏表後，認為安西離長安一萬二千里，救兵八個月才能到達，來不及解救。有人建議請不空在長安設壇做法，請出毗沙門天王解救。不空請玄宗手執香爐，自己口誦真言。玄宗忽然看見面前出現一位甲士，不空說：「〔毗沙門〕天王差二子獨領健兵救安西，來辭陛下。」後來安西報告說：「城東北三十里雲霧中見兵人，各長一丈，約五六里。至酉時鳴鼓角，震三百里。停二日，康居（代指康國，今烏茲別克斯坦撒馬爾罕地區）等五國抽兵，彼營中有金鼠咬弓弦、弩、器械並損。須臾，北樓天王現身。」玄宗於是詔令各地建置天王廟，塑造「身披金甲，右手持戟，左手擎塔」的形象；軍隊製作天王形象的神旗，出軍時以《祭毗沙門天王文》加以祭祀。祭文說到毗沙門天王及其部眾的具體形象，以及國家所以奉祀的原因，說：「將軍某謹稽首，以明香、淨水、楊枝、油燈、乳粥、酥蜜、粽餌，供養北方大聖毗沙天王之神。伏惟作鎮北方，護念萬物，眾生悖逆，肆以誅夷。……寶塔在手，金甲被身。……五部神鬼，八方妖精，殊形異狀，襟帶羽毛，或三面而六手，或一面而四目，瞋顏如藍，礫

〔註15〕〔唐〕李筌：《神機制敵太白陰經》卷首《進太白陰經表》，《叢書集成初編》
　　　　第 943 冊，中華書局，1985 年，第 1 頁。
〔註16〕《神機制敵太白陰經》卷七，《叢書集成初編》第 944 冊，第 162 頁。

發似火，牙崒崒而出口，爪鉤兜而露骨，視雷電，喘雲雨，吸風飆，噴霜雹。其叱吒也，豁大海，拔須彌，摧風輪，粉鐵圍，並隨指呼，咸賴驅策。國家欽若釋教，護法降魔，……天王宜發大悲之心，軫護念之力，殲彼兇惡，助我甲兵。」〔註17〕

　　唐代有了這個說法，北宋僧人贊寧撰寫《宋高僧傳·不空傳》時，便以之為依據，又進行了一點加工。這篇傳記說，天寶年間（742～756），西蕃、大石（石國，今烏茲別克斯坦塔什干地區）、康國三國連兵攻打西涼府（今甘肅敦煌地區）。不空奉玄宗命，來皇宮中設道場做法。他手持香爐，誦《仁王密語》十四遍，玄宗即看見神兵五百員出現於殿庭。不空說：「毗沙門天王子領兵救安西，請急設食發遣。」陰曆四月二十日，朝廷收到當地的奏狀，說：「二月十一日，城東北三十許里，雲霧間見神兵長偉，鼓角諠鳴，山地崩震，蕃部驚潰。彼營壘中有鼠金色，咋弓弩弦皆絕。城北門樓有光明天王怒視，蕃帥大奔。」玄宗酬謝不空，「因敕諸道城樓置天王像，此其始也」。〔註18〕

　　自從玄宗時毗沙門天王成了中國的戰神，後來的信仰便愈演愈烈。唐後期，柳澈作《保唐寺毗沙門天王燈幢贊並序》，說毗沙門天王「掌塔瞪注，持矛傑立」；「肇興于闐，……爰祚我唐」。〔註19〕盧弘止《興唐寺毗沙門天王記》說毗沙門天王「右扼吳鉤（兵器），左持寶塔」，「在開元（713～741）則玄宗圖像於旌章，在元和（806～820）則憲皇交神於夢寐。佑人濟難，皆有陰功。自時厥後，雖百夫之長，必資以指揮，十室之邑，亦嚴其廟宇」。〔註20〕唐末王審知在福州（今福建福州市）任威武軍節度使，在泉州（今福建泉州市）開元寺的靈山上建造天王寺，供奉毗沙門天王。其從事黃滔作《靈山塑北方毗沙門天王碑》記其事，甚至對毗沙門的身世、職責作了確切的說明。碑文說：「夫毗沙門，梵音，唐言多聞也。始自于闐剎利（古代印度瓦爾那制度規定社會分為四種等級，第二等剎帝利是軍事行政貴族）之英奇，膺世尊（釋迦牟尼）帝釋（帝釋天）之錫（賜）號，居須彌山北，住水晶宮殿，領藥叉眾為帝釋外臣，

〔註17〕《神機制敵太白陰經》卷七，第162～163、170～171頁。「餌」字從《文淵閣四庫全書》本。《叢書集成初編》影印《守山閣叢書》本、《墨海金壺》本，皆作左半部為「米」右半部為「奧」，疑為「糕」的異體字。

〔註18〕〔北宋〕贊寧：《宋高僧傳》卷一《不空傳》，中華書局，1987年，第12頁。

〔註19〕〔清〕董誥、徐松等：《全唐文》卷七百一十七，上海古籍出版社，1990年，第3265頁。

〔註20〕《全唐文》卷七百三十，第3337頁。

以護南贍部洲。……受命帝釋，封邑須彌。……于闐分身，皇唐衛國，若加善禱，咸蒙聖力。」〔註21〕

這些說法花裏胡哨，越說越具體、越形象、越玄乎，追根溯源，係將《大唐西域記》的兩則說法糅合、演繹而成。一則說法是，于闐國王自稱是毗沙門天王的後裔。于闐國又叫瞿薩旦那國，後者的含義是「地乳所育」。「昔者此國虛曠無人，毗沙門天於此棲止。」開國國君年老無子，擔心沒人繼承國家政權，「乃往毗沙門天神所祈禱請嗣，神像額上剖出嬰孩，捧以回駕，國人稱慶」。但這個嬰兒不吃人奶，國王怕他不能成活，就又來到毗沙門天神祠前，祈求毗沙門天王養育。「神前之地忽然隆起，其狀如乳，神童飲吮，遂至成立。智勇光前，風教遐被，遂營神祠，宗先祖也。自茲已降，奕世相承，傳國君臨，不失其緒。地乳所育，因為國號」。另一則說法是，于闐王城西邊一百五六十里處，在大沙漠的通道中，有很多土丘，「並鼠壤墳也」，即老鼠打洞掏出的土壤堆積成的土堆。當地民眾說：「此沙磧中，鼠大如蝟，其毛則金銀異色，為其群之首長，每出穴遊止，則群鼠為從」。當初匈奴數十萬眾前來寇掠，在鼠墳附近安營紮寨。瞿薩旦那王只有數萬兵力，寡不敵眾，「素知磧中鼠奇，而未神也」，遂懷著僥倖心理，「苟復設祭，焚香請鼠，冀其有靈，少加軍力」。當天夜裏，瞿薩旦那王夢見大鼠對自己說：「敬欲相助！願早治兵，旦日合戰，必當克勝。」瞿薩旦那王於是號令將士，整軍出戰。匈奴被動迎戰，而他們的馬鞍、軍裝、弓弦、甲帶等等，「鼠皆齧斷」，只有「面縛受戮」的份兒。〔註22〕前一則說法是毗沙門天王的事，後一則說法是瞿薩旦那國王的事，二者並沒有內在聯繫，但由於被《大唐西域記》記載為同屬於于闐國的事，遂被「少室書生」李筌張冠李戴，移花接木，編織成一個神乎其神的故事。

貞觀二十年（646）玄奘撰成《大唐西域記》上呈太宗時，于闐還是西域的獨立國家，兩年後，于闐歸附唐朝，成為唐帝國的一部分。唐高宗上元二年（675），在于闐當地設置羈縻府，命名為毗沙都督府，歸安西都護府管轄。按照佛教的說法，南贍部洲和北拘盧洲，是相距極其遙遠的兩塊大陸，分別由增長天王和毗沙門天王統轄。但由於唐朝把于闐設置為毗沙都督府，順著《大唐西域記》的說法，人們便稀裏糊塗地把毗沙門天王附會為毗沙都督府的天王，

〔註21〕《全唐文》卷八百二十五，第 3854～3855 頁。

〔註22〕〔唐〕玄奘：《大唐西域記》卷十二，上海人民出版社，1977 年，第 296～297、299～300 頁。

並把他塑造成「護南贍部洲」的中國戰神。既然玄宗時期軍隊即製作毗沙門天王形象的神旗，出軍時以《祭毗沙門天王文》加以祭祀，那麼可以認為這些做法是國家認可的軍禮。但《通典》卷一百三十二至一百三十三《開元禮纂類》所載《軍禮》，《新唐書》卷十六《禮樂志六》所載《軍禮》，都沒有毗沙門天王的內容，那是由於唐朝軍禮制定於開元年間，這時還沒有出現上述杜撰毗沙門天王參與唐朝戰爭的說法。

現在再來探討一下「烈士」故事對唐代小說創作的啟發問題。

南宋趙彥衛說：「唐之舉人，先藉當世顯人，以姓名達之主司，然後以所業投獻，逾數日又投，謂之溫卷，如《幽怪錄》《傳奇》等皆是也。蓋此等文備眾體，可以見史才、詩筆、議論。至進士則多以詩為贄（見面禮），今有唐詩數百種行於世者是也。」〔註23〕這是說唐代進士科考生把平素的詩賦、傳奇習作抄寫裝裱成卷子，呈現給顯貴名流，借他們的誇獎以獵取名聲，並通過他們介紹給主考官，以便順利錄取。為了能夠奏效，考生們創作傳奇小說時，模彷彿經夾敘夾唱的格式，運用散文，穿插詩歌，集敘事、議論、抒情於一體，以賣弄自己的文采和史筆。

趙彥衛所舉例子中的《幽怪錄》，是中晚唐時期牛僧孺創作的文言小說集《玄怪錄》，宋人諱「玄」，改稱為「幽」。《玄怪錄》的第一篇小說題為《杜子春》，敘述了這樣一個故事：

杜子春是「周、隋間人」。他游手好閒，放縱浪蕩，家敗業空，飢寒交迫，遭到親戚們的唾棄。一位不相識的老翁憐憫他，問他「幾緡（銅錢一千枚為一緡）則豐用」，他說「三五萬則可以活矣」。老翁幾次鼓勵他把數字說大點，當即給他一緡，第二天周濟他三百萬，但一兩年間即被他揮霍淨盡。老翁又給他一千萬，三四年間，又被他揮霍得山窮水盡。最後一次，老翁給了他三千萬，他改邪歸正，置辦了良田百頃、甲第數區、邸店百餘間，使得家屬、親眷安居樂業。然後，他按照約定赴老君廟雙檜樹下見老翁，一同登華山雲臺峰。這裡彩雲飄逸，鸞鶴飛翔，正堂中有一個煉長生不老仙丹的火爐，高九尺餘，「紫焰光發，灼煥窗戶。玉女九人，環爐而立；青龍白虎，分據前後」。天色將暮，老翁脫去俗人衣服，原來他是一位穿戴「黃冠絳帔」的道士。他手持白石三丸，酒一卮，讓杜子春速快服用。他挨著正堂西牆鋪了一張虎皮，面朝東面，坐在虎皮上，告誡杜子春道：「慎勿語！雖尊神、惡鬼、夜叉、猛獸、地獄，及君

之親屬為所囚縛，萬苦皆非真實，但當不動不語耳，安心莫懼，終無所苦。當一心念吾所言。」他交待完畢，即走開了。杜子春看看周圍，見院子中只有一口巨大的陶甕，滿滿地盛著水。道士剛剛離開這裡，突然，「旌旗戈甲，千乘萬騎，遍滿崖谷來，呵叱之聲動天」。其中一人，稱大將軍，身高一丈餘，他和所騎的馬都披掛金甲，光芒四射。隨從親衛數百人，拔劍張弓，直奔堂前，對著杜子春大聲呵斥：「汝是何人？敢不避大將軍！」無論他們怎麼威脅恐嚇，杜子春牢記道士的告誡，始終不回答一聲。將軍一行，憤怒而去。接著，「猛虎、毒龍、猿猊、獅子、蝮蛇萬計，哮吼拿攫而爭前，欲搏噬，或跳過其上」，杜子春卻「神色不動」。這群猛獸、毒蛇離開後，便一大陣子「大雨滂澍，雷電晦暝，火輪走其左右，電光掣其前後」，院子裏積水深一丈餘，波及杜子春的坐具，但他「端坐不顧」。風停雨住後，那位兇神惡煞的將軍又來了，帶來了地獄的牛頭馬面和種種醜陋的鬼怪，把地獄的刑具大鑊湯擺在杜子春面前，他們揮動著明晃晃的刀叉，叫囂道：「肯言姓名即放；不肯言，即當心叉取，置之鑊中。」杜子春依然不應聲。他們立即把杜子春的妻子拽到臺階下，指著她，吆喝杜子春道：「言姓名免之。」杜子春還是不吭聲。他們於是對杜子春的妻子「鞭捶流血，或射或斫，或煮或燒，苦不可忍」。妻子不斷向丈夫號哭求救：「誠為陋拙，有辱君子。然幸得執巾櫛，奉事十餘年矣。今為尊鬼所執，不勝其苦。不敢望君匍匐拜乞，望君一言，即全性命矣。人誰無情，君乃忍惜一言！」杜子春照樣不發一言。將軍下令用銼碓一寸寸地銼杜子春妻子的腳，她哭叫得更厲害，杜子春竟不看她一眼。將軍認為杜子春「妖術已成，不可使久在世間」，遂把他殺掉，領著其魂魄去見閻羅王。「於是鎔銅、鐵杖、碓搗、磑磨、火坑、鑊湯、刀山、劍樹之苦，無不備嘗」，但他一想到道士交代的話，「亦似可忍，竟不呻吟」。地獄的刑罰都用完了，還是不能讓他開口說話，閻羅王得出結論：「此人陰賊，不合得作男身，宜令作女人。」杜子春輪迴轉世，以女兒身在一位縣丞家出生。她從小多病，天天針灸吃藥，遭受墜火墮床諸般痛苦，卻始終不出一聲。長大後容色絕代，可惜卻是一位啞女，無論親戚對自己如何親密或侮辱，她都不以聲應對。她嫁給進士科考生盧珪，夫妻恩愛異常，生了個兒子已經兩歲了，聰慧無比。丈夫抱著愛子同她說話，想方設法誘使她出聲，都不能使她開口。丈夫大怒，說：「昔賈大夫之妻鄙其夫，才不笑耳。然觀其射雉，尚釋其憾。今吾陋不及賈，而文藝非徒射雉也，而竟不言！大丈夫為妻所鄙，安用其子！」他於是抓住兒子的雙足，把兒子的腦袋

朝大石頭甩過去，立即腦漿迸裂，血濺數步。這時，杜子春「愛生於心」，猛地忘記了道士同自己的約定，不覺失聲哀叫：「噫！」這一聲還沒有完畢，他發現自己「身坐故處，道士者亦在其前，初五更矣」。頓時紫焰穿屋上天，火起四合，屋室俱焚。道士歎道：「措大誤余乃如是！」道士抓住杜子春的髮髻，把他投入水甕中，頃刻火滅，才讓他出來。道士對杜子春說：「吾子之心，喜怒哀懼惡欲，皆能忘矣，所未臻者，愛而已。向使子無噫聲，吾之藥成，子亦上仙矣。嗟乎，仙才之難得也！吾藥可重煉，而子之身猶為世界所容矣。勉之哉！」道士給他指了指歸路。杜子春回家後，「愧其忘誓，復自效以謝其過，行至雲臺峰，無人跡，歎恨而歸」。〔註24〕

　　唐宣宗大中二年（848），牛僧孺去世，年六十九歲。此前二百年，玄奘撰成《大唐西域記》上呈朝廷。《大唐西域記》記載：地處中印度的婆羅疕斯國，有一個周圍八十餘步（一步為五尺）的水池，早已乾涸。當地人說：「數百年前，有一隱士於此池側結廬屏跡。」他知識淵博，技藝神奇，能使瓦礫變成珍寶，人畜改換形貌。但他尚不能做到騰雲駕霧，陪伴神仙。他閱讀仙術，得知：「夫神仙者，長生之術也。將欲求學，先定其志，築建壇場，周一丈餘。命一烈士，信勇昭著，執長刀，立壇隅，屏息絕言，自昏達旦。求仙者中壇而坐，手按長刀，口誦神咒，收視反聽，遲明登仙。所執銛刀，變為寶劍，凌虛履空，王諸仙侶，執劍指麾，所欲皆從。無衰無老，不病不死。」這位隱士於是到處尋訪符合「仙方」標準的剛烈之士，曠日持久，未能如願。一天，他在城中遇見一個邊走邊哭的男子，見他的相貌頗有幾分剛烈、忠誠的氣象，就加以慰問。這人說自己貧窮，靠傭工維持生計，主家看自己勤勞誠實，許諾五年期滿，酬以重賞。不料即將到期，自己犯了過錯，不但蒙受主家的笞打，而且一個子兒也沒拿到手。隱士於是讓他和自己住在一起，好吃好穿好招待，先給了他「五百金錢」，後來「數加重賂」，以「感激其心」。時機成熟，隱士告訴他尋找「烈士」的原委，希望他對自己的成仙助一臂之力，具體做法很簡單，只消「一夕不聲」即可。這位男子信誓旦旦地說：「死尚不辭，豈徒屏息！」他們於是建立壇場，按「仙方」的分工，「隱士誦神咒，烈士按銛刀」，從薄暮持續到天快亮時。眼看就要大功告成，這男子「忽發聲叫」，即刻「空中火下，煙焰雲蒸」，隱士急忙拉著這男子跳入水池中避火。危險過去後，隱

〔註24〕〔唐〕牛僧孺：《玄怪錄》卷一，《續玄怪錄》合刊本，中華書局，1982年，第1～4頁。

士問道：「誡子無聲，何以驚叫？」這男子說：「受命後至夜分，昏然若夢，變異更起。見昔事主躬來慰謝，感荷厚恩，忍不報語；彼人震怒，遂見殺害。受中陰身（佛教所說人死後及再次轉生前的一個階段），顧屍歎惜，猶願歷世不言，以報厚德。遂見託生南印度大婆羅門家，乃至受胎出胎，備經苦厄，荷恩荷德，嘗不出聲。洎乎受業、冠、婚、喪親、生子，每念前恩，忍而不語，宗親戚屬，咸見怪異。年過六十有五，我妻謂曰：『汝可言矣。若不語者，當殺汝子。』我時惟念，已隔生世，自顧衰老，唯此稚子，因止其妻，令無殺害，遂發此聲耳。」隱士說：「我之過也！此魔嬈（魔障的擾亂）耳。」這男子覺得自己沒能做到「一夕不聲」，辜負了隱士對自己的大恩大德，使得他功敗垂成，於是自己在池中「憤恚而死」。這個水池因在關鍵時刻「免火災難」，就被人們叫做「救命池」，又因這位烈士感念隱士的恩德而死於池中，又被叫做「烈士池」。〔註25〕

　　比較《大唐西域記》這則記載和牛僧孺的這篇小說，二者的構思、主題、情節、意趣，何其相似乃爾。前者說「數百年前」的隱士，後者便說二百年前的「周、隋間人」杜子春。前者說「求神仙」、「長生之術」，後者也說煉藥、「上仙」。對拉來協助自己的人，前者說「數加重賂」，以「感激其心」，後者也說以鉅資周濟、收買。二者都在一夜之間的幻境中經歷了兩輩子，受到恩怨感情的折磨，甚至遭到喪生的磨難，一遍遍堅守保持緘默的承諾，惟獨舐犢情深，過不了兒子被自己配偶殺害這一關，以至於最後時刻前功盡棄。二者都由火災構成最後一厄，而以利用水剋火的性能躲過了劫難。可以說，是《大唐西域記》的說法給牛僧孺提供了素材，啟發他創作了這篇小說。《大唐西域記》是一部紀實的書籍，書中一些傳聞據玄奘的考察而記載，玄奘不能憑空杜撰或者加油添醋。而《玄怪錄·杜子春》是牛僧孺創作的小說，作者可以馳騁想像，利用《大唐西域記》的資料，聯珠串貝，加以彌縫、添加、填充，自然會使得情節更加複雜、曲折，語言更加流暢、華美。

　　于闐毗沙門天王變成中國戰神的問題，涉及唐文化中的國家典章制度和軍事文化。「烈士」故事對牛僧孺小說創作的啟發問題，涉及唐文化中的文學領域和科舉制度。僅從這兩個方面來看，《大唐西域記》對唐代中原文化的影響，體現了該書所傳達的西域文化對華夏文化的濡染和滲透，是相當鮮活和深刻的。隨著時間的推移，這種濡染和滲透逐漸和中國文化融為一體，難捨難分

〔註25〕《大唐西域記》卷七，第154～156頁。

難辨別。明代神話小說《西遊記》所描繪的主管打仗的托塔天王李靖，已經從毗沙門天王脫胎換骨，躍居於包括毗沙門天王在內的四大天王之上；小說中的諸多神話情節，比起牛僧孺小說來說，更加斑駁陸離、波瀾壯闊。不過這軼出了本文所論唐代中原文化的範圍，這裡不必饒舌。

第七章　玄奘所翻的主要佛典

　　玄奘法師是中國佛教「五大譯經師」之一，他歸宗印度瑜伽行派，創立中國唯識宗，但在佛經的翻譯上，他並沒有門戶之見。而是根據中國佛教發展的需要，認真選擇所需經典，組織譯場，認真翻譯。其所翻佛經，大小乘兼具，介紹如下。

第一節　所譯小乘佛教經論

　　玄奘法師所翻的小乘經論中，比較知名的有五部：

　　1.《阿毗達摩大毗婆沙論》，簡稱《大毗婆沙論》，二百卷

　　此論北涼浮陀跋摩與道泰曾譯有部分內容，稱《阿毗曇毗婆沙論》六十卷，相當於玄奘所譯的前一一一卷內容。此論傳到中國後，在北朝時期，圍繞此論形成「毗曇學」，影響很大。

　　此論還是佛教第四次佛經結集的成果。

　　佛經的第一次結集，時間是佛滅後三個月，即公元前486年左右，地點是王舍城七葉窟。主持人為大迦葉，起因是佛滅後，迦葉聽到有些僧人說：「這下沒有人管我們了，我們可以按照自己的想法行事啦。」他聽了之後很是憂慮，就召集五百阿羅漢，結集佛經。在集會上，由優波離尊者誦出律，阿難尊者誦出法。

　　佛經的第二次結集，時間是佛滅後一年，大約在公元前386年左右。起因是僧團之間因為諸如「僧人能否接受金錢施捨」等」大天五事有了爭議，於是耶舍比丘在吠舍離城主持了結集。但所持結論，東方比丘不服，導致了上座部

與大眾部的根本分裂。

佛經的第三次結集，時間是佛滅後 236 年左右，阿肓王治世時期，地點是華氏城。起因是阿肓王當時在雞園寺每天供養上萬的出家人，有六萬外道混雜在內，為了清理僧伽的混亂，因而引起了重新結集，整理三藏。本次結集的主持人是目犍連子帝須。一千名阿羅漢參與。結果是驅逐了外道和異端，編纂了《論事》。

佛經的第四次結集，時間是佛滅度後四百年後（貴霜王朝迦膩色迦王治世時期），地點是迦濕彌羅。主持人為世友尊者。起因是當時的部執紛紜，人各異說，王請教於脅尊者，尊者即答「如來去世，歲月逾邈，弟子部執，師資異論，各據見聞，共為矛盾。」王甚痛惜，於是與脅尊者召集五百比丘於迦濕彌羅（今克什米爾）編成，號稱《大毗婆沙論》十萬頌，屬論藏。「毗婆沙」意為「廣解」、「廣說」，即廣為解釋。全書系統地總結說一切有部的理論主張，並對大眾部、法藏部、化地部、飲光部、犢子部、分別說部等部派以及數論、勝論、順世論、耆那教等外道進行批判。這部結集，實際上是小乘說一切有部經典和學說的結集。顯慶四年（659）七月玄奘將之譯完。

2.《阿毗達摩俱舍論》，簡稱《俱舍論》，三十卷

此論屬於世親尊者所造，世親原為小乘學者，此論為當時他的代表性觀點。後來改宗大乘，世親的許多觀點和理論仍然從此論中引出或證明。故此論也是唯識學者必學的經典。在玄奘之前，陳朝真諦法師曾譯《阿毗達摩俱舍釋論》二十二卷。注釋本有普光《俱舍論記》、法寶《俱舍論疏》、圓暉《俱舍論頌疏》各三十卷。但真諦屬於唯識舊學，玄奘所學為唯識新學，玄奘打算以新學取代舊學，就對《俱舍論》重新進行了翻譯。

永徽五年（654）玄奘將此論譯完，元瑜筆受。

3.《阿毗達摩順正理論》八十卷

印度眾賢著，「正理」是指有部正統理論。該論據有部正統理論，對《俱舍論》採取經量部觀點批評有部的學說進行批判。據說，眾賢曾持此論去找世親辯論，但世親避開不見他。但在他圓寂後有所回應。《大唐西域記》卷四記載，此論原稱《俱舍雹論》，世親評為「理雖不足，辭乃有餘」，認為仍對《俱舍論》有發明，於是改稱《順正理論》。真諦譯《婆藪盤豆法師傳》中，稱之為《隨實論》。

此論永徽五年（654）七月譯完，元瑜筆受。釋文有元瑜《順正理論述文

記》二十四卷。

4.《異部宗輪論》一卷

印度世友著。玄奘之前，有後秦失譯者所譯的《十八部論》、真諦所譯《部執異論》，均為同本異譯。本論講佛滅百年至四百年間佛教分裂為二十部派的情況。釋文有窺基的《異部宗輪論述記》一卷。

5.《大阿羅漢難提蜜多羅所說法住記》，簡稱《法住記》，一卷

《法住記》是在中國影響頗大的「十六羅漢」信仰的根本經典。《法住記》中記載，執師子國有難提蜜多羅（漢譯「慶友」）告眾人說，佛滅後有十六羅漢住世護持佛法，饒益有情。玄奘譯於永徽五年（654）閏五月，普光筆受。

當然玄奘翻譯的小乘經典不止這五部，我們只是選擇最為知名的五部，介紹出來。

第二節　所譯大乘佛教經論

作為大乘佛教徒，玄奘翻譯的大乘經典種類更多。

（一）瑜伽唯識類經典

玄奘作為瑜伽行派傳人，唯識宗的創立人，首先考慮的就是翻譯唯識類經典。他翻譯的唯識類經典主要有：

1.《解深密經》五卷

全經以問答體論證（1）真如；（2）八識體相；（3）三自性（相）；（4）三無性；（5）瑜伽唯識觀法等。是唯識宗所依的根本經典，歷來為唯識學者所重視。劉宋求那跋陀羅曾譯《相續解脫地波羅蜜了義經》一卷（相當於此經後二品）、陳代真諦譯《解節經》一卷（相當於前二品）；全部的異譯本有北魏菩提流支譯《深密解脫經》五卷。貞觀二十一年（647）玄奘譯，普光筆受。圓測撰疏十卷，圓測《解深密經疏》曾在漢地部分失傳，致有殘缺。幸好前弘期法成譯師曾將之譯為藏文，在《丹珠爾》中保存有完整的譯本。《測疏》全文得以不泯，真為千古幸事。中國佛學院觀空法師將《測疏》佚文從藏文中回譯回來，並由金陵刻經處刊刻印行，補全了這一佛學名著。此為漢藏交流的美談。也是唯識學的幸運。

此經貞觀二十一年（647）譯，普光筆受。

2.《瑜伽師地論》，也稱《十七地論》，一百卷

此論傳說由無著定中上兜率天聽彌勒菩薩口授而記錄，故作者為彌勒，但藏地學者認為作者就是無著。全書有五部分：（1）本地分。此分把瑜伽禪觀境界分為從底到高的「十七地」，最重要的是其中的「菩薩地」；（2）攝抉擇分。論十七地的要義；（3）攝釋分。釋佛經體例和名相；（4）攝異門分。述經中諸法的名義和差別；（5）攝事分。略述三藏要義。全書論八識的自性及其所依，以及瑜伽禪觀漸次發展過程中的精神境界和果位。

此論為玄奘西行的主要目標。在玄奘之前，北涼曇無讖曾譯《菩薩地持論》十卷（相當於「菩薩地」上半部分）、劉宋求那跋摩譯《菩薩善戒經》九卷（基本是「菩薩地」前半部分）及從這些譯本略出的《菩薩戒本》等。陳真諦曾譯《十七地論》五卷，今已不傳，但他譯的《決定藏論》三卷今存，只是很小的部分。

《三藏法師傳》卷六記載，玄奘譯畢《瑜伽師地論》交給太宗。唐太宗說：

> 朕觀佛經譬猶瞻天望海，莫測高深。法師能於異域得是深法。
>
> 朕比以軍國務殷不及委尋佛教。而今觀之宗源杳曠，靡知涯際。其儒道九流比之猶汀瀅之池方溟渤耳。而世云三教齊致此妄談也。

因敕所司將《瑜伽師地論》抄為九份，交與雍、洛、并、兗、相、荊、楊、涼、益等九州使之展轉流通，使率土之人同稟未聞之義。此論的注釋有唐窺基《瑜伽師地論略纂》、遁倫的《瑜伽論記》等。

此論貞觀二十二年（648）五月譯完，靈會、朗濬筆受。

3.《顯揚聖教論》二十卷

印度無著著。該書引證《瑜伽師地論》的要義，比較全面地論述瑜伽唯識學派的教義體系。貞觀二十年（646）正月譯畢，智證等筆受。

4.《辨中邊論》三卷

印度世親著。通過對《辨中邊論頌》的論釋，用大乘基本思想組織瑜伽唯識的理論體系。玄奘之前，陳真諦曾譯有《中邊分別論》二卷，是其同本異譯。窺基撰有《辯中邊論述記》三卷。該論龍朔元年（661）五月譯，窺基筆受。

5.《唯識二十論》，也作《二十唯識論》，一卷

印度世親著。舊譯本有北魏般若流支和陳真諦分別譯的《唯識論》各一卷。注釋此論的有印度護法《成唯識寶生論》五卷（義淨譯）、唐窺基《二十

唯識論述記》二卷。龍朔元年（661）六月譯，窺基筆受。

6.《唯識三十論》，或作《唯識三十論頌》，一卷

印度世親著。此論使世親晚年對唯識學的精練總結，只有三十個論頌，他來不及解釋就圓寂了。此論在中印影響較大，光是在印度，就有護法、德慧、安慧、親勝、難陀、淨月、火辨、勝友、勝子、智月十家注釋。在中國則有《成唯識論》。

龍朔元年（661）六月譯，窺基筆受。

7.《成唯識論》十卷

玄奘本意是全部翻譯印度的十家對《唯識三十論》的注釋，但弟子窺基認為，在印度就意見紛呈，不如按照護法的理論，將十家觀點揉為一種。玄奘採納了窺基的觀點。玄奘的重要弟子和法裔基本都有對此論的注釋，如窺基有《成唯識論述記》二十卷、《成唯識論掌中樞要》四卷、惠沼有《成唯識論了義燈》十三卷、智周有《成唯識論演秘》十四卷。

此論顯慶四年（659）閏十月編譯完畢。

8.《觀所緣緣論》一卷

印度陳那著。陳真諦譯的《無相思塵論》是其同本異譯。主張識所緣的境，非外實有，是「內色」，就是所謂的「所緣緣」。印度護法著《觀所緣論釋》（義淨譯）是其解釋。

9.《大乘五蘊論》一卷

印度世親著。與唐地婆訶羅譯《大乘廣五蘊論》同本。該論是用大乘唯識教義對色、受、想、行、識五蘊及有關名相進行解釋。

10.《大乘百法明門論》一卷

印度世親著。該論對瑜伽行派的「五位百法」進行解釋。窺基撰有《大乘百法明門論解》二卷，普光著《大乘百法明門論疏》二卷，是對該論的解釋。

（二）大乘中觀類經典

1.《大般若波羅蜜多經》，簡稱《大般若經》，六百卷

這是玄奘所翻的最後一部經，也是他所翻的最大的一部經，共 600 卷，此經翻成，耗盡了玄奘所有的心神，不久他就圓寂了。玄奘並非中觀學派傳人，為何對中觀類經典如此用心？我們認為，他有比創立唯識學派更寬廣的目標，那就是用唯識學的理論，去統攝所有的中國學派，他深知《大般若經》在漢地

的影響，因此不辭身命將之譯出。

此經譯於唐顯慶五年（660）正月至龍朔三年（663）十月，筆受者有普光、大乘欽、嘉尚等。

2.《般若波羅蜜多心經》，簡稱《般若心經》或《心經》，一卷

《心經》是玄奘所譯經典中流傳最廣的。此經與鳩摩羅什譯《摩訶般若婆羅蜜大明咒經》為同本異譯。此經通常被認為是般若類經典的提要，僅有 260 字，在所有譯本中是最流行的譯本。

此經貞觀二十三年（649）五月譯，沙門知仁筆受。

（三）因明類經典

1.《因明正理門論》，簡稱《理門論》，一卷

《因明正理門論》是號稱印度古因明「雙璧」之一的陳那尊者（也稱「大域龍」）的代表作之一。該論依真能立、似能立、真能破、似能破、真現量、似現量、真比量、似比量八門為綱，述新因明的基本理論。義淨後來也譯《因明正理門論》一卷，是其異譯本。釋文有神泰《因明正理門論述記》一卷。玄奘在印度時，為了辯論，系統學習了陳那的邏輯學。但他翻譯的陳那的論著卻僅此一部。學者一般認為，玄奘主要是佛學家，並非因明學家，因明在他眼裏，只是為佛學論證的工具而已，所以只翻譯了兩部入門的因明學著作。我們認為，玄奘知道中印社會習慣不同，印度崇尚辯論，中國社會卻不倡導辯論，所以所需邏輯學知識有限，就沒有翻譯過多的因明學著作。

貞觀二十三年（649）玄奘譯。

2.《因明入正理論》一卷

印度商羯羅主著。商羯羅主是陳那尊者的徒弟。《因明入正理論》是商羯羅主對老師陳那《因明正理門論》所做的導論。因此，也是唯識學者學習古因明的入門書。

窺基曾有《因明人正理論疏》三卷、慧沼也有《因明義斷》一卷和《因明人正理論義纂要》一卷等。窺基的著疏也稱《因明大疏》，備受後人矚目。今有梅德愚中華書局本《因明大疏校釋》和鄭偉宏中西書局《因明大疏校釋》兩個校釋本，影響至今還很大。

據說因為圓測曾為玄奘取經前的師弟，後來玄奘取經歸來後，他才拜玄奘為師。當年玄奘對圓測並不放心，擔心他並非真心歸宗新學。所以就重點培養窺基，但圓測學習時間長，基礎更好。窺基壓力比較大。玄奘於是給窺基開小

灶，固定時間在密室為窺基講解《瑜伽師地論》，圓測於是買通玄奘的侍者，偷偷在窗外記錄。等窺基學完準備開講時，圓測卻率先在西明寺開講，窺基壓力更大。於是玄奘安慰窺基說，你不要過度擔心，圓測雖然博學，但尚沒有學習因明，我把因明學知識交給你，你定能超越他。可見，因明學對於唯識學非常重要。玄奘於貞觀二十一年（647）八月譯畢。

（四）其他大乘經典

1.《大菩薩藏經》二十卷。此經為《大寶積經》的第十二會，對瑜伽行派理論有較大影響。

2.《大乘大集地藏十輪經》十卷，與舊譯《大方廣十輪經》八卷同本。

3. 密宗類佛典。如《不空羂索神咒心經》《十一面神咒心經》等，不一一列舉。

4.《藥師琉璃光如來本願功德經》一卷，與隋達摩笈多譯《藥師如來本願經》一卷及唐義淨譯《藥師琉璃光七佛本願功德經》二卷為同本異譯。為藥師佛信仰的基本經典。玄奘所譯為目前最流行的通用本《藥師經》經典。

綜上，玄奘從唐太宗貞觀十九年（645）五月至唐高宗麟德元年（664）正月的約 20 年的時間裏，共譯大小乘經典 75 部 1335 卷。本章所舉的經典，只是其中具有代表性的一部分。

第八章　在洛陽的遺跡遺址

第一節　玄奘故里有關遺址〔註1〕

　　玄奘故里位於河南偃師縣緱氏鎮，東北陳河村西頭。洛州緱氏（今偃師緱氏鎮）後人為紀念玄奘的卓越成就，在此建永慶寺。寺內大殿為清光緒三十年（1904）重修。四周山川秀麗，景色宜人。

　　1991年7月，在河南省政府的關懷下對故居進行了修復和建設。新修和建設的還有：唐恭陵、唐僧寺、玄奘謠遊宮和隋唐一條街等，總投資700餘萬元。高大的「玄奘故里過路碑」由趙樸初先生題寫；氣勢雄偉的故居大門是隋唐建築風格。大門內分前院、廳堂、後院三部分組成，裏面陳列著玄奘的珍貴文物和經十九載嘔心瀝血主持翻譯的全部經卷，後院東廂房是玄奘母親宋氏的臥室，也是玄奘誕生的地方，後院還有唐太宗、唐高宗撰文，唐書法家褚遂良書寫的《大唐三藏聖者序》和序記碑。現已闢為「玄奘故里紀念館」。

一、馬蹄泉

　　坐北朝南，佔地25畝，建築面積6000平方米。分前後兩院，前院建築為東、西廂房和廳堂，西廂房主要展示玄奘隻身奮鬥17載赴印度取經的動人經歷和19年嘔心瀝血翻譯的全部經卷。後院東廂房為玄奘母親宋氏的居室，後堂為玄奘祖父、母居室。

二、玄奘寺

　　位於玄奘故居後院，始建於唐神龍元年（705），是唐中宗李顯（即佛光王）

〔註1〕本節為商春芳撰寫。

紀念法師玄奘御旨修建,公元 2000 年重修。

三、陳家花園

陳家花園故址位於故居正南,坐南朝北,背靠鳳凰臺,面對陳家故宅。修復後的陳家花園集園林精華與佛教文化為一體,形成濃蔭欲溢的園林效果。

四、晾經臺

在鳳凰嘴東 150 米處,利用河灣階地組建晾經臺。相傳玄奘取經歸來,回故里省親,在此過河時經卷掉到河中,在河畔巨石上晾其經書。

除以上景點外,玄奘故里還保留有陳家古井,皂抱鳳凰槐等遺跡和珍貴文物。

五、玄奘雕塑

玄奘大雁塔以「唐僧(玄奘)取經」故事馳名。提到慈恩寺、大雁塔,自然會想起唐代高僧玄奘和賜福鎮宅聖君師傅鍾馗故里的鍾馗,曾在這裡主持寺務,領管佛經譯場,創立佛教宗派。寺內的大雁塔又是他親自督造的。

六、玄奘紀念館

玄奘紀念館以舉世名著《大唐西域記》為題材,再現唐玄奘印度取經史實。佔地 150 畝,投資 1500 萬元。館內設置了「鳳鳴陳河」、「淨土寺剃度」、「遍訪名師」、「西出玉門」、「高昌結盟」、「沙漠酷度」、「密林遇險」、「山寨歌舞」、「天崩地裂」、「阿富汗民俗」、「尼泊爾王宮」、「那蘭陀寺」、「印度風光」、「聲震五印」、「唐王接見」、「雁塔譯經」、「五百羅漢堂」等 40 個大型場景。採用高科技控制,聲光電兼備,遊客置身其中,可領略中原民俗,三峽奇景,古城雄姿,塞北大漠,以及中亞、南亞等異國的名山大川,宮廷殿堂,原始森林,佛國風情。

第二節　玄奘出家的東都淨土寺 〔註2〕

北魏隋唐時期,洛陽有一所淨土寺。該時期洛陽佛寺林立,淨土寺在其中算不上出類拔萃,名氣自然不大。但在隋朝末年,佛教偉人玄奘法師在淨土寺

〔註 2〕 本節由洛陽師範學院郭紹林教授撰寫。

居住、出家、學習多年，夯實了堅實的佛學根基，使得人們想知道淨土寺的具體情況。在洛陽市東面一百里外，有今鞏義市石窟寺，北魏景明年間（500～503）始建，時稱希玄寺，唐初改稱為十方淨土寺，清代改稱為石窟寺。在洛陽市南面五十里外，有今伊川縣白元鄉水牛溝村淨土寺。該寺出土一方《淨土禪寺記》石碑，係「大明嘉靖十一年（1532）歲在壬辰孟冬望日後十日立碑」。碑文說「寺創自〔北魏〕天賜（404～409）延和（432～434）間，歷乎宋，沿乎金元」。這兩所淨土寺都不可能是玄奘出家的寺院。

一、玄奘與淨土寺的因緣

　　關於玄奘與淨土寺的因緣，唐初僧人道宣在《續高僧傳》卷4《唐京師大慈恩寺釋玄奘傳》中這樣記載：「釋玄奘，……洛州緱氏人焉。……兄素出家，即長捷法師也，容貌堂堂，儀局瓌秀，講釋經義，聯班群伍，住東都淨土寺。以奘少罹窮酷，攜以將之，日授精理，旁兼巧論。年十一，誦《維摩》《法華》，東都恆度，便預其次。……時東都慧日盛弘法席，《涅槃》《攝論》，輪馳相係，每恒聽受，昏明思擇。……時年十五，與兄住淨土寺，由是專門受業，聲望逾遠。」〔註3〕這裡明確指出是「東都淨土寺」，即淨土寺在洛陽城地面。假如淨土寺真的在隋代洛陽地區的鞏縣或者伊川縣（隋文帝時期設縣，隋煬帝時期撤銷，併入洛陽縣），應該稱作洛州淨土寺或者河南郡淨土寺。那麼，東都淨土寺的具體方位在哪裏，它的沿革情況怎樣？清人徐松《唐兩京城坊考》卷5《東京‧外郭城》記載：「東城之東，第五南北街，從南第一曰毓材坊。」毓材坊，文獻、墓誌有時作毓財坊，這裡有武則天時期設置的大雲寺，「本後魏淨土寺，隋大業四年，自故城徙建陽門內。貞觀三年復徙此坊。天壽二年改大雲。會昌中廢」。〔註4〕徐松的這個說法，來自於他從明代《永樂大典》中所抄出的元代《河南志》，其中坊市部分，保留著北宋宋敏求《河南志》的說法。在「會昌中廢」之後，徐松刪掉了《河南志》以下文字：「後唐同光二年重建，今小院七。」

　　關於玄奘生年，有開皇二十年（600）和仁壽二年（602）兩種說法。他11歲時，正當大業六年（610）或八年，四年後15歲，則為大業十年或十二年。

〔註3〕〔唐〕釋道宣：《續高僧傳》卷4《玄奘傳》，《磧砂大藏經》第99冊，北京：線裝書局，2005年，第192頁。

〔註4〕〔清〕徐松：《唐兩京城坊考》卷5《東京‧外郭城》，北京：中華書局，1985年，第176頁。

隋煬帝大業四年（608）至唐太宗貞觀三年（629）之間，淨土寺在建陽門內，玄奘就在這裡居住和學習。建陽門是隋朝的稱謂，唐初改稱為建春門，是洛陽東城牆三門中的中門，在洛河以南，今洛陽市洛龍區李樓鄉樓村東側。貞觀三年，淨土寺遷至毓材坊，此後再沒有遷址。毓材坊在上東門內，上東門是洛陽東城牆三門中的北門，在洛河以北。毓材坊的位置約在今洛陽市瀍河區啟明南路與中州東路交叉地周圍一帶。

　　學術界普遍認為，玄奘度為沙彌後，在淨土寺跟從景法師學《涅槃經》、嚴法師學《攝大乘論》。持這種觀點的著作有宋雲彬的《玄奘》（上海開明書店1935年初版，收入《玄奘傳三種》，上海人民出版社2008年版，第55頁），蘇淵雷的《玄奘》（重慶勝利出版社1944年初版，黑龍江人民出版社1983年修訂重版，收入《玄奘傳三種》，第131頁），陳揚炯的《玄奘評傳》（北京：京華出版社1995年版，第11頁），楊廷福的《玄奘年譜》（北京：中華書局1988年版，第61～62頁），張力生的《玄奘法師年譜》（北京：宗教文化出版社2000年版，第139頁），傅新毅的《玄奘評傳》（南京大學出版社2006年版，第11頁），董煜焜的《玄奘大師與玄奘故里》（鄭州：大象出版社2008年版，第7頁）等。這一結論的得出，實際上是《大慈恩寺三藏法師傳》敘述含混所導致的。這部由玄奘的弟子慧立、彥悰撰寫的玄奘傳記，在卷1中說：玄奘「既得出家，與兄同止。時寺有景法師講《涅槃經》，執卷伏膺，遂忘寢食。又學嚴法師《攝大乘論》，愛好逾劇，一聞將盡，再覽之後，無復所遺」。似乎景、嚴兩位法師就是淨土寺的僧人。隋煬帝身為晉王時，曾擔任揚州（今江蘇揚州市）總管。開皇十九年（599），他在揚州設立四個道場。兩個是道教道場，叫做玉清、金洞；兩個是佛教道場，叫做慧日、法雲。隋煬帝遷都洛陽後，四道場隨同遷來，設在皇宮內，叫做內道場。這裡所引《大慈恩寺三藏法師傳》那幾句話，其下隔了二百餘字之後，又說：「初，煬帝於東都建四道場，召天下名僧居焉。其徵來者皆一藝之士，是故法將如林，景、脫、基、暹為其稱首。」〔註5〕可見景法師不是淨土寺的僧人，而是佛教內道場的僧人。嚴法師沒有提到。但參以本文前面所引《續高僧傳·玄奘傳》中「時東都慧日盛弘法席，《涅槃》《攝論》，輪馳相係，每恒聽受，昏明思擇」云云，這個問題便清楚了。原來這兩位法師都是東都內慧日道場的僧人，景法師是《涅槃經》的講

〔註5〕〔唐〕釋慧立、釋彥悰：《大慈恩寺三藏法師傳》，北京：中華書局，2000年，第6～7頁。

主，嚴法師是《攝大乘論》的講主。其餘僧人脫、基、暹，《續高僧傳》都有記載。脫是智脫，《續高僧傳》卷9有《隋東都內慧日道場釋智脫傳》。基是道基，《續高僧傳》卷14《唐益州福成寺釋道基傳》說：「釋道基，……即請於東都講揚《心論》。……自爾四海標領盛結慧日道場，……以基榮冠望表，韻逸寰中，大業五年敕召來止，遂即對揚玄論，允塞天心。……及將登法座，各擅英雄，而解有所歸，並揖基而為玄宰。」本傳附有寶暹傳，說四川寶暹「明《攝論》」，曾「譽騰京國」。〔註6〕《續高僧傳》卷15《唐蒲州仁壽寺釋志寬傳》說：「釋志寬，……屬煬帝弘道，海內搜揚，以寬行解，同推膺斯榮命，既處慧日，講悟相仍。」隋朝平定楊玄感叛亂後，志寬、寶暹等僧人受到牽連，在洛陽囚禁起來，作為徒隸，每天幹苦活。後來「配流西蜀」，「路次潼關，流僧寶暹者高解碩德，足破不進，寬見臥於道側，泣而哀焉」。〔註7〕那麼，《大慈恩寺三藏法師傳》所說的「暹」，無疑就是寶暹。隋唐之際，玄奘同二哥為躲避洛陽地區的戰亂，奔赴長安，抵達四川。武德二年（619），玄奘在成都，繼續跟從寶暹學習《攝大乘論》，跟從道基學習《雜毗曇心論》。這些內道場的皇家僧人，承恩得意之時，斷然不至於降格隸屬於淨土寺。

二、僧傳等古籍有關淨土寺的記載

　　《續高僧傳》卷12《隋西京大禪定道場釋靈幹傳》記載：靈幹「年十四，投鄴京大莊嚴寺衍法師為弟子」，「冠年受具」，「周武滅法，通廢仁祠，居家奉戒，儀體無失。隋開佛日，有敕簡入菩薩數中，官給衣缽，少林安置，雖蒙厚供，而形同俗侶。開皇三年，於洛州淨土寺方得落髮，出家標相，自此繁興。」〔註8〕靈幹在北周武帝廢佛運動中被迫還俗。楊堅即後來的隋文帝，在北周後期掌控朝政，恢復佛教，在統治區內遴選120名菩薩僧，在東西兩地各立一所陟岵大寺，來安置他們。西面的陟岵寺，即後來的長安大興善寺。東面的陟岵寺，由嵩山少林寺改名而來。靈幹是菩薩僧之一，安置在東面的陟岵寺中。隋文帝稱帝後，才正式恢復佛教，靈幹得以於開皇三年（583）在洛州淨土寺剃度。這裡說「洛州淨土寺」，是因為隋文帝以長安為都城，洛陽不是東都，洛陽地區設置為洛州，隋煬帝才營建東都洛陽。依據上面徐松「後魏淨土寺，隋

〔註6〕《續高僧傳》卷14《道基傳》，《磧砂大藏經》第99冊，第399～400頁。
〔註7〕《續高僧傳》卷15《志寬傳》，《磧砂大藏經》第99冊，第427～428頁。
〔註8〕《續高僧傳》卷12《靈幹傳》，《磧砂大藏經》第99冊，第366～367頁。

大業四年，自故城徙建陽門內」的說法，靈幹在淨土寺剃度，早於淨土寺這次遷址 15 年，因而在遷址前的舊址「故城」，即漢魏洛陽城。漢魏洛陽城在白馬寺以東，隋朝營建東都時，新城址確定在漢魏洛陽城以西 18 里洛河、伊河匯合地帶。北魏洛陽有佛寺 1367 所，東魏楊衒之《洛陽伽藍記》記載了一些重要的佛寺，沒有提及淨土寺。北魏淨土寺的具體方位現在無從確定，但一定不會遠離城區，要不然就稱不上舊址在「故城」了。

隋唐時期，淨土寺中有傑出的僧人和眾多徒弟，還舉辦高級別、大規模的佛學講會。出了上述長捷法師，《續高僧傳》卷 13《唐京師普光寺釋道岳傳》還記載道：「釋道岳，姓孟氏，河南洛陽人也。……父冐，仕隋為臨淄令，治聲遠肅。有隱士西門義者……步自山阿，來儀府舍，……乃命諸子紹、續、績、曠、岳、略等列於義前，令其顧指。義曰：『府君六子，誠偉器也。自長而三，州縣之職，保家自若也。已下之三，其志遠，其德高，業心神道，求解言外，固非世局之所常談也。』曠年十七，遂得出家，操行貞固，志懷明約，善《大論》及《僧祇》，深鏡空有，學徒百數，禪觀著績，物務所高，即洛陽淨土寺明曠法師是也。」〔註9〕道宣另一著作《集古今佛道論衡實錄》卷 4《上幸東都召西京僧道士等於彼論義事》記載：「顯慶五年（660），上幸駕東都，……下敕追大慈恩寺僧義褒、西明寺僧慧立等，各侍者二人，東赴洛邑。登即郵傳依往，至合璧宮奉見，敘論義旨，不爽經通。下敕停東都淨土寺，褒即於彼講《大品》《三論》，聲華崇盛，光價逾隆。……晚巡洛下，重複徵延。聲榮藉甚，彌隆今古。……因疾卒於洛邑。」〔註10〕可見義褒被巡幸洛陽的唐高宗多次延請前來講論，駐錫於淨土寺中。《續高僧傳》卷 15《唐京師慈恩寺釋義褒傳》再次記載：「龍朔元年（661）駕往東都，別召追往，頻入宮禁，義論橫馳。乃於淨土講解經論，七眾載驅，群公畢至，英聲逾盛。不久，遘疾卒於淨土，春秋五十有一。」〔註11〕這裡又交代是「東都淨土寺」而不是洛州淨土寺。「群公」要上朝要坐班，每 10 天只有一天旬假，當時沒有汽車、摩托車、電動車，淨土寺若不在東都城內，而在 50 里或 100 里外的伊川或鞏義，「群公」怎麼能夠在義褒講解經論期間「畢至」？

〔註9〕 《續高僧傳》卷 13《道岳傳》，《磧砂大藏經》第 99 冊，第 388 頁。
〔註10〕 〔唐〕釋道宣：《集古今佛道論衡實錄》卷 4，《磧砂大藏經》第 98 冊，第 181～182 頁。
〔註11〕 《續高僧傳》卷 15《義褒傳》，《磧砂大藏經》第 99 冊，第 438 頁。

關於淨土寺珍藏的西域雕像，《續高僧傳》卷 25《唐京師勝光寺釋慧乘傳》記載道：「釋慧乘，……大業六年，有敕郡別簡三大德入東都，於四方館仁王行道，別敕乘為大講主，三日三夜與諸論道，皆為析暢，靡不冷然。……至八年帝在東都，於西京奉為二皇雙建兩塔，七層木浮圖，又敕乘送舍利瘞於塔所。……十二年，於東都圖寫龜茲國檀像，舉高丈六，即是後秦羅什所負來者，屢感禎瑞，故用傳持，今在洛州淨土寺。」〔註12〕

除了僧傳，醫書中還有淨土寺的記載，涉及一樁中外文化交流的事。唐代藥王孫思邈，在所著《千金翼方》卷 12《養性服餌第二》中，記載隋唐之際印度醫學傳入中原的情況，提到一則「服菖蒲方」，能「令人膚體肥充，老者光澤，髮白更黑，面不皺，身輕目明，行疾如風，填骨髓，益精氣，……壽百歲」。關於這則藥方的來歷，孫思邈說：「天竺摩揭陀國王舍城邑陀寺三藏法師跋摩米帝，以大業八年（612）與突厥使主至，武德六年（623）七月二十三日，為洛州大德護法師、淨土寺主矩師筆譯出。」〔註13〕

唐代僧人道世《法苑珠林》卷 94《感應緣·唐洛州任五娘》，是一則出自《冥報拾遺》的傳聞，與洛陽淨土寺有關。唐高宗龍朔元年，雒州景福寺有一位比丘尼，法名叫做修行。她房中有一位侍童，叫任五娘，突然死去。修行為任五娘立靈位祭祀，一個多月後，任五娘的姐姐和弟弟，夜裏忽然聽到靈座上發出呻吟。弟弟起初有些恐懼，後來壯著膽子發問，靈位上傳來死者的回答聲：「我生時於寺上食肉，坐此大苦痛。我體上有瘡，恐污床席，汝可多將灰置床上也。」弟弟按照死者的說法，在床上放了很多灰，然後觀察，見床上都是膿血。死者又對弟弟說：「姊患不能縫衣。汝大藍縷，宜將布來，我為汝作衫及襪。」弟弟把布放在靈床上，過了一夜，見已經做成衣襪。死者又對姐姐說：「兒小時患漆，遂殺一螃蟹，取汁塗瘡得差。今入刀林地獄，肉中現有折刀七枚。願姊慈念，為作功德救助。知姊煎迫，交不濟辨。但隨身衣服，無益死者，今並未壞，請以用之。」姐姐還沒來得及回答，死者又說：「兒自取去。」過了一會兒，死者又說：「衣服已來，見在床上。」姐姐去看，原來是裝殮死者時放進棺材中的衣服，「遂送淨土寺寶獻師處，憑寫《金剛般若經》」。每寫完一卷，死者即彙報說：肉中的刀已經出了一枚。七卷寫完，死者彙報說：「七

〔註12〕《續高僧傳》卷 25《慧乘傳》，《磧砂大藏經》第 100 冊，第 64～66 頁。
〔註13〕〔唐〕孫思邈著，劉清國等校注：《千金方》（《備急千金要方》《千金翼方》合刊本）卷 12《養性服餌第二》，北京：中國中醫藥出版社，1998 年，第 658 頁。

刀並得出訖，今蒙福助，即往託生。」關於這則傳聞，《冥報拾遺》交代來源：
「吳興沈玄法說。淨土寺僧智整所說亦同。」〔註14〕

三、武周至唐武宗時期淨土寺的盛衰

　　武則天想改朝換代當皇帝，但自己的女性身份與傳統的儒家男性皇儲繼
位制度發生衝突。十六國時期，北涼曇無讖翻譯了《大方等無想經》，也就是
《大雲經》，其中說佛告訴淨光天女，你所以能轉生到六道中最高層次的天道
中，是由於你曾在別的佛那裏聽過宣講《大涅槃經》，遇到我以來，又聽我講
解佛教深義。你是天界的男菩薩，現在要化導眾生，以女身形象降生中國，在
世間當轉輪聖王，君臨南閻浮提（四大洲之一），做女居士，教化那裏所有的
男女老少，摧毀一切邪門外道。你下凡後，國中大臣會擁戴你當國君，你將聞
名遐邇，萬國朝宗。載初元年（690），洛陽僧人薛懷義、法明等九人對《大雲
經》作出政治導讀，說《大雲經》是對武則天的政治預言，她本是男身菩薩，
下生人間，要作閻浮提主，李唐氣數已盡，必然衰微。武則天的困境因此解
除，立即下制頒布《大雲經》於各州縣。武則天稱帝後的下一個月份，設置大
雲寺以彰顯和保存這個佛教政治預言。大雲寺設置的時間、範圍以及後來的變
化，北宋王溥編輯的《唐會要》卷48《寺》記載道：「天授元年十月二十九日，
兩京及天下諸州，各置大雲寺一所。至開元二十六年六月一日，並改為開元
寺。」〔註15〕載初元年九月九日，武則天稱帝，改唐朝為周朝，年號由載初改
為天授。上引《唐兩京城坊考》「天壽二年改大雲」的說法，不但年號用字弄
錯了，而且年份也弄錯了。唐人張彥遠《歷代名畫記》卷3《東都寺觀壁畫》
記載洛陽大雲寺，說：「門東兩壁鬼神，佛殿上菩薩六軀，淨土經變，閣上婆
叟仙，並尉遲畫，黃犬及鷹最妙。」〔註16〕這位尉遲，是西域畫家尉遲乙僧，
《歷代名畫記》卷9說他是「于闐國人」，即今新疆和田地區民族政權的人。但
唐人朱景玄《唐朝名畫錄》說他是吐火羅國人，即今阿富汗地區的人，評論他
的作品，說：「凡畫功德人物花鳥，皆是外國之物象，非中華之威儀。」〔註17〕

〔註14〕〔唐〕釋道世著，周叔迦、蘇晉仁校注：《法苑珠林校注》卷94《感應緣·唐
　　　　洛州任五娘》，北京：中華書局，2003年，第2716～2717頁。
〔註15〕〔北宋〕王溥：《唐會要》卷48《寺》，上海古籍出版社1991年，第996頁。
〔註16〕〔唐〕張彥遠：《歷代名畫記》，北京：人民美術出版社1963年，第70頁。
〔註17〕〔唐〕朱景玄：《唐朝名畫錄》，盧輔聖主編：《中國書畫全書》第1冊，上海
　　　　書畫出版社，1993年，第165頁。

唐玄宗開元二十六年（738），將全國各地的大雲寺統一改名為開元寺，旨在清除武則天改朝換代給唐朝帶來的政治恥辱、政治痕跡和政治記憶。既然是全國的統一行動，洛陽淨土寺的名稱也應該由大雲寺更換成開元寺。《唐兩京城坊考》沒有提到這一點。唐武宗會昌年間（841～846），在全國範圍內廢佛，一共拆毀國家賜額的佛寺4600多所，稱作招提、蘭若的未賜額私立小寺四萬多所，強令僧尼還俗260500人，放免寺院奴婢15萬人為平民身份。淨土寺這時是東都的開元寺，屬於國家賜額的佛寺，很顯眼，遭受法難在所難免，因而如同《唐兩京城坊考》所說：「會昌中廢。」

第三節　偃師府店招提寺 [註18]

招提寺，位於偃師市府店鎮府北村。該寺坐北朝南，現存古建築數間，已改作學校。

一、玄奘陪駕譯經京洛

唐顯慶二年（657）閏正月十三日，唐高宗駕臨洛陽，當時的洛陽稱「洛陽宮」。此次唐高宗來洛陽，敕玄奘大師陪同，同時還有五位譯經的「翻譯僧」，各帶弟子一人，一起住在積翠宮繼續譯經。積翠宮，《唐六典》作翠微宮。此次玄奘大師來洛陽，次年返長安，在洛陽生活一年左右，其間值得一提的至少有三件事。

其一，據《大慈恩寺三藏法師傳》載「法師少離京洛」，此次還鄉，曾借機「遊覽舊塵，問訪親故，淪喪將盡」，唯與一位老姐相見。他們找到父母墳塋，「躬自掃謁」，並新選「勝地」，進行改葬，「時洛下道俗赴者萬餘人」。

其二，《大慈恩寺三藏法師傳》載：「冬十二月，（唐高宗）改洛陽宮為東都。嫌封畿之褊隘，乃東分鄭州之氾水，懷州之河陽，西廢穀州，取宜陽、永寧（今洛寧）、新安、澠池等縣皆隸屬焉。」唐高宗升洛陽宮為東都，擴大封畿範圍，並規定「洛州官吏員品並如雍州」，此舉在洛陽歷史上意義重大。為此，玄奘大師特「修表進賀」。

其三，當年十二月十五日，由唐代著名書法家王行滿書丹、沈道元刻字的《大唐二帝聖教序》碑，刻立在緱氏（今偃師市境內）招提寺。通過此碑，對

頌揚玄奘大師的精神和重大貢獻，傳遞唐朝廷對佛教的態度和政策，提升招提寺的聲望和地位，都發揮了重要作用。這應是招提寺歷史上一個非同尋常的日子，也應是和玄奘大師此次返洛有密切關係的重要佛事活動。

二、古招提寺廟貌壯觀

據傳偃師招提寺初建於北魏。清順治《偃師縣志》載：招提寺「唐時建，元至正七年（公元 1347 年），寺僧達本重修」。清乾隆《偃師縣志》載招提寺「在縣南三十五里」。

自招提寺初創至今，一千多年來香火連綿。古代的招提寺，規模宏偉，廟貌壯觀。寺院山門、鍾鼓樓等，面臨古代偃師通往登封的「偃登大道」，前院有前殿、東西配殿等，核心區有大雄寶殿，兩側有僧舍、齋堂等，寺外東南有塔林。

年深歲久，因自然及人為的因素等，招提寺已失昔日風貌。20 世紀 50 年代，招提寺最後一位僧人海潮和尚圓寂；1964 年，寺裏核心區大殿等被改建或拆建，又由府店鎮中學長期使用。中學新建了大門、教室、學生宿舍、餐廳等，共約 30 間，佔地 10 餘畝。寺院遺址的其餘部分，也多被佔用。

招提寺，是一千多年來府店鎮、府北村一帶歷史變遷、佛事活動的見證。直到今天，每逢農曆初一、十五，信眾們還會手捧鮮花，身背黃袋，成群結隊來這裡進香，虔誠祭拜，求豐收、求福報、求平安。廟內可見的幾副對聯充滿了禪門氣息，如：鎮留嵐氣閒庭貯，時落鐘聲下界聞；再如：半滿真言參不漏，色空妙諦證無遮。

三、三家墨寶《聖教序》碑

宋樂史《太平寰宇記》載：「緱氏縣有招提寺。顯慶二年，王行滿書招提寺《聖教序》，今移置學宮。」原在招提寺的《大唐二帝聖教序》碑，後被移到偃師文廟。1963 年公布為河南省第一批文物保護項目，後遭到破壞，1987 年殘碑被搬遷至偃師商城博物館保存。

王行滿書丹的《聖教序》碑是一件具有重要歷史價值、藝術價值的文物瑰寶，對研究中國佛教史、中國書法藝術史、中印文化交流史、玄奘大師西行求法及與唐朝廷的關係等都是可靠的實物資料。碑高 244 釐米、寬 104 釐米，碑額兩側雕有蛟龍伏繞，正中刻一坐佛，「大唐二帝聖教序碑」8 個篆字分刻於

佛像左右，唐太宗李世民、太子李治所撰之文均刻於碑之正面。

　　玄奘萬里孤征、求取真經並全力從事佛經翻譯和佛學研究的行為，受到唐太宗高度讚揚，他特為玄奘撰寫了《大唐三藏聖教序》一文。其文曰：「有玄奘法師者，法門之領袖也」「松風水月，未足比其清華；仙露明珠，詎能方其朗潤」「翹心淨土，往遊西域，乘危遠邁，杖策孤征」「周遊西宇，十有七年」「爰自所歷之國，總將三藏要文，凡六百五十七部，譯布中夏，宣揚勝業。引慈雲於西極，注法雨於東垂。」

　　其後，太子李治又撰寫了《大唐皇帝述三藏聖教序記》一文。

　　《大唐二帝聖教序》碑，字體結構嚴謹，筆法廋硬俊逸，《寶刻類編》曾給予它很高評價，說它「用筆端正緊密，綽有姿致，不在褚遂良之下」。

　　除王行滿書丹的《聖教序》碑，還有褚遂良的《大唐二帝聖教序》碑，永徽四年（653）立在長安（今西安）慈恩寺大雁塔下，通稱《雁塔聖教序》碑。另有褚遂良《聖教序》的臨本，龍朔三年（663）立在同州（陝西大荔縣），通稱《同州聖教序》碑，今存西安碑林。

　　《大唐二帝聖教序》碑，還有另外一種，也非常有名，即唐高宗時弘福寺僧人懷仁集王羲之行書而刻成者，咸亨三年（672）立，通稱《集王書聖教序》。葉鞠裳在《語石》中說：「集字始於懷仁，唐以前未聞也。集右軍（王羲之）書者多矣，惟《聖教序》鉤心鬥角，天衣無縫，大雅之下，瞠乎其弗及也。」

　　在今偃師市緱氏鎮陳河村玄奘故里，刻立有三家《聖教序》的複製件。

第四節　玄奘弟子圓測長眠之地——龍門香山寺（韓國唯識宗祖庭）

一、早期的龍門香山寺：慧可圓測緣分深

　　宋代陳振孫《白文公年譜》曾有「（香山）寺在龍門山後，魏熙平元年（516）建」〔註19〕的說法。而南唐靜、筠二師編纂的《祖堂集》則記載了禪宗二祖慧可曾在龍門香山寺出家的故事：

　　　　第二十九祖師慧可禪師者，是武牢人也，姬氏。……至年三十，

〔註19〕〔宋〕陳振孫撰，〔清〕汪立名編：《白文公年譜》，汪氏一隅草堂刻本，康熙四十二年。

往龍門香山寺，事寶靜禪師，常修定慧。既出家已，至東京永和寺
具戒。年三十二，卻步香山，侍省尊長。〔註20〕

其文從前到後充滿了神異色彩，先是講慧可生有靈異，幼而不凡，三十歲
那年在龍門香山寺出家，師從寶靜禪師，後在東京永和寺受具足戒，而後又回
香山寺，隨寶靜和尚學法。忽然有一天，見到神人，為其換骨，自此聰慧衝天，
寶靜禪師覺得自己已經教不了他了，就勉勵他出去遊學，終於在嵩山碰到達摩
大師。

龍門香山寺

可見，香山寺始建於北魏。唐道宣的《續高僧傳》中明確記載了慧可，其
內容可與《祖堂集》相互補充：

釋僧可，一名慧可。俗姓姬氏，虎牢人。外覽墳素，內通藏典。
□末，懷道京輦，默觀時尚。獨蘊大照，解悟絕群，雖成道非新，
而物貴師受，一時令望咸共非之。但權道無謀顯會非遠。自結斯要
誰能繫之。年登四十，遇天竺沙門菩提達摩遊化嵩洛，可懷寶知道
一見悅之。奉以為師。〔註21〕

道宣講慧可北魏末年到洛陽，對佛教經典已經有不凡的見識，但因當時的
人貴師承（「物貴師授」），而慧可因學無師承（「獨蘊大照，解悟絕群」），而為
時人所非（「一時令望咸共非之」），直到遇到達摩。

〔註20〕〔南唐〕靜、筠二禪師編纂，孫昌武等點校：《祖堂集》，北京：中華書局，2007
年10月，第105～106頁。
〔註21〕〔唐〕道宣：《續高僧傳》，《大正藏》第50冊，第551頁。

香山賦詩奪錦袍

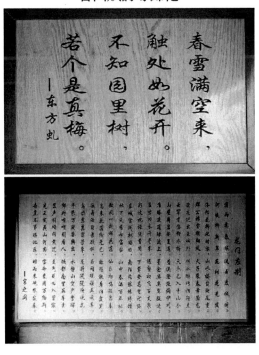

　　玄奘法師二大弟子之一的圓測法師，圓寂後埋葬在香山寺。圓測，新羅人，
十五歲離開新羅，於貞觀二年（628）來到長安，受教於攝論師法常、僧辯。
而玄奘法師也曾隨法常、僧辯學過唯識，說起來兩者還有同門之緣。在玄奘留
學歸來，聲譽極高，圓測也慕名跟隨玄奘學習，成為了玄奘的弟子。

　　《大周西明寺故大德圓測法師佛舍利塔銘（並序）》記載，圓測，也稱文
雅，為新羅王孫。三歲就出家為沙彌。後來到中國留學，貞觀中，唐太宗度其
為僧，住在京城元法寺。在玄奘歸國前夕，圓測夢到有婆羅門將大捧的水果送
到其懷中。等到玄奘歸國，果然將唯識宗的精要教授給他。後來圓測被召入西
明寺，寫成《成唯識論疏》十卷、《解深密經疏》十卷、《仁王經疏》三卷、《心
經疏》、《無量義經疏》、《觀所緣論疏》等。法師性愛山水，不願在城市居住，
就搬到終南山雲際寺居住，還嫌不夠清淨，就再搬到寺外三十處的一個小屋內
靜居八年，後在西明寺高僧的請求下才回到西明寺，講解《成唯識論》。

　　當時中天竺三藏地婆訶羅來到京師，奉旨翻譯《密嚴經》，組建譯場，圓
測法師為首座。後又被武則天召入東京洛陽，參與實叉難陀的譯場，翻譯《新
華嚴經》，即八十華嚴經。新《華嚴經》還沒有翻譯完畢，就圓寂在洛陽佛授
記寺，時間是在萬歲通天元年（696）七月二十二日。享年84歲。在當月的二

十五日，葬於洛陽龍門香山寺北谷，舍利塔名白塔。圓測在長安的徒弟西明寺
主慈善法師、大薦福寺大德勝莊法師等，覺得在長安缺少供奉師傅的場所，就
從香山寺白塔處，分出一部分遺骨，放在寶函中，用石棺槨盛殮，葬於終南山
豐德寺東嶺上當初圓測法師曾經往遊的地方，並且起塔供養，內還安放佛舍
利四十九枚。到宋代時，這裡山高林密，人跡罕至，考慮到時間的摧殘，恐怕
以後無人知道這是圓測的舍利塔，於是由龍興寺仁王院廣越法師，於大宋政和
五年（1115）四月八日，將豐德寺圓測遺骨並佛舍利遷葬於興教寺玄奘塔的左
側，起塔供養。同時還重修了窺基塔。當時中天竺三藏地婆訶羅來到京師，奉
旨翻譯《密嚴經》，組建譯場，圓測法師為首座。後又被武則天召入東京洛陽，
參與實叉難陀的譯場，翻譯《新華嚴經》，即八十華嚴經。新《華嚴經》還沒
有翻譯完畢，就圓寂在洛陽佛授記寺，時間是在萬歲通天元年（696）七月二
十二日。享年84歲。在當月的二十五日，葬於洛陽龍門香山寺北谷，舍利塔
名白塔。

興教寺圓測塔

　　圓測生前主要住於長安西明寺，傳播唯識學甚為得力，也深得唐高宗與武
則天的寵信，弟子眾多，有「西明法師」、「西明圓測」的稱號。他的弟子慈善，
也曾為「西明寺主」，地位很高。勝莊也是他的弟子，參加過菩提流志和義淨
的譯場，有不少唯識論著。圓測的另外一個弟子道證，學成後回到新羅，他有

得意門生太賢，被韓國人稱作「海東瑜伽之祖」，為朝鮮唯識學的發展做出了很大貢獻。因為圓測的舍利塔（白塔）葬在龍門香山寺，該寺也就因此成為了韓國唯識宗的祖庭。

　　圓測在長安的徒弟西明寺主慈善法師、大薦福寺大德勝莊法師等，覺得在長安缺少供奉師傅的場所，就從香山寺白塔處，分出一部分遺骨，放在寶函中，用石棺槨盛殮，葬於終南山豐德寺東嶺上當初圓測法師曾經往遊的地方，並且起塔供養，內還安放佛舍利四十九枚。到宋代時，這裡山高林密，人跡罕至，考慮到時間的摧殘，恐怕以後無人知道這是圓測的舍利塔，於是由龍興寺仁王院廣越法師，於大宋政和五年（1115）四月八日，將豐德寺圓測遺骨並佛舍利遷葬於興教寺玄奘塔的左側，起塔供養，同時還重修了窺基塔。

　　《圓測法師像讚》：「未齡王孫已齒聖儕，奘門多匠擲水盈懷，基中其騏測驂其騧，各常淵衷來經典猜，唯識瑜伽竺寢支開。南山險邃興教佳哉，新羅薪盡雜華歇醅，朗朗人來慧波無涯。」弟子朱慶瀾沐書民國二十二年冬月。幼年時期王孫就出家為僧，玄奘門下賢才很多，您卻翹楚其中。窺基法師和你都是玄奘法師門下奇才，都對唯識經論廣作釋讀，發揚光大了唯識學說。終南山上的興教寺風光好，新羅僧圓測的燭光燃盡，但薪火永傳，永遠沒有盡頭。

二、武周時期的香山寺：香山賦詩奪錦袍

　　香山寺始建於北魏，但可能當時還不叫香山寺，香山寺的名字，始於武則天時期。法藏的《華嚴經傳記》記載，武周時期的印度高僧地婆訶羅死後：

　　　　香華輦輿，瘞於龍門山陽，伊水之左。門人修理靈龕，加飾重
　　閣，因起精廬其側，掃灑供養焉。後因梁王所奏請，置伽藍，敕內
　　注名為香山寺。危樓切漢，飛閣凌雲，石像七龕，浮圖八角，駕親
　　遊幸，具題詩讚云爾。〔註22〕

　　香山寺頗受武則天的喜愛，她在香山寺的上方建有行宮望春樓，甚至經常到上朝理政：

　　　　洛東龍門香山寺上方，則天時名望春宮，則天常御石樓坐朝，
　　文武百執事，班於外而朝焉。〔註23〕

〔註22〕〔唐〕法藏：《華嚴經傳記》，《大正藏》第51冊，第154頁。
〔註23〕〔唐〕佚名：《大唐傳載》上海：上海鴻文書局，清光緒十五年（1889）。

洛陽香山寺遺址

宋人計有功在《唐詩紀事》卷十一中，記載了一起「香山賦詩奪錦袍」的故事：

> 武后遊龍門，命群臣賦詩，先成者賜以錦袍，左史東方虯詩成，拜賜，坐未安，之問詩後成，文理兼美，左右莫不稱善，乃奪錦袍賜之。〔註24〕

查東方虯有《龍門應制·春雪》，宋之問有《龍門應制》的詩文留世，計有功所述應是可信的。有唐一代，香山寺備受文人名士的喜愛，武三思、沈佺期、孟浩然、劉長卿、李白、武元衡、韋應物、白居易等名士都有關於香山寺的詩文留世。其中尤以武元衡所著的《春題龍門香山寺》最為可人：

> 眾香天上梵仙宮，鍾磬寥寥半碧空。清景乍開松嶺月，亂流長響石樓風。山河杳映春雲外，城闕參差茂樹中。欲盡出尋那可得，三千世界本無窮。〔註25〕

詩文描繪了香山寺優美的自然環境，鐘聲、明月、清風、春雲、城闕交相輝映，讓人彷彿置身於彼岸的忉利天宮。作者想像自己徜徉在天宮中，到處流連忘返，但卻總是轉不完。詩文最後以禪意濃厚的感歎結尾：香山寺能勾起作者對天宮的嚮往，衝破有限自身的限制而進入無限之彼岸，成功地烘托出了宗教理想世界的超越。可以想見，沒有雄厚的詩詞功底，沒有對佛學的深切體驗，沒有靈感的突然閃現，是寫不出如此優美而又寓意深刻的好詩的。

〔註24〕〔宋〕計有功：《唐詩紀事》，臺北：臺灣商務印書局，1986年。
〔註25〕彭定求等編：《全唐詩》，北京：中華書局，1960年，第3562頁。

洛陽唐香山寺遺址

（考古現場）

　　玄奘法師的弟子圓測歸葬香山寺，則使其具有了唯識祖庭的美譽。玄奘大師是唯識宗的創始人，圓測是其最得意的弟子之一。圓測，亦名文雅，新羅國王孫，十五歲開始遊學長安，常住西明寺，弘傳唯識，其弟子將唯識學傳入新羅國，圓測被尊為祖師。史載他後來應招入東都洛陽講授新譯《華嚴經》，在佛授記寺圓寂，時為萬歲通天元年（696）。「以其月廿五日，燔於龍門香山寺北谷，便立白塔。」〔註26〕後其弟子西明寺主慈善法師、大薦福寺勝莊法師從香山分得部分舍利，帶到長安，盛以寶函石槨，葬於終南山豐德寺東嶺。北宋政和五年（1115），又從豐德寺分出部分舍利，遷至興教寺玄奘塔旁，與窺基塔並列，形成今日興教寺唯識三祖塔的格局。

　　武則天的侄子、高平郡王武重規，曾在龍門東山萬佛溝有造像活動，而香山寺上座惠澄，也對造像非常積極：

　　　　（武）周之代，高平郡王圖像尊儀，軀有數十。厥功未成，掩歸四大，自茲零露，雨灑塵沾。遂使佛日沉輝，人天福減。惟我香山寺上座惠澄法師，傷之、歎之、慚之、愧之，爰徵巧匠，盡取其材，飾雕翠石，煥然紫金……〔註27〕

〔註26〕〔清〕王昶撰：《金石萃編》卷116，青浦王氏經訓堂刻本，清嘉慶十年（1805）。

〔註27〕張乃翥：《龍門區系石刻文萃》，北京：國家圖書館出版社，2011年10月，第108頁。

大唐開元十六年（728）二月二十六日，香山寺上座比丘惠澄檢校此龕莊嚴功德記。同檢校比丘張和尚法號義琬，刻字人常思。〔註28〕

唐中宗李顯曾巡幸香山寺：「神龍元年冬十月癸亥，唐中宗李顯幸香山寺。」《舊唐書》卷七，本紀第七。長慶初年（821～824），新羅國使金柱弼偕沙門無染入唐後，曾赴香山寺向如滿法師問法。

九老堂

唐名相裴度（765～839）早年也曾光臨香山寺，還留下了「裴度還帶」的著名故事：據傳裴度早年一直事業不順，就去向洛陽一著名相士那裏去看相。相士云看不出有富貴之相，認為他將來也許會餓死，裴度掃興而歸。一日出遊香山寺，撿到兩條玉帶一條犀帶，他連等兩天，等到一婦人，云其父遭人陷害，此三帶為救父親而籌，不幸於昨日丟掉。裴度將帶返還。他日又見相士，相士大驚：「此必有陰德及物，前途萬里，非某所知也。」〔註29〕

三、白居易與香山寺：他生當作此山僧

晚唐時期的香山寺因著名詩人白居易的垂愛進入了它的又一個輝煌期。唐文宗大和三年（829），白居易到洛陽任河南尹。特別鍾愛香山寺。認為「洛都四郊山水之勝，龍門首焉；龍門十寺，觀遊之勝，香山首焉。」曾有詩云「我年日已老，我身日已閒……。吾亦從此去，終老伊嵩間。」「愛風岩上攀松蓋，

〔註28〕張乃翥：《龍門區系石刻文萃》，北京：國家圖書館出版社，2011年10月，第151頁。
〔註29〕〔宋〕李昉等編：《太平廣記》卷117，臺北：臺灣商務印書局，1986年。

戀月潭邊坐石棱。且共雲泉結緣境，他生當作此山僧。」人生步入晚年的白居易，出資修繕了香山寺：

> 白居易《修香山寺記》曰：「予與元微之，定交於生死之間。微之將薨，以墓誌文見託，既而元氏之老，狀其臧獲、輿馬、綾帛，洎銀鞍、玉帶之物，價當六七十萬，為謝文之贄。予念平生分，贄不當納，往反再三，訖不得已，因施茲寺。凡此利益功德，應歸微之。」〔註30〕

大和五年（831）白居易的好友元稹去世，白居易受託寫了墓誌，元家以重金酬謝，推脫不掉，於是將錢用來修繕香山寺。開成五年（840）九月，白居易抱病為香山寺新建了藏經堂，他常住於寺中，自稱「香山居士」。

洛陽唐香山寺遺址

（正在考古挖掘）

晚年的白居易經受了「會昌法難」的打擊。會昌五年（845），唐武宗下令滅佛。洛陽只允許在左右街留寺二所，各留 30 僧。其餘寺廟均被拆毀。看到自己晚年的功德全部被毀，74 歲的白居易痛心疾首，但毫無辦法，只得回到履道里自己的家中，組織「尚齒會」以自娛。先是七老會，分別是胡杲、吉皎、鄭據、劉真、盧貞、張渾、白居易。後來 136 歲的李元爽、95 歲的僧如滿加入，組成了著名的「九老會」。號稱「香山九老」，並畫「香山九老圖」，並吟

〔註30〕〔宋〕洪邁：《容齋隨筆》卷 6，北京：燕山出版社，2008 年。

詩唱和。但一年後即病逝於履道里的家中。「遺命不歸下邽,可葬於香山如滿法師塔之側。家人從命而葬焉。」可見如滿在他之前也已經去世。

日僧元珍(815～891)於唐宣宗大中七年(853)入唐留學。於大中十年(856)正月十三日,與僧圓覺等「回至龍門西崗,尋金剛智阿闍梨墳塔,遂獲禮拜,兼抄塔銘。」便於伊川東旁,望見故太保白居易之墓,時正值白居易死後十年,「墳塋赫然,如滿禪師塔在側。」

白居易信仰佛教甚篤。曾有蓬萊山道士對訪客雲白居易曾在道觀居住。後傳到白居易那裏,他給與了否認:

> 樂天聞之為詩曰:「吾學真空不學仙,恐君此語是虛傳,海山不是吾歸處,歸即須歸兜率天。」樂天嘗立願曰:「吾勸一百四十八人同為一志,結上生會行念慈氏名,坐想慈氏容,願當來世必生兜率。」晚歲風痹,命工畫西方淨土一部,晝夜供養,為之贊曰:「極樂世界清淨土,無諸惡道及眾苦,願如我身老病者,同生無量壽佛所。」一夕念佛。倏然而化。〔註31〕

白居易早年心向彌勒菩薩的兜率天宮,晚年則改為阿彌陀佛的西方淨土,但信佛之念從未改變。

白居易之後,香山寺又有所恢復。陶穀(903～970)在《龍門重修白樂天影堂記》中說,到了後周廣順三年(953),白居易的祠堂已經成為「荒祠」。五代周世宗顯德二年(955),香山寺又經歷了周世宗滅佛,當時的政策是凡有帝王敕賜匾額的寺廟可以不拆。香山寺由於有武則天御賜的匾額,不再拆毀之列。又逐漸開始恢復。

四、宋以後的香山寺:名人輻輳的勝地

北宋時期,洛陽為全國文化中心,人文薈萃,香山寺又經歷了一次繁盛,文彥博、司馬光、歐陽修、黃庭堅、張耒、蔡襄、梅堯臣、范純仁、李欣等名士都有在香山寺遊玩的詩文留世。二十世紀七十年代,在香山寺考古挖掘,出土了一些宋代的銅幣,說明宋代的香山寺香火仍很興盛。龍門東山擂鼓臺南洞北崖,有阿彌陀造像一龕。龕下造像記云,此龕為河中常景所立,目的是為自己無比鍾愛的兒子清孫往生做功德。清孫品行俱佳,無奈於元豐元年(1078)因病夭亡於洛陽,年僅二十二歲。因清孫在世時最喜愛香山,故「礱像於佛室

〔註31〕〔宋〕志磐:《佛祖統記》卷42,《大正藏》第49冊,1983年,第386頁。

之前，鐫其容於旁以追薦之，冀其往生復尋茲境。」﹝註32﹞這說明宋代，香山寺周邊地區仍是洛陽最著名的旅遊勝地。

　　金朝時，香山寺久經戰亂，已經成了沒有僧人的荒寺。詩人元好問訪問香山寺，寫了《登香山寺石樓》一詩，為我們留下了寺廟已經荒廢的景象：「石樓繞清伊，塵土無所限。人言無僧久，草滿不復刈。」元明兩代我們已經找不到任何關於香山寺的消息，可能已經被毀壞殆盡。

　　清代康熙四十六年（1707），香山寺又一次恢復，但現今的香山寺已經不是原來的舊址，「舊址猶在今寺東南嶺上」，即今洛陽軸承廠療養院以及其北側的山坡。筆者上個月去參觀，曾經繁華錦繡，為洛陽一景的香山寺故地，發現除了療養院所佔部分外，盡成層層的梯田，黍離之悲盡在心間。

龍門香山寺

﹝註32﹞張乃翥：《龍門區系石刻文萃》，北京：國家圖書館出版社，2011 年 10 月，第400 頁。

康熙四十六年，學政湯右曾、知縣吳徵獨等倡建，陝州訓導孟桓思、貢生張所在唐乾元寺的基礎上建立的。當時的格局是：「正殿三楹，殿後為唐白文公祠，祠後觀音堂。」〔註33〕並請「履璗禪師」為開山祖師，履璗禪師的壽塔今還在寺內小亭南側，高 0.47 米，上書「大清香山寺開山和尚上履下璗公禪師衣缽壽塔」。今琵琶峰上的白居易墓，是康熙四十八年（1709），在舊冢的基礎上修復的，立碑為「唐少傅白公墓」。

乾隆十五年（1750），乾隆皇帝遊歷香山寺，留下了「龍門凡十寺，第一數香山，自古才華地，當秋罕躋間」的優美詩句。

民國二十一年（1932），日軍發動九一八事變，北平局勢嚴峻，國民政府遂在洛陽建立行營。民國 25 年，蔣介石要來洛陽主持軍政事物，時間臨近蔣介石 50 歲壽辰，當時洛陽地方政府在香山寺內南側修建了二層小樓，作為接待蔣氏夫婦的住所，後稱「蔣宋樓」。1936 年 10 月 29 日，蔣介石從西安坐火車來到洛陽，入住香山寺，對外宣稱來洛陽「避壽」，實際上是聯絡各路軍閥進行「西北剿共」事宜。他不但在蔣宋樓內慶祝了自己的五十歲壽辰，還接見了張學良、閻錫山等軍事將領，並曾安撫濟南的韓復渠和綏遠的傅作義。蔣氏夫婦在洛陽居住 36 天，大部分時間都住在香山寺。

1968 年 3 月，解放軍代總參謀長楊成武將軍受到林彪集團的迫害，被囚禁在香山寺蔣宋樓，直到 1971 年 1 月才離開。蔣介石夫婦在香山寺與各路軍閥的秘密活動，楊成武將軍在香山寺的囚禁，都使香山寺增添了許多神秘色彩。

第五節　玄奘聽經的隋慧日道場——今老城安國寺

前面我們介紹，玄奘法師早年在東都淨土寺學習時，經常到隋煬帝在慧日道場舉行的講經會中聽經。如聽寶暹法師講《攝論》，向道基法師學《毗曇》，後來在去成都的路上和在成都再次向他們學習。那麼這個慧日道場在哪裏呢？

鄭貞富考證，今老城安國寺就是當年的慧日道場（即內道場）：「原安國寺拆後，原內道場（即隋慧日道場），改名為安國寺。」〔註34〕因此，老城安國寺也是與玄奘有關的遺跡。

〔註33〕〔清〕施誠：《河南府志》卷 75，洛陽圖書館藏，第 10 頁。
〔註34〕鄭貞富：《金光流照古伽藍——洛陽安國寺記》，2015 年 7 月 22 日洛陽日報。

　　看過日本動畫片《聰明的一休》的朋友，一定知道，一休居住的寺廟，叫做安國寺，位於日本京都。其實，日本安國寺的名字，源於中國唐代的安國寺。唐代東西兩京各有一座安國寺，都稱為大安國寺，屬於皇家寺廟。所不同的是，長安安國寺是男眾寺廟，洛陽安國寺是比丘尼寺廟。關於洛陽安國寺，《元河南志》的「宣風坊」條有記載：「安國寺，舊在水南宣風坊，本隋楊文思宅，後賜樊子蓋。唐為宗楚客宅，楚客流嶺南，為節愍太子宅。太子升儲，神龍三年建為崇因尼寺，復改衛國寺。景雲元年改安國寺。」

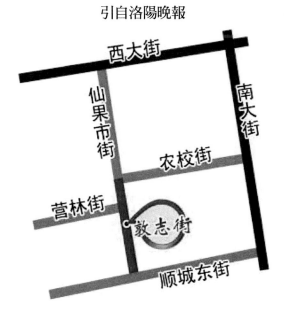

（2011 年 3 月 5 日，銀剛繪製）

　　也就是說，安國寺原為隋朝貴族楊文思的宅第，位於洛河南部的宣風坊，楊文思去世後，隋煬帝將此宅賜給東都留守樊子蓋。唐朝時，此宅歸戶部侍郎宗楚客，宗楚客被流放嶺南後，此宅歸唐中宗節愍太子李重俊所有。神龍三年（707），李重俊死於宮廷政變，此宅改為崇因尼寺，後又改為衛國寺，景雲元年再改名為安國寺。

　　《唐會要》卷 48《寺》：「安國寺，宣教坊。本節愍太子宅。神龍二年，立為崇恩寺，後改為衛國寺。景雲元年（710）十二月六日，改為安國寺。」唐代時安國寺位於宣教坊（今牡丹橋南聶灣附近）。《唐會要》的記載與《河南志》稍有不同，大體一致。

　　節愍太子李重俊（？～707），唐朝宗室，唐中宗李顯第三子，生母不詳。

李重俊早年歷封義興郡王、衛王，拜洛州牧，神龍二年（706）被立為皇太子。但因不是韋后親生，頗受猜忌。安樂公主、武三思等人也多次試圖陷害他，使他的地位受到威脅。

神龍三年（707）七月，李重俊與李多祚、李承況、獨孤褘之等人發動兵變，誅殺武三思父子，而後攻打宮城，意圖殺死韋皇后等人，卻被阻於玄武門外，因士卒倒戈而失敗。他逃奔終南山，中途被部下殺死。睿宗上臺後的景雲元年（710），追謚李重俊節愍太子，與章懷太子李賢、懿德太子李重潤並稱唐代具有悲劇色彩的三位太子。

唐代的安國寺可能一直是女眾道場，即《河南志》所說的「崇因尼寺」，景雲元年（710）改為安國寺。為何要改為「安國寺」？梁子先生對長安大安國寺的分析，可以提供借鑑。他引《增訂兩京城坊考》的記載「大安國寺，睿宗在藩舊宅，景雲元年（710）立為寺，以本封安國為名。」認為在長安五年（705），「五王政變」，迫使武則天退位，相王李旦翊贊有功，被新中宗李顯封「安國相王」。這就是「安國」之名的緣由。五年後，李旦登基後，便將邸宅改為寺院，以安國名之。梁子認為，睿宗採取了與中宗不同的執政路線，與武周政權劃線較為堅決，安國寺的建立實有旌表紀功，弘張李唐的政治標向。洛陽安國寺的改名，與長安安國寺同為睿宗李旦登基的景雲元年，其用意都在於昭示新皇的新氣象，更帶有與武則天所建立的福先寺相比較的意味。所以安國寺的存在，就是李唐正統觀念在東都佛教的象徵。所不同的是，長安安國寺是男眾寺廟，而東都作為下都，安國寺為比丘尼寺。洛陽安國寺有許多貴族女性在此出家，知名的有以下幾位：

《大唐大安國寺故大德惠隱（658～734）禪師塔銘並序》記載，惠隱法師圓寂於開元二十二年（734），享年76歲，可以推知，她出生於公元658年，即唐高宗顯慶三年。安國寺707年才成為寺廟，當時惠隱法師已經50歲了。她極有可能就是成立寺廟後的第一代僧人。從「斷穀服氣，宴坐禪思，或煉壁試心，彌堅其志，動靜語默，恒在定中」這樣的語句，可知她有辟穀、服氣這些道家的修行方式，同時重視禪定。惠隱臨終前，希望能與「□□尊者」安葬在同一山，可惜兩個關鍵字的失去，讓我們無法確定惠隱信仰的具體傾向。另外，碑文稱東都安國寺為「大安國寺」，說明了其皇家寺院的身份。長安的大安國寺是男眾寺院，東都大安國寺是女眾寺院，這也符合洛陽作為下都的政治地位。

洛陽安國寺大雄寶殿

　　《唐故安國寺大德盧和上依止弟子尼悟因（694～739）墓誌銘並序》記載，悟因尼的爺爺李敬玄，和節愍太子李重俊、鎮國將軍李多祚一起發動政變，誅殺了武三思父子，但被中宗鎮壓。政變失敗後，李重俊、李多祚、李敬玄均以謀反罪被殺，連累兒子、女婿也失去性命，上文中的「遽夫及祖已」就是證明。悟因的丈夫鄭某，應該也是因此事被斬的，悟因的出家為僧，可能也是被迫的。但睿宗李旦上臺後為他們平反，因此才能立碑立傳。悟因選擇以節愍太子的故居而成的安國寺出家，是不是和其爺爺李敬玄與李重俊的緊密聯繫有關？她的丈夫與爺爺都效忠於李重俊而被殺，住在這樣一個與他們家族關係重大的寺廟裏，我們不難體會當時她的複雜感情。悟因尼「於華嚴寺大和上受一乘法」，「一乘法」指的是華嚴宗，華嚴學自稱自己是一乘圓教，從而可知悟因之學，所宗是當時流行的華嚴學。

　　《大唐故東京安國寺真律師（703～756）墓誌銘並序》記載，志真尼（703～756），鄭州陽武縣令蘇太素之第五女。因父親去世而看破紅塵，「露電其相，木石乃心」，年二十，剪髮出家，信奉彌勒淨土。碑文題目稱之為「真律師」，可知其主要修律學。

　　《唐故安國寺比丘尼性無相（714～773）墓誌銘並序》記載，性無相，俗姓秦，年十六嫁與吏部侍郎鄭齋嬰，生有子名曰華，曰華三歲那年，鄭齋嬰去世。秦氏後來半路出家，法名性無相，僧臘只有七年。圓寂在宣風裏自己的私宅裏，可能是兒子鄭曰華接去的，也可能與出家時間不長，沒有收到弟子，或弟子年齡太小有關。

　　《有唐東都安國寺故上座韋和上（圓淨 725～784）墓誌銘並序》記載，韋和上法名圓淨，十四歲出家，依洛陽安國寺李上座為師。李上座是紀王李慎的女兒，李慎是唐太宗的第十個兒子。論輩分，則李上座確為唐玄宗的姑姑，推測是由於害怕武則天的迫害而出家為尼的。碑文說李上座「族貴行高，參學匪易。」能夠成為她的弟子，是很不容易的。從「虔心秉持之儀，苦節毗尼之藏」的表述來看，圓淨初所學為律典，因為毗尼的全稱作「毗奈耶」，是「律」的意思。到了中年以後，則捨棄律學，轉向禪學。「洎乎中歲，學精業就，思得魚而忘筌，乃□流而捨筏，蹄有相之小乘，樂無聲之妙理。□於言下，見識種於心田；行出緇流，植善根於意業。」因為律宗所依的《四分律》，屬於印度的小乘戒律，故有文中「小乘」之語，而禪宗則以「心」傳「心」，時人以為得魚忘筌。圓淨由律轉禪的經歷，正反映了八世紀禪宗的崛起。下文我們還要論及，圓淨皈依的禪宗，可能是神秀—普寂系的北禪。她有弟子契虛，可能與下面要講的契微屬於同一輩。

　　《唐故東京安國寺女尼契微和尚（720～781）塔銘並序》記載，契微尼圓寂於建中二年（781），享年六十二歲，依此推知，她生於唐玄宗開元七年（719），剛好是密宗大師金剛智來華那一年。法師出生於官宦家庭，書香門第。九歲就在長安薦福寺金剛智三藏面前，歸心佛教。734 年時為十五歲，父親已經去世，法師以死相逼，終於出家。到天寶元年（742）在洛陽福先寺受具足戒於定賓律師，成為東京安國寺的尼僧，老師為無勝比丘尼，「外示律儀，內循禪悅」，熟悉四部經典，尤其精通楞伽經。從其侄孫權德輿「以其教言之，自菩提達摩至大照祖師」句可知，契微最後歸心的是禪宗北宗神秀—普寂一系，因為「大照祖師」就是普寂。這個時間非常有意思，早在安史之亂前，禪宗南宗神會大師北上洛陽，與禪宗北宗神秀系的普寂、義福爭奪正統。習慣上的說法是，安史之亂後，神會就已經取得了勝利，南禪取代了北禪。可是，我們在洛陽安國寺看到的禪宗傳承，竟然還是北禪的譜系，這麼有影響的寺廟都還在傳承北禪，說明北禪的衰落，是個長期的過程，絕不是被南禪一擊而敗的。

　　2007 年冬，尼法真墓誌在龍門西山出土。題為《唐故東都安國寺大德尼法真墓誌銘並序》，提供了安國寺尼法真的生平簡介。尼法真生於開元十九年（731），圓寂於元和九年（814），享年 83 歲，出家 64 年。趙青山先生根據其圓寂前面向西方，推斷其信仰西方淨土，是可信的。法師俗姓裴，生於「豪家

大族」，父親是懷州刺史、鴻臚卿裴恂。

1920 年，洛陽龍門南郭寨村出土了一通石碑《唐東都安國寺故臨壇大德塔下銘並序》，裏面介紹了墓主尼澄空（737～793）的生平。碑文講，澄空是長安功德寺尼德淨因的徒弟。父親皇甫璀曾任揚州都督，兄皇甫溫曾任陝州節度使、浙東觀察使兼御史大夫。碑文講澄空法師「宗崇福疏，誦讀精通；總諸部律，周微制心」，可見她對佛典非常熟悉，尤其重視律典。「洛中事法嘗缺，共難其人，蓋求者多而讓者寡，師以疾辭之而不免，皆舊德所與也。」按「事法」不應該泛指法事活動，因為當時洛陽僧人與寺廟都不少。從石門上題詞「唐故澄空闍梨墓誌銘石」，可知，「闍梨」是密宗儀軌師的意思，「事法」也是密宗名詞，是指密宗裏面的儀軌活動，當時洛陽城懂得儀軌的尼師較缺，大家都來請澄空法師，互不相讓，法師以病相辭也不能避免，這都是法師一貫品格高尚的緣故。從碑題稱之為「臨壇大德」也可證實此一推斷，這裡的「壇」，應該指的是密宗做法所用的壇場，即俗稱的「曼荼羅」。「臨壇大德」就是密教中有資格參與布置壇場的大德高僧。澄空法師生活的年代，正是密宗高僧惠果在長安青龍寺活躍的時期。澄空法師有來自長安功德寺，受到長安密風的影響，是很有可能的。

澄空法師在安國寺收有徒弟尼道微，以接替自己的寺院。澄空法師圓寂於貞元九年（793），享年五十七，出家三十四年，這樣算起來，她生於開元二十五年（737）。澄空法師最後埋葬在龍門西南所置之蘭若（即今皇覺寺）內，其舍利塔建在禪宗北宗義福禪師塔的右邊，密宗祖師金剛智塔的左邊。從「閑微律儀」、「當生淨土」的銘文可知，澄空所修的法門可能是以密為主，兼修律學與淨土。她的侄兒秘書省校書郎皇甫閱書丹，皇甫閱是唐代著名書法家，柳宗元和劉禹錫都是他的弟子。

《唐故東都安國寺比丘尼劉大德（性忠 762～815）墓誌銘並序》介紹，性忠法師俗姓劉，是李林甫的五世外孫女，七歲從其姑出家，二十受具足戒，後來其妹妹也出家，法名性真。性忠法師收有弟子辯能、恒靜。性忠法師圓寂的時間，已經距離唐武宗會昌滅佛不遠了。滅佛當在其弟子辯能和恒靜在安國寺的時間。

《元河南志》記載安國寺「會昌中廢，後復葺之，改為僧居諸院，牡丹特盛。」唐武宗發起「會昌滅佛」運動，安國寺被拆除，以後又重新恢復，但可能已經被改為男眾寺廟了。因為在北宋，許多遊客常去遊覽，院內種植的牡

丹很有名，而尼寺在當時應該是只有佛教節日才對外開放的。司馬光在《又和安國寺及諸園賞牡丹》中云：「洛邑牡丹天下最，西南土沃得春多。一城奇品推安國，四面名園接月波。山相著書稱上藥，翰林弄筆作新歌。人間朱粉無因學，浪把菱花百遍磨。」這首詩說的就是安國寺的牡丹，為文人騷客所喜愛。北宋李格非的《洛陽名園記》也記載，安國寺牡丹有數十萬株。每逢牡丹花開，民眾紛紛來此賞花、買花，熱鬧非凡。既然北宋的作者都稱「安國寺」，說明唐武宗滅佛後，安國寺又重新恢復，繼續作為寺廟而存在，並不只是「僧居諸院」。

《元河南志》又記載：「今徙東城承福門內，為祝釐之所，內有八思巴帝師殿。」從字面意思看，安國寺似乎是在元代遷到東城承福門內，成為祈福之所，裏面有八思巴帝師殿。金代時期，隋唐洛陽城已經被宋金戰亂所毀壞，金代依皇城、宮城和東城建成「金昌府」，洛陽縮小到今老城、瀍河區的地方，安國寺所在的宣風坊，位於今天洛河南的聶灣村附近，當時就已經是在城外了。金元時期，安國寺被遷入城內，就是今天老城敦志街的位置。鄭貞富認為：「唐代的東城是與宮城、皇城同等重要的中央衙署所在地，唐朝咸通年間在這裡建佛寺，絕不是無緣無故的。實際上，隋朝時，東城南部就是皇家內道場，所謂內道場，指在內城（東城、宮城、皇城）內建的皇家寺廟。隋煬帝遷都洛陽後，設立內道場，成為皇家佛教研究院，又置翻經館，翻譯各種佛經。」〔註35〕

也就是說，鄭貞富認為，安國寺由宣風坊遷到今老城敦志街的位置，原因是因為這裡有唐代廢寺遺址，而唐代之所以會在及其重要的東城內建佛寺，是因為這是正是隋代的慧日道場——內道場。所以元明清時期，將這一寺廟作為洛陽的佛教最高管理機構，是有道理的，不僅僅是從地理位置位於寺中心而言的。元代寺裏供奉的八思巴，是元朝忽必烈皇帝的國師，藏傳佛教薩迦派宗師，在當時掌管全國佛教，權勢很大。

現在洛陽下清宮門前有一安國寺磚塔，為明代嘉靖年間，安國寺住持鏡本執之塔，塔高六點二米，底層邊長一點零三米，六角六級實心磚塔，塔下有須彌座，首層裝飾斗拱塔簷，以上各層相迭出簷，頂部塔剎已失。塔身南側嵌有一方石銘，大部分文字已無法辨識，依稀可辨銘文中有「嘉靖」二字，應是建塔年代。安國寺僧人的舍利塔，出現在邙山腳下，說明安國寺位於城區，地域

〔註35〕鄭貞富：《金光流照古伽藍——洛陽安國寺記》，2015 年 7 月 22 日洛陽日報。

不能擴建，所以和尚塔林只有建在城外。值得注意的是，當時明代全真派龍門宗第十代弟子張清林，已經在這裡建立道觀三官廟，而鏡本執和尚還能在此立塔，只能說明，此地作為安國寺舍利塔林，產生於道觀出現之前。

清《河南通志》卷五十：「安國寺，在府治南。唐咸通間建，元延祐六年重修。明洪武初修，置僧綱司於其內。成化、弘治相繼修葺，喬縉為記。」僧綱司是明清時期地區的佛寺管理機構，常設在城區最大的佛寺內。安國寺內能設立僧綱司，管轄河南府一州十二縣的僧眾，說明其在當時很是興盛。

安國寺南殿（天王殿）

清嘉慶十八年（1813），河南府組織各寺院捐款，對安國寺進行了一次大規模修繕。此次大修，翻修了所有的大殿和廊坊，拆除了損壞嚴重的鍾鼓樓和大門，在大門原址上重修二層建築，下為過道，上設鐘樓，並改「安國寺」為「鐘樓寺」，但將寺院十幾株古樹砍伐了，非常可惜。嘉慶末年，在知府的親自過問下，又恢復「安國寺」名稱。鼎盛時期的安國寺，由位於順城東街的山門以及寺內的前殿、中殿、後殿，也就是現在我們常說的天王殿、大雄寶殿和藏經閣三部分組成，加上東西廂房等建築，坐北朝南覆蓋今老集一帶。

民國十六年（1927），信仰基督教的軍閥馮玉祥在河南省發動毀佛運動，河南省大小寺院遭遇空前浩劫，安國寺也未能幸免。十月，馮玉祥手下一排長帶了三十幾個士兵來安國寺毀佛像，前後兩天搗毀了安國寺內所有佛像和門前一對石獅，並燒毀了寺內所有藏書。民國二十年，安國寺成為河南省立第四師範學校附屬小學，是師範學校學生實習的地方。

安國寺現存南北兩座大殿。南殿面闊五間，進深三間，為磚木結構歇山頂，四周簷下用斗拱，殿內數根紅柱力托殿頂，柱礎為石鼓柱礎，上部梁枋因幕席遮蔽不明。該殿在幾十年前改作車間，屋頂已遭破壞。唯一能證明它是古建築的，是房檐下將近 20 個龍頭斗拱。附近居民告訴記者，這裡目前是市一中校辦工廠的倉庫，現在已經廢棄（左圖），目前，這一寶貴的建築已經是雜草叢生，牆壁塌傾，希望有關部門早日維修。

北殿（大雄寶殿）保存基本完好，現存的主體結構為明代遺留下來的面闊五間，進深四間，磚木結構，單簷歇山頂，四面簷部皆有斗拱，是安國寺的大雄寶殿。殿內保存的蓮花覆盆式柱礎是洛陽老城現存最早的建築遺跡。明太祖洪武初年修繕，在這裡設僧綱司，這是管理豫西一帶佛教事務的機構。安國寺殿內的廊柱、屋簷的斗拱等都具有顯著的明代建築風格，對研究洛陽地區明代建築工藝及手法有非常重要的價值。同時，這座寺院也是目前洛陽市區遺留下來的規模最大的一座寺院。也正因此，安國寺被掛上了「省級重點文物保護單位」的牌子。

1927 年，基督將軍馮玉祥派兵將安國寺佛像全部砸毀、經卷焚燒，變為兵營。1931 年，此處劃歸省立第四師範，新中國成立後劃歸洛陽一中，大雄寶殿為教師辦公室，天王殿為校辦工廠。20 世紀 90 年代後期，洛陽市第一中學把大雄寶殿移交洛陽市文物管理局。

2011 年 4 月進行了維修。現在，長安安國寺已經早已湮滅無存。洛陽安國寺還留有兩座大殿，是洛陽老城現存唯一的佛教寺院建築。但安國寺的名字，則在全國很多地方都有，如山西離石安國寺，陝西咸陽安國寺，陝縣安國寺，甚至日本也有安國寺。也許有一天，我們能重新聽到洛陽安國寺裏的誦經聲。

第六節　隋翻經館

隋代洛陽翻經館的設立，標誌著洛陽取代長安成為全國新的佛學中心。煬帝設立的翻經館的位置，《續高僧傳》中的《達摩笈多傳》中記載：「煬帝定鼎東都。敬重隆厚。至於佛法，彌增崇樹。乃下敕於洛水南濱上林園內。置翻經館。」認為翻經館在洛河南岸的上林園內。清·徐松《唐兩京城坊考》卷五《東京》載：「神都苑：唐之東都苑，隋之會通苑也，又曰上林苑。武德初改芳華苑，武后曰神都苑。東抵宮城，西首席孝水，北背邙阜，南距非山，谷洛

二水會於其間。周一百二十六里……。」這裡又講隋唐洛陽城的上林苑，指的是皇家園林神都苑（隋又稱上林苑），即西苑。位於隋唐洛陽城之西。這裡面提到的上林苑，可能還不是《續高僧傳》中提到的「上林園」，因為這個隋代的上林苑，位於洛河北，即今天的西苑一帶。而翻經館則在惠訓坊。《河南志》記載：「惠訓坊，北至洛水，隋有翻經館。」〔註36〕可見隋代的翻經館不在上林苑內，而在惠訓坊，而惠訓坊確在洛河南，即今安樂軍營北的南洛浦公園一帶。這個地方，與玄奘居住的淨土寺（在今李樓樓村）相距不遠，交通也比較方便。

當時翻經館內有南印度高僧達摩笈多，他於隋開皇十年（590）冬進駐大興善寺，《續高僧傳》記載：「大業二年，東都新治，與諸沙門詣闕朝賀，特被召入內禁，敘故累宵，談述治體，呈示文頌，其為時主見知如此。因即下敕，於洛陽上林園立翻經館，以處之，供給事隆，倍逾關輔。」可見，洛陽翻經館的啟用，正是新都洛陽建成的大業二年（606），達摩笈多就是這一年來到洛陽的，一直到唐武德二年（619）才在洛陽去世，《續高僧傳記載》「至武德二年終於洛汭。」即他在洛河邊的翻經館內圓寂。所以他在長安15年，在洛陽翻經14年。當玄奘在淨土寺求學時，達摩笈多一定還在翻經館內翻經，玄奘是武德元年離開洛陽的，那一年是公元618年，可見，玄奘與達摩笈多有七年共在洛陽的時間，可能玄奘會慕名前去見過達摩笈多。因為達摩笈多是「開皇三大士」之一，今印度總理莫迪的老鄉，2015年5月15日，莫迪前往中國訪問時，曾專門到西安的大興善寺達摩笈多翻經的地方去訪問，其實達摩笈多在洛陽工作14年，其在洛陽翻經的翻經館遺址仍然在，達摩笈多在洛陽翻經的時間幾乎等同於在長安興善寺翻經的時間，關於這一點，很多人並不知曉。印度總理莫迪到長安訪問時，能到興善寺憑弔其老鄉達摩笈多。我們不禁想問，如果他到洛陽訪問時，能否有翻經館可供他憑弔？

翻經館內中國僧人最著名的是彥琮，他擔任主事。隋代大興佛法，《續高僧傳》記載：「新平林邑（今越南中部小國）所獲佛經，合五百六十四夾，一千三百五十餘部，並崑崙書，多梨樹葉（即貝葉經），有敕送館，付琮披覽。並使編敘目錄，以次漸翻，乃撰為五卷，分為七例，所謂經、律、贊、論、方、字、雜書七也。必用隋言以譯之，則成二千二百餘卷。敕又令裴矩共琮修續《天竺記》，文義詳洽，條貫有儀。凡前後譯經，合二十三部，一百許卷，製序述

〔註36〕高敏點校，〔清〕徐松輯：《河南志》，中華書局，1994年，第9頁。

事，備於經首。」

　　可見，彥琮是隋代著名的譯經大師之一，深受隋煬帝的器重，他不僅翻譯佛經，而且與裴矩一起整理了《天竺記》，對中印文化交流也有貢獻。但這個彥琮，輩分和年齡都比玄奘大，他圓寂的公元 610 年，玄奘才九歲，還在緱氏故里跟隨父親讀書，尚未來洛陽。所以他們應該沒有見過面。

附錄一　《大唐西域記》與玄奘法師的遠征〔註1〕

第一章　從阿耆尼國到迦畢試國

　　《大唐西域記》卷一主要記述了玄奘從高昌故地到迦畢試國，途中所經三十四個國家的地理概況，我們根據不同地區的區域特色，將其分為四個部分來分別敘述。

（一）從阿耆尼國到素葉水城

　　玄奘從高昌故地出發，向西所到的第一個國家是阿耆尼國，也就是我國史籍中常稱的烏耆國、或焉耆國，該國曾是西域著名的古國，其故地大致在今新疆維吾爾自治區的焉耆回族自治縣一帶，都城故址在今新疆焉耆縣西南的四十里城子附近。據《漢書·西域傳》記載，大約在漢代時期，該國的國力就已經十分強盛，其「戶四千，口三萬二千一百，勝兵六千人」，到了玄奘時期，該國雖物產豐富，國力尚存，但國王「勇而寡略」，國內的「綱紀混亂」。

　　從阿耆尼國向西南方向行進二百餘里，越過一座小山和兩條大河，再向西繼續行進七百餘里，就到了屈支國，也就是我國史籍中常稱的龜茲國，該國也是中國古代西域著名的大國之一，也是唐代的安西四鎮〔註2〕之一，其故

〔註 1〕 本部分由鄭州大學賀寧撰寫。
〔註 2〕 安西四鎮，指唐朝前期在西北地區設置，由安西都護府統轄的四個軍鎮，分別為碎葉、龜茲、於闐、疏勒。

地大致在今新疆維吾爾自治區阿克蘇專區庫車縣一帶，都城故址大致在今新疆庫車縣城東約三公里的皮朗舊城。屈支國的礦產資源非常豐富，特別是冶鐵業更是聞名遐邇，西域許多國家的鐵器都要仰給於該國，除此之外，屈支國的管絃伎樂也享有盛名，據一些漢文史籍記載，早在晉太元九年（384），該國的音樂就已經進入了內地，此後，這種音樂風格，無論是在宮廷還是民間均十分流行。

在屈支國的東部邊境有一個大龍池。相傳，在大龍池邊，曾有一國，其國王號稱金花王，他為人仁厚節儉、知人善任，在他的統治下，該國政通人和，百姓都安居樂業，而他的德行也感化了一條龍，甘願成為他的坐騎。金花王死後，這條龍就潛隱在大龍池內，後化成人形，與女子相會，女子懷孕後，生出的兒子驍勇善戰、奔如走馬，不再聽於王命。國王沒辦法，便引來突厥人，盡屠城人，因此該城也就荒蕪了。這個傳說應該是由龜茲的吐火羅人被西突厥人屠殺的真實歷史事件演化而來的，而玄奘所記載的大龍池中的「龍」與「龍種」的傳說，應與吐火羅人的「人龍崇拜」的習俗有關。

在荒城北部四十餘里有兩所伽藍，因其位於河流的出山口處，被母子河一劈兩半，所以也被分別稱作東西昭怙釐寺，目前，這兩所伽藍的故址大致在今庫車縣北約四十五里之蘇巴什地區。在東昭怙釐寺中，供奉的有一塊玉石，其「面廣二尺餘，色帶黃白，狀如海蛤」，據說上面還有佛陀留下的腳足跡，這塊玉石在清朝末年曾被沙俄妄圖盜走，雖然後來被當地群眾保護了起來，但最後還是不知所蹤。在西昭怙釐寺中，有一處巨大的佛殿，據說玄奘還曾在該佛殿中講過經。

在都城的西門外有兩尊高九十尺的佛像，每五年，該國就會在這兩尊佛像前舉行一次大會，時間在秋分前後數十日間，屆時，全國的僧徒都會從四面八方雲集而至，上至國王大臣，下至商人農民，到大會場奉持齋戒，聽經聞法。

會場的西北部有一所著名的伽藍，叫做阿奢理貳伽藍，這所伽藍原係國王為紀念其德行堅貞的胞弟而建造，伽藍旁邊有一座洞窟，開鑿於北魏，興盛於唐朝，其故址大致位於今庫車縣西庫木土拉村北部，據說玄奘在屈支國停留的六十多天裏，曾多次到該伽藍講經。

從阿奢理貳伽藍向西行進六百餘里，經過小沙磧，到達跋祿迦國，也就是我國史籍中常稱的姑墨，該國的風俗習慣與屈支國相似，其都城故址大致在今

新疆溫宿縣。

從跋祿迦國向西北行進三百餘里，再經過一個石磧，就到達了凌山。凌山即冰山，據清代文獻記載，這座冰山北起噶克察哈爾海臺，南至塔木噶塔什臺，其間冰崖矗立，寒風凜冽，路途艱險，風沙彌漫，稍有不慎，就會丟掉性命。

從凌山向西行進四百餘里便到了大清池，大清池又名熱海或鹹海，今名伊塞克湖，現位於吉爾吉斯斯坦境內，是世界上最深的高山大湖。據玄奘記載，該湖的龍魚混雜，靈怪多現，因此往來的行人，多在此處祈福，湖中的水產雖多，但鮮有人來捕撈。

經過大清池再向西行進五百餘里，便到了素葉水城，在唐代也被叫做碎葉城。該城也屬於安西四鎮之一，是唐朝在西域地區的一個重要的政治軍事中心，其故址大致在今吉爾吉斯北部托克馬克西南約五英里的阿克・貝欣。據《大慈恩寺三藏法師傳》記載，玄奘曾在這裡停留了十天左右，在這裡會見了西突厥的統葉護可汗，得到了可汗所贈的豐厚資助及通行國書，並由一名通解漢語的少年隨行，一路護送西去。

（二）窣利地區

從素葉水城向西南方向行進，便進入了一個叫做窣利的地區，其範圍大致在今阿姆河與錫爾河之間，此地區的人以善於經商著稱，我國史籍中所記載的粟特人，以及隋唐時期的昭武九姓〔註3〕胡人指的就是他們。

玄奘在窣利地區所經過的第一個地方叫做千泉，此地樹木繁茂，雜花若綺，泉池千所，宛若仙境，其故址大致在今吉爾吉斯山脈北麓，據說突厥可汗每年都會來此避暑。

自千泉繼續西行進一百四十餘里，便到達了各國商胡雜居的呾邏私城，該城在唐代為石國大鎮，在歷史上，以與大食對戰的怛邏斯戰役而著名，其風俗習慣與素葉水城相似，現位於哈薩克斯坦南部的江布爾州。

從呾邏私城向南行進十餘里，有一座由三百餘戶中國人所建的小孤城，城內百姓的服飾舉止與突厥人相似，但語言習慣依舊保留有中國特點。

從孤城繼續向西南方向行進，有白水城和恭御城，關於這兩座城的位置問題，學界一直頗有爭議，據《大唐西域記》記載：「從此西南行二百餘里，至

〔註3〕昭武九姓，《新唐書》以康、安、曹、石、米、何、火尋、戊地、史為昭武九姓。

白水城……西南行二百餘里，至恭御城」，白水城和恭御城是兩座相距二百餘里的完全不同的城市，然而在《釋迦方志・遺跡篇》中，卻只記載了恭御城而沒有記載白水城，在《新唐書・西域傳》中，又只記載了白水城而沒有記載恭御城。因此英國學者瓦特斯就在《大唐西域記》英譯本中提出「恭御」很可能就是突厥語「泉城」的音譯，而「白水」很可能就是「泉」的訛寫，所以白水城和恭御城代表的應該是同一座城，這種說法具有相當的合理性，但是依舊無法解釋為何玄奘要將這兩個地名分兩地來記，因此又有學者猜測，玄奘所記「白水城」本應為「千泉」，而「恭御城」與「白水城」實則為一個地方〔註4〕，其故址大致就在今哈薩克南部齊姆肯特東部約八英里的賽蘭城，而目前這種說法在學界還是比較有說服力的。

從恭御城向南行進四五十里，到達笯赤建國，我國史籍中常稱其為新國，該國的土地肥沃，農業發達，其都城故址大致在今塔什干地區的汗阿巴德。

從笯赤建國向西南行進二百餘里，到達赭時國，也就是我國史籍中常稱的石國，古代的石國是昭武九姓國中僅次於康居的大國，其西臨葉河〔註5〕，氣候風俗與笯赤建國相似，都城故址大致在今烏茲別克之塔什干附近。

從赭時國向東南行進千餘里，有怖捍國，在我國也被稱作大宛，其故地大致在今烏茲別克的費爾干那盆地地區。我國對該國的記載最早在西漢時期，司馬遷在《史記・大宛列傳》中，以大宛事為開篇，大宛事為結尾，對該國的物產風情、文化交流等方面進行了較為全面的概述，不過大宛國最為著名的還是要數該國出產的汗血寶馬，據說它可以「日行千里，夜行八百」，李廣利伐大宛後，曾專門到達貳師城取馬，由於玄奘並未親自到達該國，所以對該國國情的記載比較簡略。

從怖捍國向西行進千餘里，到達窣堵利瑟那國，該國東臨葉河，氣候風俗與赭時國相似，附屬於突厥，其都城故址大致在今塔吉克西部烏臘・提尤別西南十六英里的沙赫里斯坦。

從窣堵利瑟那國向西，經過一大片荒漠，到達颯秣建國，也就是我國史籍中常稱的康國，該國農業發達，工商業繁榮，人性勇猛，國力強盛，其都城故址大致在今烏茲別克撒馬爾罕的略北地區。

〔註4〕 參考許序雅：《千泉、白水城和恭禦城考辯》，《歷史地理論叢》第 25 卷第 2 輯，2010 年 4 月。
〔註5〕 葉河，即錫爾河。

從颯秣建國向東南方向行進，到達弭秣賀國，也就是我國史籍中常稱的米國，該國的氣序風俗與颯秣建國相似，其都城故址大致在今撒馬爾罕東南約六十英里的麻堅。

弭秣賀國的北部是劫布呾那國，我國史籍中也常稱其為漕國，該國的氣序風俗也與颯秣建國相似，都城故址大致在今那密水北，今名哥不丹村。

從劫布呾那國向西行進三百餘里，到達屈霜你迦國，我國史籍中也常稱其為何國，該國地處康國與安國之間，是連接東西粟特的樞紐，是粟特諸城之心臟，都城故址大致在今撒馬爾罕的西北部。

從屈霜你迦國向西行進二百餘里，到達喝捍國，也就是我國史籍中常稱的東安國，該國的氣序風俗與颯秣建國相似，其都城故址大致在今克爾米涅北部。

從喝捍國繼續向西行進四百餘里，到達捕喝國，也就是我國史籍中常稱的中安國，該國的氣序風俗與颯秣建國相似，其故地大致在今布哈拉地區。

從捕喝國再向西行進四百餘里，到達伐地國，也就是我國史籍中常稱的西安國，其都城故址大致在今布哈拉的西南地區，阿姆河的右岸。

從伐地國向西南方向行進五百餘里，到達貨利習彌伽國，該國故地大致在今阿姆河下游的兩岸地帶。

從弭秣賀國到貨利習彌伽國，都位於颯秣建國附近，其氣序風俗也均與颯秣建國相類似，但由於這幾個國家玄奘並未親自到達，因此記載的內容較為簡略。

從颯秣建國向西南方向行進三百餘里，到達羯霜那國，也就是我國史籍中常稱的史國，其故地大至在今烏茲別克的沙赫里薩布茲地區。據說，該國盛產美女、獅子和火鼠〔註6〕，隋煬帝在位時曾專門派遣使者出使西域諸國，從史國帶回了不少特產，除此之外，該地還是帖木爾帝國締造者帖木爾的誕生地、夏日居住地，以及陪都。

從該國向東南行進三百餘里，是一個險峻的關隘，由於其兩側懸崖壁立，顏色如鐵，山口處還設有一座用鐵加固的門，因此也被稱作鐵門。此前，關於「鐵門」的具體位置，學界一般認為大致應在今烏茲別克斯坦南境，處於由「中亞的十字路口」撒馬爾罕至阿富汗、印度的交通主幹線上，但近年來，復旦大學中國歷史地理研究所教授侯楊方，帶領「絲路復原」課題組成員，通過

〔註6〕火鼠，傳說中的異鼠。其毛可織火浣布。

實地考察，指出玄奘在這裡記載的「鐵門」，應該是一段位於分水嶺下方的山峽〔註7〕。

自鐵門向南便到了睹貨邏故地。

（三）睹貨邏故地

睹貨邏即吐火羅，也就是古代的大夏，其地域範圍廣闊，南北千餘里，東西三千餘里，大致相當於今塔吉克西部及阿富汗東北部的阿姆河兩岸地區。據《大唐西域記》記載，貴霜帝國衰落後共分成了 27 個國家，但僅在書中就敘述了 29 個吐火羅地區的國家（卷一中有 16 個，卷十二中有 13 個），可見當時該地林立的小國絕不止 27 個。我們首先來介紹卷一中所記載的 16 個吐火羅地區的國家，也就是玄奘去路中所經過的國家。

在這 16 個國家中，分佈在河北岸的有 8 個國家。順縛芻河北下，首先到達的是呾蜜國，該國的起源很早，大概在公元前二世紀就已經有了希臘人的砦堡，但在十三世紀時被蒙古軍攻破而逐漸衰落，其故地大致在今烏茲別克南部阿姆河北岸的捷爾梅茲附近。由於該國在貴霜帝國時期發展繁榮，因此也留下了不少遺物，其中包括許多帶有希臘化風格的錢幣和女神雕像、具有中國漢地風格的飛天等雕像，以及一些融合希臘、印度傳統的犍陀羅藝術風格的作品，體現了古代這一地區東西方多種文明並存、交融的文化特色〔註8〕。

自呾蜜國向東，到達赤鄂衍那國，其故地大致在今烏茲別克斯坦共和國南部，蘇爾漢河上游的新村一帶。

自赤鄂衍那國再向東，到達忽露摩國，該國在《新唐書·地理志》中也被稱作忽論城，其故地大致在今塔吉克斯坦卡菲爾尼干河上游杜尚別市的西部。

自忽露摩國繼續向東，到達愉漫國，該國在《新唐書·地理志》中也被稱作解蘇國，其故地大致在今塔吉克斯坦的杜尚別。

從愉漫國向西南方向行進，至鞠和衍那國，該國地處今阿姆河北部、卡菲爾尼甘河下游西岸地區，公元 1877 年，該地曾出土了震驚世界的「阿姆河寶藏」，共有極珍貴的金銀器 170 多件，其中大部分為阿契米尼王朝貴族和當地神廟的遺物，現藏於英國博物館「古代伊朗」展廳陳列，另外還有少量遺物存

〔註7〕 劉維維、張娓：《古絲路鐵門關研究獲新進展》，《中國社會科學報》，2018 年 11 月 21 日。

〔註8〕 程立雪：《考古發現確證玄奘「呾蜜國」記載》，《中國社會科學報》，2013 年 11 月 27 日。

於倫敦維多利亞和艾伯特博物館中〔註9〕。

從鞠和衍那國向東，到達鑊沙國，其都城故址大致在今塔吉克西部瓦赫什河下游東岸的庫爾干—提尤別附近。

從鑊沙國繼續向東，到達珂咄羅國，《新唐書》中也作骨咄國，其都城故址大致在今庫爾干—提尤別東北部的庫利亞布。

從珂咄羅國再向東，到達拘謎陀國，該國為古代帕米爾高原西部得小國，其故地大致在今瓦赫什河上游的蘇爾霍勃河流域一帶。

但以上 8 個國家玄奘並未親自到過。

分佈在河南岸的也有 8 個國家，首先是縛伽浪國，《新唐書‧地理志》中也作蘭城，其故地大致在今阿富汗東北部昆都斯以南的巴格蘭。

從縛伽浪國向南，至紇露悉泯健國，該國地處阿富汗胡爾姆河的上游，包括魯邑及海巴克等城，其都城故址大致在今巴格林以西的艾巴克附近。

從紇露悉泯健國向西北行進，至忽懍國，《新唐書‧地理志》中也作昏磨城，其故地大致在今阿富汗北部的胡爾姆附近。

從忽懍國向西，至縛喝國，其故地大致在今阿富汗北部的巴爾夫市，國大都曾為古大夏國都城，不僅是大夏國的商業中心，也是大夏國的政治宗教中心，在貴霜王朝時期，該國佛教大盛，成為了大雪山以北地區的佛教中心，有「小王舍城」之稱，當時玄奘經過此國時，還遇到北印度磔迦國小乘三藏般若羯羅，並隨其學習《毗婆沙論》月餘。

都城北部有一座伽藍，名為納縛僧伽藍，其中供奉有毗沙門天王，據說其十分靈驗，曾保護該國免受突厥的寇掠。

都城西北五十餘里處有提謂城，北四十餘里處有波利城，在這兩城中各座一佛塔，相傳是佛教歷史上最早的佛塔。當初佛陀最初證道後，曾在鹿苑碰到了兩位老者，他們看到佛陀神采威儀，便為佛陀獻上了一些食物，佛陀就為他們說了人天之福及五戒十善〔註10〕等佛法，並教他們建造佛塔，二人回國以後，便各自在本國建立了佛塔，這也就是佛塔的起源，而後來，這兩座城也由這兩個人的名字來命名。

從縛喝國的都城向西南方向行進，到達一個位於雪山邊上的國家，銳秣陀

〔註9〕 高文德主編：《中國少數民族史大辭典》，吉林教育出版社，1995 年 12 月，第129 頁。

〔註10〕 五戒十善，五戒即不殺生、不偷盜、不邪淫、不妄語、不飲酒；十善即不殺生、不偷盜、不邪淫、不妄語、不兩舌、不惡口、不綺語、不貪、不嗔、不癡。

國，其故地大致在今阿富汗西北部的邁馬納。

從銳秣陀國向西南方向行進，到達胡實健國，該國都城在遏蜜城，其故地大致在今阿富汗西北部席巴爾甘以南地區。

從胡實健國向西北方向行進，到達呾剌健國，關於該國所處的地理位置，國內不少學者常誤將其比定為今昆都士以東之塔盧坎，但近年來，也有學者通過對比穆斯林史料和西方學者研究結果，結合中文歷史文獻，指出該國確切的地理位置當為今天阿富汗法利亞布省的恰恰克圖廢墟〔註11〕。

從呾剌健國向南行進百餘里，到達揭職國，該國氣候寒冷，風俗剛猛，其故地所在有兩種說法，一說是在今阿富汗馬扎里沙里夫與伐濟納巴德之間稍南的地區，一說是在今阿富汗巴爾赫故城南約二十里處。

以上 8 國中，縛伽浪國、紇露悉泯健國、忽懍國，以及呾剌健國四國，玄奘並未親自到達。

經過揭職國後，玄奘繼續向東南方向行進，進入大雪山。該地區山高谷深，風雪相繼，鬼魅縱祟，強盜橫行，環境十分惡劣，其故地大致相當於今阿富汗與巴基斯坦之間的興都庫什山脈

從大雪山繼續向東南方向行進六百餘里，便出了睹貨邏故地，到達梵衍那國。

（四）梵衍那國和迦畢試國

梵衍那國坐落於雪山之中，該國氣候寒烈，商貿繁榮，其故地大致在今阿富汗巴米安附近。玄奘到達該國時，該國的佛教正盛，其中留下的最為著名的標誌是都城東北部的兩座高百餘尺的大佛，其佛像的主體均由岩石鑿刻而成，周身裝飾有各種寶物，神態莊嚴，氣勢恢宏。不過讓人遺憾的是，就在玄奘離開梵衍那國不久，伊斯蘭教就進入了阿富汗，自此，包括佛教在內的曾經在阿富汗存在多年的各種宗教都被伊斯蘭教所取代，而這兩座大佛也由於缺少信眾維護而日漸殘破，2001 年，阿富汗的塔利班執政，同樣處於宗教上的偏執，他們用大炮和炸藥徹底摧毀了這兩座大佛，僅在石壁上留下了兩個巨大的空洞。

除了這兩座大佛外，玄奘在《大唐西域記》中還記載了一尊「長千餘尺」的臥佛，但是很多年以來，並沒有人知道它的具體位置。在 2008 年，終於有

〔註11〕劉振玉：《〈大唐西域記〉所記「呾剌健國」考》，《西域研究》，2017 年第 3 期。

考古學家在被炸毀的佛像附近找到了一尊臥佛，但其大部分都已經毀壞，殘存部分僅有 19 米，這與玄奘所記載的「長千餘尺」相差甚遠，很有可能是《大唐西域記》後來的傳抄之誤〔註12〕。

從佛臥處向東南方向行進二百餘里，越過雪山，就到了小川澤，該地泉池如鏡，樹木蔥鬱，風景非常優美，旁邊還有一所伽藍，裏面有佛齒、劫初時的獨覺齒以及金輪王齒等遺物，均用黃金包好封起來，作為聖物來供奉。

從小川澤再向東，翻越雪山和黑嶺，到達迦畢試國，該國國力強盛，風俗剛猛，佛教發達，其故地大致在今阿富汗的貝格拉姆，故都城位於今阿富汗首都喀布爾北部的六十公里處。

都城東部三四里處有一所伽藍，名曰質子伽藍，在《大慈恩寺三藏法師傳》中也被稱作沙落迦伽藍，相傳這裡是各國質子的聚集之所。在健馱邏國迦膩色迦王當政時期，該國的國力強盛，威名遠揚，河西的蕃維恃其威勢，便將自己的兒子送去作人質，然而雖然是作人質，健馱邏國迦膩色迦王對質子們都禮遇有加，並在迦畢試國、印度及健馱邏國分別建造了伽藍，供他們在不同時段居住，而該伽藍就是質子們夏天的居所。除此之外，據玄奘記載，在該伽藍附近，還有質子們留下的珍貴寶藏，雖然已經過去了千餘年，但是在阿富汗還一直流傳著關於「寶藏」和尋寶的傳說〔註13〕。

都城東南三十餘里處還有一所伽藍，名曰曷邏怙羅僧伽藍，據說這所伽藍是由一位名叫曷邏怙羅的大臣所建，但在伽藍快建成時，他夢到有人對他說：「你所建造的佛塔中沒有舍利，明天早上會有人為國王獻上舍利，你應該請求國王賜予你。」於是大臣便照做了，為了防止國王反悔，他在求到舍利後，便立刻將其安置於佛塔之中，後來國王果然後悔了，便想派人去將舍利追回，但是這時石縫已經閉合了。後來，在這座佛塔的石縫中不時會流出一些黑色的香油，有時在夜深人靜時，還能聽到音樂聲，很是神秘。

都城南部四十餘里處，有霤蔽多伐剌祠城，該城也十分神奇，據說無論發生怎樣的地震，該城總能穩如泰山，無所動搖。從霤蔽多伐剌祠城再向南行三十餘里，便到了阿路猱山，該山懸嶺峻峭、峽谷杳冥，據說這座山還會以每年數百尺的速度增高。

〔註12〕參考王邦維：《懷念巴米揚大佛》，《文史知識》，2015 年第 10 期，第 123～127頁。

〔註13〕參考王邦維：《質子、質子寶藏與漢天子》，《文史知識》，2014 年第 7 期，第 107～112 頁。

都城西北處二百餘里，有一座大雪山，在此地也有一個廣為流傳的傳說，相傳犍陀邏國有一個沙彌，他服侍已經修成阿羅漢的師父在龍宮講經說法，因受到龍王的歧視而生了歹毒之心，便起惡願化身為大龍王，在殺死原來的龍王後又興風作浪，摧毀寺院，當時的迦膩色迦王得知此事後，興兵鎮壓，最終降伏大龍王。雖然這只是一個傳說，但從該傳說中也可以看出當地龍王崇拜的源流久遠。

都城西南部有一座山，名為比羅娑洛山，大致位於今阿富汗 Panjshir 河支流 Koh-Daman 河的南側，阿育王曾在此山上建過佛塔，佛塔的北部有一處龍泉，相傳佛陀的弟子阿羅漢經常在此處漱口嚼楊枝，久而久之便成了茂林，後人在此建立了伽藍，名為鞞鐸佉。但也有學者認為這種解釋並不準確，英國學者瓦斯特就認為，「鞞鐸佉」實際上就是梵文「pindaka」的音譯，意為「茂林」。也即是說「茂林」本就為伽藍的名稱，而並非是阿羅漢漱口嚼楊枝而形成的「茂林」。

以上便是《大唐西域記》卷一中所記載的各個國家的地理概況。

附表一：《大唐西域記》第一卷中故國今址對照表

故　國	今　址
阿耆尼國	故地在今新疆維吾爾自治區的焉耆回族自治縣一帶，都城故址在今新疆焉耆縣西南的四十里城子附近
屈支國	故地大致在今新疆維吾爾自治區阿克蘇專區庫車縣一帶，都城故址大致在今新疆庫車縣城東約三公里的皮朗舊城
跋祿迦國	都城故址大致在今新疆溫宿縣
筏赤建國	都城故址大致在今塔什干地區的汗阿巴德
赭時國	都城故址大致在今烏茲別克之塔什干附近
怖捍國	故地大致在今烏茲別克的費爾干那盆地地區
窣堵利瑟那國	都城故址大致在今塔吉克西部烏臘‧提尤別西南十六英里的沙赫里斯坦
颯秣建國	都城故址大致在今烏茲別克撒馬爾罕的略北地區
弭秣賀國	都城故址大致在今撒馬爾罕東南約六十英里的麻堅
劫布呾那國	都城故址大致在今那密水北，今名哥不丹村
屈霜你迦國	都城故址大致在今撒馬爾罕的西北部
喝捍國	都城故址大致在今克爾米涅北部
捕喝國	故地大致在今布哈拉地區

伐地國	都城故址大致在今布哈拉的西南地區，阿姆河的右岸
貨利習彌伽國	故地大致在今阿姆河下游的兩岸地帶
羯霜那國	故地大至在今烏茲別克的沙赫里薩布茲地區
呾蜜國	故地大致在今烏茲別克南部阿姆河北岸的捷爾梅茲附近
赤鄂衍那國	故地大致在今烏茲別克斯坦共和國南部，蘇爾漢河上游的新村一帶
忽露摩國	故地大致在今塔吉克斯坦卡菲爾尼干河上游杜尚別市的西部
愉漫國	故地大致在今塔吉克斯坦的杜尚別
鞠和衍那國	故地大致在今阿姆河北部、卡菲爾尼甘河下游西岸地區
鑊沙國	都城故址大致在今塔吉克西部瓦赫什河下游東岸的庫爾干—提尤別附近
珂咄羅國	都城故址大致在今庫爾干—提尤別東北部的庫利亞布
拘謎陀國	故地大致在今瓦赫什河上游的蘇爾霍勃河流域一帶
縛伽浪國	故地大致在今阿富汗東北部昆都斯以南的巴格蘭
紇露悉泯健國	都城故址大致在今巴格林以西的艾巴克附近
忽懍國	故地大致在今阿富汗北部的胡爾姆附近
縛喝國	故地大致在今阿富汗北部的巴爾夫市
銳秣陀國	故地大致在今阿富汗西北部的邁馬納
胡實健國	故地大致在今阿富汗西北部席巴爾甘以南地區
呾剌健國	故地大致在今阿富汗法利亞布省的恰恰克圖廢墟
揭職國	一說是在今阿富汗馬扎里沙里夫與伐濟納巴德之間稍南的地區，一說是在今阿富汗巴爾赫故城南約二十里處
梵衍那國	故地大致在今阿富汗巴米安附近
迦畢試國	故地大致在今阿富汗的貝格拉姆，都城故址位於今阿富汗首都喀布爾北部的六十公里處

第二章　從濫波國到健馱邏國

　　《大唐西域記》卷二主要是對當時印度的名稱、疆域、數量、歲時、邑居、衣飾、食物、文字、教育、佛教、兵術、刑法、敬儀、病死、賦稅、物產等方面進行了一個簡要的概述，又附帶介紹了當時印度區域內一些國家的概況。

　　印度在中國最早被叫做「身毒」，這個名稱是當年張騫出使出使西域時，在大夏國聽說而得的，不過後來隨著中印雙方的交流逐漸頻繁，中國對印度也出現了一些不同的稱呼，如「天竺」、「賢豆」等，但是在玄奘看來，過去這些

名稱並不完全合適，正確的名稱，應該是「印度」，他在《大唐西域記》中這樣解釋道：

> ……今從正音，宜云印度……印度者，唐言月。月有多名，斯其一稱。言諸群生輪迴不息，無明長夜，莫有司晨，其猶白日既隱，宵月斯繼，雖有星光之照，豈如朗月之明！茍緣斯致，因而譬月。良以其土聖賢繼軌，導凡御物，如月照臨。由是義故，謂之印度。〔註14〕

也就是說，「印度」的語義為「月亮」，意謂眾生生死輪迴，永無休止之意，這雖然只是玄奘借「月亮」語義的發揮，但也可以看出玄奘對佛教、對印度的熱愛〔註15〕。

玄奘進入北印度境內後所到達的第一個國家叫做濫波國，該國北背雪山，三面環黑嶺，民風怯弱，盛產稻米和甘蔗，其故地大致在今阿富汗賈拉拉巴德以西北喀布爾河北岸的拉格曼地區。

從濫波國向東南方向行進百餘里，越過山嶺和大河，到達那揭羅曷國，該國也坐落於群山之中，農業發達，風俗質樸，其故地大致在今阿富汗賈拉拉巴德地區，都城故址就在今天的賈拉拉巴德城附近。

都城的西南二十餘里處有一個大洞穴，這就是佛教傳說中著名的「佛影窟」，據說這處洞穴曾經是瞿波羅龍王的居所，他在前世本來是一個牧牛人，後因違背規定，受到國王責罰而心懷怨恨，自殺後變為惡龍居住在這座洞穴中，而恰逢如來在世，惡龍受到如來感化後毒心遂止，成為了佛教護法，而洞穴中的佛影就是如來為瞿波羅龍王留下的。但這個佛影也並不是所有人都能看到，即便看到，也只是影影綽綽而已，只有「至誠祈請，有冥感者」，才能清楚的看到佛的影像，而且還不能久視。據《大慈恩寺三藏法師傳》中記載，玄奘到該國時也專門來禮拜了「佛影窟」，但一直禮拜了二百多次，「佛影」才出現〔註16〕。

從都城向東南方向行進三十餘里，到達醯羅城，這是該國最為著名的城市，故址大致在今賈拉拉巴德以南五英里處，該城堅峻險固，環境優美，因其中藏有佛陀的頂骨、髑髏骨、眼珠、袈裟、錫杖 5 寶，而被看作佛教聖地，我

〔註14〕 玄奘、辯機撰：《大唐西域記》，上海古籍出版社，2011 年。

〔註15〕 參考王邦維：《「西天之名」：古代中國人怎麼稱呼印度》，《文史知識》，2016 年第 1 期，第 113～116 頁。

〔註16〕 參考王邦維：《佛影窟與〈佛影銘〉：從「佛影」引出的故事》，《文史知識》，2016 年第 2 期，第 122～127 頁。

國的法顯、惠達、宋雲、玄奘、慧超等都曾到此參拜過，不過後來因受到嚈噠人〔註17〕的嚴重破壞，而淪為了一個荒涼的小村。

從醯羅城向東南的山谷中行進五百餘里，到達健馱邏國，健馱邏國曾是亞洲古代史上著名的大國，在其全盛時期，該國的疆域範圍到達阿富汗，克什米爾及我國新疆的部分地區，都城故址大致在今巴基斯坦的白沙瓦附近。公元前三世紀，在希臘文化與佛教文化的影響下，該國形成了舉世聞名的健馱邏式佛教藝術，但可惜的是，大約在公元五世紀左右，該國國力就已經衰落，因而玄奘到達該國時，看到的是「邑里空荒，居人稀少」的一派蕭條景象。

都城外東南八九里處有一棵菩提樹，高百餘尺，其枝葉繁茂，陰影蒙密，相傳過去四佛〔註18〕曾在此處悟道。

菩提樹的南部有一座佛塔，為迦膩色迦王所建，相傳在佛陀示現入滅後的第四百年，迦膩色迦王統領了南贍部洲，當時由於年輕氣盛，不信罪福之說，因而輕毀佛法。一天，迦膩色迦王和手下在外出打獵時，遇見了一隻白兔，然而就在他緊追不捨的時候，白兔忽然消失了，後來他在尋找的途中，發現一個孩童在用泥土壘佛塔，感到十分詫異，便上前詢問，孩童回答道：「釋迦世尊曾經預言，四百年後會有一個國王在此地建立佛塔，而現在佛陀已滅度四百年，恰逢大王統治天下，福德無雙，因而我先在此作好標記，以啟發大王作此殊勝功德。」迦膩色迦王聽後非常高興，便在此地建造了一座佛塔，來存放佛的肉身舍利。

從佛塔處向東北行進五十餘里，到達布色羯羅伐底城，此城為健馱邏國的故都，其故址大致位於今巴基斯坦白沙瓦東北17英里，斯瓦特河與喀布爾河交界處稍北的斯瓦特河東岸地帶。在亞歷山大帝東征之際，該城曾為一富饒繁華的大都市，後來被大帝的將軍雅斯提士所掠取，至玄奘到達該城時，雖然都城的地位已經不在，但城內依舊「居人殷盛，閭閻洞連」。

從布色羯羅伐底城向東南方向行進二百餘里，到達跋虜沙城，該城也是古代健馱邏國的名稱，其故址大致在今巴基斯坦白沙瓦東北偏東65公里處的沙巴士‧格希。

從跋虜沙城向東北方向行進二十餘里，有一座山，名為彈多落迦山，相傳蘇達拏太子曾在此山上隱居過。從該山繼續向東北方向行進三十餘里還有一

〔註17〕即白匈奴。
〔註18〕即拘留孫、拘那含、迦葉與釋迦牟尼。

座山，名為崇山，山上有天然所形成的毗摩天女像，據說其靈異多現，吸引很多人到此求福請願。

從毗摩天女祠向東南方向行進一百五十餘里，到達烏鐸迦漢茶城，由於該城地處印度河的重要渡口，地理位置非常重要，因而該地的商業貿易非常繁榮，各國珍寶，多彙集於此，玄奘在西行求法往返時也都是在此地渡過印度河的。其地理位置大致在今喀布爾與印度河交匯處的東北方向，阿托克上游 16 英里處。

從烏鐸迦漢茶城向西北行進二十餘里，就到波你尼仙的故鄉──娑羅睹邏邑。波你尼，印度古代著名的語法學家，其生活年代不詳，一般認為是在公元前 4 世紀左右，據說在他那個年代，文字繁廣，異道諸仙各制文字，學習者難以詳究，波你尼仙想改變這種狀況，便「研精覃思，捃摭群言，作為字書，備有千頌，頌三十二言矣，究極今古，總括文言，對以進上。」最終刪定繁瑣，作出《波你尼論》，對後世語言學的發展影響巨大。

關於該城，玄奘還記載了一個很有意思的傳說。相傳在佛陀圓寂後的第五百年，一個大羅漢雲遊到了這裡，看到有個婆羅門正在用棍子打一個孩子，便上前詢問原因，婆羅門生氣的回答說：「我讓他學習《聲明論》，但他總沒有進步。」羅漢聽後笑了起來，婆羅門感到很詫異，羅漢便解釋道：「你知道波你尼仙寫《聲明論》，教育後世人的事情嗎？您的這個孩子其實就是波你尼仙轉世啊，以前他的記憶力強，但喜歡世俗典籍，談論異說，而不愛真理，使聰明才智都白白浪費了，雖然他在生死流轉中還剩下一點福報，成為了您的孩子，但是已經沒有以前那麼聰明了，而且世俗的文辭典籍，只能浪費人的功力，您還是讓您的孩子出家吧。」於是婆羅門就聽從了羅漢的勸說，將這個孩子剃度為僧，後來此地也成為了著名的佛教聖地。

以上便是《大唐西域記》卷二中所記載的各個國家的大致情況。

附表二：《大唐西域記》第二卷中故國今址對照表

故　國	今　址
濫波國	故地大致在今阿富汗賈拉拉巴德以西北喀布爾河北岸的拉格曼地區
那揭羅曷國	故地大致在今阿富汗賈拉拉巴德地區，都城故址就在今天的賈拉拉巴德城附近
健馱邏國	都城故址大致在今巴基斯坦的白沙瓦附近

第三章　從烏仗那國到過羅闍補羅國

《大唐西域記》第三卷主要記述了印度境內八個國家的地理概況。

第一個國家是烏仗那國，該國坐落於蔥嶺之中，物產豐富，人口眾多，佛教發達，其都城故址大致在今斯瓦特河中游東岸曼格勒城西南偏西約五英里的明哥拉。據史料記載，我國很早就與該國有了密切交往，五世紀初期，法顯一行人曾到該國巡禮，六世紀上半葉，宋雲和惠生到達此國，受到了該國國王的熱情接待，在玄奘之後，慧超、道琳等僧人也相繼到此國進行訪問，除此之外，該國也是著名的佛教聖地之一，有「第二位佛陀」之稱的蓮花生大士就誕生於此。

在都城東北部二百五十餘里處的大山裏，有一處龍泉，相傳在這個龍泉之中，住著一位龍王，名為阿波邏羅龍王，他在迦葉佛時期曾是一位修行人，善於用真言咒語對抗惡龍，幫助百姓囤積糧食，而百姓也十分感激他，每家都拿出一斗穀糧作為恆常的供養，然而許多年後，有些百姓竟開始逃避這樣的課稅，他感到十分生氣，便起了嗔心，死後化為了一條惡龍，在此地興風作浪，摧毀農田，釋迦牟尼佛察覺到了這個情況，便對阿波邏羅龍王進行教化，最終使它改邪歸正。

在都城西部約二百餘里處有一所伽藍，名為薩裒殺地僧伽藍，在唐代也稱蛇藥僧伽藍，在該伽藍中有一座佛塔，相傳是專門為紀念如來所建。當初如來為帝釋天時，正逢世間饑荒遍地，病疫肆行，於是他便起了悲憫之心，化身為一條巨蟒，僵死在谷川之中，眾人看到後，競相奔往此地，割其肉而食，最終解決了饑荒和病疫。

在都城西北近二百餘里處有一座山，名為藍勃盧山，山上有一個龍池，傳說與烏仗那國的王族血統有關。當初琉璃王攻伐諸釋迦族時期，釋迦族人中有四人拒絕從軍，結果受到了眾親族人的擯逐，他們便各自分飛，遠離國境。其中有一人在跋涉的途中遇到了居住在龍池中的龍女，兩人一見傾心，互生愛慕。龍王得知此事後，就將自己的女兒許配給了他，並贈與他一把寶劍，聲稱用這把寶劍可以奪取烏仗那國的王位，然而這個釋迦族人在成功奪取烏仗那國的王位後，卻時常驚懼於龍女九個龍頭的模樣，於是便趁龍女不注意時用利刃砍斷了龍女多餘的龍頭，因為這個原因，烏仗那國王族的後人從此也患上了頭痛的疾患。

釋迦族人去世以後，他的兒子繼承了他的王位，名為嗢呾羅犀那王，也就

是上軍王，然而上軍王繼位之後，他的母親龍女雙眼卻失明了。一日，佛陀來到此地宣講佛法，龍女聽後心中欣喜，雙眼竟然奇蹟般復明瞭，但她的兒子卻因外出打獵而錯過了佛陀宣講佛法，等他趕到時，佛陀早已在拘尸那羅雙林樹間涅槃，上軍王便取佛舍利，並在河邊建造了佛塔來供養佛舍利。

從都城逆印度河而上千餘里，便到達了達麗羅川，該城是烏仗那國的舊都所在地，也是我國僧人西行的必經之地，其故地大致在今巴基斯坦境內印度河南岸的吉拉斯鎮附近，這裡土地肥沃，降水豐沛，佛教發達，在該城中，有一尊木刻的慈氏菩薩像，其高百餘尺，「金色晃昱，靈鑒潛通」，在佛教歷史上十分有名，據玄奘稱，這尊菩薩像是末田底迦所建，但在佛教的文獻中，末田底迦是奉命到克什米爾地區弘揚佛法之人，而他到該地建造佛像，在一定程度上也表明了克什米爾同該地之間關係密切，往來很多。〔註19〕

從慈氏菩薩像繼續逆印度河而上，經過高山棧道，行五百餘里，到達缽露羅國，該國氣候寒烈，人性粗獷，其故地大致在今達地斯坦以東和以北的巴爾帖斯坦，不過當時玄奘並未親自到達此地，關於該國的記載，多來自於傳聞。

玄奘所記載的第三個國家叫做呾又始羅國，該國原本氣候溫和，物產豐富，學問和技藝都很發達，但玄奘到這裡時，該國已經衰落已久，「荒蕪已甚」，其都城故址大致在今巴基斯坦北部拉瓦爾品第西北 10 英里的沙臺裏附近。

都城西北七十餘里處，有醫羅缽呾羅龍王池，相傳在過去迦葉波佛時，有一個比丘因犯摘毀醫羅樹及午後乞食二過，被罰永為龍身，居住在此。

龍池的東南部有幾座佛塔，其中一座是專門為了紀念太子拘浪拿受冤抉目而建造的，相傳太子拘浪拿本為阿育王正宮王后所生，其儀容俊美，心地善良，然而他的母親去世以後，阿育王又娶了一位王后，這個王後生活奢靡，還經常挑撥他們父子之間的關係，後來阿育王聽信了她的讒言，便派太子去鎮守偏邦，然而這個王后依舊不滿意，又設計太子，使其自抉雙眼，流落街頭。一天，太子和他的太子妃趁著清寂的夜色來到王都的內廷，對著清風長嘯哀泣，國王聽到後便將他們帶到了高樓上，父子相認，國王這才知道事情的原委，心中愧疚不已，便立即將王後處以極刑，後來太子又得到一位大羅漢的幫助，雙眼復明，皆大歡喜。

〔註19〕 參考路水林：《佉沙國地望及交通初探》，《西域研究》，2012 年第 3 期，第 15～32 頁。

　　從拘浪拿佛塔向東南方向行進七百餘里，到達僧訶補羅國，該國依山據嶺，堅峻險固，為當時迦濕彌羅國的一個屬國，其都城故址大致在今沙爾脫山脈北麓的開脫斯一帶。

　　都城東南二百五十餘里處，有一座佛塔，是為了紀念摩訶薩埵王子捨身飼虎的偉大事蹟而建，當初摩訶薩埵王子來到此地時，見到一隻母虎正在地上奄奄一息，而它身旁還有七隻剛生下來的小老虎正嗷嗷待哺，於是摩訶薩埵王子便動了慈悲之心，用自己的血肉餵養了母虎，而從此以後，此處的草木都泛著紅色，猶如被血浸染過一樣。

　　從捨身飼虎佛塔向東南方向行進五百餘里，到達烏剌尸國，該國也役屬於迦濕彌羅國，其地形崎嶇，民風剛烈，地理位置大致在今巴基斯坦北部的赫沙勒一帶。

　　從烏剌尸國再向東南行千餘里，就到達了北印度著名的國家，迦濕彌羅國。該國也處於群山環繞之中，地勢高峻，易守難攻，其故地相當於今克什米爾地區。

　　唐代時期，迦濕彌羅國的國力還是相當強大的，無論是在宗教方面，還是哲學方面都有很大的成就，佛教歷史上的第四次集結就在該國舉行，我國的很多高僧也都曾拜訪過此國。

　　除此之外，該國在佛教史上也留下了許多有趣的傳說，如該國的開國傳說，據該國國志記載，該國的國土上，原本是一大片龍池，當年佛陀在烏仗那國降服惡龍後，經過此國時，告訴阿難說：「我涅槃之後，會有一位名為末田底迦的阿羅漢，在此地建國安人，弘揚佛法。」結果在如來涅槃後的第五十年，果真有一位名為末田底迦的羅漢得六神通，具八解脫，他聽聞佛陀的授記後心中十分欣喜，便來到了此地，現大神變，該地的龍王見到後十分欽佩，便皈信於他，並將龍池貢獻出來讓他建國，羅漢便接受了這片龍池，在此地建立伽藍寺宇，引入賤民，末田底迦入寂滅之後，這些人民便自立君長，成立國家，這就是後來的迦濕彌羅國。

　　還有雪山下王討罪傳說，迦膩色王死後，訖利多族自稱為王，毀壞佛法，當時迦族的後人、睹貨邏國的國王雪山下王得知這個消息以後，便召集勇士，前去討伐訖利多王，最終拿下訖利多王的首級，並在重新建造寺宇，宣揚佛法。

　　還有著名的拔剌報恩的傳說，當年訖利多種族的人奪取王位，毀滅佛法時，有一位比丘從法難中逃出，等到國事平定以後，他打算返回國中，不料在

歸途中遇到了一個象群，把他帶到一隻身上扎有竹刺的病象面前，比丘便拔掉了它身上的竹刺，為它療傷，這隻大象便贈與了他一隻金盒，其中藏的竟是失傳已久的佛牙舍利。「拔刺報恩」這類故事是「動物感恩」類型故事下的一個亞型，在我國最早出現在劉宋時期的小說《異苑》中，但源頭可以追溯到南傳《本生經》中的《無私心本生譚》。〔註20〕

　　除了這些佛教傳說，該國還保留了許多佛教遺跡，如眾賢論師遺跡、象食羅漢遺跡、覺取論師遺跡等，體現了該國在佛教歷史上的重要地位。

　　從覺取論師遺跡向西南方向行進七百餘里，到達半笈嗟國，該國當時也役屬於迦濕彌羅國，其氣候溫熱，花果繁茂，風俗勇烈，故地大致在今斯里那加西南的布恩契一帶。

　　從半笈嗟國向東南方向行進四百餘里，到達遏羅闍補羅國，該國的氣序風俗與半笈嗟國相似，其故地大致在今克什米爾南部的拉加奧利一帶。

　　以上便是《大唐西域記》卷三中所記載的各個國家的大致情況。

附表三：《大唐西域記》第三卷中故國今址對照表

故　國	今　址
烏仗那國	都城故址大致在今斯瓦特河中游東岸曼格勒城西南偏西約五英里的明哥拉
缽露羅國	故地大致在今達地斯坦以東和以北的巴爾帖斯坦
呾叉始羅國	都城故址大致在今巴基斯坦北部拉瓦爾品第西北 10 英里的沙臺裏附近
僧訶補羅國	都城故址大致在今沙爾脫山脈北麓的開脫斯一帶
烏刺尸國	故地大致在今巴基斯坦北部赫沙勒一帶
迦濕彌羅國	故地相當於今克什米爾地區
半笈嗟國	故地大致在今斯里那加西南的布恩契一帶
遏羅闍補羅國	故地大致在今克什米爾南部的拉加奧利一帶

第四章　從磔迦國到劫比他國

　　《大唐西域記》第四卷主要記述了印度境內，從磔迦國到劫比他國十五個國家的地理概況。

〔註20〕參考蔡苡：《「拔刺報恩」故事的印度淵源與發展演變》，《南京師範大學文學院學報》，2017 年 9 月第 3 期，第 42～47 頁。

從遏羅闍補羅國向東南行七百餘里到達磔迦國，該國東起毗播奢河，西臨印度河，氣候炎熱，礦產豐富，其故地大致在今巴基斯坦的旁遮普省一帶，據《大慈恩寺三藏法師傳》記載，玄奘經過此國時還經歷了一番不小的波折，不僅衣物全部被搶，還差點遭到殺害。

都城西南十四五里處是奢羯羅故城，該城是古代摩陀羅國的首都，也是這一地區著名的商貿中心，故址大致在今巴基斯坦東北部的錫亞爾特城。

從磔迦國向東行進五百餘里，到達至那僕底國，該國氣候溫熱，草木旺盛，其故地大致在今印度旁遮普邦的費羅茲普爾附近。「至那」為梵文「Chin」一詞的音譯，意為「中國」，這不禁讓人感到困惑，在當時那個交通閉塞的時代，「中國」這個詞為什麼會出現在一個印度國家的國名之中呢？玄奘在《大唐西域記》中這樣解釋道：

> 昔迦膩色迦王之御宇也，聲振鄰國，威被殊俗。河西蕃維，畏威送質。迦膩色迦王既得質子，賞遇隆厚，三時易館，四兵警衛。此國則冬所居也，故曰至那僕底（唐言漢封）。質子所居，因為國號。

我們在《大唐西域記》卷一的地理解說中就已經講到，迦膩色迦王當政時期，河西的蕃維恃其威勢，紛紛將自己的兒子送到健馱邏國作人質，而迦膩色迦王不僅對他們禮遇有加，還在不同地區建造伽藍，以供他們在不同時段居住，而這裡就是質子們冬日的居所，因此該國的國號與中國有一定的聯繫。

至那僕底國除了在國號上與中國有密切聯繫外，該國境內還有一些中國特有的水果，如桃和梨，據玄奘記載，這些都是質子們所種植的，這也反映出了歷史上中印文化之間交流的廣泛性和密切性。〔註21〕

從至那僕底國向東北方向行進四百五十餘里，到達闍爛達羅國，該國氣候溫熱，風俗剛烈，佛教發達，其故地大致在今印度北部旁遮普邦的賈朗達爾附近，據《大慈恩寺三藏法師傳》中記載，玄奘曾在此國停留四個月，在那伽羅馱那寺跟隨大德旃達羅伐摩學習《眾事分毗婆沙》。

從闍爛達羅國向東北方向，翻越高山，跨過谷洞，行進七百餘里，到達屈露多國，該國坐落於群山之中，礦產豐富，多出珍貴藥材，其都城故址大致在今印度北部比阿斯河上流谷地中的屈露。

屈露多國的北部還有兩個國家，一個是洛護羅國，其故址大致在我國西藏

〔註21〕參考王邦維：《桃和梨的故事：印度的中國特產》，《文史知識》，2014年第8期，第104～109頁。

的洛域，另一個是秣邏娑國，其故址大致在今拉達克一帶，不過這兩個國家玄奘並未親自到達，其記載多來自於傳聞。

從屈露多國向南行進七百餘里，到達設多圖盧國，該國氣候炎熱，風俗淳樸，多出金銀珠珍，其都城故址大致在今印度旁遮普邦中部的沙爾興德。

從設多圖盧國向西南方向行進八百餘里，到達波理夜呾羅國，該國是古代婆蹉〔註22〕的首都，在印度古代傳說中頗負盛名，大史詩〔註23〕中的主角般度族五弟兄就曾在此地度過了長達十三年的流放生涯，其都城故址大致在今印度臘賈斯坦邦齋普爾以北的貝拉特地區。該國人民十分驍勇善戰，玄奘在《大唐西域記》中也稱當地的居民「風俗剛猛」，國王「性勇猛，多武略」。除此之外，當地出土的文物也非常多，最著名的有阿育王的石刻詔勅以及孔雀王朝時期的諸多遺物。

從波理夜呾羅國向東行進五百餘里，到達秣菟羅國，該國也曾是印度古代十六大國之一的蘇羅森那國的首都，地處印度通往西方的商業要道上，其都城故址大致在今印度北方邦西部馬土臘西南 5 英里的馬霍里地區，在印度宗教史上，該國也有著特殊的地位，它是佛教傳說中黑天的誕生地，也是婆羅門教的發祥地。

從秣菟羅國向東北方向行進五百餘里，到達薩他泥濕伐羅國，該國交通便利，商業發達，都城故址大致在今印度旁遮普邦的塔內沙爾，都城附近二百里以內的土地被人稱為「福地」，據說曾經是一片古戰場。

從薩他泥濕伐羅國向東北方向行進四百餘里，到達窣祿勤那國，該國的氣候風俗與薩他泥濕伐羅國相似，其故地大致在今印度北方邦西北部的臺拉登及喜馬偕爾區南部的西木耳一帶。

該國的東臨殑伽河的上游地區，由於這段河流的水質清冽，味道甘美，因此也被當地人稱為「福水」。人們認為「福水」具有神力，在此沐浴，可以消除罪過，在此輕生，可以昇天受福，死後將屍體投入河中，就不會墮入地獄。據說當時執師子國的提婆菩薩得知了這個情況，憐憫眾人的愚昧，專門到此地勸導，才使人們停止了這種惡習。

從窣祿勤那國向東渡過殑伽河，便到了秣底補羅國，該國氣序和暢，風俗質樸，但國王不信佛法，其都城故址大致在今印度北方邦西北部比傑諾爾北約

〔註22〕婆蹉，古印度列國時代（公元前6～4世紀）十六國之一。
〔註23〕即印度教梵文史詩《摩訶婆羅多》。

8 英里的曼達瓦爾。都城南部四五里處有一所伽藍，相傳德光論師曾在該伽藍中作《辯真論》等百餘部論著。德光伽藍的北部三四里處還有一所伽藍，相傳是眾賢菩薩的壽終之地。

　　在該國的西北邊境處，有一個摩裕羅城，由於其地處喜馬拉雅山麓與恒河平原的交界處，由此往北，恒河在群山中奔騰，水勢湍急；由此往南，恒河進入平原，河面開闊，水流平緩，因此該城也有「恒河之門」的美稱。據說這裡的水與「福水」一樣可以生福滅罪，因而也吸引了許多人不遠千里來到此地沐浴求福。直到今天，這裡仍是不少印度教徒的朝聖之地。

　　從摩裕羅城向北行進三百餘里，到達婆羅吸摩補羅國，該國四面環山，商業發達，其故地大致在今印度北方邦西北部的迦爾瓦爾地區。

　　在該國北部的雪山之中，還有一個國家，叫做蘇伐剌拏瞿呾邏國，也即是東女國。據玄奘記載，該國地處吐蕃國、于闐國和三波訶國三國的交界之地，歷代都以女性為王，其丈夫雖然也稱為王，但是並不參與政事。目前學界對該國的研究成果也比較多，一般認為該國在歷史上的確存在過，其地理位置大致在今西藏的中部偏南，種族為西羌，經濟方面呈多元化的趨勢，是一個從母系社會向父系社會過渡的國家〔註 24〕。

　　不過由於這兩個國家的地理位置比較偏僻，玄奘並未親自到達，對其的記載多來自於傳聞。

　　從秣底補羅國向東南方向行進四百餘里，到達瞿毗霜那國，該國地勢險峻，花林池沼眾多，氣候風俗與秣底補羅國相似，其都城故址大致在今卡昔浦爾以東 1 英里的烏賈英村附近的古城堡遺址所在地。

　　從瞿毗霜那國再向東南方向行進四百餘里，到達堊醯掣呾羅國，該國地勢險要，氣序和暢，都城故址大致在今印度阿翁拉附近的拉姆那加爾地區。

　　從堊醯掣呾羅國向南行進二百六七十里，渡過殑伽河，到達毗羅刪拏國，該國的氣候風俗與惡醯掣呾羅國相似，都城故址大致在今印度北方邦西部伊塔區的別爾沙爾。

　　從毗羅刪拏國向東南方向行進二百餘里，到達劫比他國，該國的氣候風俗也與前面的幾個國家相類似，其都城故址大致在今印度北方邦西部法魯哈巴德城西 25 英里的桑吉沙村。

〔註 24〕參考田峰：《〈大唐西域記〉中所載西域女國考論》，《西北工業大學學報：社會科學版》，2010 年第 4 期，第 38～43 頁。

　　都城東部二十餘里處，有一所伽藍，內有三寶階，相傳是如來自三十三天〔註25〕降還的地方，當初，如來從勝林起身，升上天宮，在善法堂為母親說法，三個月後將要返回人間時，天帝釋施展神通，建立了三寶階。但由於年代久遠，原跡已不可見，後來的君王便用各種珍寶作為裝飾，在原來的基礎上又重新修整了一番。

　　三寶階不遠處還有一處佛塔，相傳是蓮花色尼見佛之處。當初，如來從天宮返回贍部洲時，眾弟子都爭先恐後，想要第一個見到他。蓮花色尼便想了一個主意，化身為轉輪王，跟在如來身後，須菩提尊者也想第一個見到如來，但是他又想到如來曾說過的「知諸法空，體諸法性」，於是便用慧眼觀如來的法身，等到蓮花色尼見到如來之後，如來告訴蓮花色尼：「你並不是最先見到我的，最先見到我法身的是須菩提。」

　　以上便是《大唐西域記》卷四中所記載的各個國家的大致情況。

附表四：《大唐西域記》第四卷中故國今址對照表

故　　國	今　　址
磔迦國	故地大致在今巴基斯坦的旁遮普省一帶
至那僕底國	故地大致在今印度旁遮普邦的費羅茲普爾附近
闍爛達羅國	故地大致在今印度北部旁遮普邦的賈朗達爾附近
屈露多國	都城故址大致在今印度北部比阿斯河上流谷地中的屈露
設多圖盧國	都城故址大致在今印度旁遮普邦中部的沙爾興德
波理夜呾羅國	都城故址大致在今印度臘賈斯坦邦齋普爾以北的貝拉特地區
秣莬羅國	都城故址大致在今印度北方邦西部馬土臘西南 5 英里的馬霍里地區
薩他泥濕伐羅國	都城故址大致在今印度旁遮普邦的塔內沙爾
窣祿勤那國	故地大致在今印度北方邦西北部的臺拉登及喜馬偕爾區南部的西木耳一帶
秣底補羅國	都城故址大致在今印度北方邦西北部比傑諾爾北約 8 英里的曼達瓦爾
婆羅吸摩補羅國	故地大致在今印度北方邦西北部的迦爾瓦爾地區
瞿毗霜那國	都城故址大致在今卡昔浦爾以東 1 英里的烏賈英村附近的古城堡遺址所在地

〔註25〕印度神話中的天堂，又稱忉利天。

堊醯掣呾羅國	都城故址大致在今印度北方邦西部伊塔區的別爾沙爾
毗羅刪拏國	都城故址大致在今印度北方邦西部法魯哈巴德城西 25 英里的桑吉沙村
劫比他國	都城故址大致在今印度北方邦西部法魯哈巴德城西 25 英里的桑吉沙村

第五章　從羯若鞠闍國至鞞索迦國

　　《大唐西域記》第五卷主要記述了印度境內,從羯若鞠闍國到鞞索迦國五個國家的地理概況。

　　從劫比他國向東南行二百餘里首先到達的是羯若鞠闍國,該國是印度又名的古都,其國力強盛,商業發達,人民富裕,故地大致位於今恒河與卡里河的合流之處。羯若鞠闍國是梵文 Kanyakubja 的音譯,其本意有「少女」,「彎曲」之意,因而玄奘又將羯若鞠闍國的都城譯為「曲女城」。

　　關於曲女城名字的由來,還有一個傳說。相傳,這個國家曾有一個很賢明的國王,他有一百個女兒,個個聰明漂亮,當時有個仙人看到了國王的女兒們,動了凡心,就要求國王把女兒嫁給他,然而九十九個女兒都不願嫁給他,只有小女兒同意出嫁,仙人一怒之下便用惡咒,使其他九十九個王女都變成了曲背,所以後來此城就被人稱為曲女城。

　　玄奘遊歷印度時恰逢戒日王在位時期,他曾專門會見玄奘,探討治國方略,並在曲女城舉行了著名的法會。據玄奘記載,當時在該法會上還出現了一件匪夷所思的事情——供奉佛像的寶臺突然失火。這件事在《大唐西域記》中這樣記載:

　　　　其大臺忽然火起,伽藍門樓煙焰方熾(戒日)王曰:「罄捨國珍,奉為先王建此伽藍,式昭勝業。寡德無佑,有斯災異!咎徵若此,何用生為!」乃焚香禮請而自誓曰:「幸以宿善,王諸印度,願我福力,禳滅火災!若無所感,從此喪命。」尋即奮身跳履門閾,若有撲滅,火盡煙消。諸王睹異,重增祗懼。已而顏色不動,辭語如故,問諸王曰:「忽此災變,焚爐成功,心之所懷,意將何謂?」諸王俯伏悲泣,對曰:「成功勝蹟,冀傳來葉,一旦灰爐,何可為懷!況諸外道,快心相賀。」王曰:「以此觀之,如來所說誠也。外道異學守執常見。唯我大師,無常是誨。然我檀舍已周,心願諧遂,屬斯變

滅，重知如來誠諦之說。斯為大善，無可深悲。」〔註26〕

仔細閱讀這段敘述，就會發現這其中疑點重重。首先，在滅火之前，戒日王從容不迫的焚香禮請，滅火時，大臣隨從都在旁邊觀望，而不去幫忙，而最後大火卻突然消失，這一切都不符合常理。

近年來，也有學者指出，曲女城的寶臺失火事件實際上就是戒日王和他的臣子們自導自演的一場幻戲。戒日王曾經撰寫過一部梵劇，名為《瓔珞傳》，其中第四幕「幻化大火」的劇情與玄奘記載的曲女城寶臺失火事件的情節幾乎不謀而合。〔註27〕

從曲女城向東南行進七百餘里，到達阿踰陀國，該國在印度歷史上是一個宗教聖地，也是一個著名的故都，其都城故址大致在今印度北方邦西部法特普爾東南 29 英里的阿普依。在公元前 7～4 世紀，阿踰陀是印度北部恒河流域中游奴隸制王國屈薩羅國前期的都城，玄奘到達該國時，此地是戒日王統治下的諸侯國，但到了中世紀中期以後，該國逐漸衰落，最終淪為了一個岌岌無名的小鎮。〔註28〕

從踰陀國向東行進三百餘里，渡過殑伽河，到達阿耶穆佉國，該國的氣候風俗與阿踰陀國相似，其故地大致在今印度北方邦中部恒河東北岸的貝拉及賴巴雷利一帶。據《大慈恩寺三藏法師傳》記載，玄奘在到達該國時遭到了賊船的洗劫，然而就在劫匪想要殺掉玄奘祭神時，天空突然狂鳳大作，黑沙四起，劫匪這才作罷。

從阿耶穆佉國向東南方向行進七百餘里，到達鉢邏耶伽國，該國位於恒河與閻牟那河交匯之處，其都城故址大致在今印度北方邦南部的阿拉哈巴德。古代印度人認為在兩河交匯處沐浴可以增加一個人的功德，因此該地也被人們看作印度有名的宗教浴場。

該國國內存有很多佛教遺跡，在都城西南部有一座佛塔，供有如來的遺物。佛塔旁邊有一所伽藍，據說提婆菩薩曾在這裡作《廣百論》，反擊外道。都城中還有一座天祠，據說是眾生殖福之地，在此輕生，便能夠昇天受福，後來有一位婆羅門到達此地，以身試法，才破除這個惡習。都城東部十餘里有大

〔註26〕季羨林：《大唐西域記校注》，中華書局，2000 年，第 442～443 頁。
〔註27〕參考張遠：《曲女城法會中的寶台失火與幻戲》，《文史知識》，2014 年第 9 期，第 114～119 頁。
〔註28〕參考張箭：《古印度阿逾陀國考——兼論許玉黃乃華裔非印裔》，《南亞研究季刊》，2009 年第 1 期，第 93～97 頁。

施場，戒日王每五年就會在這裡舉行一次大施捨，玄奘也曾參加過一次。

從缽邏耶伽國向西南方向行進五百餘里，到達憍賞彌國，該國的都城憍賞彌曾是印度古代十六大國之一跋蹉國的首都，也是北印度最有名的城市之一，其故址大致在今阿拉哈巴德西南 30 英里處的柯散。

憍賞彌城的起源甚早，在印度的許多原始典籍以及兩大史詩中均有出現。都城的故宮中供有鄔陀衍那王所刻的檀佛像，傳說往昔釋迦世尊住世時，為了報答母恩，便上升切利天宮為母親說法，鄔陀衍那王由於思念佛陀，就請目犍連尊者運用神通，將一名雕刻匠攝升到天宮親睹佛陀的聖容，再用紫檀木雕刻了這尊佛像，據說當世尊說法歸來時，這尊佛像居然也像真的人一樣出來迎接。除了這尊紫檀木佛像，都城內還存有具史羅長者、世親菩薩、無著菩薩等著作重要經論的遺址。都城的東北七百餘里處，有一座城，名為迦奢布羅城，其地理位置大致在今恒河支流軍提河河畔的蘇坦浦。

從迦奢布羅城向東北行進一百七十餘里，到達鞞索迦國，該國穀稼殷盛，風俗質樸，都城故址大致在今印度北方邦中部法扎巴德東部約 6 英里的阿約底。

以上便是《大唐西域記》卷五中所記載的各個國家的大致情況。

附表五：《大唐西域記》第五卷中故國今址對照表

故　國	今　址
羯若鞠闍國	故地大致位於今恒河與卡里河的合流之處
阿踰陀國	都城故址大致在今印度北方邦西部法特普爾東南 29 英里的阿普依
阿耶穆佉國	故地大致在今印度北方邦中部恒河東北岸的貝拉及賴巴雷利一帶
缽邏耶伽國	都城故址大致在今印度北方邦南部的阿拉哈巴德
憍賞彌國	都城故址大致在今阿拉哈巴德西南 30 英里處的柯散
鞞索迦國	都城故址大致在今印度北方邦中部法扎巴德東部約 6 英里的阿約底

第六章　從室羅伐悉底國至拘尸那揭羅國

《大唐西域記》第六卷主要記述了從室羅伐悉底國到拘尸那揭羅國四個國家的地理概況。

從鞞索迦國向東北方向行進五百餘里，到達室羅伐悉底國，該國是北印度重要的商業中心之一，市場繁榮，人口眾多，其都城故址大致在今印度北方邦北部巴爾蘭普爾西北 12 英里的沙海脫‧馬海脫。

　　都城南部五六里處，有一座園林，叫做「逝多林給孤獨園」。相傳，釋迦牟尼成佛之後，舍衛城的一個富豪長者給孤獨用大量的金錢購置了波斯匿王太子逝多在舍衛城南的苑園，建築精舍，作為釋迦牟尼居住說法的場所，但逝多太子僅出賣了花園的地面，而將園中的樹林無償奉獻給了釋迦牟尼。由於精舍內的園地是給孤獨買的，樹林是逝多太子贈與的，因此，這個精舍也就由他們兩個人的名字來命名，叫做「逝多林給孤獨園」。

　　逝多林給孤獨園的西北部有一處佛塔，相傳是舍利弗與目犍連比試神通的地方，當初佛陀應阿耨達龍王之請到無熱惱池參加集會，所有人都到齊了，只有舍利弗沒到，佛陀便派遣目犍連前去召喚，然而舍利弗此時正在補法衣，遲遲不肯行動。目犍連便威脅說，如果你再不行動，我就把你和你的家一同搬到會場去，舍利弗二話沒說，將一條衣帶放在地下，讓目犍連拿起它，然而目犍連用盡神力也不能將這個衣帶移動分毫，等目犍連回到無熱惱池時，竟遠遠的看到舍利弗已經在會上就座，目犍連這才心生敬意。

　　佛塔附近有三個大坑，傳說是外道誹謗佛陀之處。第一個大坑位於佛塔不遠處，當初外道曾在這裡雇傭淫女孫陀利假裝聽法，然後將其秘密殺害，然後譭謗佛陀與淫女私通，眾多天神識破了外道的伎倆，在空中隨聲唱言：「外道中的兇殘之人，設謀誹謗」，才幫佛陀洗清罪責。第二個大坑位於佛塔東部百餘里處，當初提婆達多將毒藥藏於指甲之內，想要傷害佛陀，然而正當他要行使計謀時，大地突然裂開，提婆達多便活活陷入了地獄。第三個大坑位於第二個坑南部八百餘步的地方，當初戰遮婆羅門女為了譭謗佛陀，便在懷中繫上木盂，來到給孤獨園，對眾人說她肚子中懷了釋迦種，天帝釋為了消除眾人的疑惑，化身為一隻白鼠，齧斷繫木盂的繩子，才破除了謠言，而這名女子則全身陷入地縫中，進入了無間地獄。

　　《大唐西域記》中關於外道的記載還有很多，比如卷七中所記載的婆羅疤斯國的情況：「天祠百所，外道萬餘人並多宗事大自在天，或斷髮，強椎髻，露形無服，塗身以灰，精勤苦行，求出生死。」其實從本質上說，這些外道與佛教相似，都是為了求得解脫，只是有些主張和戒律不同而已。因此，他們之間在理論上也經常會發生爭論和衝突，從玄奘對外教的記載中也可以看出，當時印度佛教與其他宗教派別之間的鬥爭還是非常激烈的。〔註29〕

〔註29〕參考張立明：《印度佛教的「前生今世」──重讀〈大唐西域記〉》，《世界宗教文化》，2014 年第 6 期，第 112～119 頁。

從此處再往西，有一片樹林，名為得眼林，傳說當初該國有五百人造反為盜，結果戰敗被俘，遭受酷刑，挖去雙眼，放逐山林，強盜們苦不堪言，便召喚佛陀，佛陀動了慈悲之心，以神通力吹雪山藥使五百強盜的眼目復明，並現身為之說法，最終使五百強盜皈依佛法。

從室羅伐悉底國向東南方向行進約五百里，到達劫比羅伐窣堵國，該國是釋迦牟尼的出生之地，其都城故址大致在今印度北方邦巴斯底縣的比普拉瓦。大約在公元前六世紀前後，該國的人口興旺，街市繁榮，但在玄奘到達該國時，該國已經衰落，僅留下「空城十數，荒蕪已甚」。

宮城內還存有釋迦牟尼父親淨飯王的正殿和母親摩訶摩耶夫人的寢殿故基，故基的東北部有一處佛塔，據說阿私多仙曾在此處見到釋迦太子，並稱他「在家作轉輪聖王，捨家當成等正覺。」

都城東南部有一處精舍，其中供有釋迦太子乘白馬凌虛之像，都城的四個大門外都有精舍，分別供有老人、病人、死人和沙門的雕像。傳說釋迦牟尼從小很愛靜坐，喜歡領悟宇宙和人生的道理，他的父王因此非常擔心，就鼓勵他多到外面走走看看。他首先從東門出去，遇到了一個很虛弱的老人，釋迦太子看到後心中十分悲愁，心想人生總有一天會變成這樣。他又從南門出去，看到一個生病的人倒在地上哀叫，釋迦太子又想，人生總不能避免病苦。他又從西門出去，看到了一個出殯的隊伍，送行的六親眷屬都哭哭啼啼，釋迦太子看到後覺得很哀傷，想到生必有死，而生離死別又是非常哀痛的事情。最後他從北門出去，遇到了一位修行之人，他看到這位修行之人舉止安詳，好像內心充滿了喜樂，內心深受震動。從此以後，釋迦牟尼便開始思考，如何才能像這位修行者一樣安詳平靜，沒有憂愁苦惱，最後他終於參透了宇宙和人生的道理，證悟佛性，達到成佛。

除了這些精舍，劫比羅伐窣堵國內還留有許多佛教遺跡。都城西北部有數百座佛塔，據說許多釋迦族的族人被誅殺之處；都城南部三四里有拘律樹林，據說是釋迦牟尼歸國後為父親淨飯王說法之處；都城東南三十餘處有釋迦牟尼為太子時射箭落地而成泉的箭泉；箭泉的東北八九十里是釋迦牟尼的誕生之地，旁邊還有阿育王所建的大石柱。

從釋迦牟尼誕生處向東部的曠野中行進二百餘里，到達藍摩國，該國本是印度次大陸佛陀時代（公元前6～前4世紀）的一個聚落或城邦小國，其故地大致位於今尼泊爾南部的達馬里地區，後因「八王分舍利」事件而被載於佛教

史中。法顯的《佛國記》中也對當時該國國內佛教的盛況有所記載：

> 國王得佛一分舍利，還歸起塔，即名藍莫塔。塔邊有池，池中有龍，常守護此塔，晝夜供養。阿育王出世，欲破八塔作八萬四千塔，破七塔已，次欲破此塔，龍便現身，持阿育王入其宮中。觀諸供養具已，語王言：「汝供若能勝是，便可壞之持去，吾不與汝爭。」阿育王知其供養具非世之有，於是便還。

但在玄奘到達該國時，該國已經「空荒歲久，居人稀曠」，佛塔也都破敗不堪了。

從藍摩國向東北方向行進，穿越一片樹林，到達拘尸那揭羅國，該國原是佛教的四大聖地之一，是釋迦牟尼的涅槃之處，不過在玄奘到達該國時，該國已經衰落，其都城故址大致位於今小拉普提河與干達克河交匯處的東南部。

都城西北三四里處有一座救火塔，相傳如來修菩薩行時，曾化身為一隻雛鳥生活在這裡的一片大茂林中，然而有一天，林中突然燃起了熊熊大火，如來化身的那隻雛鳥便飛往河裏，把羽毛澆濕，又飛回樹林上空奮力把水灑下來，天帝釋看到後便對這隻雛鳥說：「你這麼做只是枉費羽翼之勞。」雛鳥聽到後對天帝釋說：「您有很大的福力，想要救災拯難，易如反掌，可您現在不但不來相救，反而譏問我徒勞無功，現在烈火正熾，請不要再多說了。」於是天帝釋便用雙手掬水，遍灑樹林，頓時使火滅煙消，萬物的性命才得以保全。

救火塔不遠處也有一座佛塔，相傳是如來修菩薩行時化身為救鹿拯救生靈的地方。在很早以前，此處的樹林中燃起大火，鳥獸都被困在其中，走投無路，這時如來化身的鹿便動了惻隱之心，強忍著痛楚解救被困者，最終筋力已盡，溺水而死。

《大唐西域記》中諸如此類「如來化身動物拯救眾生」的故事還有很多，這些故事使佛陀的形象更加生動豐滿，也表現出了玄奘對佛陀的虔誠信仰。

在鹿溺水處西側不遠處，是蘇跋陀羅的寂滅之處。據說蘇跋陀羅原本是該地的一位有名的長者，他在佛將要涅槃之時，向佛陀請教了幾個問題，在得到佛陀的回答後他開始勤奮修行，最終證得羅漢果，但由於他不忍見佛入大涅，便在眾人前入火界定，現出神通，首先入涅。

蘇跋陀羅入涅處旁是執金剛仆地的地方，當初大悲世尊對眾人教化完畢後便入涅，執金剛神秘跡力士見佛入涅，十分悲慟，悶絕仆地，醒來之後十分悲哀的說：「在生死的大海中，有誰為我們作舟楫過渡？在無明的長夜裏，有

誰為我們燃燈照明！」

執金剛仆地處旁邊是如來涅後的停棺之處，摩訶摩耶夫人曾在此處哭佛。從城北渡河行三百餘步，就是著名的「八王分舍利」處，當初佛陀入涅之後，八國國王來到此地，請求分給舍利，並不惜付諸武力，最後經過他們商議，同意將佛舍利分為三份，由天族、人族、龍族分別供養。

從「八王分舍利處」向西南方向行進二百餘里，有一個大邑聚，相傳曾經這裡有一位十分崇敬佛法的婆羅門，專門在住宅旁邊建立了一座裝飾華麗的僧坊，以供往來的僧眾都在此借宿，但後來由於設賞迦王毀壞佛法，往來的僧眾就消失了，有一次他在散步的時候，看見一位粗眉白髮的和尚，便請他進入僧坊休息。早餐時，他用最好的牛奶煮粥進奉，誰知和尚剛嘗一口，便放下缽沉吟歎息，婆羅門問其原因，和尚回答道：「如來在世的時候，我經常跟隨他在王舍城竹林精舍中，在清澄的流水旁洗滌器物，或者洗漱沐浴，而現在最好的牛奶都比不上古代的淡水，這是人和天神福減的緣故罷。」和尚說完話後，就忽然不見了。原來這個和尚就是佛的兒子羅怙羅，他為了維護正法，遲遲沒有入涅，羅怙羅走後，婆羅門便將他住過的房間塗香灑掃，並恭敬的設立了他的像來敬奉。

以上便是《大唐西域記》卷六中所記載的各個國家的大致情況。

附表六：《大唐西域記》第六卷中故國今址對照表

故　　國	今　　址
室羅伐悉底國	都城故址大致在今印度北方邦北部巴爾蘭普爾西北 12 英里的沙海脫·馬海脫
劫比羅伐窣堵國	都城故址大致在今印度北方邦巴斯底縣的比普拉瓦
藍摩國	故地大致位於今尼泊爾南部的達馬里地區
拘尸那揭羅國	都城故址大致位於今小拉普提河與干達克河交匯處的東南部

第七章　從婆羅疟斯國到尼波羅國

《大唐西域記》第七卷主要記述了從婆羅疟斯國到尼波羅國五個國家的地理概況。

從拘尸那揭羅國繼續向東北部的樹林中行進五餘百里，到達婆羅疟斯國，該國的前身即為古代的迦尸國，迦尸國是古代印度的十六大國之一，在佛陀以

前，曾是北印度最強大的國家之一，但佛陀時代已經衰落。婆羅疤斯國的都城婆羅疤斯位於水陸交通的中心，人口眾多，工商業繁榮，其故址大致在今印度北方邦東南部的貝拿勒斯，佛陀一生的很大一部分時間都在此度過，因此，該地也留下了許多佛教的遺跡和傳說。

在婆羅疤河東北的十餘里處，也就是今天拿貝勒成北約十餘里處，有佛教歷史上著名的野鹿苑。傳說釋迦牟尼和提婆達多生前都做過鹿王，分別帶領500只鹿，當時有一個國王，每天都會在這兩群鹿中挑選一隻鹿來充膳食，有一天，國王挑中了提婆達多鹿群中的一隻懷孕的母鹿，提婆達多不忍心，便決定由自己代替那頭母鹿獻給國王，國王得知這件事後十分感動，便下令以後這一帶永不許捕鹿，因此後人就稱這裡為野鹿苑。

野鹿苑的西南不遠處是釋迦牟尼「初轉法輪」之地。據說當初釋迦牟尼在菩提樹下悟道成佛後，在這裡對父親派來照顧他的五個侍從講解佛法，向他們闡述人生輪迴、苦海無邊、善惡因果、修行超脫之道。這五人頓悟後，披上袈裟，成為了世界上最早的佛教僧侶。

野鹿伽藍東部二三里處有一個池塘，名曰烈士池。相傳數百年前，有一位隱士在這裡修習法術，他的本領高強，可以使瓦礫變成寶物，將人變成牲畜，但他並不覺得滿足，因為他還不能像仙人一樣駕馭風雲，於是，他終日翻閱古書，遍尋成仙之術，最終他找到了一個仙方，但仙方上說，要想成仙，首先要找到一位勇敢誠信的「剛烈之士」，然後讓這位「烈士」手執長刀，站在牆角，從黃昏到拂曉不可發出任何聲音，方可成功，於是這位隱士便依照仙方尋找數年，但仍然沒有結果。一次，這名隱士在城中遇到一個人正在哭泣，而且這個人的模樣正與自己要找的人相似，便上前詢問緣由，這個人解釋說，自己在一個地主家打工了五年，結果被身無分文的趕了出來，隱士就將他帶回到了自己的家中好好款待了一番，又贈與他五百金錢，這個人十分感激，很想報答這名隱士，隱士這才開口說了自己的條件，這個人聽後非常爽快的就答應了。於是隱士就按照仙方，建造了一座壇場，天黑以後，兩個人各司其職，隱士念誦神咒，烈士手執利刃，但就在大功快要告成之時，烈士卻突然發出了一聲驚叫，霎時間，火從天降，煙霧彌漫，隱士趕緊拉住那名烈士躲入水池之中避難。等煙霧散去之後，隱士問這名烈士為何突然發出驚叫，這名烈士趕緊解釋道，他在後半夜昏昏沉沉的做了一個夢，在夢裏，他長大、讀書、結婚、生子，都沒有說話，在他六十五歲的時候，他的妻子突然對他說：「你如果再不說話，我

就殺掉你的兒子。」他急忙阻止自己的妻子，誰知一不小心就發出了聲音。隱士聽後並沒有打算責怪他，但這位烈士見隱士因為自己而未能成仙，萬分愧疚，最終憤恚而死，後來的人為了紀念這名烈士，就將他們當時避火的池塘稱作「烈士池」。〔註30〕

「烈士池」傳說在《大唐西域記》中算是一個奇特的故事。首先，它出自於佛典，但是卻將「道士」作為了故事的行動元；再者，它雖然具有印度特點，但目前並不能從印度方面找到一個完全相同的故事來源。在《大唐西域記》成書二百年以後，「烈士池」傳說已然成為了一個文學母題，從中衍生出許多優秀的故事篇章，成為了中土小說戲曲創作中的重要題材。〔註31〕

烈士池的西部有一座佛塔，玄奘稱之為「三獸佛塔」，相傳在劫初的時候，這一片林野中住有狐狸、兔子、猴子三種動物，有一天，天帝釋化身成一個老人來到這裡，對他們說：「聽說你們相互間情厚意濃，因此我不顧年老，遠道來找你們，現在我肚子正餓，你們給我什麼吃呢？」他們聽後，二話沒說就分頭去為這個老人尋找食物，結果，狐狸和猴子都帶回了食物，只有兔子空手而歸。化身老人的天帝釋就嘲笑他們說：「看來你們的情誼也並沒有那麼濃厚，猴子和狐狸志同道合，都能盡心去完成所願，只有兔空手而回，沒有東西帶回給我。」兔子聽後這樣的話很不服氣，囑咐狐狸和猴子多收集些柴薪來，就在火焰正燒得熾盛時，兔子對老人說：「您的要求我沒有完成，那現在就用我小小的軀體成為您的一頓餐食吧。」說完便跳進火中，一下子被燒死了。老人十分感動，一下恢復了天帝釋的原身，從餘燼中收揀起兔子的骸骨，傷歎了良久，最後決定把兔子放到月亮上去，好讓後世的人都知道這件事。

這就是印度月兔的故事，不過碰巧的是，在中國也有一個兔子和月亮的傳說，於是這就又引出了一個新的問題：中印兩國所講的月兔傳說，二者之間是否存在著什麼聯繫？其實關於這個問題，學術界現在存在著兩種不同的觀點：一種認為月兔傳說起源於印度，其代表是北京大學的季羨林先生；一種認為兩國的月兔傳說是獨立發展的，而並不是一定是起源於印度，其代表是北京師範大學的鍾敬文先生。

〔註30〕參考王邦維：《一個夢的穿越：烈士故事與唐代傳奇》，《文史知識》，2014年第9期，第107～113頁。
〔註31〕參考王青：《玄奘西行對唐代小說創作的影響》，《西域研究》，2005年第1期，第68～75頁。

　　季羨林先生給出的解釋是，「根據這個故事在印度起源之古、布傳之廣、典籍中記載之多，說它起源於印度是比較合理的。」〔註32〕但鍾敬文先生卻指出，月亮裏有兔子的傳說，不僅中國和印度有，古代的墨西哥、南非洲的祖魯蘭德也有，況且玄奘在記載這個故事的時候，中國的月兔傳說已經相當成熟了，所以並不能說明月兔傳說一定是由印度輸入的。〔註33〕總的來說，這兩位先生的解釋都具有一定的合理性，但若真如鍾敬文先生所言，「全球的不同地區都流行著這種傳說」，那麼其源頭可能要追溯到更久遠的年代了。

　　從婆羅疤斯國順著殑伽河向東行三百餘里，到達戰主國，該國居民富足，風俗質樸，其都城故址大致在今印度北方邦東南部的加濟普爾。

　　都城東部二百里處有一所伽藍，名曰不穿耳伽藍，該伽藍內部雕飾精美，花木與清池交錯，亭臺與樓閣櫛比鱗次，關於這所伽藍名稱的由來，還有一個故事。相傳大雪山北面的睹貨邏國曾有幾個沙門共同發願，想要來印度巡拜聖蹟，但卻由於被人視為邊鄙之人而不得寄宿於伽藍之中，他們露宿街頭，頻遭飢餓風寒之苦，以致容顏憔悴，而當時正值國王出遊近郊，國王見他們未穿耳孔，不戴環飾，形貌垢污疲弊，便起了悲憫之心，於是在此地建立了這所伽藍以供往來的僧人居住。

　　從不穿耳伽藍向東北方向行進百餘里，到達吠舍釐國，該國位於恒河中心的交通要塞，也是古印度著名的大國，但玄奘到達這裡時，該國國力已經衰落，城內房屋多已傾頹，其都城故址大致在今印度比哈爾邦北部木扎法普爾地區的比沙爾，由於該國為釋迦牟尼生前著名的遊化之地，因此該國國內的佛教遺跡也非常多，如無垢稱說法處、寶積故宅、佛預言涅槃處等。除此之外，該國還流傳著許多佛教傳說。

　　比如在佛預言涅槃處，就流傳有千佛本生的故事。相傳，古代有一位仙人隱居在這附近的山谷中，仲春之際，仙人去河中盥漱，一頭麋鹿喝了仙人盥漱過的河水後，生下了一個容貌過人，但長著一雙鹿腳的女子，仙人很喜歡，就收養了她。一次，仙人命鹿女去仙廬中取火種，然而當鹿女踏入聖火地時，她所踏之處，蓮花自生，這時，波羅奈國的國王恰好在山間田獵，他看到異象蓮花，循跡而來，載上鹿女就走了，不久之後，鹿女懷孕，竟產下了一朵蓮花，

〔註32〕季羨林：《中印文化交流史》，新華出版社，1991 年，第 11 頁。
〔註33〕參考王邦維：《三獸之塔：玉兔何事居月宮》，《文史知識》，2014 年第 4 期，第 101～106 頁。

這朵蓮花有一千個葉子，每個葉子上都坐著一個孩子，鹿女認為這是不詳的徵兆，便把它棄於河中，沒想到這朵蓮花隨波逐流，載著千子飄到了波羅奈國的屬國烏耆延國，烏耆延國的國王覺得很奇特，就命人收養了他們，後來這一千個孩子長大成人，各個孔武有力，烏耆延王憑藉他們四處征戰、開疆拓土，最後兵臨往日的宗主國波羅奈國城下，鹿女這才對他們說出真相，從此以後，兩國和好，百姓交歡。

由於蓮花在佛教中的地位非常崇高，因此在佛教文獻中關於此類的記載還有很多，不僅有「步步生蓮」，還有「毛孔生蓮」、「肚臍生蓮」等。

除了這些遺跡和傳說，玄奘在《大唐西域記》中還特別記載了佛教歷史上的第二次結集，即七百聖賢結集。此次集結的主要原因是對於「十事」的爭執，上座部認為，這「十事」是釋迦牟尼涅槃前都已經做過解釋的，應當遵守；大眾部則認為，這「十事」只是細枝末節，可以根據不同情況而改變。一般認為，正是這次結集，使佛教內部分裂成了大眾部和上座部。

從吠舍釐國向東行進五百餘里，到達弗栗恃國，該國氣候微寒，人性躁急，其地理位置大致在今印度比哈爾邦北部的達爾邦加地區。

都城的西部有一座佛塔，是如來化度漁人的地方。相傳在過去佛在人世的時候，有五百個漁人結伴在一起捕魚，一天，他們在河流中捕獲到了一條大魚，這條魚長著十八個頭，每個頭上還長著兩隻眼睛，漁人們就準備殺死它，這時，如來在吠舍釐國正好用天眼看見了這一幕，於是便心生悲憫，對他們進行教化，最終使他們都皈依佛法，脫離塵俗，證得羅漢果。

從弗栗恃國向西北方向行進一千五百餘里，到達尼波羅國，該國坐落於雪山之中，礦產資源豐富、畜牧業發達，其故地大致就在今天的尼泊爾地區。

以上便是《大唐西域記》卷七中所記載的各個國家的大致情況。

附表七：《大唐西域記》第七卷中故國今址對照表

故　國	今　址
婆羅疙斯國	都城故址大致在今印度北方邦東南部的貝拿勒斯
戰主國	都城故址大致在今印度北方邦東南部的加濟普爾
吠舍釐國	都城故址大致在今印度比哈爾邦北部木扎法普爾地區的比沙爾
弗栗恃國	地理位置大致在今印度比哈爾邦北部的達爾邦加地區
尼波羅國	今尼泊爾地區

第八章　摩揭陀國的概況

　　《大唐西域記》第八卷主要記述了摩揭陀國的部分地理概況。

　　摩揭陀國是古印度最著名的大國之一，其故地大致在今印度的比哈爾邦，該國的都城王舍城曾是印度歷史上著名的佛教聖地，佛陀生平的大部分遺跡都在王舍城附近地區。

　　在王舍城的北部，有一座故城，叫做波吒釐子城，但是玄奘到達這裡時，這座城已經荒蕪已久了，關於這座城名稱的由來還有一個動人的傳說。

　　據說在很久以前，這座城本叫做拘蘇摩補羅（意為花香城），這裡有一位高才博學的婆羅門，跟隨他學習的學生就有數千人，一次，這些學生結伴出去遊玩，其中的一位書生突然黯然傷神，他的同伴就上前問他為什麼發愁，他回答說：「我現在正值壯年，但學業和事業都沒有成就，一想到這件事，我的心情就很沉重。」於是他的同學就跟他開玩笑，在一棵波吒釐子樹下為他假辦了一場婚禮，並從樹上摺下了一支花枝遞給他說：「這就是你最好的妻子，請你不要推辭。」書生聽了十分高興。天色很快就暗了下來，但是書生依舊戀戀不捨，就留在了樹林中。天黑以後，一道奇異的亮光伴隨著清雅的音樂突然從遠處傳來，不一會兒，一對老夫婦對著一位少女向他走來，後面跟隨的還有許多賓客，老翁指著少女對書生說：「這就是你的妻子啊。」這些人就開始飲酒唱歌，很快就過去了七天。他的同學等了好幾天，看他還不回來，以為他被野獸所害，就回到樹林中尋找，但看見他一個人坐在樹蔭下，彷彿對面有客人一樣，同學勸他回去，他還是不願意回去。後來書生回到城裏後，將這件事情的經過講給了自己的親友們，他的親友們聽到以後都很吃驚，於是他就帶著他的朋友一起回到了樹林，他們這才發現那棵花樹原來是一座大宅院，裏面的僕人在來來往往，一位老婦人正在從容的招待客人，他的朋友回城以後，又把這個消息轉告給了大家。一年以後，他們生了一個男孩，書生對他妻子說：「我很想回老家，可又覺得離不開你們。要是繼續留在這裡，還像是在外飄流。」他的妻子聽後又把這些話告訴了她的父親，老翁便對這個書生說：「人生行樂，何必非要在故鄉呢？我現在為你再建造一座城市，你就不要再有別的想法了。」於是，老翁就指揮神工，數日之後，新城就建成了，原來的花香城也遷到了這裡，這座新城也就被稱為波吒釐子城。〔註34〕

〔註34〕參考王邦維：《書生的花樹奇緣：一座古城的傳說》，《文史知識》，2015年第12
　　　　期，第73～76頁。

舊王宮的北部有一個高幾十尺的石柱，據說是無憂王設立地獄的地方。當初無憂王繼位以後，頒布了嚴苛的法令，並設立地獄，荼毒生靈。地獄四周建立高高的圍牆，地獄內部有熊熊烈火，尖刀利刃，還有各種刑具，如同陰間。剛開始的時候，這個地獄的作用只是為了懲治犯人，但是到了後來，連路過這裡的人也要被捉去。一天，一個沙門被抓進了地獄，他在看到地獄內的慘狀後忽然悟道。在被丟入開水鍋中時，他好像身處清池，身下還長出了一朵大蓮花供他盤坐，獄主看到後十分驚恐，就立刻把這件事報告給了無憂王，無憂王聽到後十分驚奇，便親自過來觀看，結果獄王卻對無憂王說：「大王越過地獄圍牆，按法律應當處死。」無憂王回答說：「我先前下的命令難道把你除外了嗎？你能活到今天，是我的罪過。」說完就命令獄卒，將獄王投入了熔爐之中，後來無憂王幡然悔悟，推倒了高牆，撤除了地獄。

地獄南部不遠處有一座石室，相傳是無憂王為自己出家的弟弟建造的。無憂王有一個同母胞弟叫摩醯因陀羅，他生性殘暴，生活奢侈，國王和大臣們都對他極為不滿，就讓無憂王對他依法處置，雖然無憂王也於心不忍，但是迫於壓力，就將他禁閉在了一間幽暗的屋子裏，摩醯因陀羅便在這裡發憤修養身心，最終獲得羅漢果，顯示神通，脫離塵世，於是無憂王就為他的弟弟在深山中建造了一座石室，供他的弟弟居住。

故城的東南部有一座佛塔，名為建稚椎聲。相傳，當初有許多和尚和外道都居住在這裡，但後來和尚去世後，由於沒有合適的繼承人，外道就將和尚趕了出去，十二年後，龍猛地弟子提婆想要改變這種現狀，便到此處與外道進行辯論，最終駁倒了外道，百姓們為了紀念提婆的功績，就建立了這座佛塔。

建稚椎聲的北部是鬼辯婆羅門的居所，相傳當初鬼辯婆羅門居住就在這附近的荒野中，名望很高但是從不與世人交往，當時的一個叫馬鳴的菩薩知道了這件事後，認為這其中必有蹊蹺，就到鬼辯婆羅門的居所中去試探他，最終拆穿了他的伎倆。

從鬼辯婆羅門的所居之處繼續向西南方向行進，會路過三所著名的伽藍。第一所是位於都城西南二百餘里處的鞮羅擇迦伽藍，該伽藍規模很大，僧徒眾多，伽藍西南九十餘里還有一座大山，據說有神靈仙人在那里居住。

第二所是位於鞮羅擇迦伽藍西南數十里的慧德伽藍，這裡也是佛教歷史上著名的慧德菩薩降伏外道處。相傳從前有一個叫做摩杳婆的外道，他知識淵博，名聲很高，民眾和百官都非常敬仰他，當時還在南印度的慧德菩薩就給摩

沓婆來信說，三年之後要來挑戰他，讓他做好準備，摩沓婆聽到後十分恐慌，便下令讓所有的徒弟和邑戶都不得收留沙門異徒，結果慧德菩薩直接找到了國王，要求與摩沓婆進行辯論，摩沓婆迫不得已接受了，最終慧德菩薩戰勝了摩沓婆，國王為了表彰慧德菩薩出彩的功績，就建造了這所伽藍。

第三所是位於慧德伽藍西南二十里處的戒賢伽藍，戒賢菩薩曾在這裡說服了外道。戒賢菩薩曾是三摩呾國的王族，他少年時就勤奮好學，並周遊了印度各地，在到達該國的那爛陀寺的時候，他偶然聽到了菩薩說法，於是便開始覺悟，潛心研究佛法，最終達到「名擅當時，聲高異域」的境界。南印度有一個外道聽說了他的名望前來挑戰，最終被他成功說服，國王為了表彰他的功績，便贈與他一處封邑作為獎勵，他推辭不掉，便在此地建立了這所伽藍。

從戒賢伽藍向西南方向行進四十餘里，渡過尼連禪河，到達迦耶城，該城的起源相當古老，在著名的印度史詩《摩訶婆羅多》中就有提到過，其地理位置大致在今印度比哈爾邦巴特那城南約 130 公里處，加爾各答西北約 470 公里處。

尼連禪河的東岸有一座山，叫做前正覺山，在前正覺山的西南約十餘里處，有一棵菩提樹，據說是釋迦牟尼得道成佛之處。據玄奘記載，在佛陀在世時期，這棵菩提樹高達數百尺，但後來經過多次砍伐，僅剩四五丈之高。

菩提樹的東部有一處精舍，其中供有觀自在天菩薩像和彌勒菩薩像。傳說這座精舍剛剛建成的時候，準備招募一些工人建造一尊如來剛成佛時的像，但是過了很久都無人應招，後來有一個婆羅門自告奮勇的對精舍內的和尚說：「我擅長畫如來的妙相，不過需要六個月之後才能看。」在六個月期限快到時，和尚們十分好奇，就打開門來看，只看到精舍內有一尊佛像，其神態莊嚴肅穆，表情栩栩如生，和尚們都驚歎不已，知道這是佛顯靈的跡象，後來有一個心地淳樸的沙門夢見了當初那位婆羅門，婆羅門對他說：「其實我就是彌勒菩薩，我怕工匠想像不出佛的聖容，所以親自前來畫佛像。」

菩提樹的北門外有一所著名的伽藍，名為摩訶菩提伽藍，相傳是從前南海僧伽羅國的國王所建。當初僧伽羅國的國王和他的族弟都篤信佛法，後來他的族弟因為思念佛的聖蹟而遠遊印度，寄居各個伽藍中，但是各個伽藍都看不起他的樸野固陋，對他的態度很惡劣。他回到國內後神色非常憂鬱，國王看到後便問他說：「你受了什麼委屈，以至於這樣難過？」他回答道說：「我依仗國威，雲遊四方，求學問道，寄跡於外國，飽受寒暑之苦，一舉一動都遭凌辱，一言

一語都被譏笑，蒙受了這樣的辛苦和恥辱，怎麼還能高興得起來？我真誠地希望大王為了樹福德，在五印度建造一所伽藍，這樣既能旌表聖蹟，又會有崇高的名聲，使先王得福，使後代受恩。」國王聽了很受觸動，於是施捨國家的珍寶，建造了這所伽藍。

第九章　摩揭陀國（下）

《大唐西域記》第九卷仍然記述了摩揭陀國的地理概況。

從菩提樹向東渡過尼連禪那河，有一個香象池。據說當初如來修菩薩行時，曾化為一隻香象，一日，它在林中為盲母採食時遇到了一個迷路的人，它好心為這個人指路，結果這個人回國以後，報告國王帶人來捉捕香象，這隻香象被帶回國以後不吃不喝，國王感到十分奇怪，就問它原因，它回答說：「我的盲母現在還在飢餓之中，自己又怎麼能吃獨食呢？」國王聽後非常感動，就將它放了。

在香象侍母處東側的樹林之中有一根石柱，據說是外道入定和發惡願的地方。相傳從前這裡有一個叫郁頭藍子的外道，他心向自然，身居野外，已經具備了五種神通。摩揭陀國的國王對他十分敬重，每到中午，便請他到王宮裏來吃飯。有一次，國王準備出門旅行，便讓他的親生女兒來伺候他用餐，郁頭藍子見國王的女兒溫柔善良，竟然產生了愛欲，失去了神通，他感到十分氣憤，便發惡誓，願來生轉為兇暴的惡獸，狸身鳥翼，搏食生靈，他入定以後，如來預言他天壽終結以後將實現往昔的誓願。

從外道入定處繼續在樹林中行進百餘里，有一座山。由於這座山形態奇特，宛若雞足，因而也被人稱作雞足山，又因為釋迦牟尼的大弟子大迦葉波寂滅於此山，所以這座山亦被稱作尊足山。目前該山的地理位置大致在今佛陀加雅東南二十英里處的竇播山。

從雞足山向東北方向行進百餘里，到達佛陀伐那山，也即覺林。該山山峰高峻，山崖陡峭，其地理位置大致在今佛陀因山一帶。從佛陀伐那山再向東行進三十餘里，就到達了杖林，據說當時印度著名的佛教論師勝軍就居在此地。

杖林附近有一個岩洞，當地人稱之為阿素洛宮。據說從前這裡有一個精通咒術的好事者，一天，他邀集朋友一起進入了這個岩洞，走了三四十里以後，他們突然看見了前面有一座金碧輝煌的城市，便走到了那裏，這時兩名婢女各捧盛滿鮮花和香料的金盤前來迎候，然而就在他們沐浴之時，又忽然覺得神情

恍惚，他們這才發現原來自己坐在稻田之中。

從阿素洛宮繼續向東行進六十餘里，到達上茅宮城，也即是舊王舍城，該城在印度宗教史上十分重要，其故址大致在今印度比哈爾邦的臘季吉爾。

宮城的東北部有一座佛塔，據說是舍利子聽了阿濕婆恃比丘說法之後獲得聖果的地方。當初，舍利子才能高強，深受人們尊敬，一天，他帶著他的弟子正準備進入王舍大城，遠遠地看見阿濕婆恃比丘向他們走來，舍利子看阿濕婆恃比丘風度儒雅，便上前問候，阿濕婆恃比丘就向他稱頌佛法，舍利子因此獲得了聖果。

在舍利子得聖果處的北部不遠處，有一個大坑，據說是室利多想用火坑和毒飯殺害佛陀的地方。當初室利多崇信外道，執著於邪見，就設下了火坑和毒藥宴會，想要傷害佛陀，佛陀知道他的計謀後仍去赴宴，然而當佛陀的腳踩到門檻上時，火坑變成了清如明鏡，蓮花彌漫的水池，室利多看到後，憂愁恐慌，手足無措，最終向佛陀承認了錯誤，皈依了佛法。

從宮城往北走十四五里，到達栗陀羅矩吒山，也叫做鷲峰，這座山孤標特起，巍然矗立，景色空翠相應，濃淡分色，非常峻美，其地理位置大致在今印度拉基吉爾小鎮的東北方向。

這座山上還保留有大量的佛教遺跡，據說釋迦牟尼在世時，常常居住在這裡，並在這裡廣布佛法，在玄奘之前，法顯也曾在《法顯傳》中提到過鷲峰。直到今天，鷲峰依舊在佛教中佔有非常重要的地位，每年都會有許多來自世界各地的朝聖者專門來到此處參拜。〔註35〕

宮城北門外一里多處，有一個迦蘭陀竹園，據說釋迦牟尼在世時曾多次在這裡居住。在竹園的西南五六里處有一間大石室，這就是佛教史中第一次結集的會場。當初如來涅以後，為防止佛陀的真實言教為那些偽造的假學說所竄亂，尊者大迦葉波與九百九十九個大阿羅漢在這裡舉行第一次結集，此次結集奠定了佛法三藏的主題思想和結構框架，在原始佛教與部派佛教時代具有革命性的意義。

竹園的東北不遠處，就是王舍城，該城的建築規模十分宏大，特別在頻毗娑羅與阿闍世王在位時期，發展非常繁榮，但在鄔陀耶遷都到華氏城後，王舍城逐漸失去了政治上的重要地位，開始慢慢走向了衰落，所以在玄奘到達該城時，該城基本上已經荒廢了。

〔註35〕參考王邦維：《靈鷲遠自天竺來》，《文史知識》，2015 年第 2 期，第 109～112 頁。

關於該城的來歷還有一個有趣的故事，據說該城原本為拋棄死屍的寒林，當初頻毗娑羅王建都於上茅宮城的時候，編入冊籍的民戶經常受到火的危害，頻毗娑羅王為了懲罰首惡分子，就下令今後凡是起火的人都要強迫遷往寒林，誰知不久後，王宮裏自己先失了火，頻毗娑羅王為了以身作則，就搬到了寒林，官員和士兵為了保護國王的安危，也都遷到了這裡，後來索性就在這裡築城，並遷都於此。

從王舍城向北行進三十餘里，到達那爛陀寺，該寺在佛教歷史上十分著名，其故址大致在今印度比哈爾邦臘季吉爾西北七英里的巴拉岡附近。關於那爛陀寺建立的時間，在佛教方面說的很早，大致可以追溯到公元前三世紀的自乳王時期，但根據近年來的考古證據表明，那爛陀寺真正的建立時間可能要推遲到公元五世紀前期。

那爛陀寺建成以後，不僅成為了成為全印度的全印度的學術中心，也成為了中印文化交流的據點，我國的很多高僧都曾到這裡留過學，其中最為著名的還要數玄奘。

玄奘約於貞觀六年進入那爛陀寺，當時戒賢法師年事已高，本來不想再講學了，但是看到玄奘從遙遠的中國專門到這裡學習，十分感動，於是便為他講了《瑜伽師地論》這部書，而玄奘也不放過任何學習的機會，在寺中翻閱了大量的佛教以及婆羅門教等各派的經典，為他以後的翻譯和著述工作奠定了堅實的基礎。五年以後，玄奘離開了那爛陀寺，開始巡遊各地，造訪名師，不過在貞觀十五年左右，他又重新回到了那爛陀寺，繼續深入研究佛教理論和其他各派的學說。玄奘在那爛陀寺的一系列活動，推動了當時印度的學術研究，擴大了佛學的影響力，也進一步提升了那爛陀寺在印度佛教中的地位。〔註36〕

但不幸的是，在十三世紀，伊斯蘭教的穆罕穆德加久得王出兵印度，佔領並焚燒了那爛陀寺，從此以後，那爛陀寺便成了一堆廢墟，僅有虛名而已。〔註37〕

那爛陀寺的西南八九里處，是尊者沒特伽羅子的故鄉拘理迦邑。從到拘理迦邑再往東走三四里，有一座佛塔，相傳是頻毗娑羅王迎接佛的地方，當初釋迦牟尼剛成佛時，知道摩揭陀國的人民渴望見到他，便接受了頻毗娑羅王的邀請，來到王舍城中。

從頻毗娑羅王迎佛處向東南方向行進二十餘里，到達迦羅臂拿迦村，也就

〔註36〕參考彭正篤：《玄奘與那爛陀寺》，《南亞研究》，1982年第4期，第79～82頁。
〔註37〕《那爛陀寺》：《世界宗教研究》，1994年第1期，第151頁。

是舍利子的本生故鄉。傳說在他出生之前，他母親夢見了一個身穿鎧甲，手執金剛的奇人，舍利子出生以後十分聰明，總是能夠提出高明的見解，進行激烈的論辯，但他深深地厭惡塵世，卻又無處皈依，後在他城中遇見了大阿羅漢馬勝，在聽完他說法以後，決定心注一處，最終入滅盡定。

從迦羅臂拿迦村向東行進三十餘里，到達陀羅勢羅竇訶山，唐代也被叫做帝釋窟。這座山岩谷幽深，花林繁茂，據說當初天帝釋把四十二件疑難的事情畫在這裡的石頭上向佛詢問，佛為他一一作了解答。

帝釋窟的東峰上有一座塔，被稱為雁塔。據說一個比丘在這裡散步時忽然看見群雁飛翔，他開玩笑道：「今天和尚們的中午飯還不夠吃，摩訶薩應該知道現在正是這種時候吧。」誰知這個比丘話音未落，一隻大雁飛了回來，在他面前投身自殺，他趕緊將這件事告訴了其他僧人，知道這件事的人都十分感動，於是就建了這座塔，來紀念這隻大雁。

帝釋窟的東北一百五十餘里處，有一所伽藍，名為鴿伽藍。據說當初佛陀在這裡說法的時候，有一個捉鳥人在這片樹林裏撒網捕鳥，結果過了一天他沒有捉到一隻，於是他便來到佛陀那裏大聲喊道：「今天如來在這裡說法，弄得我撒網捕鳥一無所獲，老婆孩子在挨餓，叫我怎麼辦？」如來告訴他：「你應該生一堆火，我會給你吃的東西。」等這個人生好火後，如來便化作一隻大鴿子，投火而死，捉鳥人就將這隻鴿子拿了回去，與老婆孩子一起食用，後來他重新來到佛陀那裏，在聽到佛法以後，悔過自新，出家修學，最終獲得聖果，後來這座伽藍就被叫做鴿伽藍。

鴿伽藍的南部二三里處，有一座孤山。這座山巍峨險峻很高，樹林繁茂，景色非常優美，山上還有許多精舍和神廟。在正中的精舍中，有一尊觀自在菩薩像，它的身量雖小，但威嚴神秘，令人敬畏，據說從前南海僧伽羅國的國王清晨用鏡子照面孔的時候，沒有看見自己，卻看見了這尊菩薩像，國王感到非常驚奇，便親自去尋找，他來到這座山以後，看見這尊菩薩像與鏡子中的一模一樣，於是便在這裡營建精舍，興辦各種供養。

從孤山的觀自在菩薩像繼續向東走，便離開了摩揭陀國，進入了伊爛拿缽伐多國境內。

附表八：《大唐西域記》第八、九卷中故國今址對照表

故　國	今　址
摩揭陀國	故地大致在今印度比哈爾邦中部的巴特納和加雅地區

第十章　從伊爛拿缽伐多國到秣羅矩吒國

　　《大唐西域記》第十卷主要記述了從伊爛拿缽伐多國到秣羅矩吒國，十七個國家的地理概況。

　　第一個國家是伊爛拿缽伐多國，該國花果繁茂，風俗質樸，其都城故址大致在今印度比哈爾邦中部的茫吉爾，該國附近還有一座山，據玄奘記載，該山會「含吐煙霞，蔽虧日月」，應該是一座活火山。

　　從伊爛拿缽伐多國向東行進三百餘里，到達瞻波國，關於該國的建國史，玄奘在大唐西域記中這樣記載，在劫初之時，曾有一天女降於此地，生下四子，各於瞻部洲建都，瞻波即其中之一，此即瞻部洲諸城創立之始。該國的都城瞻波城曾為鴦伽國的首都，其經濟發達，貿易繁榮，故址大致在今印度比哈爾邦東部的巴加爾普爾和西部不遠處的占波那加爾之間。

　　從瞻波國向東行進四百餘里，到達羯朱嗢祇羅國，該國氣候溫暖，莊稼豐盛，其都城故址大致在今印度比哈爾邦東部的拉其馬哈附近。

　　從羯朱嗢祇羅國向東行進六百餘里，到達奔那伐彈那國，該國人口眾多，花果繁盛，其都城故址大致在今孟加拉國北部的博格勒城附近。都城的西部有一所伽藍，名為跋始婆伽藍，當時東印度境內許多有名的僧人都到這裡學習過，近年來，考古學家還在該地發掘出許多笈多王朝時期的文物。

　　從奔那伐彈那國向東行進九百餘里，渡過大河，到達迦摩縷波國，該國曾為東印度境內的一個大國，與我國的交往甚早，關係也很好，《大唐西域記》中還專門記載了該國的國王拘摩羅邀請玄奘到該國訪問的故事。迦摩縷波國東邊山巒連接，地境與我國的西南夷相接，其故地大致在今印度阿薩姆邦北部一帶。

　　從迦摩縷波國向南行進一千餘里，到達三摩呾吒國，該國臨近大海，地勢低平，曾為印度東北部最重要古國之一，其故地大致在今恒河和梅格那河的三角洲上，都城故址大致在今孟加拉國達卡西南的柯密拉。

　　從三摩呾吒國向西行進九百餘里，到達耽摩栗底國，該國在孔雀王朝時期曾是摩揭陀國的一部分，因靠近海岸線，所以該國的商業也十分發達，其都城故址大致在今印度西孟加拉邦米德納浦爾縣的塔姆魯克，據說玄奘曾經想從這裡取海路直接去僧伽羅國，但聽聞南印度的僧人說這片海路波濤險惡，後來便放棄海路，仍走陸路了。

　　從耽摩栗底國向西北方向行進七百餘里，到達羯羅拿蘇伐剌那國，該國

的人口眾多，家室富饒，其都城故址大致在今印度西孟加拉邦穆爾昔達巴德縣附近。

都城附近有一座伽藍，名為赤泥僧伽藍。據說在這個國家還沒有人信仰佛法的時候，南印度有一位外道，用鋼帶束住肚腹，頭上戴一明炬，拄一手杖，闊步走進這座城中，他敲擊論鼓，要求與人辯論。有人問他說：「你的頭和腹為什麼要弄成這麼個奇怪的樣子？」他回答說：「我學藝多能，恐怕肚腹會脹裂，所以束上鋼帶，我悲歎眾人的愚昧癡暗，所以頭上持炬照明。」結果過了十天以後，還是沒有人敢向他提出問題。國王有些生氣的說：「整個國境之內，難道就沒有明哲之士了嗎？客人提出問難，不能應對，這是國家的大恥辱，應該再繼續尋求，訪查那些幽隱之士。」這時有人向國王彙報說：「大林中有一位奇異的人，他自稱叫沙門，只知道勤奮學習，現在離世幽居。」國王聽到這話，便親自前去邀請，沙門對國王說：「我本是南印度的人，客遊停留在這裡，我的學業膚淺，恐怕不如您所說的那樣，但如果我真的辯論成功，希望您可以建立寺廟，招集僧徒，讚頌光大佛法。」國王便答應了他的請求。沙門接受邀請後，往赴論場，外道誦出他所信仰的教義，共有三萬餘言，意義深遠，文理廣博，但沙門僅僅聽了一遍，就明白了他的意思，然後運用了數百言辯論解釋，最終使外道理屈辭窮，閉口不能回答，國王深深尊敬沙門的才德，於是就建立了這所伽藍。

從赤泥僧伽藍向西南方向行進七百餘里，到達烏荼國，該國的土地豐腴，莊稼茂盛，其故地大致在今印度奧里薩邦的北部一帶。烏荼國的東南邊境臨近海濱的地方還有一座著名的港口城市，名為折利呾羅城，該城內存有大量佛教遺跡，其地理位置大致在今各答克下游十五英里處的普里城。

從烏荼國向西南方向行進一千二百餘里，到恭御陀國，該國瀕臨海岸，氣候溫熱，其都城故址大致在今印度甘賈姆市西北十八英里處的喬羯叱。

從恭御陀國向西南方向行進一千五百餘里，到達羯餕伽國，該國曾是南印度最強大的國家，但在玄奘時期，已經衰落，其故地大致在今甘占海岸以南到哥達瓦里河下游一帶。

從羯陵伽國向西北方向行進一千八百餘里，到達憍薩羅國，該國四面環山，山林廣袤，其故地大致在今哥達瓦里河上游東北部一帶。

都城南部不遠處有一所伽藍，據說提婆菩薩與龍猛菩薩曾在這裡辯論過。當初提婆菩薩從國外歸來，請求和龍猛菩薩討論佛教教義，於是他來到龍猛菩

薩的門口，對守門弟子說：「請你為我通報一下，我要見龍猛菩薩。」守門弟子就向龍猛菩薩報告了這件事，龍猛早就聽說過提婆的名字，就用缽盛滿水，吩咐弟子說：「你捧上這缽水，讓他瞧一下。」守門弟子就端出一缽水，提婆看見水，什麼話也沒有說，往水中投下了一根針，弟子心裏很納悶，就走回龍猛身邊。龍猛問：「他說了些什麼話？」弟子回答說：「他什麼也沒有說，只是往水裏投下了一根針而已。」龍猛說：「這個人真聰明啊，他明察事理，精微深刻，趕快請他進來。」弟子很不解的問：「他並未說話，您是怎麼看出他明察事理的呢？」龍猛說：「水這種東西，形狀不固定，只是依隨盛它的容器，或方或圓；它不管是清是濁，對其他的物品，它都能推逐開；它彌漫空間，清濁莫測，深淺莫辨。我用缽盛滿水，顯示給他，是比喻我的學問深奧周密，已經很滿了。而他卻把針投入，意思是要窮盡我的學問的深旨，看來他不是一般的人，趕快請他進來。」龍猛菩薩態度嚴肅，面容凜然，和他談話的人都不敢抬頭看他。提婆以前聽說過龍猛的風範品德，很久就想向他請教，但又害怕他的威嚴，便選擇偏僻處坐下。龍猛看到後說：「你的學問冠世，辯議巧妙，光照前人，而我已是衰老之人，遇到你這樣一位俊傑之士，真是瀉瓶有了承受之人，學問有了可以傳授之人，今後弘揚佛法，就要靠你了，希望你能坐到前面來，咱們在一起暢談玄妙深奧的玄理吧。」提婆聽到龍猛的誇獎後，心中暗暗驕傲，所以在他開言宣講時，免不了有些言辭不當。這時，他看見龍猛威嚴的面孔，一下子說不出話來，就退下講座，請求龍猛處罰他，並再次要求指教。龍猛說：「你先坐下來吧，我今天就向你傳授至真至妙的道理，傳授如來佛的教導吧！」從此，提婆便一心一意的歸順龍猛，聆聽他的教導。

《大唐西域記》中還記載了一個關於龍猛菩薩故事。據說龍猛菩薩在晚年合成了一種長壽藥，過百年後還不見衰老，國王得到了這種長壽藥，年過半百的太子急了，對母親說：「這樣下去的話，我到哪一年才能接位啊？」母親回答說：「佛教主張諸行無常，諸法無我，一切可捨，連生命也可施捨，如今人們尊稱龍猛為菩薩，你就去求他施捨吧。」於是太子就來到龍猛跟前，跪下求道：「龍猛菩薩，我不幸得了一種疾病，非人腦不能醫治，如今升平時代，到那裏去覓人頭啊，只有求菩薩施捨了。」龍猛知道他的來意，說道：「我可以滿足你的要求，只是你父王也不能長壽了，你要負不孝之罪啊！」太子不吭一聲，只是叩頭。龍樹就隨手取了一根幹茅草，吹口氣，化作利劍，立刻自刎了。國王聽到此事，不勝悲哀，又因為缺少了合藥之人，不久也就死了。

　　憍薩羅國的西南三百餘里處有一座山，名為跋邏末羅耆釐山，該山巍峨險峻，宛若全石，引正王曾在此處為龍猛菩薩建立伽藍。

　　從跋邏末羅耆釐山南行進九百餘里，到達案達羅國，該國曾為南印度著名的古國，其故地大致在今印度安德拉邦北部哥達瓦里河下游的西南部一帶，都城故址大致在今埃盧魯以北七英里處。玄奘到達該國時，該國正處於遮婁其政權的全盛時期，國內政權穩定，發展繁榮，佛教發達，在文學藝術方面也取得了很大成就。

　　從案達羅國向南行進一千餘里，到達馱那羯磔迦國，該國的人口稀少，荒野居多，其故地大致在今克里希那河河口兩岸地區，都城故址大致在今克里希那河下游南岸的阿馬拉瓦底附近。

　　都城的南部不遠處，是清辯論師到阿素洛宮待見彌勒出世的地方。據說當時護法菩薩在摩揭陀國的聲望非常高，清辨打聽到確信後，便帶領弟子北上萬里，來到此地。他派人送信給護法菩薩說：「久聞護法菩薩宣揚佛陀遺教，化導迷徒，聲名早著，為人仰贊，今有清辨前來請教，與你討論幾個疑難問題。」語氣雖然委婉，卻表明論辯的決心。但不知是什麼緣故，護法菩薩並不願與清辨面決高低，他對清辨的來使說：「人世如幻夢，才醒便無，身命若浮雲，過眼成空，人應該抓緊有生之年，勤奮修習才是，哪有閒工夫爭來辯去，徒費口舌呢。」清辨無奈，只好返回故里，但心中的疑問仍不能忘。有一次，他靜下心來想：「我的疑問，只怕除了彌勒，再也無人能解決了，彌勒是佛教傳說的未來佛，將於後世來到人間成佛傳教，救渡眾生。」清辨想到此處，立即有了主意。心想：「就等彌勒成佛時再解決自己的問題好了。」於是他來到一尊觀音菩薩像前，虔誠誦念《隨心陀羅尼》咒，歷時三年，絕食飲水，至誠祈禱，終於感動了觀音菩薩。觀音菩薩問：「你有什麼志願嗎？」清辨回答說：「願留此肉身，以待彌勒成佛出世。」觀音菩薩回答說：「人命危脆，世間浮幻，你留肉身有什麼好處，不如努力修行，轉生兜率天宮，在那裏就可以見到彌勒佛。」清辨說：「我早就發了誓，必要以現在的肉身面見彌勒，此志不可奪，此心不可動，就請你將辦法告訴我吧。」觀音菩薩於是告訴他說：「既然如此，你可以到馱那羯磔迦國南山的執金剛神處，虔誠誦持《執金剛陀羅尼》，必能遂你心願。」清辨於是來到執金剛神所，虔誠念咒。一晃又是三年，執金剛神出來對他說：「你這樣精勤念咒，有什麼請求？」清辨說：「我欲留此肉身，待見彌勒。」執金剛神說：「此山岩路之中有一座阿素洛宮，如果按照

一定辦法祈請，石壁就會自開，石壁一開，你就可待見彌勒了。」說完，又將祈禱的辦法教給了他。清辨又問：「我幽居洞中，怎能知道彌勒佛出世與否呢？」執金剛神說：「屆時我自會通知你。」於是，清辨就依照執金剛神的辦法來祈禱，精勤不怠，一晃又是三年。三年之後，清辨以神咒之力撞擊石壁，石壁洞開。他跨在洞口對圍觀的人群說：「進入此洞，便可於來世見彌勒佛了，有願意者，可與我一同進入洞中。」觀眾都驚駭不已，以為是毒蛇之窟，不敢同入。只有六人比較大膽，隨之而去。清辨等人一進洞內，石壁自然關合，與原來一般無異了。清辨經過九年的努力，終於實現了他的志願，可以肉身待見彌勒出世了。

從馱那羯磔迦國向西南方向行進千餘里，到達珠利耶國，該國土地空曠，居民寡少，其故地大致在今南印度東岸佩內爾河下游自貢土爾以南至吠拉爾河之間地區。城西不遠處，有一所伽藍，據說提婆菩薩曾在此處論議。

從珠利耶國向南部行進一千五百餘里，到達達羅毗荼國，該國氣候溫熱，物產豐富，其故地大致在今印度安德拉邦最南部及太米爾納德邦北部一帶，都城故址大致在今馬德拉斯西南四十三英里帕拉爾河北岸的康契維臘姆。

該國的都城建志城自古以來就是宗教徒巡禮德的聖地，城內佛教發達，保留有許多寺院遺跡，其建築風格大都瑰麗雄偉，富有南印度的藝術特色。除此之外，建志城也是南印度著名的海運中心，早在西漢時期，中國的使者就曾到達過此地。

從達羅毗荼國向南行進三千餘里，到達秫羅矩吒國，該國氣候炎熱，人性剛烈，其故地大致在印度半島的最南端，科佛里河以南地區。不過關於玄奘是否真的到過這個國家，學界還有爭議，因為據《慈恩傳》記載，這個國家只是傳聞中的國家，而且三千餘里與實際實在相差太遠。

附表九：《大唐西域記》第十卷中故國今址對照表

故　　國	今　　址
伊爛拿缽伐多國	都城故址大致在今印度比哈爾邦中部的茫吉爾
瞻波國	都城故址大致在今印度比哈爾邦東部的巴加爾普爾和西部不遠處的占波那加爾之間
羯朱嗢衹羅國	都城故址大致在今印度比哈爾邦東部的拉其馬哈附近
奔那伐彈那國	都城故址大致在今孟加拉國北部的博格勒城附近

迦摩縷波國	故地大致在今印度阿薩姆邦北部一帶
三摩呾吒國	故地大致在今恒河和梅格那河的三角洲上，都城故址大致在今孟加拉國達卡西南的柯密拉
耽摩栗底國	都城故址大致在今印度西孟加拉邦米德納浦爾縣的塔姆魯克
羯羅拿蘇伐剌那國	都城故址大致在今印度西孟加拉邦穆爾昔達巴德縣附近
烏荼國	故地大致在今印度奧里薩邦的北部一帶，都城大致在今各答克下游十五英里處的普里城
恭御陀國	都城故址大致在今印度甘賈姆市西北十八英里處的喬羯吒
羯䬺伽國	故地大致在今甘占海岸以南到哥達瓦里河下游一帶
憍薩羅國	故地大致在今哥達瓦里河上游東北部一帶
案達羅國	故地大致在今印度安德拉邦北部哥達瓦里河下游的西南部一帶，都城故址大致在今埃盧魯以北七英里處
馱那羯磔迦國	故地大致在今克里希那河河口兩岸地區，都城故址大致在今克里希那河下游南岸的阿馬拉瓦底附近
珠利耶國	故地大致在今南印度東岸佩內爾河下游自貢土爾以南至吠拉爾河之間地區
羅毗荼國	故地大致在今印度安德拉邦最南部及太米爾納德邦北部一帶，都城故址大致在今馬德拉斯西南四十三英里帕拉爾河北岸的康契維臘姆
秣羅矩吒國	故地大致在印度半島的最南端，科佛里河以南地區

第十一章　從僧伽羅國到伐剌拿國

　　《大唐西域記》第十一卷主要記述了從僧伽羅國到伐剌拿國，十七個國家的地理概況。

　　僧伽羅國也稱作執師子國，即為今天的斯里蘭卡，該國與我國交往的歷史悠久，西漢時期就與我國有海上的通航關係，其都城故址大致在今斯里蘭卡北部的阿努拉達普拉。

　　關於該國的起源，有一個十分著名的傳說，相傳當時南印度國國王的女兒，在出嫁鄰國的途中被獅子王劫走，但獅子王並沒有傷害她，反而將她帶回了山林，用食物供養她，後來女子懷孕，產下了一對兒女，這對孩子的相貌與常人無異，但是性格卻像野獸。兒子長大以後，向母親詢問自己的身世，母親便把過去的事情告訴了他的兒子，並說：「人與野獸終不是同類，我們還

是趕緊逃走吧，我以前也想逃走過，但是我自己一個人很難成功。」於是兒子便趁獅子王不注意的時候，帶著妹妹和母親逃到了人類的村莊，母親告誡他們說：「千萬不要將自己的來歷告訴別人，不然大家恐怕會看不起我們。」後來他們回到了母親的故國，但此時，老國王已經去世了，國家已經不再屬於他們的家族，他們只好先投宿在城裏面一個好心人的家中。獅子王回來以後，發現自己的妻子兒女都不見了，非常憤怒，就跑到山下作亂。這件事讓國王知道了，國王便命令手下的人帶領上萬軍隊前去捉拿獅子，但是獅子王的太過兇猛，只要它一聲怒吼，士兵們都避之不及。國王只好發布命令，招募勇士，聲稱只要能捉拿這頭獅子，必有重賞。兒子聽說了國王的招募令就對母親說：「我們現在缺衣少食，不如我去應募吧，如果成功了說不定能有重賞。」母親說：「它雖然是頭獅子，但它畢竟也是你的父親啊。」兒子回答道：「人獸殊途，哪裏談得上什麼禮儀？」兒子沒有聽從母親的勸阻，毅然到國王那裏應募了。到了樹林中，兒子走到獅子王的面前，將刀子插入它的心腹之中，但獅子王卻沒有絲毫的怨恨，最終在痛苦中死去。國王看到這一切，覺得非常奇怪，兒子就將其中的原委告訴了國王，國王聽到後，心中十分感概，便對他說道：「你真是大逆不道啊，連自己的父親都能殺死，雖然你為民除害功勞很大，但是你殺死父親，悖逆不道，所以我現在要重賞你的功勞，同時也要把你流放到別的地方去，這樣國家的規矩才不會有損害。」於是國王準備了兩條大船，讓獅子王的兒子和女兒各上一條船，隨波逐流，而讓他們的母親留下來接受賞賜，後來兒子乘坐的船便漂流到了這座島上，他便留在了這裡，後來一個商人帶著一群人到這座島上尋寶，兒子便將這個商人殺掉，留下了他的子女，最後他們慢慢在這裡繁衍生息，修建城市，最終成為了一個國家。而這裡的人為了紀念他們的祖先曾經捉拿過獅子，便將國家命名為「執師子國」。〔註38〕

除了「執師子國」傳說，玄奘在《大唐西域記》中還講述了關於這個國家的另外一個故事。傳說這個島上曾經有一座「大鐵城」，其中居住著五百羅剎女〔註39〕，城樓上豎著兩面旗幟，一面預示著吉事，一面預示著凶事。每當有商人來到這裡時，這些羅剎女就會變為美女，拿著香花，奏著音樂，出來迎接

〔註38〕參考王邦維：《獅子王與他的兒子：斯裡蘭卡的建國傳說》，《文史知識》，2016年第3期，第115～119頁。

〔註39〕羅剎女，吃人的女鬼。

慰問，然後在宴飲之後，把他們關進鐵牢中當作食物慢慢享用。當時贍部洲有一個大商人，名叫僧伽，他的兒子叫做僧伽羅，僧伽的年紀大了，便讓自己的兒子代管家中的事務。一次，僧伽羅在和五百個商人入海採集珍寶的時候被風浪帶到了這座島上，這些羅剎女便很熱情的將他們迎接到鐵城中，一年後，這些商人與羅剎女都有了孩子，這時，羅剎女對這些商人的感情也逐漸變淡了，想把他們囚禁到鐵牢中，再等待下批商人。一天夜裏，僧伽羅突然坐了一個噩夢，他知道這是不詳的預兆，便暗自去尋找回去的路，誰知竟然到了一處鐵牢，鐵牢中都是悲痛的號哭聲，他

爬到樹上問裏面的人到底是怎麼回事，裏面的人回答道：「你不知道嗎？這城裏的女子都是羅剎女變的，當時我們就是被誘騙到這裡的，用不了多久，你們也會被關進來了。」僧伽羅問道：「那怎麼樣才能避免這種危難呢？」裏面的人回答道：「我聽說海邊有一匹天馬，你們只要誠心祈求，它一定會幫助你的。」第二天，僧伽羅便把這件事情告訴了其他商人，他們一起來到海邊，向天馬求助。天馬告訴他們說：「你們抓住我的鬃毛，千萬不要回頭張望，我可以救助你們，越過海洋避免禍難，到達贍部洲，平安回到故鄉。」商人們便都聽從囑咐，專心致志的抓住天馬的鬃毛，天馬飛身入雲端，向海岸飛去。這些羅剎女發覺商人們不見後立刻都攜帶幼小的孩子，凌空追趕上來，用盡各種手段將這些商人帶回去了，只有僧伽羅沒有受到誘惑，避免了危難。羅剎女王不甘心，便帶著孩子飛到了僧伽羅的家中欺騙他的父親說，她本是一個國王的女兒，與僧伽羅結婚後生了一個孩子，但卻因為一言不合被僧伽羅拋棄。僧伽羅回家之後被自己的父親質問，他就將事情的原委告訴了他的父母，他的親戚知道這件事後就將這個羅剎女趕了出去，羅剎女又把這件事情告到了國王那裏，僧伽羅只好又將事情的原委給國王講了一遍，但是國王並不相信僧伽羅的話，只是喜歡羅剎女的美貌，便將她留在了後宮之中。一天夜裏，這個羅剎女又飛回了島上，帶領著所有羅剎女來到王宮，將所有人都吃掉了，第二天，大臣們打開宮門，發現一地殘骸，沒有一個活人。僧伽羅又詳細地報告了這件事的始末，臣庶都認為這個禍患是國王自己招致的，國王死後，國家沒有了國王，於是大臣們就擁戴僧伽羅做了新國王。他登上王位後革除前朝弊政，表彰賢良，又下令道：「我們國家還有商人在羅剎國中，他們死生莫測，善惡不分，現在將要救援他們脫離危難。」於是僧伽羅帶領軍隊，來到了島上，羅剎女看到後惶恐不安，又施展妖法媚術，引誘誆騙。僧伽羅知道其中有詐，就下令兵

士口誦神咒，奮勇前行，最終打敗羅剎女，毀壞鐵城，救出商人。隨後僧伽羅又招募了一些百姓遷居到這裡，建立了城市，成立了一個新的國家。而這個國家的名字就以國王的名字來命名，叫做僧伽羅國。〔註40〕

僧伽羅國的南部數千里處，有一座海島，叫做那羅稽羅洲，據說這座島上的人身材卑小，人身鳥喙，不食穀稼，只食椰子，現在來看應為印度洋上的某個島嶼。

從達羅毗荼國向北行進兩千餘里，到達恭建那補羅國，該國的佛教發達，王城附近存有大量的佛教遺跡，其故地大致在今印度西南部的果阿地區以西通加巴德臘河流域一帶。

從恭建那補羅國向西北方向行進兩千五百餘里，到達摩訶剌侘國，該國的起源甚早，是西遮婁其王國的所在地，其故地大致在今印度西岸孟買以西北一帶。該國的人種身形偉岸，善於戰鬥，有人認為他們是中亞粟特人的後代。

該國東部的山中有一所伽藍，名為阿折羅伽藍，現在也被叫做阿旃陀石窟寺，據說它是由阿折羅阿羅漢建造的，其規模宏偉壯觀，做工十分精細，據考古發掘的報告顯示，這座石窟寺分為兩個部分，一部分開鑿於公元前一世紀到公元後一世紀之間，另一部分開鑿於公元後五至七世紀之間，在這些時期，該佛寺的佛家發達，僧侶眾多，但後來，由於佛教在該地的影響力逐漸衰微，僧侶們便相繼離散，石窟寺也就變得荒漠無人，無人問津了。直到十九世紀初，英國士兵在一次軍事演習中偶然發現了它，這才使它重見天日，目前這個石窟的位置就在印度西南部奧蘭加巴德境內。

從阿折羅伽藍向西行進千餘里，再渡過一條大河，就到了跋祿羯呫婆國，該國是一個沿海國家，位於海路交通的要衝，是古代絲絹貿易的重要地區，其都城故址大致在今納巴達河口北岸的布羅奇。

從跋祿羯呫婆國向西北方向行進兩千餘里，到達摩臘婆國，該國的土地豐腴，草木繁茂，是當時中印度境內的一個很強大的國家，其故地大致在今印度西部阿默達巴德附近。

都城的東部有一個水坑，傳說這個水坑就是大慢婆羅門陷入地獄的地方。當初這座城中有一位婆羅門，他聰明智慧，學冠一時，名聲傳遍了印度各地，國王和百姓都十分敬重他，而這位婆羅門也由此傲慢起來，經常口出狂言道：

〔註40〕參考王邦維：《僧伽羅與羅剎女：一個佛教的本生故事》，《文史知識》，2016 年第 5 期，第 113～118 頁。

「我是為了世人而生的,當世的智慧人物沒人能比得上我,即使是大自在天神、梵天神、毗濕奴神、佛世尊,其學問修為也比不上我,我的德行早已超過了他們。」不僅如此,他還用紫檀木刻了大自在天、梵天、毗濕奴和佛陀的神像,放在了他的坐具之下。當時,西印度有一位叫賢愛的佛教僧侶,他清心寡欲,超然物外,持戒精嚴,並且對印度各家的學問都極為精通,他聽說那位婆羅門所做的事情後,歎息道:「可惜啊!我教中真是沒有什麼傑出的人物了,致使那個婆羅門無禮到這種地步。」於是賢愛不遠萬里,從西印度來到摩臘婆國,向國王提出申請,要與那個婆羅門辯論決勝。摩臘婆國的國王見賢愛衣著破爛,形貌粗鄙,心中不以為然,便答應了他的請求。婆羅門聽說有一位形貌醜陋的比丘要前來與他辯論,譏笑的說:「什麼人這麼大膽,竟敢和我辯論。」於是他便帶領著自己成百上千的弟子來到了會場,還帶上了他的紫檀木坐具。辯論剛開始,婆羅門坐在以四神為腿的坐具上,講述自己的思想觀點,破斥佛法。而賢愛則坐在一堆乾草上,與婆羅門講的觀點針鋒相對。幾個回合下來,婆羅門理屈辭窮,告負認輸。摩臘婆國的國王便憤怒的對婆羅門說:「你口吹大氣,自稱天下學問無人能及,原來不過是個浪得虛名,欺世惑眾之徒,按照祖傳先例,辯論失敗者應當自殺謝罪,我看你今天也已活到時候了。」於是便安排了一個鐵鍋,讓婆羅門坐進去,婆羅門惶恐萬分,急忙向賢愛求救。賢愛憐其才學,便向國王求情說:「大王以仁治國,賢能之名早已傳至各國,所以還是應該以慈悲為懷,切勿行殘酷之事,你就寬恕他吧。」摩臘婆國的國王便饒恕了婆羅門的死罪,但還是派人在全國境內將這場辯論的結果大肆宣講了一番,算是對賢愛的讚譽,對婆羅門的懲罰,那位婆羅門名譽掃地,羞愧萬分,以致於怒極吐血,賢愛便安慰他說:「你的學問廣博,聲聞遐邇,榮辱之事以後自然就淡化了,何必這樣耿耿於懷呢?而且人的名譽不過就是水月空花,根本不是什麼實在的東西啊!」那位婆羅門聽到這些話後,更加憤怒了,不僅謗毀佛教,還侮辱先聖,誰知他話音還沒落,大地突然開裂,那位婆羅門便墮入到地獄中去了。

　　從摩臘婆國向西北方向行進兩千五百餘里,到達阿吒釐國,該國的人口眾多,土地沙化嚴重,其地理位置已不可考,玄奘所記載的多為傳聞而得。

　　從摩臘婆國向西北行進三天,到達契吒國,由於該國的方位在書中記載的比較模糊,因而目前關於該國所處的具體地理位置,在學界還存在著很大爭議。一說是在今天孟買北方的凱伊拉,一說是在今天的喀基附近,也有人認為

是在今天的康貝地區。

從契吒國向北行進千餘里，到達伐臘毗國，該國在戒日王一世在位時期，曾是西印度境內最強大的國家，其領域包括卡提拉瓦半島的全部，馬爾瓦西部以及跋祿羯呫婆國的一部分。玄奘到達該國時，該國「居人殷盛」，經濟和文化都很發達，但在七世紀末八世紀初，該國開始受到遭到阿拉伯人的侵略而變得日趨衰落，大約在八世紀中期，伐臘毗國最終滅亡。

從伐臘毗國向西北方向行進七百餘里，到達阿難陀補羅國，該國人口殷盛，家室富饒，其故地大致在今薩巴馬提河與巴納斯河之間的三角地帶。

從伐臘毗國向西行進五百餘里，到達蘇剌侘國，該國地處交通要塞，海外貿易發達，其故地大致在今卡提阿瓦半島的南部地區，都城故址大致在今朱納格附近。都城的不遠處有一座山，名為郁鄀多山，該山上上不僅保留有眾多的佛教石窟寺，還發現有阿育王時期的摩崖敕銘。

從蘇剌侘國向北行進八百餘里，到達瞿折羅國，該國的氣序風俗與蘇剌侘國相似，國內居人殷盛，家室富饒，佛教發達，其故地大致在今印度西部拉賈斯坦邦西部一帶。

從瞿折羅國向南行進兩千八百餘里，到達鄔闍衍那國，該國的氣序風俗也與蘇剌侘國相似，其地理位置大致在今印度中央邦的西部地區，都城故址大致在今烏賈因附近，該國不僅在印度佛教史上佔據著重要的地位，還是重要的考古學聖地，此地曾出土了大量的古錢和陶器。

從鄔闍衍那國向東北方向行進千餘里，到達擲枳陀國，該國的氣序調暢，莊稼殷實，其故地大致在今印度中央邦北部彭德爾甘德地區，都城故址大致在今卡瑙季東南約九十英里處。

從擲枳陀國向北行九百餘里到達醯濕伐羅補羅國，該國的氣序風俗與鄔闍衍那國相類似，其故地大致在今印度拉賈斯坦邦東部的瓜廖爾一帶，遊歷完該國以後，玄奘又從這裡返回到了瞿折羅國。

從瞿折羅國向北行進將近兩千里，渡過信度河，到達信度國，該國的農牧業和礦產資源豐富，其故地大致在今巴基斯坦旁遮普省西南部一帶。在信度河旁千餘里處，還有一處居民點，其民生性剛烈，做事兇殘，國內無論男女，都無分貴賤。

從信度國向東行進九百餘里，渡過信度河，到達茂羅三部盧國，該國役屬於磔迦國，其氣序調順，家室富饒，故地大致在今巴基斯坦旁遮普省中部，都

城故址大致在今天的拉堅普爾。

從茂羅三部盧國向東北方向行進七百餘里，到達缽伐多國，該國也役屬於磔迦國，其故地大致在今克什米爾南部的查謨。據說玄奘曾在該國停留兩年，專門學習佛教經論。

從信度國向西南方向行進一千五百餘里，到達阿點婆翅羅國，該國地處海濱，氣候微寒，積草荒蕪，人性暴急，其故地大致在今巴基斯坦南部印度河口一帶。

從阿點婆翅羅國向西行進兩千餘里，到達狼揭羅國，該國也臨近海濱，但是土地肥沃，莊稼滋盛，其故地大致在今巴基斯坦俾路支省東南部一帶。

狼揭羅國的西北部是波剌斯國，也就是現在的伊朗，該國曾是西亞地區空前強大的帝國，但玄奘到該國時，正值薩珊王朝的末期，國力有所衰落，在玄奘回到中國後不久，該國就被大食所滅了。

波剌斯國的西北部還有一個國家，叫做拂懍國，其風俗習慣與波剌斯國相似，當時應該屬於拜占庭人的統治範圍。拂懍國西南部的海島上還有一個國家，叫做西女國，該國與前面所說的東女國有相似之處，但也有很大的不同，東女國之所以被叫做東女國，是因為該國的政權是由女性掌握的，而該國的其他方面與正常的社會形態並無太大差別，但西女國則是一個純女無夫的國度，它與正常的社會形態完全不同，在理論上來說這種國家根本不可能存在的，因而許多學者也認為玄奘對西女國的記載完全是一個未經證實的傳聞。〔註41〕

從阿點婆翅羅國向北行進七百餘里，到達臂多勢羅國，該國役屬於信度國，氣候惡劣，風俗獷暴，其故地大致在今巴基斯坦信德省的南部地區。

從臂多勢羅國向東北方向行進三百餘里，到達阿軬荼國，該國也役屬於信度國，其氣序風寒，人性獷烈，言辭質樸，故地大致位於今巴基斯坦信德省的北部。

從阿軬荼國向東北方向行進九百餘里，到達伐剌拿國，該國役屬於迦畢試國，其地多山林，氣序微寒，人性急暴，地理位置大致在今巴基斯坦西北邊境省南部的班努。傳聞伐剌拿國的西部還有一個叫做稽疆那國的國家，據說該國的居民體型都非常高大，而且都很善於騎馬。

〔註41〕 參考王青：《西域傳說中的特殊國度》，《西域研究》，2008年第3期，第100～106頁。

附表十：《大唐西域記》第十一卷中故國今址對照表

故 國	今 址
僧伽羅國	故地在今斯里蘭卡島上，都城故址大致在今斯里蘭卡北部的阿努拉達普拉
恭建那補羅國	故地大致在今印度西南部的果阿地區以西通加巴德臘河流域一帶
摩訶剌侘國	故地大致在今印度西岸孟買以西北一帶
跋祿羯呫婆國	都城故址大致在今納巴達河口北岸的布羅奇
摩臘婆國	故地大致在今印度西部阿默達巴德附近
阿吒釐國	其地理位置已不可考
契吒國	一說是在今天孟買北方的凱伊拉，一說是在今天的喀基附近，也有人認為是在今天的康貝地區
伐臘毗國	包括卡提拉瓦半島的全部，馬爾瓦西部以及跋祿羯呫婆國的一部分
阿難陀補羅國	故地大致在今薩巴馬提河與巴納斯河之間的三角地帶
蘇剌侘國	故地大致在今卡提阿瓦半島的南部地區，都城故址大致在今朱納格附近
瞿折羅國	故地大致在今印度西部拉賈斯坦邦西部一帶
鄔闍衍那國	地理位置大致在今印度中央邦的西部地區，都城故址大致在今烏賈因附近
擲枳陀國	故地大致在今印度中央邦北部彭德爾甘德地區，都城故址大致在今卡塪季東南約九十英里處
醯濕伐羅補羅國	故地大致在今印度拉賈斯坦邦東部的瓜廖爾一帶
信度國	故地大致在今巴基斯坦旁遮普省西南部一帶
茂羅三部盧國	故地大致在今巴基斯坦旁遮普省中部，都城故址大致在今天的拉堅普爾
缽伐多國	故地大致在今克什米爾南部的查謨
阿點婆翅羅國	故地大致在今巴基斯坦南部印度河口一帶
狼揭羅國	故地大致在今巴基斯坦俾路支省東南部一帶
波剌斯國	現在的伊朗
臂多勢羅國	故地大致在今巴基斯坦信德省的南部地區
阿軬荼國	故地大致位於今巴基斯坦信德省的北部
伐剌拏國	地理位置大致在今巴基斯坦西北邊境省南部的班努

第十二章　從漕矩吒國到樓蘭

　　《大唐西域記》第十二卷主要記述了玄奘從印度回中國的途中所經歷的一些國家的地理概況。

　　第一個國家是漕矩吒國，該國坐落於群山中，氣序寒烈，霜雪繁多，花果茂盛，其都城故址大致在今阿富汗首都喀布爾以南 155 英里自喀布爾至坎大哈的途中要地。

　　從漕矩吒國向北行進五百餘里，到達弗栗恃薩儻那國，該國的氣序風俗與漕矩吒國相類似，其都城故址大致在今阿富汗喀布爾北部約 30 英里的護芯安。

　　弗栗恃薩儻那國的東北部有一座險峻的雪山，翻越雪山之後，又重新回到了睹貨邏故地，但玄奘在這裡所記載的睹貨邏故地的位置要比《大唐西域記》卷一中所記載的位置更偏東南一些。

　　玄奘從雪山上下來以後，所到達的第一個睹貨邏故地的國家是安呾羅縛國，該國役屬於突厥，其氣候寒烈，人性粗獷，地理位置大致在今卡瓦克山口以西的印特拉白地區。

　　從安呾羅縛國向西北方向行進四百餘里，到達闊悉多國，該國也役屬於突厥，其氣候寒烈，花果繁盛，都城故址大致在今阿富汗東北部的昆都斯。

　　從闊悉多國繼續向西北方向行進三百餘里，到達活國，該國役屬於突厥，地形平坦，草木茂盛，氣序和暢，風俗質樸，其都城故址大致在今阿富汗東北部的昆都斯，從活國向東，便又到達了蔥嶺地區。

　　從蔥嶺向東行進百餘里，到達瞢健國，該國役屬於突厥，其氣序風俗與活國相類似，其故地大致在今昆都斯東部的塔利甘。

　　瞢健國的北部有一個國家，叫做阿利尼國，該國的氣序風俗與活國相類似，其故地大致在今哈仔拉脫·伊茫附近。阿利尼國的東部還有一個國家，叫做曷邏胡國，該國的情況也與活國相似，其故地大致在今阿富汗東北部阿姆河與科克查河之間。以上兩個國家玄奘並未親自到達過，其記載多由傳聞而得。

　　從瞢健國向東翻過山嶺，跨過河流，行進三百餘里，到達訖栗瑟摩國，該國的氣序風俗與瞢健國相似，其故地大致在今阿富汗東北部的基希姆。

　　訖栗瑟摩國的北部有一個國家，叫做缽利曷國，該國的氣序風俗與訖栗瑟摩國相似，其故地大致在今阿富汗東北部的基希姆以北的科克查河旁，但該國玄奘也沒有親自到達。

　　從訖栗瑟摩國向東行進三百餘里，到達呬摩呾羅國，該國的氣候寒烈，花

果繁茂，居民形貌粗鄙，衣氈皮褐，與突厥人相似，其故地大致在今阿富汗東北部的基希姆以東的達萊姆。

從呬摩呾羅國向東行進二百餘里，到達缽鐸創那國，該國坐落於山川之中，氣候寒冷，沙石彌漫，人性剛猛，俗無禮法，其故地大致在今阿富汗東北角的法扎巴德附近。

從缽鐸創那國向東南方向行進二百餘里，到達淫薄健國，該國的氣序風俗與缽鐸創那國相似，其故地大致在今科克查河中段的谷地之中。

從淫薄健國向東行進三百餘里，到達屈浪拿國，該國的氣序風俗與淫薄健國相似，其故地大致在今科克查河南端最上游的一段谷地之中。

從屈浪拿國向東北方向行進五百餘里，到達達摩悉鐵帝國，該國臨近縛芻河，沙石流漫，寒風凄烈，草木稀疏，其故地大致在今阿富汗東北端的瓦罕地區，都城昏馱多城的故址大致在今噴赤河南的汗杜德。

達摩悉鐵帝國的北部有一個國家，叫做尸棄尼國，該國山川相連，沙石遍野，氣候寒烈，花果稀疏，其故地大致在今舒格南地區。達摩悉鐵帝國的南部也有一個國家，叫做商彌國，該國山川相間，穀稼豐盛，礦產資源豐富，其故地大致在今巴基斯坦北部的奇特拉爾和馬斯圖吉地區。這兩個國家玄奘也未親自到過，其記載多來自於傳聞。

從商彌國向東南方向行進五百餘里，到達揭盤陀國，該國山川相連，草木稀少，其故地大致在今中國新疆塔什庫爾干的塔吉克自治區。

關於該國的起源還有一個很有名的傳說，據說很久以前，有一位漢族的公主遠嫁波斯王子，然而當送親的隊伍途經這個地方時，不幸遇到了戰亂，無奈之下，使者和衛隊只好先將公主安頓在了一個孤峰上面，並在四周設置衛兵，嚴密保護。不久，戰亂平息，可公主居然已經懷有了身孕。這時公主身邊的一個侍女解釋說：「公主困在山頂的時候，每天中午都會有一個騎著金馬的王子，從太陽中飛下來和公主幽會，公主肚子裏的孩子可能就是『漢日天種』吧。」使臣回答說：「就算是這樣也不能免去我們的罪責，回去我們也會被處死，不如我們就留在這裡暫且過下去吧。」於是這些人就在這座山峰上築起了一座宮殿，又圍繞著宮殿建立了一座城，讓公主做主人。到了產期，女子生下了一個漂亮的男孩，從此以後，母親攝政，兒子稱王。據說這個國王可以虛空飛行，還能夠呼風喚雨，所以周圍國家沒有一個不臣服的。國王去世以後，就被埋葬在了附近大山的石室中，因為這個國家的祖先的母親來自於「漢土」，

父親屬於太陽神種族，所以這個國家的歷代國王都稱自己為「漢日天種」。雖然這只是一個神話傳說，但是從中也可以看出，當時絲綢之路上異族的通婚狀況是十分多見的。〔註42〕

從朅盤陀國東行進八百餘里，出蔥嶺，到達烏鎩國，該國土壤肥沃，花果繁茂，多出玉石，其故地大致在今新疆的莎車縣。都城的西部二百多里處，有一座大山，該山峻拔高聳，雲氣蒸騰，懸崖崢嶸，如同隨時要墜下來一般，在山的頂端，還有一座佛塔，其形貌奇特，據說有一個羅漢曾在此處入定。

從該山向北行進五百餘里，到達佉沙國，該國氣序和暢，莊稼殷盛，花果繁盛，其故地大致在今新疆的喀布爾地區。

從佉沙國向東行進五百餘里，到達斫句迦國，該國山川相連，礫石彌漫，果樹繁茂，其故地大致在今新疆葉城西南約 110 里的奇盤莊。

從斫句迦國向東行進八百餘里，到達瞿薩旦那國，該國古稱于闐，是西域著名的佛教古國，也是唐代設置的安西四鎮之一，其地理位置就在今天的新疆和田，由於該國是玄奘東歸途中所經歷的最後一個大國，因而對其的記載比較詳細。

在都城西部的一百五十餘里處，有一些用土堆積起來的小土丘，當地人稱之為「鼠壤墳」。據當地人講，在這片沙漠中，有一隻大如刺蝟，毛色奇異的巨鼠，它就是老鼠的王。傳說當初匈奴率領數十萬軍隊入侵于闐時，將軍隊駐紮在了鼠壤墳附近，但當時于闐國的國王只有數萬軍隊，根本無法抵擋匈奴的軍隊，於是便擺出各種各樣的祭品，祈求得到神鼠的幫助，結果當天晚上鼠王就託夢告訴國王：「你早早準備，只要在天亮之前交兵出戰，你就一定能取勝。」於是第二天，天還未亮，于闐國王就帶著自己的軍隊長驅直入，直搗匈奴軍隊，匈奴軍隊被打得措手不及，慌忙之中想要騎馬披甲，卻發現自己的馬鞍、鎧甲、弓弦等裝備都被老鼠咬斷了，霎時間，匈奴軍隊如同一盤散沙，潰不成軍，最終只好束手就擒。于闐軍隊凱旋歸來以後，國王為了感謝神鼠的救命之恩，就建造了一座神祠來表示謝意，後來這裡的百姓都世世代代祭拜老鼠，將老鼠視為他們的保護神。

除了玄奘的記載外，這一傳說也出現在一些漢文的文獻中，比如劉宋時期的劉敬叔在《異苑》中記載道：

〔註42〕參考王邦維：《漢女子與太陽神：神話故事中的歷史》，《文史知識》，2016 年第 4 期，第 123～127 頁。

> 西域有鼠王國，鼠之大者如狗，中者如兔，小者如常，大鼠頭
> 悉已白，然帶金環枷，商估有經過其國，不先祈祀者，則齧人衣裳
> 也。得沙門咒願更獲無他。釋道安昔至西方，親見如此。

梁任昉也在《述異記》中記載道：

> 西域有鼠國，大者如豬，中者如兔，小者如常鼠，頭悉白，商
> 賈有經過其國者，若不祈祀，則齧人衣裳。

雖然上面這兩個故事記載的內容都大同小異，但是從其中也能看出，當時鼠神祭祀在于闐國已經佔據非常重要的地位了。〔註43〕

都城東南部的五六里處，有一所伽藍，叫做麻射伽藍，關於這所伽藍的來歷，還有一個十分著名的傳說。據說該國先前不知道養蠶，聽說「東國」有桑蠶，就派使節去求取，可是東國的君主不願意讓蠶種傳出國外，為此他還下達了嚴格的命令，禁止任何人把蠶種帶出國。於是于闐國的國王只好想出了另一個辦法，他準備了禮品，用恭順的言辭，請求東國君主把公主下嫁給自己。東國君主為了籠絡于闐國，就答應了他的請求，于闐國的國王在迎娶公主的時候，讓使節轉告公主，于闐國沒有絲綿桑蠶，希望公主帶來一些，日後好自己做衣服。公主聽後，便將一些蠶卵悄悄地藏在了帽子的絲絮中，這樣做了以後，公主出嫁的隊伍就出了城，就這樣，這些蠶種就被帶到了于闐國。後來這個公主還專門為這些最早的蠶種修建了一所伽藍，就是麻射僧伽藍。

都城的東南百餘里處有一條大河，這裡也有一個傳說。據說以前當地的人經常用這條大河中的水來灌溉田地，但後來河水突然斷流，國王感到非常奇怪，於是就去問了一位羅漢僧，這位羅漢對他說說：「大王治理國家政治清明，並沒有什麼問題，只是因為這河中有龍在作怪，所以只要祭祀河龍，就可以得到原來的灌溉之利。」於是國王便在河邊建祠祈福。這時，龍女突然從河中凌波而至，說道：「我的丈夫早亡，使我無所依從，故而喝水斷流，農人失利，只要大王能夠在國內選一貴臣配我為夫，水流即可恢復。」國王答應了龍女的請求，讓她自己挑選，龍女在一番巡視過後，選中了一位大臣。國王回城之後很糾結的說：「對國家來說，大臣很重要，但對百姓來說，農業也很重要。」這位大臣聽到後主動站了出來說：「為了百姓，我願意去做龍女的丈夫，請大王不要再糾結了。」到了大臣進入龍宮的日子，全國的官員和百姓都趕到

〔註43〕 參考田峰：《〈大唐西域記〉中關於關於於闐的三則故事小考》，《西安文理學院學報》，2010 年第 5 期，第 30～34 頁。

了河邊為他送行，這位大臣身穿白衣，身騎白馬與國王訣別並致謝國人，然後騎馬入河，過了一會兒，白馬又浮出水面，背上還馱了一個旃檀大鼓，並附有一封書信。信中說道：「蒙大王看中，讓我參加選婿，成為龍女的丈夫，以後希望大王可以多多營造福業，造福百姓，請將這面大鼓懸掛於都城的東南部，如果有敵人來犯，鼓聲就會先震。」從此以後，河水又開始重新流淌，灌溉莊稼。

都城的東部三十餘里處有媲摩城，其故地大致在今新疆策勒縣以北的烏曾塔地。該城有一座高兩丈的佛像，當地人告訴玄奘，這尊佛本來不在媲摩城，而是從一個叫曷勞落迦城的地方「飛」過來的。傳說有一天曷勞落迦城突然天降一尊二丈高的佛像，緊接著城裏就出現了一個衣著襤褸，相貌粗鄙的遊方僧，這一連串離奇事立刻引起了轟動，於是有人就將此事報告給了國王，曷勞落迦的國王不信佛法，下令說任何人都可以崛沙揚塵驅趕這位遊方僧，於是，眾人紛紛侮辱驅趕遊方僧，只有一個忠厚長者對其有惻隱之心，悄悄給了這個遊方僧一些食物。遊方僧對長者說：「此城人民不敬佛，將會受到滅頂之災，我走後第七日，就會狂沙滿天下沙雨，此城一切生靈都會被毀滅，你要盡早做打算。」忠厚長者趕緊將這個消息告訴大家，結果人人都不相信他，認為他瘋了。長者無奈，只得自己離開，前往媲摩城定居，而那尊雕檀佛像也跟著長者「飛」到了媲摩城。果然，遊方僧走後的第七天夜裏，突然狂沙滿天，一夜之間，曷勞落迦城就被淹沒在黃沙之下了。

從媲摩城向東行進二百餘里，到達尼壤城，該城位於一片大沼澤之中，氣候濕熱，交通不便，其故址大致在今新疆民豐縣北約 65 英里的沙漠之中。

從尼壤城再向東，便進入大流沙，該地少水草，多熱風，氣候乾燥，環境惡劣，其故地大致在今新疆塔克拉瑪干沙漠地區。

從大流沙再東行進四百餘里，到達睹貨邏故國，玄奘到達這裡時，該國已經破敗已久了，其故地大致在今新疆且末縣以西的安得銳附近。

從睹貨邏故國向東行進六百餘里，到達折摩馱那故國，也就是我國古籍中的且末故國，其故地大致就在今新疆且末附近，玄奘到時，該地也已經人煙稀少，城皆荒蕪了。

從折摩馱那故國繼續向東行進千餘里，到達納縛波故國，也就是我國古籍中著名的樓蘭古國，該國故地大致在今新疆的若羌縣。

至此，玄奘的西行之旅到這裡也就告一段落了。

附表十一：《大唐西域記》第十二卷中故國今址對照表

故　國	今　址
漕矩吒國	都城故址大致在今阿富汗首都喀布爾以南 155 英里自喀布爾至坎大哈的途中要地
弗栗恃薩儻那國	都城故址大致在今阿富汗喀布爾北部約 30 英里的護苾安
安呾羅縛國	地理位置大致在今卡瓦克山口以西的印特拉白地區
闊悉多國	都城故址大致在今阿富汗東北部的昆都斯
活國	都城故址大致在今阿富汗東北部的昆都斯，從活國向東，便又到達了蔥嶺地區
瞢健國	故地大致在今昆都斯東部的塔利甘
阿利尼國	故地大致在今哈仔拉脫・伊茫附近
曷邏胡國	故地大致在今阿富汗東北部阿姆河與科克查河之間
訖栗瑟摩國	故地大致在今阿富汗東北部的基希姆
呬摩呾羅國	故地大致在今阿富汗東北部的基希姆以東的達萊姆
缽鐸創那國	故地大致在今阿富汗東北角的法扎巴德附近
淫薄健國	故地大致在今科克查河中段的谷地之中
屈浪拿國	故地大致在今科克查河南端最上游的一段谷地之中
達摩悉鐵帝國	故地大致在今阿富汗東北端的瓦罕地區，都城昏馱多城的故址大致在今噴赤河南的汗杜德
尸棄尼國	故地大致在今舒格南地區
商彌國	故地大致在今巴基斯坦北部的奇特拉爾和馬斯圖吉地區
朅盤陁國	故地大致在今中國新疆塔什庫爾干的塔吉克自治區
烏鎩國	故地大致在今新疆的莎車縣
佉沙國	故地大致在今新疆的喀布爾地區
斫句迦國	故地大致在今新疆葉城西南約 110 里的奇盤莊
瞿薩旦那國	地理位置就在今天的新疆和田

參考文獻

1. 章巽、芮傳明：《國學經典導讀・大唐西域記》，中國國際廣播出版社，2011 年。

2. 范祥雍校注：《大唐西域記彙校》，上海古籍出版社，2018 年。

3. 季羨林等校注：《大唐西域記校注》，中華書局，1985 年。

4. 王邦維：《絲路朝聖：玄奘與〈大唐西域記〉故事》，中華書局，2019 年。

5. 高文德主編：《中國少數民族史大辭典》，吉林教育出版社，1995 年 12 月，第 129 頁。

6. 季羨林：《中印文化交流史》，新華出版社，1991 年，第 11 頁。

7. 許序雅：《千泉、白水城和恭御城考辯》，《歷史地理論叢》第 25 卷第 2 輯，2010 年 4 月。

8. 劉維維、張娓：《古絲路鐵門關研究獲新進展》，《中國社會科學報》，2018 年 11 月 21 日。

9. 程立雪：《考古發現確證玄奘「呾蜜國」記載》，《中國社會科學報》，2013 年 11 月 27 日。

10. 劉振玉：《〈大唐西域記〉所記「呾剌健國」考》，《西域研究》，2017 年第 3 期。

11. 王邦維：《懷念巴米揚大佛》，《文史知識》，2015 年第 10 期，第 123～127 頁。

12. 王邦維：《質子、質子寶藏與漢天子》，《文史知識》，2014 年第 7 期，第 107～112 頁。

13. 王邦維：《「西天之名」：古代中國人怎麼稱呼印度》，《文史知識》，2016 年第 1 期，第 113～116 頁。

14. 王邦維：《佛影窟與〈佛影銘〉：從「佛影」引出的故事》，《文史知識》，2016 年第 2 期，第 122～127 頁。

15. 路水林：《佉沙國地望及交通初探》，《西域研究》，2012 年第 3 期，第 15～32 頁。

16. 蔡苡：《「拔剌報恩」故事的印度淵源與發展演變》，《南京師範大學文學院學報》，2017 年 9 月第 3 期，第 42～47 頁。

17. 王邦維：《桃和梨的故事：印度的中國特產》，《文史知識》，2014 年第 8 期，第 104～109 頁。

18. 田峰：《〈大唐西域記〉中所載西域女國考論》，《西北工業大學學報：社會科學版》，2010 年第 4 期，第 38～43 頁。

19. 張遠：《曲女城法會中的寶臺失火與幻戲》，《文史知識》，2014 年第 9 期，第 114～119 頁。

20. 張箭：《古印度阿逾陀國考——兼論許玉黃乃華裔非印裔》，《南亞研究季

刊》，2009 年第 1 期，第 93～97 頁。

21. 張立明：《印度佛教的「前生今世」——重讀〈大唐西域記〉》，《世界宗教文化》，2014 年第 6 期，第 112～119 頁。

22. 王邦維：《一個夢的穿越：烈士故事與唐代傳奇》，《文史知識》，2014 年第 9 期，第 107～113 頁。

23. 王青：《玄奘西行對唐代小說創作的影響》，《西域研究》，2005 年第 1 期，第 68～75 頁。

24. 王邦維：《三獸之塔：玉兔何事居月宮》，《文史知識》，2014 年第 4 期，第 101～106 頁。

25. 王邦維：《書生的花樹奇緣：一座古城的傳說》，《文史知識》，2015 年第 12 期，第 73～76 頁。

26. 王邦維：《靈鷲遠自天竺來》，《文史知識》，2015 年第 2 期，第 109～112 頁。

27. 彭正篤：《玄奘與那爛陀寺》，《南亞研究》，1982 年第 4 期，第 79～82 頁。

28. 《那爛陀寺》，《世界宗教研究》，1994 年第 1 期，第 151 頁。

29. 王邦維：《獅子王與他的兒子：斯里蘭卡的建國傳說》，《文史知識》，2016 年第 3 期，第 115～119 頁。

30. 王邦維：《僧伽羅與羅剎女：一個佛教的本生故事》，《文史知識》，2016 年第 5 期，第 113～118 頁。

31. 王青：《西域傳說中的特殊國度》，《西域研究》，2008 年第 3 期，第 100～106 頁。

32. 王邦維：《漢女子與太陽神：神話故事中的歷史》，《文史知識》，2016 年第 4 期，第 123～127 頁。

33. 田峰：《〈大唐西域記〉中關於關於于闐的三則故事小考》，《西安文理學院學報》，2010 年第 5 期，第 30～34 頁。

附錄二　玄奘法師與《西遊記》〔註1〕

　　《西遊記》作為一個文學作品，它的發展階段也帶有時代的特點，同時在其發展階段所對應的時代中，也表現為當時人民所喜好的形式。竺洪波先生在其《四百年西遊記學術史》一文中，也曾將西遊記的成書過程總結如下：

　　史書記載（主要為《大唐西域記》和《三藏法師傳》）→《取經詩話》→《唐僧西天取經》隊戲→《西遊記雜劇》→《西遊記》平話→《西遊記》詞話本→簡易《西遊記》小說→百回本長篇巨帙《西遊記》。〔註2〕

　　《西遊記》在這之間發生了從史料到話本、戲劇、平話、詞話本、小說等形式的階段性演變，其故事情節和人物角色在這一過程中也趨向了完善，直至定型。此外，現代社會也在對《西遊記》進行深度的挖掘，以一種新的角度和思想來解讀《西遊記》，並對人物和故事進行再創作。本文試通過梳理《西遊記》的發展演變脈絡，分析其各個時代的變化形式，並瞭解階段的分化和與之對應的時代特點，形成對《西遊記》思想、內容更為深刻的認識，以此在現代社會中更加充分的挖掘《西遊記》的文化內涵。而在每個不同的階段中，究竟是哪些因素使它產生了怎樣的變化，也是我們將要討論的問題。

第一章　唐代的歷史文獻與傳說

　　《西遊記》作為一部以唐僧西天取經為主線傳奇小說，它有著真實的歷史

〔註1〕　本編主要由河南科技大學楊宇傲撰寫。
〔註2〕　竺洪波：《四百年〈西遊記〉學術史》，上海：華東師範大學，2005年博士學位論文，第188頁。

事件作為基礎。歷史上有著「西天取經」壯舉的人物，其一便是玄奘，其為唐朝人，後世人常稱其為唐僧。歷史上關於他的演繹，有一定的歷史文獻依據。

第一節 《大唐西域記》：歷史上的取經故事

　　與《西遊記》中的唐僧奉旨前往西天取經不同，歷史上的玄奘是在沒有經過朝廷允許，私自混在難民中離開長安，前往印度取經的。因為當時為大唐立國之初，為維護新建政權的穩固，朝廷特發禁令，禁止未經允許便去往西域，玄奘是冒著危險離開中原的，並未得到國家的支持。直到十七年後，玄奘學成歸來，此時的唐朝皇帝正是李世民。在途中修整時，他給李世民寫了一封信，信上大致介紹了自己這些年的經歷，和當時私自離開長安的難處，希望朝廷能夠允許他回國。李世民收到信後，深受震動，令沿路的官員迎接護送。而後，在李世民要求和支持下，玄奘寫就了《大唐西域記》一書，詳細的介紹了自己去往印度期間的所見所聞。在這其中就包含了《西遊記》中「八十一難」的原型，部分關鍵人物形象也初見端倪。在《〈西遊記〉「八十一難」考述》一文中，作者將《大唐西域記》中對「難」的描寫分為三個方面「自然環境之『難』、人為之『難』和神話傳說中的『難』」。〔註3〕

（一）地理環境

　　《大唐西域記》仍是一部遊記，其中對地理環境的描寫佔據了主要的地位。這些描寫未必均會轉化為「八十一難」的一部分，但是西天取經作為《西遊記》一書的主線，其中對西域環境和風土人情的描寫，可能或多或少的讓人看到《大唐西域記》的影子。如：

　　卷一《窣堵利瑟那國·大沙磧中》：「從此西北入大沙磧，絕無水草。途路彌漫，疆境難測。望大山，尋遺骨，以知所指，以記經途。」〔註4〕

　　原著中對流沙河的描寫有兩處，分別為第八回中：「東連沙磧，西抵諸番……徑過有八百里遠，上下有千萬里遠……洋洋浩浩，漠漠茫茫，十里遠聞萬丈洪。仙槎難到此，蓮葉莫能浮。」〔註5〕還有是第十五回「流沙難渡」：

〔註3〕劉婷婷：《〈西遊記〉「八十一難」考述》，曲阜師範大學，2016年碩士學位論文，第7頁。

〔註4〕〔唐〕玄奘著，董志翹譯注：《大唐西域記》，北京：中華書局，2012年，第52頁。

〔註5〕〔明〕吳承恩：《西遊記》，北京：人民文學出版社，2010年，第89頁。

「有詩為證：『八百流沙界，三千弱水深，鵝毛飄不起，蘆花定底沉』」。〔註6〕這些地形特征和《西域記》中記載的沙河的特性頗為相似，但是明顯更符合實際，也能體現出玄奘所處環境的艱難。同時此書也未出現有關沙和尚的人物雛形，可見沙和尚的誕生相對來說要更加靠後。

（二）人為災禍

除去自然因素外，人為災禍對玄奘的影響也是頗大，在《西遊記》中，唐僧一行在取經過程中，人禍也佔據了相當的一部分。在「第十四回　心猿歸正　六賊無蹤」中，便寫了唐僧與孫悟空遇到山中六賊「一個喚做眼看喜，一個喚做耳聽怒，一個喚做鼻嗅愛，一個喚作舌嘗思，一個喚作意見欲，一個喚作身本憂」〔註7〕。《大唐西域記》中，也多次提到了盜賊之患，如：

卷一《揭職國》：「東南入大雪山，山高谷深，峰岩危險，風雪相繼，盛夏合凍，積雪彌谷，蹊徑難涉，山神鬼魅，暴縱妖祟，群盜橫行，殺害為務」。〔註8〕

卷十一《僧伽羅國·〈馬夌〉迦山與那羅稽羅洲》：「自達羅毗荼國北入林野中，歷孤城，過小邑，凶人結黨，作害羈旅。行二千餘里，至恭建那補羅國」。〔註9〕

卷十一《恭建那補羅國·王城附近諸遺跡》：「從此西北入大林野，猛獸暴害，群盜兇殘。行二千四五百里，至摩訶剌侘國」。〔註10〕

（三）神話傳說

此外，《大唐西域記》裏還包含了一些當地的神話傳說或奇特的國家風俗，這些也是小說《西遊記》的重要藍本。《西遊記》中極為知名的女兒國，在《大唐西域記》裏便有多處記載：

卷十《瞻波國》記述了天女沐浴河水生子的故事：「都城壘磚，其高數丈，基址崇峻，卻敵高險。在昔劫初，人物伊始，野居穴處，未知宮室。後有天女，降跡人中，游殑伽河，濯流自媚，感靈有娠，生四子焉。分贍部洲，各擅區宇，

〔註6〕〔明〕吳承恩：《西遊記》，北京：人民文學出版社，2010年，第264頁。

〔註7〕〔明〕吳承恩著：《西遊記》，鳳凰出版社，2012年3月，第107頁。

〔註8〕〔唐〕玄奘著，董志翹譯注：《大唐西域記》，北京：中華書局，2012年，第75頁。

〔註9〕〔唐〕玄奘著，董志翹譯注：《大唐西域記》，北京：中華書局，2012年，第648頁。

〔註10〕〔唐〕玄奘著，董志翹譯注：《大唐西域記》，北京：中華書局，2012年，第650頁。

建都築邑，封疆畫界，此則一子之國都，贍部洲諸城之始也」。〔註11〕

卷十一《僧伽羅國・執師子傳說》：「其後南印度有一國王，女聘鄰國，吉時送歸，路逢獅子，侍衛之徒棄女逃難，女在輿中，心甘喪命。時師子王負女而去，入深山，處幽谷，捕鹿採果，以時資給。既積歲月，遂孕男女，形貌同人，性種畜也。以其先祖擒執師子，因舉元功，而為國號。其女船者，泛至波剌斯西，神鬼所魅，產育群女，故今西大女國是也」。〔註12〕

卷四《婆羅吸摩補羅國》：「此國境北大雪山中，有蘇伐剌拏瞿呾羅國，（唐言金氏）。出上黃金，故以名焉。東西長，南北狹，即東女國也。世以女為王，因以女稱國。夫亦為王，不知政事。丈夫唯征伐、田種而已」。〔註13〕

卷十一《波剌斯國》：「拂懍國西南海島有西女國，皆是女人，略無男子。多諸珍寶貨，附拂懍國，故拂懍王歲遣丈夫配焉，其俗產男皆不舉也」。〔註14〕

根據這些材料可知，《大唐西域記》與《西遊記》之間確實存在著聯繫，但是由於小說《西遊記》的誕生經歷了長時間的演變，中間有著多個形態，所以兩者若是直接進行對比，僅能大致推理出兩者相似的影子，他們的聯繫密切且細微，但不可否認的是，《大唐西域記》應當就是《西遊記》的藍本之一。

第二節　《大慈恩寺三藏法師傳》的記載

與《大唐西域記》不同，《大慈恩寺三藏法師傳》更傾向於是玄奘本人的傳記，由其徒慧立、彥悰寫就，存在有《大唐西域記》中未提到的內容，可與《大唐西域記》相互印證、補充。《三藏法師傳》在敘事方式和語言表達上的故事性較強，並出現了神鬼的元素。

（一）追隨者的出現

《三藏法師傳》的主角仍是玄奘，但是其身邊已出現了與之同行的人。卷一中提到，「彼有慧威法師，河西之領袖，神悟聰哲，既重法師辭理，復聞求

〔註11〕〔唐〕玄奘著，董志翹譯注：《大唐西域記》，北京：中華書局，2012年，第586頁。

〔註12〕〔唐〕玄奘著，董志翹譯注：《大唐西域記》，北京：中華書局，2012年，第635頁。

〔註13〕〔唐〕玄奘著，董志翹譯注：《大唐西域記》，北京：中華書局，2012年，第267頁。

〔註14〕〔唐〕玄奘著，董志翹譯注：《大唐西域記》，北京：中華書局，2012年，第682頁。

法之志，深生隨喜，密遣二弟子，一曰慧琳、二曰道整，竊送向西。」〔註15〕
慧威法師出於對玄奘的欣賞，派遣兩名弟子護送追隨，但隨著旅途的艱辛，兩
名隨從弟子不堪長途跋涉，玄奘也只能讓其離去。之後，又有一位重要的追隨
者出現，他就是石磐陀。

　　卷一中記載，「俄有一胡人來入禮佛，逐法師行二三匝。問其姓名，云姓
石字磐陀。此胡即請受戒，乃授五戒。胡甚喜，辭還。少時齎餅果更來。法師
見其明健，貌又恭肅，遂告行意。胡人許諾，言送師過五烽。法師大喜，乃更
貿衣資買馬而期焉。」〔註16〕正在玄奘為無人帶路而發愁時，第三位追隨者石
磐陀出現了。他受了玄奘五戒，是玄奘西行路上所收的第一位弟子，同時兼任
著嚮導的角色，此時的唐僧也更換了坐騎，為一匹胡人老翁贈送的「一老赤瘦
馬，漆鞍橋前有鐵」〔註17〕。但是在途中，石磐陀因為害怕玄奘被擒後將他幫
助其偷渡一事供出，便起了殺念，但終究還是未能下手，在得到了玄奘不會出
賣他的誓言後，兩人從此分道揚鑣。儘管石磐陀並未伴隨玄奘走到最後，但是
他的形象與孫悟空存在有相似之處：他們都是玄奘西行中所收的第一個弟子、
在一開始的途中都存在有對玄奘的殺心。此外，學界中有觀點認為石磐陀便是
孫悟空的原型之一，有人提出石磐陀為胡僧，與「猢猻」讀音相近，可能是由
於方言演變的原因，使「胡僧」逐漸演化為了孫悟空這隻「猢猻」。

　　由此可見，在《三藏法師傳》的記載中，取經隊伍並未形成，但是玄奘仍
有著一些追隨者由於各種理由伴隨其走過某段路程，其中也包括善良之人、信
佛者的支持，同時部分人物角色的雛形已開始出現，如唐僧的赤馬坐騎、疑似
孫悟空原型的石磐陀等。即使他們並不一定就是《西遊記》主要角色的原型，
但是他們的身上的某些特質，或者與之相關的部分情節仍有可能被後世的創
作者們提煉出來，融入到《西遊記》的故事中去。

（二）密集的神鬼元素

　　《三藏法師傳》中，存在有大量的神鬼元素。其作者慧立和彥悰作為佛
家弟子，出於宣揚佛法的目的，以及本人對玄奘的崇拜，在書中加入了一些

〔註15〕〔唐〕慧立、彥悰：《大慈恩寺三藏法師傳》，北京：中華書局，2000年，第12頁。
〔註16〕〔唐〕慧立、彥悰：《大慈恩寺三藏法師傳》，北京：中華書局，2000年，第13頁。
〔註17〕〔唐〕慧立、彥悰：《大慈恩寺三藏法師傳》，北京：中華書局，2000年，第13頁。

關於佛教的靈異鬼神元素，藉以神化玄奘，使得《三藏法師傳》中的部分內容成為了圍繞玄奘發生的神話故事。因此，這也為《西遊記》埋下了神鬼小說的種子。

《三藏法師傳》中提到「從此已去，即莫賀延磧，長八百餘里，古曰沙河，上無飛鳥，下無走獸獸，復無水草。是時顧影唯一，心但念觀音菩薩及《般若心經》。初，法師在蜀，見一病人，身瘡臭穢，衣服破污，愍將向寺施與衣服飲食之直。病者慚愧，乃授法師此《經》，因常誦習。至沙河間，逢諸惡鬼，奇狀異類，遶人前後，雖念觀音不得全去，即誦此《經》，發聲皆散，在危獲濟，實所憑焉。」〔註18〕此處直接提及了惡鬼的存在，且玄奘通過念經驅逐惡鬼，帶有明顯的神話色彩，同時對玄奘過去事件的提及，也是在對玄奘形象的一個補充，凸顯其性格品質。

《三藏法師傳》密集的神鬼元素的存在，使得此書與《大唐西域記》區別開來，在神化玄奘的同時，也塑造了一個堅毅不屈、不圖富貴、舍生忘死的理想主義者形象，這為以後唐僧的形象和性格特點奠定了基調。

《三藏法師傳》與《大唐西域記》相比，已經有了初具規模的神怪小說《西遊記》的雛形，它不再是第一人稱視角的敘述，而是採用第三人稱的方式，增添了大量的對話、心理描寫，更加具有邏輯性。同時，大量的人物出現，增加了相對複雜的人物關係和故事情節，地理環境在其中佔據的地位減弱，地理和環境趨於向一種推動事件發展、人物形象塑造的元素轉變，即便是當時對佛教並無興趣的普通人，也能從其中感受到趣味。有趣、能被大眾所接受，正是一部小說應該具有的素質。自此，《西遊記》開始了誕生的歷程。

第二章　宋代《大唐三藏取經詩話》的出現

儘管《大唐西域記》和《大慈恩寺三藏法師傳》應當是小說《西遊記》原型之一，但是若將他們和《西遊記》相比，仍算是屬於史料的範疇，內容不夠通俗。直到宋代，社會經濟得到了發展，再加上寬鬆的政策和沉迷享樂的社會風氣，使得市民階層充滿活力，他們對文化娛樂方面的需求增加，說話技藝成為了一種大眾所喜聞樂見的娛樂方式，並出現了如瓦子、勾欄等固定的演出場

〔註18〕〔唐〕慧立、彥悰：《大慈恩寺三藏法師傳》，北京：中華書局，2000年，第16頁。

所，為說話技藝的迅速發展提供了條件。這個時候，富有傳奇色彩的玄奘取經的故事，以及對之進行記載的《大唐西域記》和《大慈恩寺三藏法師傳》中的內容，便成為了極好的創作素材。在經過了相當時間的演變，話本《大唐三藏取經詩話》誕生了。

　　對於《取經詩話》的形成年代問題，學界中對其語言語法、形式內容等不同方面進行論證，得到了不同的結論，有南宋、北宋、晚唐五代、元代等說法。起初由王國維考定為南宋刻本，但李時人、蔡鏡浩在《〈大唐三藏取經詩話〉成書年代考辨》一文中否定了這一觀點，認為「書刻於宋元，不等於說它就一定是宋代話本。」〔註19〕並對《取經詩話》的體制形式、思想內容和語言現象等方面進行考察，得出《取經詩話》最早於晚唐五代時期就已經成書。王洪湧從詞彙史的角度進行分析，認為《取經詩話》的成書「大致在晚唐五代」。〔註20〕張錦池則在《〈大唐三藏取經詩話〉成書年代考論》一文中，對其體制形式、取經故事流傳時代、思想觀念等方面進行研究，以及出土文物材料，大致劃定了《取經詩話》的成書年限為「其上限不會早於北宋前期，甚至不會早於仁宗年間……其下限不會晚於南宋前期，甚至不會晚於高宗年間。」〔註21〕並認為《取經詩話》極有可能是北宋晚期的作品。袁賓選取《取經詩話》中的被字句作為考察對象，認為「該書寫定於元代前後（約十三、十四世紀）其方言基礎是北方話。」〔註22〕

　　在內容和形式上，《取經詩話》比《大唐西域記》和《大慈恩寺三藏法師傳》要更加接近於小說《西遊記》，胡適稱「這部書確是《西遊記》的祖宗」〔註23〕，並指出指出：「次說《詩話》中敘玄奘路上經過許多災難，雖沒有『八十一難』之多，卻是『八十一難』的縮影。」〔註24〕竺洪波在《四百年〈西遊記〉學術史》一文中也對這一觀點持贊同態度，認為「如果沒有《取經詩話》

〔註19〕李時人，蔡鏡浩：《〈大唐三藏取經詩話〉成書時代考辨》，《徐州師範學院學報》，1982年第3期。

〔註20〕王洪湧：《從詞彙史看〈大唐三藏取經詩話〉的語言年代》，《古漢語研究》，2007年第3期。

〔註21〕張錦池：《〈大唐三藏取經詩話〉成書年代考論》，《學術交流》，1990年第4期。

〔註22〕袁賓：《〈唐三藏取經詩話〉的成書時代與方言基礎》，《中國語文》，2000年第6期，第545〜554＋576頁。

〔註23〕胡適：《〈西遊記〉考證》。

〔註24〕周勇、潘曉明：《〈西遊記〉學術檔案》，武漢：武漢大學出版社，2013年，第12頁。

的創作實踐與成果，就不可能有今見的神魔小說《西遊記》」〔註25〕，它對後世《西遊記》的演變起到了引領和導向的作用。

第一節　取經隊伍的出現

在《取經詩話》中，玄奘不再是一人獨行，而是有了一支固定的取經隊伍，原文載：

《行程遇猴行者處第二》

僧行六人，當日起行。法師語曰：「今往西天，程途百萬，各人謹慎。」小師應諾。行經一國已來，偶於一日午時，見一白衣秀才從正東而來，便揖和尚：「萬福，萬福！和尚今往何處？莫不是再往西天取經否？」法師合掌曰：「貧僧奉敕，為東土眾生未有佛教，是取經也。」秀才曰：「和尚生前兩廻去取經，中路遭難，此廻若去，千死萬死。」法師云：「你如何得知？」秀才曰：「我不是別人，我是花果山紫雲洞八萬四千銅頭鐵額獼猴王。我今來助和尚取經。此去百萬程途，經過三十六國，多有禍難之處。」法師應曰：「果得如此，三世有緣。東土眾生，獲大利益。」當便改呼為猴行者。僧行七人，次日同行，左右伏事。〔註26〕

《取經詩話》的第一節缺失，但第二節的開頭就已說明了這只取經隊伍起初共有六人，以玄奘為核心，其餘五人為「小師」，據書中注釋所說，小師為受戒未滿十夏之僧侶。書中對這五位小師人並未著墨太多，《過獅子林及樹人國第五》中，曾有玄奘讓小師去買菜做飯的情節，可見小師在取經團隊的主要作用相當於僕人、雜役。外形為「白衣秀才」的猴行者在途中加入，並道明玄奘一行人在取經路上若無保護，將「千死萬死」，擔任了隊伍的護法角色，此時隊伍共有七人，取經的目的地也由《大慈恩寺三藏法師傳》中的印度變成了西天雞足山。

猴行者是《取經詩話》中的重要角色，《詩話》中對他刻畫描寫的篇幅甚至超過了玄奘，但文中對猴行者的外貌描寫極少，他雖為「花果山紫雲洞八萬四千銅頭鐵額獼猴王」，但形象上卻是一個白衣秀才，它的出現是小說孫悟空

〔註25〕 竺洪波：《四百年〈西遊記〉學術史》，華東師範大學，2005年博士學位論文，第190頁。

〔註26〕 李時人、蔡鏡浩：《大唐三藏取經詩話校注》，北京：中華書局，1997年12月第1版，第2頁。

形象誕生的一個關鍵環節。

　　猴行者在取經團隊中擔任護法的角色，與小說《西遊記》相同。《西遊記》第十四回《心猿歸正　六賊無蹤》記載了孫悟空和唐僧的第一次見面：

　　　　三藏道：「你問我甚麼？」那猴道：「你可是東土大王差往西天取經去的麼？」三藏道：「我正是，你問怎麼？」那猴道：「我是五百年前大鬧天宮的齊天大聖；只因犯了誑上之罪，被佛祖壓於此處。前者有個觀音菩薩，領佛旨意，上東土尋取經人。我教他救我一救，他勸我再莫行兇，歸依佛法，盡殷勤保護取經人，往西方拜佛，功成後自有好處。故此晝夜提心，晨昏弔膽，只等師父來救我脫身。我願保你取經，與你做個徒弟。」〔註27〕

　　孫悟空正是因為犯過錯誤，為了脫身而護送三藏西天取經。猴行者護送玄奘西行的原因書中並未提及，但是在《入王母池之處第十一》中，提到了猴行者也曾因為犯錯受到懲罰：

　　　　行者曰：「我八百歲時，到此中偷桃吃了；至今二萬七千歲，不曾來也。」法師曰：「願今日蟠桃結寔，可偷三五個吃。」猴行者曰：「我因八百歲時，偷吃十顆，被王母捉下，左肋判八百，右肋判三千鐵棒，配在花果山紫雲洞。至今肋下尚痛。我今定是不敢偷吃也。」〔註28〕

　　猴行者正是因為偷吃蟠桃而受到了仙人的懲罰，孫悟空在大鬧天宮之際，也曾偷吃過蟠桃，兩者的這一段的經歷有所重合。猴行者自稱「花果山紫雲洞八萬四千銅頭鐵額獼猴王」，孫悟空亦是出身於「傲來國花果山水簾洞」，並有著「美猴王」的名號，兩者的出身也是極為相似。但不同的是，猴行者顯然更具神性，在幫助玄奘取經的過程中並未有過出格之舉；而孫悟空更具猴性，具有強烈的反抗精神。這些元素說明，兩者之間必存在著極為密切的聯繫，猴行者經過了長時間的演化，就成為了我們熟知的孫悟空。

　　玄奘的形象在此時也出現了微妙的變化。《大慈恩寺三藏法師傳》中的玄奘正氣凜然、舍生忘死、極具毅力，而在《取經詩話》中，玄奘的性格變得頗為世俗，甚至觸犯了佛教「不殺生、不偷盜、不邪淫、不妄語、不飲酒」五戒

〔註27〕〔明〕吳承恩：《西遊記》，鳳凰出版社，2012年3月，第97頁。
〔註28〕李時人、蔡鏡浩：《大唐三藏取經詩話校注》，北京：中華書局，1997年12月第1版，第31頁。

之二。

《入大梵天王宮第三》載：

> 法師行程湯水之次，問猴行者曰：「汝年幾歲？」行者答曰：「九
> 度見黃河清。」法師不覺失笑。〔註29〕

《入香山寺第四》載：

> 法師思惟：此中得恁寂寞！猴行者知師意思，乃云：「我師莫訝
> 西路寂寥，此中別是一天。前去路途，盡是虎狼虵兔之處，逢人不
> 語，萬種恓惶。此去人煙，都是邪法。」法師聞語，冷笑低頭。〔註30〕

這兩處是玄奘在聽到猴行者的話語後，所做的第一反應均是「笑」。前者
是對猴行者的回答的不信任，略帶有一種玩笑意味；後者的「冷笑低頭」，似
乎是在表示他對猴行者言語的不以為然，這種帶有些許世俗的反應與《大慈恩
寺三藏法師傳》的得道高僧形象產生了衝突。在香山寺看到門下左右金剛時，
玄奘竟然「遍體汗流，寒毛卓豎」，不再有《法師傳》中玄奘面對生命危險臨
危不懼的風采。

《入九龍池處第七》載：

> 被猴行者騎定虯龍，要抽背脊筋一條，與我法師結條子。九龍
> 咸伏，被抽背脊筋了；更被脊鐵棒八百下。「從今日去，善眼相看。
> 若更準前，盡皆除滅！」困龍半死，隱跡藏形。猴行者拘得背筋，
> 結條子與法師繫腰。法師才繫，行步如飛，跳廻有難之處。〔註31〕

此處面對猴行者殺害惡龍、抽取龍筋的行為，玄奘並未作出抗拒的反映，
反而欣然將龍筋繫在腰上。此處顯然犯了殺戒，與小說《西遊記》第十四回
《心猿歸正　六賊無蹤》中，玄奘對孫悟空打殺山賊的行為進行了強烈的斥責
形成了強烈的對比。

在《入王母池之處第十一》中，玄奘要求猴行者去偷取蟠桃，犯了偷盜戒：

> 法師曰：「此莫是蟠桃樹？」行者曰：「輕輕小話，不要高聲！
> 此是西王母池。我小年曾此作賊了，至今由怕。」法師曰：「何不去

〔註29〕李時人、蔡鏡浩：《大唐三藏取經詩話校注》，北京：中華書局，1997年12月
　　　　第1版，第5頁。

〔註30〕李時人、蔡鏡浩：《大唐三藏取經詩話校注》，北京：中華書局，1997年12月
　　　　第1版，第10頁。

〔註31〕李時人、蔡鏡浩：《大唐三藏取經詩話校注》，北京：中華書局，1997年12月
　　　　第1版，第21頁。

偷一顆？」……猴行者曰：「樹上今有十餘顆，為地神專在彼此守定，

無路可去偷取。」師曰：「你神通廣大，去必無妨。」〔註32〕

這些行為與《西域記》和《法師傳》中所塑造的聖僧的形象相差甚遠，這種變化說明玄奘已不再是高高在上、不可侵犯的聖僧，他的身上出現了世俗人的性格，但是由於創作者個人的水平所限，使玄奘出現了偷盜、殺生這種完全不符合佛教教義的想法，即使是小說《西遊記》中，玄奘也沒有這種類似的破戒行為。後來的創作者對這些事件進行了完善，使得唐僧雖然有著凡人的性格，但是不至於違反佛教戒律。《取經詩話》在將玄奘世俗化的同時，把他崇高的願望和堅定的毅力保留下來，使他兼具神化和世俗化兩種奇妙的狀態，這使得玄奘的形象更加有趣，更容易使普羅大眾所接受，並向我們最熟悉的「唐僧」的形象開始演變。

沙和尚的原型也在此時出現，《取經詩話》中記載：

深沙云：「項下是和尚兩度被我吃你，袋得枯骨在此。」和尚曰：
「你最無知。此回若不改過，教你一門滅絕！」深沙合掌謝恩，伏
蒙慈照。深沙當時哮吼，教和尚莫敬（似當作「驚」）。只見紅塵隱
隱，白雪紛紛。良久，一時三五道火裂，深沙袞袞，雷聲喊喊，遙
望一道金橋，兩邊銀線，盡是深沙神，身長三丈，將兩手托定；師
行七人，便從金橋上過。過了，深沙神合掌相送。法師曰：「謝汝心
力。我廻東土，奉答前恩。從今去更莫作罪。」兩岸骨肉，合掌頂
禮，唱喏連聲。

深沙神曾吃取經人，並將其枯骨掛在脖頸上的形象與沙和尚相重合，但他並沒有加入取經團隊，只是幫助師行七人渡河而去。可以說，沙和尚的出現，與深沙神的關係相當密切。

在《入九龍池處第七》中，七人團隊遇到了「九條馗頭鼉龍」，經歷了一番爭鬥後，「猴行者拘得背筋，結條子與法師繫腰。法師才繫，行步如飛，跳廻有難之處。蓋龍脊筋極有神通，變現無窮。」〔註33〕有可能是白龍馬的原型之一。但是豬八戒的原型在《詩話》中並未有明顯的痕跡，楊光熙在《〈西遊記〉中豬八戒形象的前身是「驢」》一文中，認為豬八戒的原型是《過獅子林

〔註32〕李時人、蔡鏡浩：《大唐三藏取經詩話校注》，北京：中華書局，1997 年 12 月
　　　第 1 版，第 32 頁。
〔註33〕李時人、蔡鏡浩：《大唐三藏取經詩話校注》，北京：中華書局，1997 年 12 月
　　　第 1 版，第 21 頁。

及樹人國第五》中，被當地一戶人家施妖法變成一頭驢的小行者，但是這些蛛絲馬蹟不一定與後世的白龍馬、豬八戒有著必然的聯繫。

　　儘管白龍馬和豬八戒的形象尚且模糊，但《取經詩話》已經形成了一支比較完整的取經團隊，也為孫悟空、唐僧的形象打下了基調。

第二節　仙佛共存的世界觀

　　《取經詩話》對《西遊記》的引導作用是全方面的，不僅表現在人物的形象性格上，同時在世界觀的建立上也起到了奠基的作用。

　　此時出現了仙佛的神仙體系和世界，尚為雛形；吳承恩對神仙體系的整理和再創造，形成了一個完善的體系。

　　《入大梵天王宮第三》：

　　　　法師問曰：「天上今日有甚事？」行者曰：「今日北方毗沙門大
　　梵天王水晶宮設齋。」法師曰：「借汝威光，同往赴齋否？」行者教
　　令僧行閉目。行者做法。良久之間，才始開眼，僧行七人，都在北
　　方大梵天王宮了。且見香花千座，齋果萬種，鼓樂嘹喨，木魚高掛；
　　五百羅漢，眉垂口伴，都會宮中諸佛演法。〔註34〕

　　這一節講述了法師一行人去往北方大梵天王宮參加毗沙門天王舉辦的水晶齋，玄奘在講經之後，得到了眾佛的欣賞，並得到了毗沙門天王的庇護。毗沙門天王是佛教神話中的重要角色之一，他又名北方多聞天王，為佛教護法之神，四天王之一，守衛梵天之門。為北方守護神、知識之神、財神，也是一個很重要的武神。這一節對當時水晶齋的場景進行了詳細的描寫，揭露了佛教神話的一角場景，真正的將佛教神話的世界觀融入到了作品中。玄奘此時也獲得了守護神的保護，這對他以後的取經路程提供了極大的助力。

　　《入王母池之處第十一》：

　　　　猴行者曰：「我師且行，前去五十里地，乃是西王母池。」法師
　　曰：「汝曾到否？」行者曰：「我八百歲時，到此中偷桃吃了；至今
　　二萬七千歲，不曾來也。」法師曰：「願今日蟠桃結寔，可偷三五個
　　吃。」猴行者曰：「我因八百歲時，偷吃十顆，被王母捉下，左肋判
　　八百，右肋判三千鐵棒，配在花果山紫雲洞。至今肋下尚痛。我今

〔註34〕李時人、蔡鏡浩：《大唐三藏取經詩話校注》，北京：中華書局，1997年12月
　　　第1版，第5頁。

定是不敢偷吃也。」〔註35〕

　　前面為玄奘一行提供庇護的為毗沙門天王，屬於佛教世界觀中的人物，此時又出現了中國道教神話體系中的西王母。西王母是道教創世女神、全真教祖師，在古代中國神話傳說中她是掌管不死藥、罰惡、預警災厲的長生女神。諸多的古籍和神話傳說中都有與之相關的軼事，是中國本土最早存在的神靈之一。此節中提到食蟠桃者可得長生，而成仙得長生正是道教所追求的終極理想，明顯帶有了道教世界觀的色彩。

　　西王母和毗沙門天王的在《取經詩話》中的同時出現，說明了《取經詩話》中存在的神話體系和世界觀正是佛教和道教雜糅的產物，但此時仍只是簡單的糅合，並未直接提及道教和佛教神仙之間的關係和交往方式。這樣奇特世界觀的形成或許與當時佛道兩教的關係與話本自身的特點有關。彼時佛教進入中國後，在本土化的過程中具備了與中國本土道教相競爭的實力，兩者在此消彼長的變化中進行對抗的同時，也在吸收利用對方的思想學說為己用，這一點在南北朝隋唐時期，雙方均處於鼎盛之時尤為明顯。直到宋代，儒家興起，佛道勢弱，隋思喜認為：「此時三教關係的重心與中心便集中在儒佛、儒道關係上，佛道關係反而漸趨邊緣化和非主題化，與魏晉南北朝時期佛道關係為三教關係的重心和中心的情形截然相反。佛道彼此之間不再是相互競爭的主要對手，由此佛道關係便隨之發生轉折，從激烈的對抗轉向彼此「對話」，努力實現共存和共同發展。」〔註36〕，這使得佛道兩教的思想存在有一定的共通之處，而非不再是彼此衝突。在這樣一個前提下，文學作品中佛道兩教的神仙體系的並存也就是在情理之中了。此外，話本作為一種大眾所喜聞樂見的娛樂方式，自然是要足夠的通俗和有趣方才能為大眾所接受。因此，在作品中加入神仙元素便是一種頗為理想的選擇。可是由於創作者本身的水平和時代條件所限，這種世界觀的模樣尚顯粗糙，但這也是後世《西遊記》世界觀的雛形了。

第三節　八十一難原型故事的變化

　　《取經詩話》的故事主要來源於《大唐西域記》和《三藏法師傳》，取經

〔註35〕李時人、蔡鏡浩：《大唐三藏取經詩話校注》，北京：中華書局，1997 年 12 月第 1 版，第 31 頁。

〔註36〕隋思喜：《從佛道關係的演變看北宋道教的理論轉型》，《宗教學研究》，2011 年第 4 期，第 64～72 頁。

團隊所經歷的磨難大致可分為自然之難和妖魔之難，《詩話》的大部分章節基本上都包含了這兩種類型的磨難。此時它雖然尚未提出八十一難的概念，但已經出現了八十一難的雛形，「野滅連天，大生煙焰」的火類坳，演變為了唯有芭蕉扇才能撲滅的火焰山；深沙神所在之處便是後來沙和尚所在的流沙河；《詩話》中女兒國的故事，成為了《西遊記》中第十七難「四聖顯化」中菩薩對唐僧一行人的考驗和第四十四難女兒國事件的原型。相對於已經成型的《西遊記》來說，《詩話》的故事設計尚顯稚嫩，但是與《西域記》和《法師傳》記載的原生的取經故事相比來說，取經團隊所經歷的磨難發生了重大的轉變，事件帶有了神魔、奇幻的色彩，包括解決的方式也是如此。

《過獅子林及樹人國第五》中載：

> 主人曰：「我新婦何處去也？」猴行者曰：「驢子口邊青草一束，便是你家新婦。」主人曰：「然你也會邪法？我將為無人會使此法。今告師兄，放還我家新婦。」猴行者曰：「你且放還我小行者。」主人噀水一口，驢子便成行者。猴行者噀水一口，青草化成新婦。〔註37〕

小行者被人變成了驢，為救回小行者，猴行者就將那人的妻子變成了青草，以此作為威脅。這一事件體現了《詩話》增加了有關法術的設定，使得取經團隊面臨的危險不再是普通的自然環境和人為災禍，更多的是如這一般的帶有奇幻元素的磨難，甚至在對環境的描寫上，也體現了這種變化，如《過獅子林及樹人國第五》起初對獅子林的環境描寫：「只見麒麟迅速，獅子崢嶸，擺尾搖頭，出林迎接；口銜香花，皆來供養。法師合掌送出。五十餘里，盡是麒麟」〔註38〕，出現了麒麟這種存在於神話傳說中的生物，顯然是虛構的情節。

如以上這般奇幻元素的增加，使得《取經詩話》變得更加有趣且通俗，劉蔭柏認為：「《大唐三藏取經詩話》已經完全脫離了《舊唐書·方伎傳》《大慈恩寺三藏法師傳》和唐人筆記中近似於史的記載，而純屬文學創作了。」〔註39〕可以說，最晚以《取經詩話》為開始，取經故事的性質發生了變化，開始了從真實的歷史事件向文學創作方向的轉變。

〔註37〕李時人、蔡鏡浩：《大唐三藏取經詩話校注》，北京：中華書局，1997 年 12 月第 1 版，第 14 頁。

〔註38〕李時人、蔡鏡浩：《大唐三藏取經詩話校注》，北京：中華書局，1997 年 12 月第 1 版，第 13 頁。

〔註39〕劉蔭柏：《西遊記研究資料》，上海：上海古籍出版社，1990 年，第 16 頁。

綜上所述，《取經詩話》在《西遊記》的形成過程中起到了重要的轉折作用，它的出現是為了滿足大眾市民文化娛樂需求的結果，同時也帶有了世俗和神話的氣息。《詩話》委實不算是非常成熟的文學作品，但是它卻具有重要的引領導向意義。

第三章　元代西遊戲的成熟

自《取經詩話》之後，隨著元代戲曲的流行，《西遊記》也進入到了一個新的發展階段，它開始以戲曲的形式呈現，這個時期西遊戲的遺留較少且零散單薄，大都為獨立的某個故事，缺少比較完整系統的作品。主要的代表作品有楊景賢的《西遊記》雜劇，以及山西隊戲《迎神賽社禮節傳簿四十曲宮調》中有關八十一難的部分。而楊景賢的《西遊記》雜劇雖然存在遺漏缺失，但仍是其中少數具有完整系統的西遊戲劇本，具有重要意義。

第一節　《禮節傳簿》豐滿了人物情節

相對於前文中提到的《取經詩話》，西遊戲的內容要更加的豐滿且完善，並在原來故事的基礎上加以創造，使得取經故事更具特色，逐漸向擺脫原生故事的桎梏、開創自己風格的方向轉變。

《迎神賽社禮節傳簿四十曲宮調》通常簡稱為《禮節傳簿》，於山西省潞城縣崇道鄉南舍村曹占標先生家中發現，內有「萬曆二年正月十三日抄立」的字樣，經鑒定後確認為明代抄本，作者未知。「《禮節傳簿》保存了宋至明代共174個曲目……與八十一難」故事在內容上密切相關的劇目即第四部分『啞隊戲』中的《唐僧西天取經》和《文殊菩薩降獅子》」〔註40〕這些故事對《西遊記》的情節進行了補充，並增加了新的人物角色，其中，《唐僧西天取經》最為重要，其內容大致如下：

> 　　唐太宗駕，唐十宰相，唐僧領孫悟恐（空）、朱（豬）悟能、沙
> 悟淨、白馬，往至師陀國，黑熊精盜錦蘭袈沙（裟），八百里黃風大
> 王，靈吉菩薩，飛龍柱杖；前至寶象國，黃袍郎君、繡花公主；鎮
> 元大仙獻人參果；蜘蛛精；地勇夫人；夕用（多目）妖怪一百隻眼，
> 波降金光霞佩；觀音菩薩，木叉行者，孩兒妖精；到車牢（遲）國，

〔註40〕劉婷婷：《〈西遊記〉「八十一難」考述》，曲阜師範大學，2016 年碩士學位論文，第 32 頁。

天仙，李天王。哪吒（吒）太子降地勇，六丁六甲將軍；到烏雞國，
文殊菩薩降獅子精；八百里，小羅女鐵扇子，山神，牛魔王；萬歲
宮主，胡王宮主，九頭駙（駙）馬，夜叉；到女兒國；蠍子精，昂日
兔下降；觀音張伏兒起僧伽帽頻波國；西番大使，降龍伏虎，到西
天雷音寺，文殊菩薩，阿難，伽舍（葉）、十八羅漢，西天王，護法
神，揭地（諦）神，九天仙女，天仙，地仙，人仙，五嶽，四瀆，九
曜，千山真君，四海龍王，東嶽帝君，四海龍王，金童，玉女，十大
高僧，釋伽沃（佛），上，散。〔註41〕

　　蔡鐵鷹先生認為：「研究者們一致認為（隊戲）是一種初級的戲劇形式，
其形成不會晚於唐五代至宋初，因為它比金代的院本還要古老。《唐僧西天取
經》被認為是有可能是宋代，至少是宋元間的產物。」由此說法大致可以判斷
出可能最遲在宋元之間，取經團隊的人物就已經固定為唐僧、孫悟恐（空）、
朱（豬）悟能、沙悟淨、白馬。他們經歷了師陀國、黃風大王、寶象國、人參
果、蜘蛛精、地勇夫人等至少十三難，均是後世小說《西遊記》中所存在內
容，說明這些故事並非是由吳承恩原創的，而是前人的創作，但也為吳承恩創
作《西遊記》提供了絕佳的素材，豐富了八十一難的內容。同時，在最後取經
一行人到達西天雷音寺後，道教和佛教人物混合出現，這種大團圓的喜慶色彩
頗具民間信仰的特點。但是其中並未有對情節和人物的詳細描寫，無法窺其全
貌，並對當時取經團隊和妖魔仙佛的形象進行分析，使得孫悟空、玄奘等人的
形象演變出現了一定的空白。

第二節　《西遊記》雜劇走向成熟

　　楊景賢的《西遊記》雜劇大約形成於元末明初，身為蒙古人的楊景賢長期
生活於中原地區，受到了中原文化和信仰的薰陶，同時，各類文化在那個時代
不斷的交融著。在這種時代背景下，《西遊記》雜劇誕生了。

　　《西遊記》雜劇共六本二十四折，結構脈絡清晰，內容大致如下：

　　　　第一卷：之官逢盜　　逼母棄兒　　江流認親　　擒賊雪仇
　　　　第二卷：詔餞西行　　村姑演說　　木叉售馬　　華光署保
　　　　第三卷：神佛降孫　　收孫演咒　　行者除妖　　鬼母皈依

〔註41〕蔡鐵鷹：《〈西遊記〉資料彙編》，《古典文學研究資料彙編》，北京：中華書局，
　　　　2010年，第312頁。

第四卷：妖豬幻惑　　海棠傳耗　　導女還裝　　細犬禽豬

第五卷：女王逼配　　迷路問仙　　鐵扇凶威　　水部滅火

第六卷：貧婆心印　　參佛取經　　送歸東土　　三藏朝元〔註42〕

　　此時《西遊記》雜劇的結構、內容和人物塑造等方面的內容已經相當成熟了，竺洪波認為：「西遊記」雜劇的情節內容，可看出它對後世百回本小說的作用和影響突出地表現在以下兩個方面：其一，基本樹立起後世小說的結構框架……其二，《西遊記》主要人物全面定型。」〔註43〕雜劇第一卷將《陳光蕊江流和尚》戲曲系統中的故事融入到了劇本當中，補充了玄奘身世的由來，使作品更具邏輯性，是小說《西遊記》形成過程中的一大創造。除此之外，也添加了如大鬧天宮、收服豬八戒等相關的故事片段，使整部作品出場人物極多，內容也更加繁雜，此規模之大實為罕見。同時，一本四折的結構對應於故事的起承轉合，豐富的內容以及複雜的人物關係也為後世從戲劇向小說的轉變提供了條件。

　　此外，取經隊伍的形成也有了順序脈絡，並詳細介紹了每個人的來歷，對其形象也有了細緻的刻畫。

　　白龍馬在之前的作品僅僅是作為附屬品存在，並無對其形象和能力的刻畫，直到《西遊記》雜劇，龍馬才有了具體的形象特徵：「金甲白袍燦，銀裝寶劍橫，顯惡姹的儀容。衝天入地勢雄，撼嶺拔山威重，離岩出洞霧濛，攪海翻江風送。變大塞破太空，變小藏入山縫。雲氣籠雨氣從，溪源潭洞，江河淮孟，顯耀神通。」〔註44〕趙延花認為：「雜劇中將馬人性化、英雄化，使之真正成了取經隊伍中的一員，成為「五聖」之一」〔註45〕沙僧的由來也被神化，他變成「玉皇殿前捲簾大將軍」，因「帶酒思凡，罰在此河，推沙受罪」其項上掛著九個骷髏為唐僧的九世這一形象設定也被小說所沿用。

　　豬八戒則是一頭貪圖女色、法力高強的黑豬精妖魔形象，即便是已經拜唐僧為師，皈依佛門，在取經團隊到達女兒國時仍然打破了色戒：「豬八戒吁吁

〔註42〕（元）楊景賢：《西遊記雜劇》，蔡鐵鷹：《西遊記》資料彙編，北京：中華書局，2010年。

〔註43〕竺洪波：《四百年〈西遊記〉學術史》，華東師範大學，2005年博士學位論文，第206頁。

〔註44〕王季思：《金元曲》，石家莊：河北教育出版社，1998年。

〔註45〕趙延花：《簡析雜劇〈西遊記〉中的龍馬形象》，《內蒙古大學學報（哲學社會科學版）》，2010年第42卷第5期，第93～96頁。

喘，沙和尚悄悄聲。上面的緊緊往前掙，下面的款款將腰肢應。」〔註46〕孫悟空更具猴性、野性，《神佛降孫》中，它的開場白更顯示出它不服管教的桀驁本性：

> 自開天闢地，兩儀便有吾身，曾教三界費精神，四方神道怕，五嶽鬼兵嗔，六合乾坤混擾，七冥北斗難分，八方世界有誰尊，九天難捕我，十萬總魔君。小聖弟兄、姊妹五人，大姊驪山老母，二妹巫枝祇聖母，大兄齊天大聖，小聖通天大聖，三弟耍耍三郎。喜時攀藤攬葛，怒時攪海翻江。金鼎國女子我為妻，玉皇殿瓊漿咱得飲。我盜了太上老君煉就金丹，九轉煉得銅筋鐵骨，火眼金睛，鍮石屁眼，擺錫雞巴。我偷得王母仙桃百顆，仙衣一套，與夫人穿著。今日作慶仙衣會也。〔註47〕

唐僧的形象性格也發生了變化。馬冀認為：「雜劇在把唐僧前身抬高為「毗盧伽佛」的同時，卻把他的性格儒家化、世俗化、凡庸化。」〔註48〕這使得他的性格越來越豐富，逐漸脫離了歷史上真實存在的玄奘形象的束縛。

第三節　形式內容趨向世俗化

戲劇的藝術表現形式，和以普通市民階層為主的受眾，使《西遊記》的世俗化傾向更加明顯。

在作品的主旨方面，雜劇《西遊記》之前的作品均是以玄奘為中心進行敘述，其形象也是堅韌不拔、捨生忘死的聖僧，思想內容也因此被限制於佛教的相關教義方面。但是楊景賢卻將重心移向了孫悟空等人的身上，將《西遊記》的中心思想從佛教教義中掙脫出來。《取經詩話》中的猴行者雖然也在作品中佔據了主導地位，但是他遠不如雜劇中的孫悟空那般性格鮮明、離經叛道，充滿了反抗精神，這種充滿了七情六欲，如人一般的猴子，才更容易得到社會大眾的接受。孫悟空等人身上的妖魔氣很重，玄奘則更像是凡人一般，「這一改變直接導致了全劇主旨之一要圍繞著孫悟空來體現，並凸顯了孫悟空憑著一身本領去反抗和改變既有秩序這一更為深刻的主旨。」〔註49〕《西遊記》主

〔註46〕隋樹森編：《元曲選外編》，Cn27.北京：中華書局，1959 年。

〔註47〕隋樹森編：《元曲選外編》，Cn27.北京：中華書局，1959 年。

〔註48〕馬冀：《論雜劇〈西遊記〉的人物形象》，《內蒙古社會科學（漢文版）》，2001 年第 6 期，第 64～68 頁。

〔註49〕邊國強：《試論楊景賢〈西遊記雜劇〉的形成》，《民族文學研究》，2009 年第 3 期，第 49～53 頁。

旨不再高高在上如空中樓閣，它向下深入到了市民當中，使它的中心思想更為深刻。

此外，在世界觀的塑造方面，佛道融合趨勢更強，並加入了儒家的思想元素。蔡鐵鷹先生在《〈西遊記〉的誕生》一書中，論證了孫悟空「通天大聖」和後來的「齊天大聖」均是來自於中國傳統的民間信仰，屬於道教的系統之內，張錦池先生也在《論豬八戒的血統問題》一文中，證明了豬八戒是一頭屬於道教系統中的「黑豬精」，這些設定的增加了《西遊記》中的道家元素。語言也更加通俗，增加了喜劇色彩，符合市井人民的喜好。如雜劇中行者借扇對鐵扇公主說：「弟子不淺，娘子不深。我與你大家各出一件，湊成一對妖精。小行特來借法寶，過火焰山。」〔註50〕孫悟空的童話充滿了市井的氣息，類似這種的插科打諢、粗俗的語言在雜劇中並不少見。此時《西遊記》的喜劇色彩尚且主要表現在此類的粗俗童話上面，最為直截了當，符合市井階層的喜好，同時這樣一個以佛道兩教作為背景的文學作品，公然描寫了大量帶有性暗示的內容，也體現出作者對禁慾思想的一種反抗態度。

西遊戲的出現對小說《西遊記》的形成是最為直接的，小說對人物形象的塑造和故事情節的編排均未脫離這一範疇，作品主旨也是在原來的基礎上進行昇華。整部作品世界觀的框架已經建立起來，主要人物的性格也被基本固化，八十一難的概念正在萌生之中，儘管雜劇《西遊記》仍有不足，但是其作用依然不可被忽視。

第四章　明清時期的《西遊記》

大約在明代中期，小說《西遊記》終於誕生，大多數人都認為其創作者是吳承恩。學界中仍存在有對《西遊記》作者究竟為誰的爭論，但這並非本文所要講述的重點，因此不再對這一問題多做闡述。明清時期，小說作為一種新的藝術形式繁盛至極，除《西遊記》外，《水滸傳》、《三國演義》、《金瓶梅》、《紅樓夢》等著作接連問世。這個時期的《西遊記》已經成型，出場人物已經固定，八十一難的概念已經得到了完善，主要的情節內容也基本上得到了固定，只是不同的版本上存在有情節和語言上的差異。

〔註50〕　（元）楊景賢：《西遊記雜劇》，蔡鐵鷹：《西遊記》資料彙編，北京：中華書局，2010 年，第 411 頁。

第一節 《西遊記》現存的版本

自《西遊記》誕生之後，由於書商的多次校對刊印，以及社會上的名家也開始對優秀的小說進行批註評點，我們難以復原吳承恩初次完成的《西遊記》的模樣，但是主要的內容和主旨應該還是相差不大的。對這個時期《西遊記》的研究，主要在於以《西遊記》的不同版本為中心，在情節內容上存在的差異，以及隨之衍生出來的相關爭議。

現依據曹炳建和齊慧源的《〈西遊記〉版本研究小史》一文，將目前現存《西遊記》的版本匯總如下〔註51〕：

朝代	系　統	書　名	簡　稱	備　註
明	繁本之華陽洞天主人校本系統	《新刻出像官板大字西遊記》	世本	現存諸版本中最重要者之一。其中有「金陵唐氏世德堂校梓」字樣，間題「金陵榮壽堂梓行」、「書林熊雲濱重鍥」
		《新鐫全像西遊記傳》	清白堂本或楊閩齋本	書題「清白堂楊閩齋梓行」
		《唐僧西遊記》	唐僧本	此本今存兩本：其一有「全像書林蔡敬吾刻」的木記，簡稱「蔡敬吾本」；其二有「書林朱繼源梓行」字樣，稱「朱繼源本」
	繁本之李評本系統	《李卓吾先生批評西遊記》	李評本	無
	簡本系統	《唐三藏西遊釋厄傳》	朱本或劉蓮臺本	其中有「羊城沖懷朱鼎臣編輯　書林蓮臺劉求茂繡梓」字樣
		《西遊記傳》	楊本或陽本	有明刊單行本和《四遊記》本，其中有「齊雲楊致和（陽至和）編」等字樣
清	刊本	《西遊證道書》	證道本	無
		《西遊真詮》	真詮本	無
		《新說西遊記》	新說本	無
		《西遊原旨》	原旨本	無
		《通易西遊正旨》	正旨本	無
		《西遊記評注》	含評本	其中有「含晶子評注」等字樣
	抄本	《〈西遊記〉記》	懷明評本	其中有「懷明手訂」等字樣

〔註51〕曹炳建、齊慧源：《〈西遊記〉版本研究小史》，《河南教育學院學報（哲學社會科學版）》，2005 年第 5 期。

在這些版本之中，世本具有重要的作用和地位，學界認為它是百回本《西遊記》小說誕生的標誌。吳聖昔在《世德堂本〈西遊記〉的夾批及其版本意義》一文中，通過對其夾批的研究，認為「明清《西遊記》的部分版本同屬世本系統……楊閩齋本、唐僧本、李評本和證道本有可能是世本的翻刻本或刪刻本」。〔註52〕竺洪波認為，「世本作為《西遊記》早期版本，是比較純粹的佛教文本，清代始向道教文本轉化」〔註53〕。明清大部分版本的《西遊記》都與世本有著血緣關係，但是由於當時小說地位較低，並非主流文學形式，作者佚名，使得學界至今仍對《西遊記》的真正作者究竟是誰這一問題爭論不休。

第二節　《西遊記》的三教元素

《西遊記》的背景故事是一個多種信仰並存的複雜大環境，以佛道兩教的神仙體系為框架，以儒家和封建王朝體系為法則，構建了一個龐大的神魔世界觀。早在《取經詩話》中，這一世界觀的出現便已經初見端倪。經歷了漫長時間的演變，終於在吳承恩的筆下，這一世界觀得到了完善。他所構建的這個世界觀和神仙體系是《西遊記》最重要的價值之一，也是《西遊記》向成熟演化過程中的一個重要表現。

（一）佛教因素

由於題材的原因，書中自然少不了佛教的元素，甚至可以說從表面上看，佛教所佔的內容是最多的。蔡鐵鷹先生通過考據認為，《西遊記》中的佛教體系和思想，與密宗有著千絲萬縷的聯繫。〔註54〕《大唐西域記》和《三藏法師傳》本就出於佛教徒之手，《取經詩話》中也帶有宣揚佛法的元素，《西遊記》的前身作品中，大多是以宣揚佛法為主，佛教也都是正面角色。但是《西遊記》對佛教的態度卻突然轉變，將眾佛人性化，在對唐僧形象的塑造上，也增添了許多比較負面的元素。如書中第十四回《心猿歸正　六賊無蹤》中，在孫悟空打死攔路搶劫的六賊後，唐僧又驚又懼：

> 三藏道：「你十分撞禍！他雖是剪徑的強徒，就是拿到官司，也
> 不該死罪；你縱有手段，只可退他去便了，怎麼就都打死？這卻是

〔註52〕吳聖昔：《世德堂本〈西遊記〉的夾批及其版本意義》，《淮陰師專學報》，1992年第4期，第62～64頁。

〔註53〕竺洪波：《論〈西遊記〉世德堂本的評本性質》，《古代文學理論研究（第三十五輯）》，2013年，第268～284頁。

〔註54〕蔡鐵鷹：《〈西遊記〉的誕生》，中華書局，2007年。

無故傷人的性命，如何做得和尚？出家人『掃地恐傷螻蟻命，愛惜
飛蛾紗罩燈。』你怎麼不分皂白，一頓打死？全無一點慈悲好善之
心！早還是山野中無人查考；若到城市，倘有人一時衝撞了你，你
也行兇，執著棍子，亂打傷人，我可做得白客，怎能脫身？」〔註55〕

儘管孫悟空打殺六賊也是因為自己身上的劣根性還在，但畢竟仍是為了
保護唐僧。而他這一番呵斥，重點在於害怕被官府發現，不能脫身。同時他自
稱「出家人『掃地恐傷螻蟻命，愛惜飛蛾紗罩燈。』」但是在最初孫悟空打死
老虎的時候，他卻並未多說些什麼。這種自私的性格和雙重標準的處事方式，
與《三藏法師傳》中玄奘在面對石磐陀的威脅下仍然毫不畏懼的形象，形成了
鮮明的對比。

八十一難的考驗，基本上都出自於佛教的設計，且有極多的妖怪均與天上
仙佛有著密切的關係。以給予考驗為由，放任他們為禍人間，在他們即將被孫
悟空打殺之時，又前來阻止。如第三十五回《外道施威欺正性　心猿獲寶伏邪
魔》，孫悟空降服金銀角大王後，收了他們的寶貝，沒過多久太上老君便來討
要，並聲稱「此乃海上菩薩問我借了三次，送他在此託化妖魔，看你師徒可有
真心往西去也」〔註56〕。此外在通天河興風作浪，吃童男童女的靈感大王，也
是觀音菩薩蓮花池中的一尾金魚。到了結尾，將要取得真經的唐僧一行人仍要
面對尊者阿儺、伽葉的索賄，而這些正是在佛祖的默許之下發生的。

黃健威在《貶道‧嘲佛‧崇儒》一文中，認為「作者創作《西遊記》，雖
表面是寫佛教故事，但骨子裏，壓根兒是在抹黑佛教，是以『嘲佛』的態度來
描寫佛教徒的。」〔註57〕吳承恩將佛教人物進行人性化、醜化，對其盡顯嘲
諷、鄙夷的態度，與《取經詩話》等作品大相徑庭，但這一變化也正是《西遊
記》的可貴之處，體現了當時社會所存在的一些思想傾向。

（二）對道教的不滿

道教系統是《西遊記》世界觀另外一個重要的組成部分，《西遊記》還為
道教的神仙體系進行了一個較為系統的整理，對各路神仙的地位、職能都作了
編排，影響頗深。

在小說《西遊記》誕生之前，中國民間的本土信仰的首次出現是在《取經

〔註55〕〔明〕吳承恩：《西遊記》，鳳凰出版社，2012 年 3 月，第 107 頁。
〔註56〕〔明〕吳承恩：《西遊記》，鳳凰出版社，2012 年 3 月，第 286 頁。
〔註57〕黃健威：《貶道‧嘲佛‧崇儒》，暨南大學，2002 年碩士學位論文，第 10 頁。

詩話》之中，且僅僅提到了西王母和蟠桃園，同時也提及了有關長生的概念。
成仙長生是道教的終極的理想，《西遊記》一書中也包含有大量的金丹道的術
語，在後世人對取經四人的認識裏，也有著相關的解讀方式。吳承恩改變了《西
遊記》之前的作品中佛教一直佔據主要地位的傾向，將道教在作品中所佔的部
分增加，抬升到了幾乎與佛教對等的地位，道教也有所參與唐僧取經的事件和
有關八十一難的設計。但總體來說，《西遊記》中佛教的地位仍是要略高於道
教的。在孫悟空大鬧天宮之際，即便天庭道教系統中佔有至高無上地位的「三
清」之一太上老君坐鎮，仍對孫悟空無可奈何，需要佛祖前來助陣，才得以平
息這場鬧劇。

　　吳承恩對佛教持嘲諷態度，但是對於道教，吳承恩更像是一種因對其不滿
而戲弄、貶低，這或許與吳承恩所處的時代背景有關。儘管學界對吳承恩准確
的生卒年份尚未定論，但仍能大致推斷出其所處的時代為明朝世宗年間，彼時
明世宗沉迷追尋長生，不理朝政，此外一些明朝皇帝也為滿足自身的欲望而做
出了極多惡事，如蔡鐵鷹先生認為，《西遊記》中的比丘國國王要以小兒心肝
為藥引，可能隱射了嘉靖皇帝的縱慾之事。〔註58〕這使得當時的士族階層對此
十分不滿，如吳承恩一般的儒家知識分子更是對道教顯示出了嫌惡的態度。吳
承恩將對道教的不滿發洩到了小說當中，使得《西遊記》裏面，蠱惑皇帝，干
預朝政，危害一方的大多是道門人士，這些人物常常也是由妖怪化身。

（三）難以消除的「書生意氣」

　　由於明代儒學的發展，儒家在社會上擁有著極強的影響力，即使是佛道
兩教也再難以撼動其地位，吳承恩本人也是一名儒生，因此《西遊記》中帶有
了明顯的儒家思想，並且其地位也隱隱間凌駕於佛道兩教之上，但是吳承恩
對儒家的態度則是非常複雜的。「作者在小說中對儒家的態度，可用『愛之
深，責之切』來形容——愛之深者，乃孔孟之道；責之切者，乃君主之親佞遠
賢也」。〔註59〕

　　因為儒家元素的加入，唐僧西天取經的目的也發生了轉變，由最初的求學
解惑，到現在的「祈保我王江山永固」。〔註60〕一切行為的目的，終究是為了
維護封建統治的穩固。在天庭的設計上，即使太上老君貴為「三清」之一，仍

〔註58〕蔡鐵鷹：《〈西遊記〉的誕生》，中華書局，2007年，第322頁。
〔註59〕黃健威：《貶道‧嘲佛‧崇儒》，暨南大學，2002年碩士學位論文，第15頁。
〔註60〕〔明〕吳承恩：《西遊記》，鳳凰出版社，2012年3月，第92頁。

要聽從天庭的掌握最高權力者玉皇大帝的命令。吳承恩對天庭官職的設計和眾神的職位，均符合封建王朝統治階層的結構。

吳承恩是一個所學頗為博雜的儒生，書中自然不可避免的帶有了一種書生氣。黃健威提出，「文化影響社會，社會影響生活，生活影響作者，作者影響作品」〔註61〕按照此推論，當時的社會生活對吳承恩的影響均能夠在作品中得到體現。小說中天庭的原型自然是吳承恩所處時代的那個朝廷，人物之間的交往方式和語言也都或隱晦或明顯的暴露出那個時代的問題，無論是要以小兒心肝為藥引的比丘國國王，還是索賄的西天靈山神仙，均是吳承恩曾親身經歷過或聽聞過的事件，甚至有些人物角色或者故事可能就是以他的親身經歷為原型。蔡鐵鷹先生曾深入分析過吳承恩的人物性格〔註62〕，他很有可能極有才華，同時由於常年接受儒家的教育，以及個人的性格原因，使他頗有傲氣。正是這種才氣和傲氣，使他在仕途上遭遇不順時，對儒家產生了矛盾的態度，這種「書生意氣」終究還是反應在了《西遊記》上，無法抹除。

總結

《西遊記》的演變歷程，在內容上主要表現在世界觀、主要角色、情節故事三大部分的演變。起初它是佛教徒為宣揚佛法而創作的作品，但是隨著社會的變化，其中出現了中國傳統民間信仰的元素，隨後道、儒系統也陸續加入到了其中，最後伴隨著三教合一思想的興起，幫助了《西遊記》世界觀的最終成型。主要人物角色也逐步增加，分工也更加明確，使得《西遊記》不再單獨圍繞著某個人物進行展開，每個人的故事情節均有兼顧，同時，人物在不斷的演變中脫離了原型的束縛，形成了一個獨立的藝術形象。西域傳說和民間故事逐步演化為了八十一難，這一概念的提出源於吳承恩的創意，但並非吳承恩一人的成果，而是歷代創作者共同的結晶，吳承恩為集大成者。

伴隨著時代的發展，和人們思想的轉變，《西遊記》總會以一種新的形式出現，人物的形象、故事內涵亦會發生變化。即便是在現代社會，人們對《西遊記》的內涵也從未停止過挖掘，並由此衍生出極多優秀的文學、影視作品，在創造經濟和文化效益的同時，也影響到了很多人的思想。可以說，《西遊

〔註61〕黃健威：《貶道・嘲佛・崇儒》，暨南大學，2002年，第9頁。
〔註62〕蔡鐵鷹：《〈西遊記〉的誕生》，中華書局，2007年。

記》的歷代演變歷程同時也是其適應時代變化發展的歷程，優秀作品的生命力正是表現在這種對時代的適應性上，形式和內容的創新更是作品生命力的源泉。

參考文獻

1. 竺洪波：《四百年〈西遊記〉學術史》，上海：華東師範大學，2005 年博士學位論文。

2. 劉婷婷：《〈西遊記〉「八十一難」考述》，曲阜師範大學，2016 年碩士學位論文。

3. 〔明〕吳承恩著：《西遊記》，鳳凰出版社，2012 年 3 月。

4. 〔明〕吳承恩著：《西遊記》，北京：人民文學出版社，2010 年。

5. 〔唐〕玄奘著，董志翹譯注：《大唐西域記》，北京：中華書局，2012 年。

6. 〔唐〕慧立、彥悰：《大慈恩寺三藏法師傳》，北京：中華書局，2000 年。

7. 李時人、蔡鏡浩：《〈大唐三藏取經詩話〉成書時代考辨》，《徐州師範學院學報》，1982 年。

8. 胡適：《〈西遊記〉考證》。

9. 王洪湧：《從詞彙史看〈大唐三藏取經詩話〉的語言年代》，《古漢語研究》，2007 年第 3 期。

10. 張錦池：《〈大唐三藏取經詩話〉成書年代考論》，《學術交流》，1990 年第 4 期。

11. 袁賓：《〈唐三藏取經詩話〉的成書時代與方言基礎》，《中國語文》，2000 年第 6 期。

12. 周勇、潘曉明：《〈西遊記〉學術檔案》，武漢：武漢大學出版社，2013 年。

13. 李時人、蔡鏡浩：《大唐三藏取經詩話校注》，北京：中華書局，1997 年 12 月第 1 版。

14. 劉蔭柏：《西遊記研究資料》，上海：上海古籍出版社，1990 年，第 16 頁。

15. 蔡鐵鷹：《〈西遊記〉資料彙編》，《古典文學研究資料彙編》，北京：中華書局，2010 年。

16. 王季思：《金元曲》，石家莊：河北教育出版社，1998 年。

17. 趙延花：《簡析雜劇〈西遊記〉中的龍馬形象》，《內蒙古大學學報（哲學社會科學版）》，2010 年。

18. 隋樹森編：《元曲選外編》，Cn27.北京：中華書局，1959 年。

19. 馬冀：《論雜劇〈西遊記〉的人物形象》，《內蒙古社會科學（漢文版）》，2001 年第 6 期。

20. 邊國強：《試論楊景賢〈西遊記雜劇〉的形成》，《民族文學研究》，2009 年第 3 期。

21. 〔元〕楊景賢：《西遊記雜劇》，蔡鐵鷹：《西遊記》資料彙編，北京：中華書局，2010 年。

22. 曹炳建、齊慧源：《〈西遊記〉版本研究小史》，《河南教育學院學報（哲學社會科學版）》，2005 年第 5 期。

23. 吳聖昔：《世德堂本〈西遊記〉的夾批及其版本意義》，《淮陰師專學報》，1992 年第 4 期，第 62～64 頁。

24. 竺洪波：《論〈西遊記〉世德堂本的評本性質》，《古代文學理論研究（第三十五輯）》，2013 年，第 268～284。

25. 蔡鐵鷹：《〈西遊記〉的誕生》，中華書局，2007 年。

26. 黃健威：《貶道‧嘲佛‧崇儒》，暨南大學，2002 年碩士學位論文。

附錄三　傳說故事

摩頭松

　　《佛道聖蹟》引弘治《偃師縣志》中言：玄奘寺的前身靈巖寺原有古松一棵，玄奘赴西天取經之前，曾用手摸其松枝曰：「我去西方取經，你可以向西長，如我要回來了，你便向東長。十八年後，玄奘從天竺回國，松枝每年都轉向東長，寺僧們都說，大師要回來啦，果然後來傳來消息，玄奘法師取經回來了，因此稱此松樹為「摩頭松」。〔註1〕綜上所述，唐僧寺附近為玄奘故里的說法，反映了明代後期當地人的看法，究竟有無碑石依據，已經很難考究，據村民講，20世紀五十年代修路和建設，毀壞不少碑石，也許其中有玄奘故里的記載，但很遺憾已經無法考究。

〔註 1〕洛陽地方誌辦公室編：《佛道聖跡》，鄭州：中州古籍出版社，2014年8月第
　　　　1版，第41～42頁。

附錄四　洛陽佛教祖庭的文化內涵

1. 白馬寺，中國佛教祖庭。白馬寺是國內外公認的中國佛教的祖庭。其主要依據就是它是中國的第一個佛教寺廟。東漢明帝夜夢金人，大臣傅毅說可能是西方的聖人佛陀。於是明帝派蔡愔、秦景、王遵等去西方求佛法，他們翻越蔥嶺後天竺高僧攝摩騰與竺法蘭，於永平十年（67）兩位高僧接到洛陽。佛、法、僧三寶齊備，標誌著佛教完整地傳入了中國。兩位高僧居住的白馬寺也就成了中國第一個佛教寺廟。故白馬寺為中國佛教的祖庭的地位是舉世公認的，印度、泰國、緬甸三個佛教國家先後由政府投資在白馬寺興建具有各國風格的寺廟即是白馬寺無與倫比的地位的體現。

2. 唐僧寺，中國唯識宗祖庭之一。玄奘是蜚聲海內外的高僧，在世界上有廣泛的影響力。他是印度家喻戶曉的人物，是中國僧人的代表。玄奘法師出生於洛陽偃師緱氏鎮的陳河村，現在那裏有唐僧寺。據說此寺建於北魏，曾稱靈巖寺、興善寺，據說幼年的玄奘曾多次到寺裏聽經。清朝中期，改名唐僧寺。改革開放後，曾改名玄奘寺，有原佛教協會會長趙樸初先生題寫了寺名，後又恢復了唐僧寺的名字。玄奘是唯識宗的創始人，玄奘圓寂後，一度起塔於該寺，故玄奘寺也是唯識宗祖庭之一。

3. 淨土寺，中國唯識宗祖庭之一。據徐金星先生的考證，位於今洛陽市洛龍區李樓鎮樓村。玄奘年輕時出家的寺廟就是這個淨土寺。現今已經淹沒無聞。近年伊川有個淨土寺宣稱自己就是玄奘法師當初出家的寺廟，並且有伊川縣志作為依據，但據徐金星先生的考證，該寺始建於唐朝，而玄奘法師是隋代出家的，故該寺不可能是玄奘法師出家的寺廟。話雖如此，但洛陽隋唐城內的名寺，素有搬遷至周邊郊縣的先例。如大敬愛寺後搬遷至新安縣境內，存在至

今。淨土寺毀於唐代會昌法難，法難結束後，原淨土寺僧將之遷至郊縣重建，這種可能性是較大的。這個推測，也與縣誌記載，伊川淨土寺建於唐代一致。即使有材料說的淨土寺在五代唐莊宗同光二年（924）重建的說法成立，但唐代伊川淨土寺在唐代叫什麼名字尚不知，不能排除洛陽淨土寺僧眾接手後改為淨土寺的可能。〔註1〕

4. 大福先寺。也稱古唐寺，唐密祖庭之一，日本華嚴宗祖庭之一。建於唐代。菩提流志在此譯過《大寶積經》，高僧義淨在此翻譯《金光明最勝王經》，善無畏在此翻譯《大日經》，一行法師在此作《大日經疏》。眾多密教經典在此翻譯，眾多密教高僧在此活動，因此可稱唐密祖庭之一。日本遣唐僧榮睿與普照曾來大福先寺禪居，並由住持定賓給兩人授戒。開元二十四年，請大福先寺僧道璿到日本弘法，道璿是禪宗北宗神秀大師的再傳弟子，到日本成為了日本禪宗的第二代傳人。他還攜帶有《華嚴》的章疏到日本，弘揚華嚴，是日本華嚴宗的第一代傳人。因此在洛陽與日本的文化交流中佔有十分重要的地位。現在日本高野山真言宗與香港密教協會合作，每年十月都召集日本、臺灣、韓國的信眾來中國「重走空海路」，從開封到洛陽，再到西安。大福先寺是兩個接待方之一。

5. 香山寺，韓國唯識宗祖庭之一。玄奘的高足圓測，新羅人，是玄奘門下最為傑出的兩大弟子之一。圓測是新舊唯識學的集大成者。他的弟子道證，學成後回到新羅，培養了得意門生太賢，為韓國的唯識學的發展做出了卓越的貢獻，被尊為「海東瑜伽之祖」。如此，則圓測也就成為了韓國唯識宗的祖師，圓測圓寂後起塔於龍門香山寺，故香山寺是韓國唯識宗的祖庭之一，它在洛陽與韓國的文化交流中佔有十分重要的地位。

6. 廣化寺，唐密祖庭之一。廣化寺建於唐代，最初是號稱「開元三大士」的善無畏的塔院，在善無畏圓寂後，真身並未荼毗火化，而是供奉在了塔裏。後來郭子儀上奏朝廷，將善無畏大師的塔院改為了寺廟，廣化寺也就成為了唐密的祖庭之一。五代時期廣化寺仍然興盛，有規模宏大的塔林，洛陽僧眾都以能葬於廣化寺，與善無畏大師作伴為榮。宋代廣化寺還是朝野矚目的大寺廟，宋太祖趙匡胤、宋真宗趙恒都親臨廣化寺，瞻仰善無畏大師的真身。廣化寺也是日本「重走空海路」信眾團的兩個接待方之一。

7. 奉先寺，唐密祖庭之一。奉先寺建於唐代，曾是唐王朝的皇家寺廟，

〔註1〕 徐金星：《從「周南」說起》，《洛陽佛教》2011年第2期。

位於今龍門魏灣村地震臺旁邊。「開元三大士」之一的金剛智圓寂後，葬在了奉先寺西崗上。今奉先寺雖然已經湮滅，但西崗仍在。1988 年，日本真言宗使團到訪，出資建碑，趙樸初老先生題寫了「金剛智三藏顯彰碑」。在奉先寺的北崗，有禪宗北宗神秀大師弟子義福的舍利塔，即「福公塔」遺址。所以奉先寺對密教信眾與禪宗信眾都有很重要的意義。

8. 寶應寺。禪宗祖庭之一。寶應寺遺址位於今龍門西山洛陽糧食局倉庫院內。著名的禪宗南宗七祖神會大師的墓地就在洛陽糧庫的龍崗上。神會墓出土文物不少。石棺、題記現保存在龍門石窟研究院。遺物保存於洛陽博物館內。

9. 翻經館。

《河南志》記載：「惠訓坊，北至洛水，隋有翻經館。」〔註2〕可見隋代的翻經館不在上林苑內，而在惠訓坊，而惠訓坊確在洛河南，即今安樂軍營北的南洛浦公園一帶。這個地方，與玄奘居住的淨土寺（在今李樓樓村）相距不遠，交通也比較方便。

當時翻經館內有南印度高僧達摩笈多，他於隋開皇十年（590）冬進駐大興善寺，《續高僧傳》記載：「大業二年，東都新治，與諸沙門詣闕朝賀，特被召入內禁，敘故累宵，談述治體，呈示文頌，其為時主見知如此。因即下敕，於洛陽上林園立翻經館，以處之，供給事隆，倍逾關輔。」可見，洛陽翻經館的啟用，正是新都洛陽建成的大業二年（606），達摩笈多就是這一年來到洛陽的，一直到唐武德二年（619）才在洛陽去世，《續高僧傳記載》「至武德二年終於洛汭。」即他在洛河邊的翻經館內圓寂。所以他在長安 15 年，在洛陽翻經 14 年。當玄奘在淨土寺求學時，達摩笈多一定還在翻經館內翻經，玄奘是武德元年離開洛陽的，那一年是公元 618 年，可見，玄奘與達摩笈多有七年共在洛陽的時間，可能玄奘會慕名前去見過達摩笈多。因為達摩笈多是「開皇三大士」之一，今印度總理莫迪的老鄉，2015 年 5 月 15 日，莫迪前往中國訪問時，曾專門到西安的大興善寺達摩笈多翻經的地方去訪問，其實達摩笈多在洛陽工作 14 年，其在洛陽翻經的翻經館遺址仍然在，達摩笈多在洛陽翻經的時間幾乎等同於在長安興善寺翻經的時間，關於這一點，很多人並不知曉。

10. 安國寺。隋代的慧日道場，後改為安國寺，彙集了全國最著名的高僧，在此講法，玄奘法師曾長期在此聽法。

11. 天竺寺。唐代宗元年（762）五百梵僧來到洛陽，建立天竺寺安置五百

〔註 2〕高敏點校，〔清〕徐松輯：《河南志》，中華書局，1994 年，第 9 頁。

印度僧人。此寺延續時間千年之久，是洛陽歷史上的名寺，位於今龍門海校路西端的寺溝村。此寺對於中印交流意義頗大。

12. 佛授記寺。華嚴宗祖庭。佛教著名的《華嚴經》就是翻譯於此寺，位於今李樓鄉。義淨大師歸國時，武則天也是將他安置到佛授記寺。

13. 義淨寺。唐代與玄奘齊名的取經僧義淨，取海上絲綢之路到印度，取回大量佛經，他歸國後，在洛陽和長安長期譯經，成為中國五大譯經師之一。由於他歸國是在今青島登陸，現在已經被青島作為文化符號重點打造。但史書記載的非常明確，他圓寂後埋在了龍門北崗。

開發洛陽佛教祖庭資源的幾點建議

洛陽有眾多佛教祖庭，承載的是輝煌燦爛的洛陽佛教文化。開發洛陽的文化旅遊資源，主要就是將洛陽文化細緻、全面、通俗易懂、形象生動地展示給遊客，讓遊客來到洛陽後，感覺到不僅欣賞了景色優美的山水文化，而且學到了很多專業文化知識，使他們覺得來洛陽不虛此行，願意在洛陽多呆幾天，願意以後再來洛陽，願意將洛陽介紹給親朋好友。就洛陽的佛教祖庭開發來說，筆者提以下幾點建議：

第一，盡快恢復幾個著名的、有重大歷史意義和文化內涵的重點寺廟。如奉先寺、寶應寺和淨土寺。並且按照國家政策，這樣的寺廟是可以恢復的。

譬如說奉先寺，日本真言宗每年的「重走空海路」的活動的組織者陳佩筠秘書長是筆者的好友，每年十月他們來訪，在洛陽只停留一天，在廣化寺、福先寺巡禮後馬上就去西安，在西安待大概一週時間。她感歎來到洛陽，只能到「開元三大士」之一的善無畏的塔院所在地廣化寺巡禮，卻不能參觀「開元三大士」之一的金剛智的塔院所在地奉先寺。

再如淨土寺，11 年 10 月，偃師召開第四屆玄奘國際學術會議，會上港臺多位學者都筆者詢問淨土寺的位置，尤其臺灣玄奘大學黃運喜教授，他講他的心願是在有生之年將玄奘大師活動過的寺廟都走一遍，多數都已經去過，這次來到洛陽，希望能去淨土寺瞻仰聖蹟。可惜淨土寺已經不存在了，筆者無法滿足他的心願。「玄奘專題遊」在國際上已經是一條比較成熟的旅遊線路，國內的多個景點如西安大慈恩寺（玄奘翻譯佛經的地方）、成都大慈寺（玄奘受具足戒的地方）都已經參與。唯獨為玄奘剃度出家的淨土寺沒有參與，並且已經不存在了。

再如寶應寺。寶應寺是禪宗北宗七祖神會大師長眠之地，地位崇高。2012

年 11 月 8 日，中央電視臺、人民日報社、新華報社、中央人民廣播電臺、北京青年報、央視網、鳳凰網、新浪網、騰訊網、中國旅遊報、民族畫報等五十多家主流媒體記者彙集北京新疆飯店，啟動了「央視禪宗祖庭採訪啟動儀式」。決定對國內多家禪宗祖庭進行採訪報導。〔註 3〕說明國家對禪宗文化十分重視。洛陽寶應寺有神會大師墓，奉先寺有義福大師墓，分別是南、北兩宗的祖師或重要僧人，也應該積極參與。

　　寶應寺現在已經被洛陽糧庫所佔，重建相當不易，筆者曾親自到糧庫內考察，發現糧庫北側空地很大，且不在糧庫內，也不是耕地，如能將寶應寺在附近重建，也可以起到同樣的作用。

　　如從中印文化交流的角度，天竺寺和翻經館都有必要恢復。

　　第二，應恢復一些重要的舍利塔。如廣化寺的善無畏塔、香山寺的圓測塔、奉先寺的金剛智塔、福公塔，玄奘寺的玄奘塔。塔是佛教建築的精華所在，筆者在西安求學期間，曾為西安各地空靈精巧的寶塔所懾服。筆者注意到，不管是遊客還是信眾，到寺廟後見到寶塔，都忍不住合影留念。這些塔並不都是原來的古塔，大多是現在重建的，甚至好多都不在原址上，就那也不影響人們的興趣，譬如西安淨業寺的「律師塔」，是紀念律宗的創始人道宣法師而建立的，下面沒有道宣的遺骨舍利，純粹是一個紀念性的建築，而且也不是在原址重建的，因為塔身的原址已經找不到了。但寶塔已經成為了淨業寺的象徵，到淨業寺的遊客都要到該寺瞻仰寶塔。洛陽的這些寶塔起碼塔的原址大體還能找到，如能恢復，肯定可以為洛陽增添光彩。

　　第三，應策劃出版一些宣傳資料。東西再好，也需要宣傳。目前對洛陽佛寺的研究還很不到位，佛寺的歷史演變、主要人物都只有泛泛的短文介紹，這是不夠的。首先應加強對洛陽佛寺的研究，然後出版淺顯易懂、圖文並茂的書籍，必要時在火車站、飛機場等地做廣告宣傳。

　　第四，應與各大旅行社合作，向他們推介洛陽的佛教祖庭文化。尤其是那些常年組織佛教旅遊的旅行社或佛教協會。

　　第五，應加強政界、教界、學界之間的交流與合作。政府相關部門如宗教局、旅遊局等最好一年能組織幾次見面會，與學界與教界相互溝通，及時明確問題所在，及時找出解決問題的方案。

〔註 3〕 丹珍旺姆：《主流媒體走近禪文化，央媒禪宗祖庭採訪活動啟動》鳳凰網，2012
　　　　 年 11 月 19 日。

附錄五　古印度與洛陽天竺寺

今洛陽龍門山北寺溝村海校路西盡頭有一條大溝，裏面有數孔泉水，就是洛陽歷史上非常有名的天竺寺遺址，歷史上，裏面曾經有一個大名鼎鼎的梵王殿，儘管今已不存。「梵王」指的是印度教所信奉的大神，最為著名的如「梵天」「毗濕奴」「濕婆」「帝釋天」等等。後來佛教將之收為自己的護法神，統稱之「梵王」。並改「毗濕奴」為「那羅延天」或「毗紐天」；改「濕婆」為「大自在天」或「摩醯首羅天」。諸梵王中，那羅延天地位較高，民間稱之為「大力神王」，與「密跡金剛力士」一起成為佛教最著名的護法神，兩者後來在道教中又演變成著名的「哼哈二將」，站立在廟門口。龍門石窟中，許多石窟門口都有兩個力士，其中之一就是那羅延神王。

隋代高僧靈裕，在安陽寶山建立「大住聖窟」，窟門口左側的護法神即是那羅延神王，保留至今。那羅延神王作為寺廟的護法神，一直到元末明初時才逐漸被關羽所替代。龍門西山的天竺寺，是洛陽地區唯一有記載建有梵王殿的寺廟，並且該寺廟至少存在到元朝末年。1975 年，廣化寺西北一公里的寺溝村出土了一塊宋碑，碑文題名為「龍門山天竺寺修殿記」，是記載洛陽梵王殿的重要史料：

> 通常入於無體，時出而應物，循緣而盡，則復……，靡刃而天下舉，失其恬淡寂常之真而日淪於生死……空無我之說，乘人之厭而救之，以窒情實，以開性天。同於萬物而……佛之道豈小補哉？顯跡應世，現非一相；寓名雖異，則博施濟眾之實則……已，若那羅延神是也。天竺者，西印度之一國耳。佛自西方化流於震旦之地，西法始顯。唐代宗即位之元年，梵僧五百自天竺來，以扶化而開人

之天，駐錫於洛之龍門山，構梵刹以容其眾人。得開天之靈，則地之靈豈得不開哉！故那羅延神者，應時現跡，運道神變，達祇陀之源而泉，於是以發地之靈。於是披榛而嘉木見，發石而清流激。山因澤而秀，林因滋而茂，土膏草肥，水冽竹修。憂恐者洗心而清，病疾者濯胏而醒，則是山之地始開靈矣。故謂其水曰：「八功德泉」，而名其寺曰「天竺」，為一山之勝絕。其後迭興迭廢，尤盛於德宗之正（貞）元間，歷五代之兵而爐於火。梁末復興。至宋慶曆中，雖殿像俱壞，其山清水靈，秀發一谷，而得於天者猶在。有河南馬守則，一日訪普照法師德政，謂師曰：「吾家孫未續，以何因獲其果？」師曰：「能興毀像廢殿，可取斯報。」因求廢殿，而得於天竺焉。獨出力新之，一年而落成，其費幾千緡。逾年而獲一孫，即原也。夫善之取報，豈不速哉！又其次子慶州戶曹旦，得疾甚危，取泉飲之而愈。謂其宰僧道莊曰：「所謂那羅延神者，像存而殿亡，旦願營以遷之。」未經而卒，囑其侄原曰：「崩，當成我志。」未幾，而侄亦病，又酌水而病癒。遂命工構之於泉亭之上，鬭磽確，焚榴翳而得以故基焉。二殿即成，堂、庑、軒、廡不日而就。雕楹鏤桷，粉繪一新，丹碧交煥。夫物之興廢，一時而已。馬甥原，囑余記廢興，以記歲月，用刻諸石。俾夫洛之人知天竺之地也，非他寺之所可擬也。元豐七年歲次甲子三月十有五月。鉅鹿魏宜記，洛陽孟天常書，河南諸道符題額。孫三班借、職、懌；曾孫震、臨、觀、常、益，元（玄）孫充，同立石。住持覺濟大師道莊，寺主願清，刊字張士廉。紹聖四年閏二月日，寺主願清重修佛殿記。[註1]

　　由碑文可知，天竺寺的建立，是由於唐代宗元年（762）五百梵僧來到洛陽。查諸史料可知，是年十月二十九日，唐軍才收復洛陽，趕走史朝義。在遭受戰爭摧殘、百廢待興的情況下，有五百梵僧來到洛陽，無疑是受到政府歡迎的。揣摩碑文的語氣：「梵僧五百自天竺來，以扶化而開人之天，駐錫於洛之龍門山，構梵剎以容其眾人。」天竺寺似乎是這五百梵僧自己籌資建立的，無怪乎官方沒有相關記載。唐睿宗時名僧寶思惟曾在龍門東山建立過一個天竺寺，唐睿宗還給賜予過寺名。蘇頲《唐龍門天竺寺碑》曾有記載：「（寶思惟）法師乃亂流東濟，止彼香山，又於山北見龍泉二所，……法師樂之，爰創方丈，

臨於咫尺。……更於其側造浮圖精舍焉。……景雲歲辛亥（711）月建巳日辛卯制：以法師所造寺賜名曰天竺。」〔註2〕根據此記載，可知寶思惟禪師在唐睿宗年間所建的天竺寺位於龍門東山北，可稱之為東天竺寺；而五百梵僧所建的天竺寺則位於龍門西山北，可稱為西天竺寺，兩者並非同一個寺廟。《舊唐書》記載，開元十年（722）：「伊水暴漲，毀城南龍門天竺、奉先寺。」〔註3〕。可見，寶思惟禪師所建立的東天竺寺，僅存在十餘年就被伊河水沖毀了。

令人感到奇怪的是，五百梵僧所建立的西天竺寺內有寺主，有住持，碑文標題又點明所修是「佛殿」，馬守則所修的第一個大殿也是佛殿，顯然在宋代時天竺寺是標準的佛教寺廟。但碑文中對佛的功德沒有怎麼提，卻反覆強調的是那羅延神王的靈驗。如碑文明確說「博施濟眾之實則……已，若那羅延神是也」，「故那羅延神者，應時現跡，運道神變，達祇陀之源而泉，於是以發地之靈。」「所謂那羅延神者，像存而殿亡，且願營以遷之。」可見，起碼對宋代的信眾而言，他們更感興趣的不是對佛的信仰而是對那羅延神王的信仰。《龍門山天竺寺修殿記》開頭那段總論神力不可思議的文字，落腳卻在「那羅延神是也」，並且繼續讚揚那羅延神王既然能夠「開天之靈」，就更能夠「開地之靈」，那羅延神像既然坐落於天竺寺，就能夠使得寺廟的泉水具有治病救人的功德，故稱之為「八功德泉」。而作者作此文的目的在於「俾夫洛之人知天竺之地也，非他寺之所可擬也」，即天竺寺不同於其他佛寺之處，就是有那羅延梵王的神力。《龍門山天竺寺修殿記》碑的背面還刻有詩兩首，其一是馬守則所作的《天竺寺泉》：「大唐五百梵僧居，神號羅延翠琰書。暗引西流泉見底，穴開北岸水通渠。廚庖甘潔晨齋備，俗飲清淳夙瘵祛。故事最靈千古在，至今供汲盡真如。」〔註4〕此詩歌再次強調那羅延神的靈驗，使得寺內泉水能夠祛病。文中明確講「故事最靈千古在」，說寺內泉水能祛病是「故事」，這就說明天竺寺內泉水能祛病的傳說由來已久，並非是從馬守則的年代才開始的。

雖是佛寺卻更加重視那羅延神王，正是唐密的特徵。密宗是印度佛教與印度教進一步融合的產物，很多印度教的大神在佛教中取得了與佛同等重要的身份，佛教由顯教的菩薩崇拜轉換為了金剛神王崇拜。這樣，原來僅僅是佛

〔註2〕 蘇頲：《唐河南龍門天竺寺碑》//《文苑英華》卷856，北京：中華書局，1966年，第4518～4519頁。
〔註3〕 劉昫：《舊唐書·五行志》，北京：中華書局，1975年，第1357頁。
〔註4〕 張乃翥：《龍門區系石刻文萃》，北京：國家圖書館出版社，2011年，第401頁。

教護法的那羅延神王，也就被認為是佛身，顯赫無比。密宗在中國是佛教八大宗派中興起最晚的宗派，直到唐玄宗開元年間，才由著名的「開元三大士」善無畏、金剛智、不空創立。西天竺寺創立的唐代宗元年（762），正是密宗高僧不空活動的時期，不空借助在安史之亂中支持唐肅宗平叛而獲得唐政府的認可，獲得了唐肅宗與唐代宗的信賴與禮遇。需要提及的是，不空曾於開元二十九年（741）到獅子國及印度求法，並周遊印度，天寶五年（746）才回國。他在印度期間，必定對統一強盛的大唐帝國有所描述，結合當時印度北方正好處於戒日帝國崩潰後的亂世，有眾多僧人願意跋山涉水來到中國是完全可能的。天寶十五年（750）七月，安祿山攻陷長安之後，不空審時度勢，暗中與唐肅宗通報消息，已經獲得了唐肅宗的信任。不空來華的目的就是擴大密宗的影響力，那麼設想他為了擴大密宗的勢力，派人到印度招徠大量密宗僧侶不是不可能的。因此，《龍門山天竺寺修殿記》中提到這五百名梵僧，與密宗有關較為肯定，與不空有關也是可能的，他們用來建寺的資金受到不空的資助也是完全可能的。查諸史料可知，唐代圓照所撰的《代宗朝贈司空大辯正廣智三藏和上表制集》中，有一則不空的《請置大興善寺大德四十九員敕》，其中羅列了不空看中的四十九名僧人，其中之一就是「天竺寺僧談義」，廣德二年（764）正月，唐代宗「敕旨依奏」。〔註5〕此時，天竺寺才僅僅成立一年多，就有僧人能得到不空的賞識，因而猜測建立天竺寺這五百梵僧可能原來就與不空有關，並非空穴來風。

西天竺寺建立於唐代宗元年，也能得到墓誌資料的支持。龍門西山近年出土的《唐故安國寺主大德禪師比丘尼隱超墓誌》，講隱超比丘尼於大曆十二年（777）八月十二日，「遷化於本寺精舍，及以其月廿一日，寧神於河南縣天竺寺之南原，先闍梨塔次，禮也」。〔註6〕如前所述，寶思惟建立的東天竺寺，位於香山北麓，其南盡是石頭山，並無「南原」，所以，隱超所葬的天竺寺南原，一定指的是五百梵僧所建的西天竺寺南原。可見，至少到了大曆十二年時，唐朝人所說的天竺寺已經指的是西山的天竺寺了。墓誌還提到，隱超葬在「河南縣天竺寺之南原，先闍梨塔次」，這裡的「闍梨塔」，沒有提及墓主名字，但「闍梨」一詞，明顯就是密宗高僧的稱謂。此時距離天竺寺的建立，已經有十五年，

〔註5〕 不空：《請置大興善寺大德四十九員敕》//（日）高楠順次郎等，大正藏第52冊，臺北：新文豐出版公司，1983年，第830頁。

〔註6〕 陳長安：《龍門十寺》，鄭州：中州古籍出版社，2018年，第256頁。

估計已經有天竺寺高僧圓寂建塔於寺南，而隱超比丘尼顯然是尊其為師的，所以才在闍梨塔後安葬。

西天竺寺到了唐武宗會昌五年（845）就遭遇上了著名的滅佛事件。唐武宗於當年四月下令滅佛，規定西京長安留下寺廟四所，東都洛陽留下寺廟二所，節度使共三十四州，其治州留寺一所，其他刺史所在州不得留寺，全部毀除。天竺寺不在保留之列，被政府拆毀，成為廢寺。故 20 世紀 70 年代，在龍門寺溝村曾發現一題額為《唐東都聖善寺志行僧懷則於龍門廢天竺寺東北原創先修塋一所，敬造尊勝幢塔並記》，時間是大中四年（850），天竺寺剛剛被拆除四年多，故稱為「廢天竺寺」。

《龍門山天竺寺修殿記》記載，天竺寺「其後迭興迭廢，尤盛於德宗之正（貞）元間（785～804），歷五代之兵而燼於火。梁末復興。至宋慶曆中，雖殿像俱壞，其山清水靈，秀發一谷，而得於天者猶在。」說明天竺寺在梁末重建，到北宋慶曆年間（1041～1048），已經是「殿像俱壞」，又成為廢寺。然而在三十多年後，馬守則看到的情況則是「所謂那羅延神者，像存而殿亡」，那羅延神像還在，只是大殿已經不在，可能是慶曆年間有人重建的神像。

金元時期，天竺寺還在。登封法王寺有《復庵和尚塔銘》碑，碑陰刻有《復庵圓照宗派表》，在復庵和尚的孫輩有「天竺寺愍法師」字樣。〔註7〕復庵圓照（1206～1283），是元初曹洞宗名僧萬松行秀的弟子，他曾在 1262 至 1267 年住持少林寺，在 1267 年至 1276 年則專任法王寺住持。〔註8〕龍門天竺寺的愍法師既然是他的法孫，當然傳的也是曹洞宗的法脈。

河南地區曾經風行一時的著名豫劇《梵王宮》中梵王宮的原型，就是這個天竺寺。〔註9〕《梵王宮》原名《洛陽橋》，是「豫劇皇后」陳素真的代表性劇目之一。內容主要講洛陽千戶侯花花公子耶律壽驕奢淫逸，而他的妹妹耶律含嫣卻心地善良。梵王宮廟會，當地的好漢花雲、韓美、郭廣卿等前去給寺廟住持拜壽。而時耶律含嫣亦往梵王宮遊玩，恰遇花雲一箭射落雙雕，打動了

〔註7〕 王雪寶：《嵩山少林寺石刻藝術大全》，北京：光明日報出版社，2004 年，第286 頁。

〔註8〕 崔波：《嵩山大法王寺第九代住持複庵圓照史事考》// 何勁松：《佛法王庭的光輝：嵩山大法王寺佛教文化藝術論壇文集》，北京：社科文獻出版社，2014年，第 396 頁。

〔註9〕 王宏濤、張博威：《豫劇〈梵王宮〉中的「梵王宮」考》，《河南科技大學》，2020年第 1 期。

含嫣，她一見傾心，愛上了這個青年，回家就得了相思病。耶律壽帶家奴胡能到郊外閒遊，桑園遇到韓美之妻劉氏，他見劉氏貌美，強行調戲，遭到拒斥，回家也得了相思病。花雲男扮女裝深入侯府，準備懲罰耶律壽，意外地與耶律含嫣入了洞房。最後花雲懲罰了耶律壽，背走了耶律含嫣。陳素真在此劇中以其創造的「甩辮」「穿衣」和手絹、扇子表演等絕活，把此劇中《梳妝》一折推向高潮，尤其是「甩大辮」更是為京劇名家關肅霜在《鐵弓緣》中所移用，〔註10〕幾成為該劇的代名詞。

據陳素真大師回憶，《洛陽橋》是豫西的傳統戲，原是「粉戲（即涉黃戲劇）」，由名角司鳳英將之帶到開封，劇作家樊粹庭先生去掉其中的粉色部分，改編為健康的劇目。「樊先生因為《洛陽橋》這個戲名與此戲內容不相稱，便改用《葉含嫣》的名字。」〔註11〕此劇到底什麼時候開始在豫西流行，已經不可考。明萬曆中葉胡文煥編選的戲曲選集《群音類選》裏收錄有《洛陽橋記》的片段曲文，明末清初著名的劇作家李玉也著有《洛陽橋》，講的是蔡襄一家忠孝節義的故事，〔註12〕現在在京劇中還有演唱；兩部劇之內容並沒有什麼關係。1957年，陳素真大師到北京中國文聯禮堂演出《葉含嫣》，受到著名劇作家田漢和歐陽予倩的高度讚揚，田漢建議將劇名改為《梵王宮》。從此，陳素真在以後的演出中均稱該劇為《梵王宮》。〔註13〕到了1982年，西安電影製片廠拍攝戲曲藝術片，將之恢復原名《洛陽橋》，由國家一級演員曾廣蘭主演，更把此劇推向了全國，成為豫劇的主打劇目之一。

此劇的故事發生地是洛陽，主要戲劇場地是洛陽的梵王宮，故事男主角之一的花雲，歷史上真有其人，是朱元璋帳下大將，在幫助朱元璋打江山時戰死，故其主要生活於元朝末年。豫西劇主人公一般都是漢姓，獨此劇主人公為少數民族，似故事有其真實的原型。故事主要的發生地梵王宮也頗值得玩味，豫劇中多數廟會不是在佛寺就是在道觀，而梵王則帶有濃厚的印度教的色彩，在佛教則為護法神，一個寺廟叫這樣的名字，在全國也極其少見，如果不是洛陽歷史上真有以此命名的寺廟作為原型，民間的劇作家是很難將劇情安排到這樣一個地方的。洛陽寺廟道觀眾多，譬如關林廟與廣化寺在洛陽南部都很知名，如果洛陽歷史上沒有存在過一座梵王宮，劇作家將故事安排到關林廟或廣

〔註10〕石磊：《石磊文集 V》，北京：中國戲劇出版社，2012年，第97頁。
〔註11〕陳素真：《情繫舞臺》，《河南文史資料》，1991年第38輯，第112～115頁。
〔註12〕周妙中：《清代戲劇史》，鄭州：中州古籍出版社，1987年，第23頁。
〔註13〕石磊：《石磊文集 II》，北京：中國戲劇出版社，2012年，第79～80頁。

化寺似乎更合邏輯。因此我們認為，豫劇《梵王宮》裏的梵王宮，實有原型，其原型就是龍門寺溝村天竺寺中的梵王殿，梵王殿確實存在過數百年，歷史非常悠久，卻從未有人揭示過其與豫劇《梵王宮》的關係，不可不予介紹。

　　元代以後，天竺寺的名字不再見於記載，但明清時期，恰好是中國戲劇崛起的黃金時代，我們認為，豫西地區出現的《洛陽橋》劇本中出現的梵王宮，就是天竺寺中的梵王殿，其中的梵王指的就是那羅延神王。因為洛陽地區的寺廟的寺廟道觀中，明確記載有供奉梵王的寺廟只有天竺寺，關於梵王（那羅延神王）靈驗和寺內泉水能治病的傳說從唐代一直不絕。從明清洛陽城到天竺寺趕廟會，洛陽橋也是必經之路。我們甚至可以揣測，或許明清時期天竺寺改名為梵王宮，仍存在過很長時間，只是還需要史料的進一步證實。

　　知名戲劇對文化景觀的帶動作用不可估量。洛陽是歷史文化底蘊豐厚的歷史文化名城，天竺寺曾是洛陽歷史上的著名寺院。白居易曾有《宿天竺寺回》《題天竺南院贈閑元旻清四上人》《天竺寺七頁堂避暑》等三首詩描繪天竺寺。《梵王宮》是豫劇的主打劇目，耶律含嫣與花雲的愛情故事在全國戲迷心中有很高的知名度。雖然天竺寺今已經不存，但遺址仍在，周邊空地還很空曠，沒有開發。從這個意義上講，挖掘出梵王宮與天竺寺的歷史聯繫，就是為洛陽市挖掘出了一個潛在的文化景點。

附錄六　玄奘簡略年譜

1. 隋開皇十九年（600），玄奘大師誕生。

2. 604 年，年 5 歲，母親去世。

3. 607 年，年 8 歲，跟隨父親學《孝經》，常去附近的靈巖寺（今唐僧寺）聽佛經。

4. 609 年，年 10 歲，父親去世，隨二哥長捷法師到淨土寺學習。

5. 612 年，年 13 歲，通過考試在淨土寺出家為沙彌。

6. 618 年，年 19 歲，與兄長捷法師一起去長安。

7. 622 年，年 23 歲，在成都大慈寺受具足戒，成為正式僧人。

8. 624 年，年 25 歲，到荊州天皇寺講法。

9. 625 年，年 26 歲，離開荊州，到揚州講法。

10. 626 年，年 27 歲，到趙州從學於道深法師，而後南下相州，從學於慧休法師。

11. 627 年，年 28 歲，從長安出發去印度取經。

12. 628 年，年 29 歲，到達印度西北部。

13. 631 年，年 32 歲，到達摩揭陀國，來到那爛陀寺。

14. 643 年春，年 44 歲，西遊十七年的玄奘辭別了戒日王，歸國。

15. 645 年正月，年 46 歲，玄奘帶著 657 部佛經回到長安。來洛陽宮觀見唐太宗。

16. 657 年，年 58 歲，隨唐高宗來到洛陽。

17. 664 年，玄奘圓寂，享年 65 歲。

後　記

　　玄奘法師以旅行家、探險家、翻譯家、佛學家而馳名中外。由他闡述的
《大唐西域記》極大地開拓了中國人的視野。他開宗立派，創立了中國佛教八
大宗派之一的唯識宗。他將《道德經》翻譯為梵語，將製糖技術從印度引入中
國，加強了中印的文化交流。不管從任何標準來看，玄奘都不愧為世界級的文
化名人。

　　洛陽是玄奘的故鄉。玄奘生於洛陽，長於洛陽，出家於洛陽，佛學啟蒙於
洛陽。玄奘心念洛陽，取經歸來後，他先後在唐太宗、唐高宗時期兩次上表要
求返回故鄉洛陽翻譯佛經，言辭懇切，幾近哀求，無奈均被拒絕。他聽到洛陽
升級為東都的消息，歡喜雀躍，親自上表高宗皇帝與則天皇后，表示感謝。然
而，到目前為止，尚未有一本專門介紹玄奘與洛陽的專著。玄奘千辛萬苦從印
度取來的佛經都講什麼內容？玄奘開創的唯識宗與洛陽有什麼關係？玄奘文
化在洛陽還有哪些遺跡？雖然前輩學者零零碎碎多有闡述，但始終沒有集中
體現。有鑑於此，由洛陽隋唐史學會王愷會長提議，由我組織洛陽及周邊的學
術力量，邀請洛陽漢魏故城文管所徐金星教授、洛陽師範學院郭紹林教授、河
南大學朱麗霞教授、洛陽地方志辦公室孫素玲教授、洛陽考古院商春芳教授、
以及鄭州大學賀寧、河南科技大學楊宇傲等專家和朋友一起，共同撰寫了《玄
奘與洛陽》一書。其中，個人的貢獻在文中都有注明，沒有注明的部分為本人
撰寫，最後由我統稿。

　　本書以「玄奘與洛陽」為中心，全面介紹玄奘與洛陽多層面的關係，包括
玄奘故里的爭議、學習經歷、與皇權的交涉、對故鄉洛陽的懷念、身後的影響
與評價、洛陽現存的與玄奘有關的遺存、玄奘與《大唐西域記》、玄奘與《西

遊記》等多個方面。

　　本書的出版，得到了鞍山師範學院領導和同事們的支持，馮寶忠院長、侯亞楠、韓飛、周春男副院長、張華麗、苗水、王富秋、張晴晴等的支持，在此一併感謝！花木蘭文化事業有限公司楊嘉樂副總編等在本書的出版中做了辛苦的工作，在此一併感謝！另外，本書也是鞍山師範學院博士科研啟動項目「玄奘與洛陽關係研究」（項目號：23b12）的研究成果。由於撰寫人較多，寫作中出現錯誤在所難免，歡迎方家批評指正。

鞍山師範學院　王宏濤

2023 年 8 月 30 日